U0358414

俞辛焞著作集

第八卷

俞辛焞日本研究文集

俞辛焞　著

南开大学出版社

天　津

目　录

下編　孫文と日本研究

上编　近代日本政党研究

第一章　一战后日本无政府主义与工人运动

　　日本工人阶级是推动日本社会向前发展的主要动力，是站在斗争前列的突击队。第一次世界大战后，日本工人阶级打破了工人运动低潮时期（1910～1916）的沉闷，掀起了日本工人运动史上前所未见的新高潮。1910 年日本工人斗争仅发生了 10 次，而在 1917 年便猛增到 390 次，至 1919 年则达 497 次，参加者计有六万三千多人。[①]在工人运动的高潮中，工会犹如雨后春笋，纷纷成立。1914 年日本仅有 49 个工会，1923 年则猛增到 432 个，参加人数达十二万五千余人。[②]战后日本的工人运动在激烈斗争中，成为日本资产阶级民主革命的最重要组成部分。而且日本工人阶级也从自在的阶级逐步成为自觉的阶级，日本战后工人运动开辟了日本的新时代。

第一节　日本无政府工团主义的由来

　　第一次世界大战后的日本工人运动是在斗争中发展起来的。当时工人运动中的机会主义派别主要有以大杉荣为首的无政府工团主义和以铃木文治为首的改良主义，前者在战后工人运动中影

---

① 小山弘健著：《日本劳动运动史》，社会新报社 1968 年版，第 32 页。
② 大河内一男编：《劳动运动》，岩波书店 1963 年版，第 146 页。

响更大。

无政府主义的鼻祖是蒲鲁东，无政府工团主义的发源地是法国。1905 年至 1914 年间，这一思潮泛滥于世界主要资本主义国家时，日本也受到冲击。日本最早且最有影响的无政府主义者是幸德秋水。1905 年他在狱中开始读无政府主义者的著作，同年渡美后受到美国世界产业工会和亡命于美国的俄国无政府主义者的影响，从议会主义者转变为无政府主义者。1906 年他回国后，在日本传播无政府主义思想。1910 年他因所谓的"大逆事件"被处死。后来，大杉荣继承了他的衣钵。

大杉荣，出身于军官家庭，父亲大杉东是陆军中校。他从小在陆军幼年学校里受军国主义教育。幸德秋水曾送他《巴枯宁全集》。他不仅读巴枯宁的著作，而且爱读克鲁泡特金的书。克鲁泡特金在日本有较大的影响。1903 年成立的平民社就挂有克鲁泡特金的画像，以示对他的崇拜。大杉荣也译过他的《告青年书》等作品，并在自己的著作中常引用他的话。在 1907 年日本社会党第二次大会上，以幸德为首的直接行动派与以田添铁二为首的议会派展开论争时，大杉荣在《平民新闻》上写文章支持幸德的无政府主义。这样，大杉荣成了幸德的门徒。1910 年幸德死后，他同荒烟寒村办《近代思想》，宣传无政府主义的个人主义世界观。

第一次世界大战后兴起的日本工人运动风起云涌。大杉荣也被卷入这一运动之中。1918 年 1 月他迁往东京工人居住区龟户街，通过无政府工团主义组织北风会，渗透到工人和青年中宣传无政府工团主义。北风会把斗争的矛头指向改良主义，破坏他们的演讲会，进行恐怖活动。1919 年 10 月大杉荣伙同和田久太郎创办《劳动运动》，并把劳动社的支局设在大阪、名古屋、京都、神户等大城市，积极打入工人运动内部。印刷工人工会信友会、新闻工人工会正进会、出版工人工会等深受其影响，成为无政府工团主义工会。当时，关东方面，无政府工团主义在工人运动中占优

势；关西方面，日本劳动总同盟（以下简称总同盟）①的改良主义占优势。

大杉荣的无政府工团主义和幸德的无政府主义有所不同。幸德的无政府主义带有无政府社会主义色彩，主要在激进的资产阶级知识分子中搞宣传活动，与工人运动是脱离的；而大杉荣的无政府主义具有工团主义色彩，深入工人运动内部，力图掌握工人运动的领导权。因此，在战后的工人运动中，无政府工团主义影响较大，1920 年至 1922 年是日本无政府工团主义的全盛时期。

无政府工团主义，为什么会如此迅速地在日本工人运动中传播呢？这是因为它们玩弄革命的辞藻，高唱"啊，革命在临近！"之歌，鼓吹"三年革命"说，一时能蒙蔽群众。当时马克思主义尚未深入传播到工人之中，受蒙蔽的工人群众误认为无政府工团主义比改良主义、议会主义更为革命。无政府主义往往是对工人运动中机会主义罪过的一种惩罚。1920 年，日本"普选"法在议会中被否决，争取"普选"运动受挫折。1920 年经济危机后，资本家对工人和工人运动进行反攻倒算，震撼日本的神户川崎、三菱两造船厂三万多工人的斗争遭到失败。统治阶级也妄图制定《过激社会运动取缔法》（以下简称《取缔法》）来镇压工人运动。在这一形势下，工人群众认识到改良主义、议会主义不能解决工人的问题。于是，无政府工团主义便作为对于改良主义、议会主义即机会主义的惩罚，钻进工人运动内部进行活动，从而被一部分憎恨改良主义、议会主义的工人群众所接受。这就是日本无政府工团主义的社会根源。除此之外，还有其阶级基础。日本是资本主义发展较晚的国家，小资产者即农民、小市民和依附于其的知识分子在全国人口中占很大比重。他们在第一次世界大战时期，日本资本主义迅猛发展的新形势下，陆续加入无产阶级队伍，

---

① 总同盟的前身是友爱会，1921 年正式改名为日本劳动总同盟，由关东劳动同盟会、关西劳动同盟会、全日本矿工总联合会等工会组成。

把自己的思想、作风等带到工人运动中来。这一小资产者正是无政府工团主义的阶级基础。

第二节　日本无政府工团主义
与马克思主义的对立

　　无政府工团主义是反马克思主义的机会主义派别，它否定暴力革命，反对无产阶级专政和无产阶级政党的领导，排斥政治斗争，鼓吹社会沙文主义，宣扬个人主义世界观。同样，日本的无政府工团主义，也否定暴力革命，主张所谓的直接行动。

　　什么叫直接行动呢？幸德说："是炸弹吗？是匕首吗？是竹枪吗？是席旗①吗？否！……不是这种暴乱的做法。只要全体工人，几天、几个星期或几个月拱手不做工就行了。这样，使社会上的一切生产交通机关都停止活动就够了。换句话说，就是举行所谓总罢工。若一切生产交通机关停止活动，断绝大人先生们的衣食供应，傲慢的他们就会认识到工人阶级的实力，就会体会到他们自己只是工人阶级的寄生虫。没有商品，钱再多也没有用。任凭你有军警实力，不供应食物衣服，也无法驱使他们。"②因此，"总罢工，在未来的革命中，是使统治阶级战败的最上等武器"③。这就是说，无产阶级不需要通过暴力革命来摧毁剥削阶级的旧国家机器，只要全体工人阶级举行总罢工，资本主义制度就会自然地全面崩溃，使无产阶级就能不费吹灰之力获得解放。可见，举

---

　　① 席旗是指日本人民因贫困买不起旗子或写横幅标语的布，所以游行时举起席子或草袋当作旗子。

　　② 幸德秋水：《世界革命运动的潮流》，见岸本英太郎编：《明治社会运动思想》下卷，青木书店 1955 年版，第 30～40 页。

　　③ 幸德秋水：《世界革命运动的潮流》，见岸本英太郎编：《明治社会运动思想》下卷，第 40 页。

行总罢工，是无产阶级革命一切问题迎刃而解的万能论。

固然，总罢工是无产阶级进行阶级斗争的一种形式，比起个别工厂的工人对个别资本家的罢工斗争是进了一步，具有一定的革命意义。但是，单靠总罢工是不能摧毁资本主义的，总罢工只能为摧毁资本主义准备某些条件。无产阶级革命的主要的和决定性的手段，不是总罢工，而是用暴力摧毁资本主义的国家机器，用武装夺取政权。暴力革命是无产阶级革命的普遍规律。

可是，无政府工团主义却认为，"巴黎公社被粉碎了，武力夺取政权，怎么也不可能了"[①]，公然否定暴力革命，否定武装夺取政权。恩格斯在总结公社的经验和教训时指出："要是巴黎公社不依靠对付资产阶级的武装人民这个权威，它能支持一天以上吗？反过来说，难道我们没有理由责备公社把这个权威用得太少了吗？"[②]可见，公社起义被粉碎的原因就在于武装这个权威用得太少了，而不是武装夺取政权怎么也不可能。历史早已雄辩地驳斥了总罢工万能论。

日本的无政府工团主义，虽然否定和反对武装夺取政权，却提倡拿起匕首和手枪进行恐怖活动。恐怖主义往往是无政府工团主义的影子。北风会就搞过恐怖活动，大杉荣也参加过。1923年大杉荣被宪兵杀害后，其同伙和田久太郎等也于1924年9月企图用手枪打死关东震灾时期的戒严司令官，但是未遂。这是无政府工团主义总罢工万能论失败后的最后挣扎。

日本无政府工团主义既然否认和反对暴力革命，就必然进一步反对用暴力革命建立的无产阶级专政的国家，反对无产阶级权威，而主张"无政府"和"无政府共产"社会。

无产阶级摧毁资产阶级的国家机器后，用什么代替它呢？对

---

① 幸德秋水：《世界革命运动的潮流》，见岸本英太郎编：《明治社会运动思想》下卷，第37页。
② 恩格斯：《论权威》，《马克思恩格斯全集》中文版第18卷，第344页。

此，马克思主义者和无政府主义者是有根本分歧的。

马克思主义者认为，无产阶级摧毁旧的资产阶级国家机器后，"帝国主义还存在，国内反动派还存在，国内阶级还存在"①，所以不能废除和消灭国家，而一定要建立和强化无产阶级专政的国家权力。无政府工团主义者却与此相反。他们主张，无产阶级革命必须先从废除国家开始。凡是国家，不论无产阶级专政还是资产阶级专政的国家，一概皆应否定和反对。大杉荣说："不论是资本的政府，还是工人的政府，不论是怎样的政府……都是不可信的。"②他不仅不信工人阶级的政府，而且大肆攻击十月革命所建立的世界上第一个无产阶级专政的国家。他认为，十月革命不是工农的革命，而是一场不幸；无产阶级专政是破坏自由主义的专制主义，布尔什维克主义是帝国主义。③他还说："工农政府，即工人和农民的政府本身就是妨碍革命前进的最大反革命要素……谁会支持这样的布尔什维克政权呢？"④这就彻底暴露了无政府工团主义者否定和反对无产阶级专政的本质。

那么，无政府工团主义者想用什么来代替资产阶级的国家机器呢？大杉荣想以"思想上有自由、行动上也有自由、动机上更有自由"⑤的没有权威、没有约束、没有纪律的所谓个性解放的"无政府共产"社会来代替。显然，在阶级社会里，这只能是幻想。无政府主义者表面上不要任何专政和政府，其实不要的是无产阶级专政的国家，而要的还是资产阶级专政的国家。无政府工团主义是小资产阶级思想和工人运动影响的产物。它的"无政府共产"

① 毛泽东：《论人民民主专政》，《毛泽东选集》（一卷本），人民出版社1967年版，第1365页。
② 大杉荣：《哪一个是真的》，见住谷悦治等编：《日本社会思想史》第2卷，芳贺书店1969年版，第308～309页。
③ 大杉荣：《无政府主义者眼中的俄国革命》，见细川嘉六监修：《日本社会主义文献解说》，大月书店1958年版，第149页。
④ 大杉荣：《为什么不拥护进行中的革命》，见桑原武夫等编：《近代日本的思想家》第2卷，筑摩书房1966年版，第354页。
⑤ 大杉荣：《我喜欢精神》，见桑原武夫等编：《近代日本的思想家》第2卷，第354页。

社会，实质上是以小私有制为基础的小资产阶级社会。可是，小资产阶级本身不断地分化，小私有制也不断地产生资本主义自发势力，其结果势必把这个社会带到资产阶级社会，其国家也必定是资产阶级专政的国家。

在无政府工团主义者鼓吹的"无政府共产"社会里，人们还要吃、要穿、要消费、要继续生产。这个生产由谁来管呢？大杉荣说："工会必须是将要建立的未来社会的萌芽。"[1]无政府工团主义组织"左党联盟"的高田和逸更清楚地说："工会是未来新社会的母体。"[2]在他们看来，在"无政府共产"社会里，只由工会来管理生产，其他一切无产阶级权威，都是多余的，而且是有害的。这是工会至高无上的工团主义主张，是对马克思主义关于无产阶级专政学说的反动。工会，是工人阶级的群众性组织，是党教育工人的共产主义学校。它只能在无产阶级政党的领导下开展工作，绝不能代替党的领导，不能执行无产阶级专政的职能，也不能管理社会主义生产。

无政府工团主义者还宣扬什么"生产者会议"，妄图以它代替无产阶级专政。高田和逸认为，在用总罢工推翻统治阶级后，工人的管理应由生产者会议来准备。[3]

日本无政府工团主义，反对领导这个权威；反对向工人进行政治思想上的社会主义教育，崇拜工人运动的自发倾向，主张工人"本能"的行动。

幸德说："当依靠工人阶级的自觉和训练，把资本完全公有化时，对工人来说绝没有领袖的必要。……在工人的直接行动中，站在前面的人，不是率领工人前进的，而是押后阵的。"[4]大杉荣也说："工人通过本能的行动，自己会觉悟，会启示自己的才能，

---

① 大杉荣：《劳动运动的精神》，见住谷悦治等编：《日本社会思想史》第2卷，第292页。
② 大河内一男、渡部彻监修：《总同盟五十年史》第1卷，1964年版，第361页。
③ 大河内一男、渡部彻监修：《总同盟五十年史》第1卷，第360页。
④ 堺利彦：《日本社会主义运动史》，河出书房1954年版，第11页

而不是由他人领导下革命化。"①又说:"我最喜欢的是人的盲目行为,即精神本身的爆发。"②这是崇拜工人的自发倾向,反对无产阶级政党的领导,反对工人运动与科学社会主义相结合的工联主义主张。这是因为,在资本主义社会中,工人运动不能自发地产生科学社会主义,而且资产阶级思想体系的根源比科学社会主义思想体系久远得多,它拥有的传播工具也比它多得多。因此,科学社会主义思想应由无产阶级政党灌输到工人运动之中去,由无产阶级政党对工人群众进行社会主义教育。工人运动必须与科学社会主义相结合,这是工人运动发展的普遍规律。

可是,无政府工团主义盲目地主张"工人的自主自立",工人的问题只由工人来解决,以反对无产阶级政党的领导和科学社会主义思想与工人运动相结合。没有社会主义的工人运动,就是一种工联主义的瞎闯。事实上,日本的无政府工团主义者正是妄图把战后汹涌澎湃的工人运动引向资产阶级的工联主义道路上去。他们所提出的总罢工万能论,正是鼓吹不与社会主义科学理论相结合的工人本能的、盲目的、自发的罢工,鼓吹地地道道的工联主义的经济斗争。幸德说,"工人阶级所希望的是'争取面包',而不是夺取政权"③,一语道破了总罢工万能论的工联主义实质。

日本的无政府工团主义,排斥政治斗争,反对利用现代国家准备无产阶级革命。

这表现在反对利用议会讲台。幸德说,"为选举目的训练的三百万人,对于达到革命目的是没有用处的"④,"靠普通选举或者议会政策,不可能完成真正的社会革命。要达到社会主义的目

---

① 大河内一男、渡部彻监修:《总同盟五十年史》第1卷,第396页。
② 大杉荣:《劳动运动和个人主义》,见桑原武夫等编:《近代日本的思想家》第2卷,第350页。
③ 幸德秋水:《我的思想变化》,见岸本英太郎编:《明治社会运动思想》下卷,第72页。
④ 桑原武夫等编:《近代日本的思想家》第2卷,第344页。

的，只能靠团结一致的工人的直接行动"①。大杉荣也说，"议会政策恐怕削弱社会主义革命的气势"，"不靠着工人的直接行动怎么也不能争得社会革命"②。是的，无产阶级绝不能靠选票和议会的多数来实现无产阶级的社会革命。

无政府工团主义反对议会主义，并不能说明他们是革命的。堺利彦在评价无政府主义的历史作用时，说什么"无政府主义防止了正统社会主义堕落为改良主义（或者修正主义）"③，这是歪曲历史，混淆是非。无政府主义反对议会主义，不是站在马克思主义的暴力革命论的立场，而是站在反对暴力革命的总罢工即工联主义的立场。无政府主义和改良主义，虽然表现形式不同，但它们都反对马克思主义的暴力革命，其实质是一样的。

政治斗争就是阶级斗争。无政府工团主义不懂得无产阶级的阶级斗争。工人运动是无产阶级反对资产阶级的阶级斗争，是无产阶级革命的重要组成部分。可是无政府工团主义者却说什么工人运动"是争取工人的一切才能和人格的运动"④，把阶级斗争降低为争人格运动。人格，是阶级调和论的所谓人类之普遍人格，是否定人的阶级本质，宣扬抽象的人的本质的东西，是和科学社会主义的阶级斗争学说根本对立的。可见他们是排斥政治斗争即阶级斗争，而搞人性论的。

无政府工团主义的这一机会主义路线，对第一次世界大战后日本的工人运动产生了直接的影响。信友会、正进会等无政府工团主义工会自不消说，连改良主义工会友爱会也在其影响下，放弃了争取"普选"的斗争。1922 年初，总同盟甚至拒绝参加反对《取缔法》的斗争。他们虽然反对"普选"，但其立场是反对无产

---

① 幸德秋水：《我的思想变化》，见岸本英太郎编：《明治社会运动思想》下卷，第 65 页。
② 大杉荣：《欧洲社会党运动的大势》，见桑原武夫等编：《近代日本的思想家》第 2 卷，第 345 页。
③ 堺利彦：《日本社会主义运动史》，第 114 页。
④ 住谷悦治等编：《日本社会思想史》，第 2 卷，第 287 页。

阶级开展政治斗争。"政治是资产阶级的事情，与无产阶级无关。我们应该埋头于经济的直接行动。"①这说明，无政府工团主义事实上是在否定政治的幌子下使工人阶级服从资产阶级的政治。

日本的无政府工团主义者，如同其祖师爷克鲁泡特金一样，还是社会沙文主义者。第一次世界大战后，在日本帝国主义的殖民地和被侵略的国家里，先后爆发了反对日本帝国主义侵略和奴役的革命风暴。朝鲜人民掀起了反对日本帝国主义的三一运动，中国人民举行了反帝反封建的五四运动，苏联人民进行了反击日本帝国主义武装干涉的战争。对此持什么态度，这是识别真假革命者的最好的试金石。大杉荣在这一问题上再次暴露了他的假革命的原形。1921年初，他在无政府工团主义刊物《劳动运动》的社论《日本的革命》一文中说："日本现时正从西伯利亚、朝鲜，中国被分割。对此，我们不能熟视无睹，必须做好随时战斗的准备。"②他还说："日本必须以俄国、朝鲜、中国为敌进行斗争。"③这是社会沙文主义者的自供状。他公开站在日本帝国主义者的立场上，要保卫日本帝国主义。他号召无政府主义者和共产主义者联合起来，共同对付"敌人"，并且吸收两名所谓共产主义者参加其劳动运动社的活动。

后来查明，大杉荣早已被统治阶级收买，向统治阶级提供有关日本共产党的情报，并从后藤内相那里领取高额的生活费。④他是帮助统治阶级的工人贵族，是工人运动中的资产者。日本无政府工团主义者的世界观是资产阶级世界观。个人主义是无政府主义整个世界观的基础。

大杉荣是个人主义的鼓吹者。他在日本工人运动的低潮时期（1910～1916），办过杂志《近代思想》。他回忆说："那时是个人

---

① 大河内一男、渡部彻监修：《总同盟五十年史》第1卷，第694页。
② 桑原武夫等编：《近代日本的思想家》第2卷，第384页。
③ 桑原武夫等编：《近代日本的思想家》第2卷，第385页。
④ 根津正市著：《日本现代史》第4卷，三一书房1968年版，第245页。

主义在文坛思想界的极盛时代。完成自己，首先充实自己的生命，与周围不交往，尤其是逃避使自己烦恼或者危害自己的环境，静静地内省和观照，这是当时个人主义的理论和实际。"①他认为，个人、自我和生命一样宝贵，很欣赏"我是唯一的，除我之外是没有的"主观唯心主义者的个人主义格言。第一次世界大战后，他把这种极端个人主义的私货带到工人运动内部。大杉荣说："我们有对其周围压迫的敏感和对其压迫的强烈反抗本能。这恐怕是使我们起来斗争的第一个理由。幼年时，受父母、长辈和教师的压迫；走出校门后，受人间生活的压迫。当我回顾我成长过程时，似乎是这些压迫和对它的反抗的连续。"②他认为，是个人先起来反抗压迫的，因此，个人是反抗的据点，同时又是社会革命的起点，只有通过个人思维的变革，才能完成社会革命。

这两种根本对立的世界观，在政治上必然表现为两条路线的斗争，具体地便表现在1922年全国工会总联合大会上。

第三节　日本共产党工人阶级反对
无政府工团主义的斗争

无政府主义于1905年左右传播到日本后，首先同它进行论战的是伯恩斯坦修正主义流派之一的议会主义。1907年，在日本社会党第二次大会上，以田添铁二为首的议会主义与以幸德秋水为首的无政府主义进行了一场激烈的论战。但这场论战仅仅停留在意识形态领域里，而没有直接波及工人运动。

第一次世界大战后。无政府主义和修正主义的另一个流派改

---

① 大杉荣：《最近思想界的倾向》，见桑原武夫等编：《近代日本的思想家》第2卷，第351～352页。
② 大杉荣：《劳动运动和个人主义》，见桑原武夫等编：《近代日本的思想家》第2卷，第350页。

良主义都已渗透到工人运动中，把意识形态领域的斗争扩大到工人运动内部，使工会分裂为以友爱会为首的改良主义工会和以信友会、正进会为首的无政府工团主义工会。在友爱会内部，以关东同盟会为中心的无政府工团主义和以关西同盟会为中心的议会主义，在1920年10月的友爱会第八周年大会上进行了一场论战。但是，两个机会主义之争是"同胞兄弟"之争，没有根本分歧，不是真正的斗争。

同日本无政府工团主义展开真正斗争的是当时的日本共产党和日本工人阶级。

在日本工人运动汹涌澎湃的大好形势下，共产主义思想迅速传播到日本，1922年7月日本共产党成立。日本共产党是在斗争中成立和发展起来的。[①]以片山潜为首的日本共产党举起马克思主义旗帜，领导日本工人阶级进行了反对无政府工团主义的真正的斗争。那时，在日本较大而有影响的工会是总同盟。刚刚成立的日本共产党，在总同盟中发展党员，以他们为核心成立左派协议会，并通过它扩大对总同盟的影响，使总同盟在党的影响和广大工人群众的推动下，在反对无政府工团主义的斗争中，起了一定的积极作用。

幼年的日本共产党通过总同盟，进行了反对无政府工团主义分裂工人运动的斗争。1920年经济危机以来，资本家和政府对工人阶级的压迫和破坏日益加剧。这一形势要求工人阶级联合起来进行统一的斗争。1922年4月，关西同盟会倡议召开全国工会总联合大会，经过日本共产党的努力和广大工人群众的支持，同年9月在大阪召开了有59个工会106名代表参加的全国工会总联合大会。在大会上主张："资本主义把权力集中在中央，以此施展其威力，工会若不采取中央集权就不能对抗它们，必须把战斗力集

---

① 这一问题将另文详述。

中起来。"①信友会等无政府工团主义工会却相反，它们宣布反对"为了打碎金钱势力的枷锁而加强权力枷锁的组织"，声称"只希望自由联合的组织"②。大会斗争的焦点是：集中领导下的大联合，还是没有集中领导的自由联合。双方意见针锋相对，情绪激昂。统治阶级最害怕工人阶级的革命团结和工人运动的统一，在场的警察遂趁会场混乱之机，下令解散会议，全国工会总联合大会终于流产。

这次斗争，实质上是马克思主义的联合团结路线和无政府工团主义的分裂路线的斗争。这次斗争，表面上是总同盟和信友会等工会之间的斗争，实际上是它们的支持者日本共产党和无政府工团主义者的斗争。双方都出席了这次大会，并加以指导。无政府工团主义是机会主义，它与马克思主义格格不入，因此，在行动上必定搞分裂活动。大杉荣诽谤集中领导下的大联合是"俄国布尔什维克的得意做法"③。这暴露了无政府工团主义者的反马克思主义立场。

这次斗争反映了两种世界观在政治上的根本分歧。个人主义是无政府工团主义世界观的基础，因此，它强调个人在工会中的自由，在联合时强调各工会的自由和独立，反对任何权威和约束。其结果必然主张没有集中、没有领导的自由联合。这与无产阶级的世界观是根本对立的，所以在政治上也必然表现为分裂主义。

这次斗争是日本共产党与无政府工团主义争夺广大群众的斗争。日共是以总同盟为中心，团结广大工人群众；而无政府工团主义则以信友会等为中心，争夺日共影响下的工人群众。

斗争结果彻底暴露了无政府工团主义者分裂和破坏工人阶级的团结和统一的行径，使广大群众认清了他们的本质。通过这

---

① 桑原武夫等编：《近代日本的思想家》第 2 卷，第 390 页。
② 桑原武夫等编：《近代日本的思想家》第 2 卷，第 390 页。
③ 大杉荣：《劳动运动的理想主义和现实主义》，见松田道松编：《无政府主义》，筑摩书房 1966 年版，第 245 页。

次斗争，无政府工团主义遭到了一次沉重的打击。1926 年 5 月他们又成立了无政府工团主义的工会——全国工会自由联合会，但会员仅有一千九百多人。与此相反，日本共产党通过这次斗争在总同盟和广大工人群众中扩大了自己的影响，总同盟所属的东京铁工工会等几个工会联合起来成立关东铁工工会，成为总同盟内的一个左派工会核心。这表明日本共产党集中领导下的大联合日益深入人心。

日本共产党和工人阶级积极开展政治斗争，同无政府工团主义排斥政治斗争的机会主义路线进行了斗争。日本共产党在 1922 年纲领草案①中，在日本历史上第一次提出"推翻天皇政府和废止天皇制"②的政治任务，并从无产阶级革命策略的角度提出了"为实行普选而斗争"③的口号。纲领草案在分析日本社会性质的基础上，提出了资产阶级民主主义革命的政治任务。不仅如此，日本共产党还就民主与集中、民主与专政、资产阶级议会与无产阶级策略等问题，在理论上进一步批判了无政府工团主义；同时，日本共产党通过总同盟开展了政治斗争。1923 年初，总同盟决定反对《取缔法》和《工会法》，并联合 22 个团体成立"反对《取缔法》《工会法》全国委员会"，在东京、大阪、八幡等地举行了声势浩大的示威游行，迫使第四十六次议会不敢提出这两个法案。斗争获得了胜利，这是对无政府工团主义的有力批判。

日本共产党举起无产阶级国际主义旗帜，和无政府工团主义者的社会沙文主义进行了不调和的斗争。日本共产党 1922 年的纲领草案就提出："1. 放弃一切对外干涉的企图；2. 撤出驻在朝鲜、

---

① 1922 年日本共产党制定党纲时，佐野学等反对把推翻天皇制政府的任务写在党纲上，因此纲领草案未能通过。
② 日本共产党史料委员会编：《共产国际关于日本问题方针、决议集》，世界知识出版社 1960 年版，第 2 页。
③ 日本共产党史料委员会编：《共产国际关于日本问题方针、决议集》，世界知识出版社 1960 年版，第 2 页。

中国和库页岛等地的一切军队；3. 承认苏联。"①并且通过总同盟开展要求承认工农苏俄的运动。日共成立前，总同盟等曾组成对俄非干涉同志会，进行过号召日军撤出苏俄，同苏俄进行贸易、援助苏俄人民的活动。但那是在资产阶级民主主义者的影响下，为摆脱日本经济危机而进行的，因此，它不是真正的无产阶级国际主义运动。这一次则不同，它是从无产阶级国际阶级斗争的立场出发，迫使日本资产阶级承认世界工人阶级的先驱、解放世界无产阶级的大根据地的无产阶级国际主义斗争。

　　1921 年起，在工人运动的影响下，日本农民运动也蓬勃发展起来。②农民运动的兴起，打破了无政府工团主义仅把革命局限于工人总罢工的框框。无政府工团主义者根本不懂占日本人口多数的贫农的革命作用，从未提过工农联盟。而离开工农联盟，日本的资产阶级民主革命是不可能成功的。日本共产党在其纲领草案中，分析了封建土地所有制的残余，提出了"共产党必须支持一切为了反对大土地所有者而进行的农地改革运动，用各种手段推进这个运动使之发展"③。这就是工农联盟的思想。

　　国际形势也有利于日本共产党和日本工人阶级战胜无政府工团主义。革命实践无情地宣告了无政府工团主义的破产。一时受蒙蔽的无产阶级分子在革命实践中觉醒，纷纷起来反戈一击，信奉它的人寥寥无几。于是，国际上风靡一时的无政府工团主义思潮，日薄西山，逐渐衰落。

　　在第一次世界大战后国内外革命的大好形势下，日本的无政府工团主义，如同其祖师爷蒲鲁东、巴枯宁、克鲁泡特金一样，在革命运动的实验中彻底破产，而日本共产党和日本工人阶级反对无政府工团主义的斗争取得了胜利。但是，斗争并没有止息。

---

① 大河内一男、渡部彻监修：《总同盟五十年史》第 1 卷，第 646 页。
② 1921 年佃农斗争次数达 1254 起。
③ 日本共产党史料委员会编：《共产国际关于日本问题方针、决议集》，第 3 页。

反对无政府工团主义的斗争，一时掩盖了总同盟右派的改良主义。1923 年下半年，日本工人阶级又迎来了反对改良主义的斗争。但是，反对无政府工团主义的斗争，这次也不是最后一次。无政府工团主义的思想仍在工人运动中有影响，侵袭尚未觉悟的部分群众。这是因为无政府工团主义的阶级基础（小资产阶级）和社会根源依然存在。新的无政府工团主义者于 1934 年成立了日本无政府共产党，不久被解散。日本战败后，他们东山再起，于 1946 年成立了无政府主义者联盟，发行《平民新闻》（后改名为《黑旗》，现又改名为《自由联合》）。在震撼世界的 1960 年反对《日美安全条约》的斗争中，它的自由联合主义仍有强烈的反应。今天的斗争是历史上斗争的继续。

第二章　日本共产党的诞生

日本共产党的诞生，是近代日本历史发展的必然结果。

日本近代的历史是从 1868 年的明治维新开始的。明治维新是一次资产阶级革命，从此日本从封建社会进入了资本主义社会。可是，这次革命是很不彻底的自上而下的改革，依然保留了封建土地所有制，政权也没有掌握在新兴资产阶级手里。资产阶级民主革命的任务，有待进一步完成。

由哪一个阶级来完成这一任务呢？维新不久，广大农民阶级掀起声势浩大的反资反封建斗争，反对寄生地主的剥削和资产阶级的征兵制。农民阶级虽然具有坚强的反资反封建的革命性，但由于其小生产者的特点，只能依附于资产阶级，不能领导这一革命。日本的资产阶级则利用农民运动，掀起自由民权运动，迫使天皇制政府制定宪法，同意开设议会。但是，日本的资产阶级由于时代的局限和本身的软弱，仍然不能完成推翻天皇专制和实行土地改革的资产阶级民主革命的任务。历史证明：日本的农民阶级和资产阶级都不能领导日本的资产阶级民主革命，这个领导革命的任务历史性地落在新生的日本工人阶级肩上。日本工人阶级是日本历史上最伟大的一个阶级，是思想上、政治上、力量上具有先进性的一个阶级。日本工人阶级的领导作用，是通过共产党的领导来实现的。

第一节　马克思主义与日本共产党

日本的工人阶级和工人运动，是随着日本资本主义的发展逐步成长壮大的。据统计，1886 年日本工人总数为 205500 人，同年山梨县甲府的雨宫制丝厂的 100 多名产业工人举行了日本历史上第一次工人罢工①。通过中日甲午战争和日俄战争，日本资本主义迅猛发展，进入军事封建帝国主义阶段。日本工人阶级队伍也跟着迅速发展壮大，1909 年发展到 104 万多人；罢工、怠工等斗争比前期频繁，从 1897 年至 1905 年共发生了 161 起，参加人数达两万八千多人②。在斗争中，工人相继成立工会。1897 年 7 月片山潜等成立日本工会期成会，在它的推动下先后成立了东京铁工工会、矫正会、印刷工工会等。这一时期工人运动虽有很大发展，但仍处在自发的阶段，斗争只限于改善自身的若干经济状况，提倡社会改良和阶级调和。这说明，工人阶级单靠自己本身的力量，只能形成工联主义的意识，不能认识自己的历史使命，不能提出自己的政治纲领，不能成为独立的政治力量，不能成立自己的无产阶级政党。

日本工人运动的迅速发展需要科学社会主义即马克思主义的指导。但首先传入日本的思想和理论不是马克思主义。19 世纪末 20 世纪初正是第二国际修正主义和改良主义大泛滥时期。这种思潮通过美国传入日本后，研究和宣传所谓社会主义的思想团体和政党相继成立，如社会主义协会（1901 年）、社会民主党（1902 年）、平民社（1903 年）、日本社会党（1906 年）。它们脱离工人群众，追随第二国际的修正主义，极力宣扬议会道路。日本社会

---

① 森喜一著：《日本劳动阶级状态史》，三一书房 1961 年版，第 36、50 页。
② 隅谷三喜男著：《日本劳动运动史》，有信堂 1966 年版，第 25 页。

民主党主张："议会是我们将来活动的舞台，我党在议会获得多数之时，就是我们实现自己的目的（社会主义）之日。"与此同时，无政府主义通过美国也传入日本。以幸德秋水为首的无政府主义者鼓吹改头换面的工联主义——直接行动，宣扬"无政府共产"社会，表面上似乎比第二国际修正主义"革命"，因此部分工人误认为它能"解决"工人的问题。但无政府主义和第二国际的议会主义是一丘之貉，同样都不可能把自在的日本工人阶级变为自为的阶级，不可能与日本工人运动相结合，产生无产阶级政党。

这一时期，马克思、恩格斯的著作开始译成日文传入日本。1904年《平民新闻》刊载了《共产党宣言》，1906年《社会主义研究》刊登了恩格斯的《社会主义从空想到科学的发展》，1906年马克思的《资本论》也被译成日文。但是，这些著作的译者不是议会主义者就是无政府主义者，他们不能起到宣传马克思主义的先锋桥梁作用，更不能使马克思主义同日本工人运动相结合，产生伟大的物质力量，建立革命的共产党。

第一次世界大战后，日本于1918年爆发了历史上罕见的人民运动——米骚动，震动了日本列岛。工人阶级掀起了斗争的新高潮，1910年仅有10次罢工斗争，在1917年猛增到398次，至1919年则达497次，参加者计有六万三千多人。仙台的一名工人原田忠一在寄给《劳动与产业》的文章《我们的生活已经有了光明》中说："以前我常常像一种习惯似的告诉我的孩子们，你们生在像我这样穷工人的家庭是你们不可挽救的不幸。你们要认命，你们一辈子要像我这样作为没有学问的人，过着穷苦的日子。……做梦也不可有大望。可是，正像一阵迅雷霹雳，在俄国起了革命，霎时间天下归到工人手里来了，完全是我想象不到的事，所以我一时很莫名其妙。可是千真万确的，俄国是起了革命了。我喜欢得跳起来，在屋里乱跑，抱起孩子们来喊着说：'喂，小子们别焦急，你们也能取得天下了！'革命给我们带来了生活的希望！"这

反映了俄国工人阶级的强烈影响，表达了日本工人阶级对第一个无产阶级国家的向往。

这一时期，片山潜在美国组织马列主义小组——旅美日本人社会主义团，从事革命活动。他在 1920 年初写的《社会主义论》中表达了对苏维埃政权和无产阶级专政的支持，在《对没有剥削的社会的热情》一文中，抨击第二国际的议会主义和改良主义。他说，我们"不能满足于普选的实施、议会政策及资本家、官僚、军阀等所赋予的社会政策。普选运动、政治运动仅仅可以作为社会主义的宣传、革命的准备手段来采用，而我们实现社会主义的方法和手段本身就是革命的。我们要采用总罢工、总怠工、一揆[①]等所有直接行动，坚持阶级斗争，坚决实行社会革命的最终目的"[②]。这表明，片山潜对议会主义反戈一击，逐渐接近马列主义。

片山潜的思想转变中，列宁的《国家与革命》起了决定性作用。列宁在这一书中，总结和发展了马克思主义关于国家的学说，进一步阐明了巴黎公社的道路，指出无产阶级用暴力革命来粉碎资产阶级国家机器和建立无产阶级专政的绝对必要性。这部著作为十月革命的胜利和第一个无产阶级专政国家的建立，奠定了理论基础。要真正理解十月革命和马列主义，就必须读这部著作。片山潜 1920 年 8 月在纽约读了英文版的《国家与革命》，知道了俄国布尔什维克革命的基本原理。[③]1924 年他悼念列宁时说："我第一次深刻地认识他是通过他的著作《国家与革命》。通过它我理解了无产阶级专政的意义。"[④]同月他在给国内友人的信中全面具体地谈了读后心得。他在信中谈到了国家的起源、国家的职能、家的消亡等问题，揭露了剥削阶级对人民的残酷统治。他说："俄

---

① 一揆是指起义。
② 小山弘健著：《日本马克思主义史》，青木书店 1956 年版，第 21～22 页。
③ 隅谷三喜男著：《片山潜》，东大出版会 1960 年版，第 235 页。
④ 片山潜：《列宁同志》，《改造》1924 年 3 月号，第 66 页。

国社会主义革命彻底粉碎了这样的国家，工人阶级作为统治阶级打倒了资产阶级和反对工人的其他阶级。现在俄国有列宁的政府。在俄国，工人是有权者，是统治者，也是生产者。"①他满腔热情地歌颂工人阶级专政的新国家。信中不仅批判了议会主义，而且还批判了无政府主义，同这一反马列主义的派别划清了界线。后来，他把《国家与革命》译成日文，秘密地传到了日本国内。片山潜成为日本的第一批马列主义者，这并不是偶然的。片山潜虽曾受到议会主义的影响，但他同其他所谓社会主义者不同，经常深入工人群众，参加工人斗争。在 1911 年日本工人运动处于低潮的时期，他果断地领导了东京电车公司的罢工斗争，取得了胜利。但片山潜被捕入狱，在狱中受到天皇专制主义的种种折磨，从感性上认识了国家的本质。这次通过学习《国家与革命》把感性认识提高到理性，产生了认识上的飞跃。

马列主义者片山潜于 1920 年 10 月第一次提出了建立日本共产党的问题。他说："日本的无产阶级为了要能够完成它在打倒日本帝国主义这一事业中所担任的主要作用，就非在他们之间灌输阶级的意识不可，非得到其他一切国家无产阶级的全力支持不可。各国的帝国主义，必须要由这个国家的无产阶级直接来推翻。而无产阶级又非在参加共产国际的共产党领导之下，从事斗争不可。不然的话……在日本这样的国家里，这个（打倒帝国主义的任务）就完全没有希望。"②为了建立日本共产党，片山潜以旅美日本人社会主义团为中心，一方面同第三国际取得联系，1921 年派这一共产主义小组的代表参加共产国际第三次代表大会；另一方面，向日本国内介绍十月革命的情况，宣传马列主义（当时日本国内介绍十月革命情况的材料都是从旅美日本人社会主义团那里来的），同时派人促进国内的建党准备工作。

---

① 片山潜：《美国纽约通讯国家论》，《片山潜著作集》第 2 卷，1960 年版，第 338 页。
② 片山潜：《日本和逼近的社会革命》，《前卫》1959 年 11 月临时增刊，第 129 页。

马列主义的迅速传播促使日本原来的伪社会主义者阵营产生分化，同时马列主义也在反对无政府主义和改良主义的斗争中逐渐地与日本工人运动相结合。1921 年 5 月社会主义者同盟[①]被解散后，日本的所谓社会主义队伍迅速分化为无政府主义、改良主义、共产主义三大派别，显出各自的本来面目。以大杉荣为首的无政府工团主义者攻击十月革命和它所建立的无产阶级专政。大杉荣第三次主办的《劳动运动》，极尽攻击十月革命和无产阶级专政之能事。贺川丰彦等改良主义者也是如此。当时称为布尔派的共产主义者在各地组织共产主义小组，介绍十月革命后的俄国情况，宣传马列主义，同时与前两个反马列主义派别进行了理论斗争。在这一斗争过程中，工人群众逐渐认识了前两个派别的反马列主义本质，纷纷加入共产主义小组，或者参加这一小组举办的各种演讲会。这样，日本的工人运动逐渐地和马列主义结合起来了。

经过半个世纪的斗争和曲折，成立日本共产党的条件：阶级基础——日本工人运动的高涨，和思想基础——马列主义在日本的传播，业已成熟。

就在这时，列宁亲自指导的第三国际促进和帮助了日本共产党的建立。刚刚成立的第三国际非常重视包括日本人民在内的亚洲人民的斗争。共产国际第三次代表大会为了促进亚洲人民的革命斗争和民族解放斗争，决定召开远东各国共产党及民族革命团体的第一次代表大会。日本选派片山潜、德田球一等 14 名代表参加。[②]日本国内外的代表们在莫斯科齐聚一堂，相互介绍情况，

---

① 社会主义者同盟是山川均等于 1920 年 12 月建立的思想团体，参加者有无政府主义者、改良主义者、共产主义者，还有部分工人。其中无政府主义者的势力较大。他们开讲演会，宣传各自的社会主义，力图影响工人运动，但由于内部矛盾和政府的镇压，于 1921 年 5 月被解散。

② 旅美日本人社会主义团选派片山潜等六名代表，国内选派了德田球一等八名代表，其中包括三名工人代表。

交流经验。片山潜对代表们强调了建立日本共产党的必要性。1922
年1月大会开幕。会议强调了日本革命在亚洲民族解放运动中的
重要作用。会议期间，列宁接见代表时，对片山潜提出了"为反
对日本帝国主义要组织远东工人的前卫"[①]问题。在日本问题分
组会议上，片山潜作了《日本的政治、经济形势及工人运动》的
报告，说明了党的组织原则、支部及其活动方针、党与工会等非
党组织的关系等问题，为建党指明了组织路线。会议期间，以列
宁为首的第三国际领导也大力促进和帮助了日本共产党的建立。
大会结束后，德田球一等分批回到日本，投入建党工作。片山潜
在莫斯科参加共产国际的领导工作，同时指导国内的建党活动。

第二节　日本共产党的诞生与《党纲草案》

当德田球一等回国要求建党时，山川均等右倾机会主义者极
力阻挠。其认为，为时尚早，要求"延期"成立。后来事实证明，
山川是反对建立日本共产党的。德田等共产主义者坚持斗争，于
1922年7月15日在东京成立了日本共产党。日本共产党第一次
代表大会通过了党的临时章程，选出党的中央委员会，并决定参
加第三国际。

日本共产党的诞生，开辟了日本革命运动的新时代。从此，
日本人民和工人阶级有了摆脱第二国际影响的新型的马列主义政
党，在自己的政治领袖和战斗司令部的领导和影响下，进行革命
斗争。日本的工人阶级从自在的阶级变成自为的阶级，成为通过
共产党起领导作用的独立的政治力量。日本革命由此焕然一新，
进入了无产阶级领导的新时代。日本革命在无产阶级国际主义旗

---

① 渡边春男著：《日本马克思主义运动的黎明》，青木书店1959年版，第162页。

帜下，成为世界革命的一部分，日本工人阶级和世界无产阶级联合起来了。

日本共产党的诞生，引起了日本统治阶级的恐惧和敌视。他们谩骂日本共产党是"杀人放火的强盗集团"，给它戴上"阴谋""大逆""卖国""国贼"等一大堆帽子。

山川均等右倾机会主义者则跟着喊叫日本共产党是"太无计划的，急忙成立的粗制滥造"①的东西，是个"小宗派"②集团。这是社会上阶级斗争在党内的反映。

日本共产党于 1923 年 2 月在千叶县市川市召开了党的第二次代表大会，3 月在东京召开了临时党代表大会，讨论了党纲、党章和党的活动方针。这两次大会充满了两条路线的斗争。在讨论党纲时，就《党纲草案》③中"推翻天皇政治和废止天皇"的问题进行了针锋相对的斗争。佐野学④等反对把这一根本问题写在党纲中。德田球一等坚持把这一条任务写在党纲中。斗争的另一个焦点是日本革命的性质问题，是资产阶级民主革命，还是无产阶级社会主义革命。还有一个是要不要参加争取"普选"斗争的问题。山川均等机会主义者反对党领导争取"普选"的斗争。这是无政府主义在党内的反映。⑤德田球一等坚持"必须为实行普选而斗争"的《党纲草案》的原则。这两次代表大会由于党内右倾机会主义的干扰，未能通过《党纲草案》，委托组织委员会继续审议。可是 6 月日本共产党遭到了统治阶级的镇压和破坏，《党纲草案》未能继续审议而被搁置起来。

《党纲草案》虽然未能通过为日本共产党的正式党纲，但它

---

① 《山川均自传》，岩波书店 1962 年版，第 393 页。
② 《山川均自传》，第 392 页。
③ 这一《党纲草案》是片山潜和出席共产国际第四次代表大会的日共代表在共产国际的帮助下起草的。
④ 据其他著作，反对者除佐野学外还有山川均、堺利彦、山本悬藏。
⑤ 山川均曾经追随幸德秋水的无政府主义。

是马列主义和日本革命的具体实践的第一个马列主义文献，具有深远的历史意义。《党纲草案》正确地规定了日本社会的性质为封建的资本主义社会，"国家权力掌握在大土地所有者和一部分工商业资产阶级联盟的手中"。①根据这一分析，《党纲草案》把日本革命的性质规定为资产阶级民主革命，革命的根本任务是"推翻天皇政府和废止天皇制"②，实行土地改革，实现民主主义政治权利。《党纲草案》明确了日本革命的两个阶段，资产阶级民主革命的完成将成为"以推翻资产阶级统治和实现无产阶级专政为目标的无产阶级革命的序曲"③。《党纲草案》强调了共产党的领导作用，要求党积极领导工人运动和农民运动，在斗争中"扫除黄色的、国家主义的和社会改良主义的领导者们在工会运动中所留下的影响"④。《党纲草案》在政治、经济、外交等方面提出了21条具体要求。《党纲草案》举起无产阶级国际主义的旗帜，把日本革命和无产阶级世界革命紧紧地联在一起，《党纲草案》体现了日本无产阶级革命的正确路线。日本共产党员遵照这一路线坚持斗争，在斗争实践中进一步丰富和发展了草案的内容，为制定1927年《关于日本问题的提纲》奠定了基础。

日本共产党是在路线斗争中茁壮成长的。山川均等右倾机会主义者怕组织被暴露，不敢发展党员和党组织。德田球一等反对这一机会主义组织路线⑤，在东京、大阪、京都等地发展党组织，在总同盟内左派工会中发展党员，截至1923年5月，共成立14个支部，党员发展到近六十人⑥。

---

① 日本共产党史资料委员会编：《共产国际关于日本问题方针、决议集》中译本，世界知识出版社1960年版，第1页。
② 日本共产党史资料委员会编：《共产国际关于日本问题方针、决议集》中译本，第2页。
③ 日本共产党史资料委员会编：《共产国际关于日本问题方针、决议集》中译本，第2页。
④ 日本共产党史资料委员会编：《共产国际关于日本问题方针、决议集》，第5页。
⑤ 杉森久著：《德田球一》，文艺春秋1964年版，第122页。
⑥ 小山仁示著：《日本社会主义运动史论》，美内鲁互书房1967年版，第144页。

日本共产党于 1923 年 4 月建立日本共产主义青年同盟，把它作为党的助手。

日本共产党领导工人阶级开展了反对以大杉荣为首的无政府工团主义的斗争。①

日本共产党从 1922 年起领导反对《过激社会运动取缔法》《工会法》《租佃纠纷调停法》等三大恶法的政治斗争，迫使政府不敢向第 46 届议会提出前两个法案，而后一个法案虽然提交议会审议，但未获通过。

日本共产党举起无产阶级国际主义旗帜，反对日本帝国主义对苏俄的武装干涉。日共领导人片山潜亲自到日军入侵的西伯利亚前线，呼唤日本士兵掉转枪口，起来反对武装干涉。日本共产党通过总同盟等工会组织开展道义上、物质上支持苏俄的活动，迫使日本政府承认苏联。此外，积极支持和声援朝鲜、中国等殖民地半殖民地人民的民族解放斗争。

日本共产党的英勇斗争，对于统治阶级是个很大的威胁。天皇专制政府派遣特务侦察日共的活动情况后，于 1923 年 6 月 5 日一举逮捕了日共的领导人及党员和支持者一百余人。接着趁 9 月关东大地震的时机，以"社会主义者阴谋发动内乱"为名，屠杀共产主义青年同盟的委员长川合义虎等革命者，镇压战后兴起的工农运动。与此同时，日本统治阶级玩弄阴险的手法，宣布要实行"普选"，改革议会，扩大资产阶级民主等，大力收买拉拢革命阵营中的动摇分子。

在这严峻时刻，在党内以山川均为首的右倾机会主义抬头，被捕的日共领导人堺利彦②等在狱中慑服于天皇制专政，年底被保释出狱，大造解散日共的舆论。没有被捕的山川均等与他们一拍即合，1924 年 2 月不通过党代表大会，强行解散了日本共产党。

---

① 《日本历史问题》第 1 期，第 27～29 页。

② 他是这一时期日共的书记。

这样，山川均的右倾机会主义进一步堕落为取消主义。取消主义的实质就是背弃"地下组织"，取消它，用无论如何要在合法范围内活动的不定型的联盟来代替它。

山川均解散日本共产党的目的就在于妄图以合法的、不定型的联盟——协同战线党来代替它。山川均的行径，遭到了日本共产党人的抵制和反对，尤其是工人出身党员的坚决反对。在他们的坚持下，成立了一个委员会，后来为党的机构重建，发挥了很大作用。委员会发行理论刊物《马克思主义》，作为自己的宣传工具。

为什么新生的日本共产党被解散了呢？

首先，天皇专制主义的暴力镇压是日本共产党被解散的外因。这外因通过内因起了作用。

其次，山川均、堺利彦等右倾机会主义者利用十月革命后曾经介绍和宣传十月革命的"威望"，夺取了党的领导权。他们从来不是真正的马克思主义者。堺利彦声称自己是"正统"马克思主义即考茨基主义的信徒。事实证明，他们是顶着马列主义名号的社会民主主义者，执行了慑服于统治阶级反革命的右倾机会主义路线。

最后，日本共产党成立不到一年，处在幼年时期，缺少经验，未能及时识破山川均、堺利彦等人的右倾机会主义本质，未能战胜这一机会主义路线。

革命的日本共产党人，不因遭到挫折而灰心丧气，在委员会的领导下进行了反对山川均取消主义的斗争，1926 年 12 月终于重建了日本共产党。

第三章　日本共产党人反对山川均与党的重建

　　1924 年 2 月日本共产党虽然被解散了，但日本的革命洪流仍在滚滚向前。1924 年至 1926 年的三年间，日本的工人罢工和怠工斗争共发生了 1121 次，计有 70 万人参加了斗争。农民运动和学生运动也风起云涌。"既要革命，就要有一个革命党。没有一个革命的党，没有一个按照马克思列宁主义的革命理论和革命风格建立起来的革命党，就不可能领导工人阶级和群众战胜帝国主义及其走狗。"[1]革命形势，要求迅速重建日本共产党。以片山潜为首的坚贞的共产党人，举起革命大旗，在反对山川均取消主义的路线——"协同战线党论"和改良主义政治路线的斗争中，进行重建党的工作，终于在 1926 年 12 月重建了日本共产党。这一时期斗争的焦点是要不要重建党和重建什么样的党的问题。

第一节　山川均取消主义与"协同战线党论"

　　如前所述，山川均是解散日本共产党的急先锋。山川均（1880—1958）何许人也？他是冈山县仓敷市人，地主、资产阶级

---

① 毛泽东:《全世界革命力量团结起来反对帝国主义的侵略》，《毛泽东选集》第 4 卷，人民出版社 1967 年版，第 1249 页。

出身，其祖先是德川幕府时期天领仓敷代官所的乡宿头头①和藏元②。其父继承了祖先的家业，占有大量土地，明治维新后曾办过农场，收割季节雇用临时工 27 名之多。同时兼营仓敷纺织股份公司。山川均从小学到中学受到地主资产阶级的教育。1900 年他同守田文治办过《青年福音》，宣扬过资产阶级民主思想。后来，追随幸德秋水，加入日本社会党，当《平民新闻》的编辑，鼓吹无政府主义。1915 年起又追随自称"正统"马克思主义即考茨基主义的堺利彦，参加其卖文社，合办《新社会》。第一次世界大战后日本工人运动汹涌澎湃，他被卷入这一革命洪流，同荒烟胜三组织工会研究会，办过《社会主义研究》和《前卫》。在十月革命的影响下，他介绍过十月革命的情况，写过反对日本无政府工团主义的文章，于 1922 年加入日共并担任了党的中央委员。但他从来不是马列主义者，是资产阶级的激进知识分子。

日本共产党建立后，他在党内推行取消主义，解散了日本共产党，并且极力反对重建党，兜销所谓的"协同战线党论"，妄图以合法的不定型的联盟——协同战线党取代无产阶级的政党。为了掩盖这一目的，他抛出无产阶级政党的"自然成长论"③作为烟幕。这里，我们就把山川均取消主义的路线——"协同战线党论"的实质揭露出来。

1."统一战线党论"，在不脱离群众的幌子下，混淆工人阶级的先进分子和工人群众的区别，抹杀党和阶级的区别，提出成立"全面的党"和"超阶级的党"。

---

① 乡宿是代官所（幕府驻直辖领地的官署）的招待所。
② 藏元是保管出纳天领（幕府直辖领地）设在都市的"藏无敷"（贩卖领地产物的机构）的米谷物的负责人，多由商人担任。
③ 山川均从 1924 年就叫嚷无产阶级前卫分子作为协同战线党的一个派别参加该党，并在其中自然而然地扩大势力，最后自然而然地成立无产阶级政党。这似乎给人以山川均并不反对成立无产阶级政党的印象。其实，这是欺人的，是兜销"协同战线党论"的烟幕。后来，他索性不要这一烟雾弹，直截了当地反对重建日本共产党。有些人批判山川均取消主义路线时只批判其"自然成长论"，这是没有抓住实质。

党是工人阶级的先进部队，是工人阶级的先进分子。只有这样的无产阶级政党，才能起到工人阶级的政治领袖和无产阶级的战斗司令部的作用。可是，"协同战线党论"却提出凡是反对帝国主义的一切阶级和社会阶层均能入党。具体地说，他们是："一、组织起来的无产阶级（产业工人）；二、在农村组织起来的无产阶级（佃农）；三、未组织起来的无产阶级及无产阶级要素；四、在阶级纲领和无产阶级政治指导下的准无产阶级；五、从阶级中脱落下来的若干要素"①等。这样的党，不是工人阶级先进分子所组成的无产阶级政党，而是一个包括社会各阶级和阶层的包罗万象的杂牌党，它混淆了无产阶级先进分子和一般工人群众之间的区别，抹杀了党和阶级的区别。这样的党，如同第二国际的修正主义党一样，是个资产阶级工人党，继承了伯恩斯坦的"全面的党"和20世纪初俄国小资产阶级民主派即劳动派的"超阶级的党"②的衣钵。

那么，山川均为什么要取消共产党，主张成立协同战线党呢？山川均在日共成立后不久撰写的《无产阶级运动的方向转变》（以下简称《方向转换论》）中说："少数工人阶级的先觉者在思想上越彻底、越纯化，同其周围的一般工会会员之间在思想上、行动上会产生相当的距离，而且同一般工人群众之间有更大的距离。"③这就是说，少数前卫即先进分子的思想觉悟越提高，同群众的距离就越大，越脱离群众，因此，先进分子不要先进，更不要成立由先进分子组成的党，否则就会脱离群众。对此，山川均在"协同战线党论"的战后版——"大众政党论"中说得更露骨。他说少数先进分子组成的党"是否经常地、正确地代表阶级的利益，是否真正同群众相结合，是值得怀疑的"④。这就是说，由

---

① 山川均著：《无产阶级政党具备什么样的组织》，《马克思主义》1925年9月号，第7页。

② "超阶级"是指超越工人阶级之间。

③ 山川均著：《无产阶级运动的方向转换》，《社会主义》1958年10月号，第107页。

④ 山川均著：《走上社会主义之路》，劳动大学1964年版，第39页。

工人阶级的先进分子组成的党必然要脱离群众，不能代表无产阶级的利益。

这是反马克思主义的机会主义观点。在阶级社会里，只要阶级还没有消灭，只要无产阶级还由其他阶级出身的人来补充，只要工人阶级还不可能全部提高到先进部队的水平，工人阶级的先进部队和其余群众之间的区别，党员和非党员之间的区别是不会消灭的。如果抹杀这一区别，会把党和群众等量齐观，如同第二国际修正主义政党一样，就会把党变成工人群众的"尾巴"，减弱党的政治领袖和战斗司令部的先进作用，就会在复杂而尖锐的阶级斗争和路线斗争中，使工人阶级失去政治领袖和战斗司令部，到头来，革命不是在斗争中失败，就是迷失方向误入歧途。

但是，党和阶级的区别，绝不是党和本阶级群众之间的脱离。党是工人阶级不可分离的部分。如果党脱离群众，党就不成其为党，不能领导群众进行革命。山川均认为，区别就是脱离，故意混淆"区别"和"不脱离"的辩证关系。反之，马克思主义认为，只有区别党和本阶级群众，党对于在它周围的、受它领导的工人群众的影响，才会愈加广泛、全面、巨大和有效。区别的目的就在于不脱离群众，更好地领导本阶级群众，把愈益广大的阶层提高到这个先进的水平。

2. 协同战线党论，反对"党是无产阶级的最高形式，这一马克思主义建党原则，抹杀党和工会的区别，混淆党员和会员的区别，妄图把党变成工会、农会般的职业性组织。

无产阶级的组织，除了党之外，还有工会、合作社、工厂组织、妇女团体等反对统治阶级所必需的非党组织。党是这些无产阶级组织的形式，领导和影响这些非党组织；而非党组织也只能在党的正确路线的指引下才能取得斗争的胜利。可是，山川均却叫嚷什么允许工会和农会集体参加统一战线党，会员可以宣布自己为该党党员。这与俄国孟什维克的"给工会全体会员以'宣布

自己’为社会民主党党员的权力”的谬论同出一辙，混淆了党员和会员的定义，抹杀了党和工会的区别。工会是工人的职业性组织，是工人的群众性团体，而党是领导和影响工会的。两者既有密切的联系，又有严格的区别。如果抹杀两者的区别，一则，会把党和党员的先进水平降低到工会和工会会员的水平，自然地减弱党和党员的先锋队作用，甚至把党降低为工会性群众组织；二则，会把对工会和会员的政治要求提高到党和党员的先进水平，使工会失去群众性，缩小工会运动的范围，进而削弱无产阶级革命的力量。

山川均还主张农会也可以集体参加这一党。这种主张更不值一驳了。

3.“统一战线党论”，反对党的民主集中制，反对“党是意志的统一，是和派别组织的存在不相容的”马列主义建党原则，主张组织上的无政府主义和自由主义，妄图把党变成无组织、无纪律的分散的乌合之众。

无产阶级政党要求党内的思想统一，实行无产阶级的铁的纪律，绝不允许党内不同派别的存在。否则，无产阶级就不能推翻统治阶级夺取政权和巩固政权。山川均却反对这一原则。如前所述，统一战线党囊括了反对帝国主义的一切要素，其中有工联主义思想、小资产阶级思想、无产阶级思想，还有代表这种思想的各种派别。这些不同的派别在同一个党内必然产生矛盾和斗争。山川均也承认“这是必然的，不可避免的。如果我们不承认这一事实，我们的政党无疑就会分裂。避免这一分裂的唯一正确的方法，不是压抑党内的派别……而是公认必然产生的派别”[①]。这就是容许党内不同思想和不同派别的活动自由。其结果，必然如斯大林所说：“有派别组织就会产生几个中央；有几个中央就是表

---

① 山川均著：《无产政党之研究》，丛文阁1925年版，第133页。

明党内没有共同的中央，就是分散统一的意志，就是削弱和破坏纪律，就是削弱和破坏专政。它的特点就是拥护自治制，反对集中制。"这"是组织问题上的机会主义所固有的根本特征"，暴露了山川均的取消主义。山川均反对革命，反对用暴力夺权，因而根本不需要党的铁的纪律和统一意志。

4."协同战线党论"，盲目崇拜合法主义，一概反对党的秘密组织，把党的工作仅仅局限在合法的范围内，妄图把党变成选举机关，是取消党和革命的取消主义。

无产阶级并不反对无产阶级政党的合法存在和利用合法的斗争。可是在日本，由于专制主义的残酷镇压，所以需要建立秘密的无产阶级政党。日本共产党就是这样的秘密党。如果在日本不建立秘密的党组织来准备革命，就不能把群众引向夺取政权的革命斗争，而且合法斗争也不可能有正确的革命目标。可是，山川均却一概反对秘密组织，说什么"日本共产党失去群众性而宗派化了，其原因是把党的存在和所在秘密化了"①，主张成立"合法存在的党"②即协同战线党，"用实力扩大合法行动领域"③，把无产阶级的斗争仅仅限制在合法的范围里。这是合法主义，不是党的秘密组织领导下为革命夺取政权服务的合法斗争。日本共产党领导人片山潜说得好，"合法主义者，实际上就是机会主义者。信奉合法主义的也就是现状维持者，资本主义制度的容忍者，也是值得讨厌的改良主义者"④，一针见血地揭露了合法主义的改良主义本质。

"协同战线党论"的合法主义是日本统治阶级的两面政策的产物。这一时期，日本统治阶级大搞反革命两面政策，一面镇压

---

① 《山川均自传》，第418页。
② 《山川均自传》，第432页。
③ 《山川均自传》，第433页。
④ 片山潜著：《日本的工人运动》中译本，生活、读书、新知三联书店1957年版，第324页。

共产党，一面用"普选"等资产阶级改良政策来拉拢收买右翼。在这一形势下，山川均认为秘密的日本共产党"不能适应眼前的形势"①，既不能参加"普选"，又横遭镇压。他开始寻找"能实现'普选'的道路"②，讨论"为了'普选'准备成立政党"③的问题。可见，统一战线党就是为此而成立的党，不是引导工人去夺取政权的无产阶级的战斗的党，而是迁就议会选举和议会斗争的选举机关。他说，为了成立这样的选举党，早已把日本共产党"作为他物，搁在架上"④，"忘记了共产党的存在"⑤。这一语道破了"协同战线党论"妄图取消日本共产党的用心。

取消主义鼓吹的公开的工人党这一口号，按其阶级根源说来，是反革命的自由派的口号。这里面除了改良主义以外，再没有别的东西。这就是说，山川均取消主义政治路线的实质是改良主义。这一改良主义政治路线决定了他的组织路线——"协同战线党论"，而后者是执行前者的工具和手段。

20世纪20年代的日本改良主义，在党内表现为山川均的取消主义；在工人运动中则表现为总同盟的现实主义。山川均的《方向转换论》和总同盟的1924年《方向转换宣言》其实质都是改良主义。当时，总同盟的赤松克麿混入党内，把山川均《方向转换论》中的改良主义搬到总同盟内部。

山川均在《方向转换论》中提出了"面向日常斗争"的改良主义口号。他说，"我们的运动要立足于大众的现实要求"，"立足于大众的当前要求"⑥。"如果工人阶级大众……现在要求一天增加一角工资，我们当前运动则一定要立足于广大群众的这一实际

① 《山川均自传》，第408页。
② 《山川均自传》，第408页。
③ 《山川均自传》，第408页。
④ 《山川均自传》，第409页。
⑤ 《山川均自传》，第408页。
⑥ 山川均著：《无产阶级运动的方向转换》，第106页。

要求。"①他还说"离开大众的现实要求，则没有大众的运动"，"一定要把我们运动实际化"②。山川均的"实际化"和总同盟的"现实化"是同义语，都是改良主义口号。

　　党的纲领是一面公开树立起来的旗帜，人们就根据它来判断这个党。山川均在协同战线党的纲领中进一步发展了《方向转换论》中的改良主义主张，把它作为党的奋斗目标。他说，统一战线党的"纲领和斗争方法，不是最大限度地体现无产阶级的革命要求，不是抽象地提出一些为实现新社会所必要的设施和政策作为天经地义，而是必须最大限度地代表无产阶级各种要素的当前利益和要求"③。他还说，统一战线党的政治目标是"要求和获得在现行宪法范围内所允许的最大限度的自由和民主"④。具体说，就是争取获得"政治机关的民主化""参政权""政治自由"等要求，而不提及推翻天皇制专政这一日本革命的根本问题。可见，统一战线党的纲领是在现行日本帝国宪法所允许的范围内的改良主义纲领。

　　改良主义是阶级合作主义，通过两个对立阶级的合作与调和来实现改良。山川均说："在现阶段，改善无产阶级生活的合理而可能的唯一方法是帮助陷入在死胡同的日本资本主义圆滑地（渡过困难）进入新阶段。……至少在日本资本主义打破现在的难关的范围里，必须同资本家妥协！"⑤这是彻头彻尾的阶级合作，不打自招的改良主义的阶级实质。可是，山川均为了掩盖这一改良主义实质，却打起"左"派的旗号，高唱所谓"社会主义革命论"的高调。他说，"日本的政治势力的中心，可以说已经从官僚转移

　　① 山川均著：《无产阶级运动的方向转换》，第106页。
　　② 山川均著：《无产阶级运动的方向转换》，第106页。
　　③ 山川均著：《无产阶级的政治运动》，更生阁1924年版，第33页。
　　④ 山川均著：《无产政党的研究》，《社会主义》1958年10月号，第26页。
　　⑤ 山川均著：《无产政党的研究》，细川嘉六监修：《日本社会主义文献解说》，大月书店1958年版，第173页。

到无产阶级"①，天皇专制早已被资产阶级专制同化和代替，因此，"我们政治斗争的对象是资产阶级政治权力"②。这就是说，日本革命的性质是打倒帝国主义的社会主义革命。这似乎比日本共产党提出的资产阶级民主革命更"高级"、更"革命"。其实，这是一种欺骗，回避了反对专制的根本问题。在日本，回避反对天皇专制而唱打倒帝国主义的高调，是骗人的游戏，这是日本左、右倾机会主义所固有的特点。他真要搞社会主义革命吗？否！他说，"将要成立的政党必须是把为民主主义的斗争作为重要的政治任务"③，因为工人阶级还没有摆脱资产阶级、小资产阶级的影响，没有成为自主的政治势力，因此目前不能进行社会主义革命，只能争取民主主义。这岂不是反过来又否定了"社会主义革命论"吗？可见，山川均的"社会主义革命论"掩盖了其改良主义的本质。

那么，山川均的改良主义④和总同盟的改良主义是否有区别？两者在表现形式上是有所区别的。前者披着马克思主义外衣，玩弄马克思主义词句，因此，他的信徒吹捧山川均为"日本的非共产党⑤马克思主义者"⑥。而总同盟改良主义则公开反对马列主义。

总之，纲领上的机会主义，自然是同策略上的机会主义和组织问题上的机会主义有联系的。"协同战线党论"的纲领是改良主义纲领，不是要推翻专制，因此根本不需要成立无产阶级的战斗司令部。

---

① 山川均著：《普选和政治势力的分布》，《改造》1923 年 12 月号，第 18～19 页。
② 山川均著：《面向政治统一战》，细川嘉六监修：《日本社会主义文献解说》，第 218 页。
③ 山川均著：《无产政党的研究》，《社会主义》1958 年 10 月号，第 25 页。
④ 山川均的改良主义，战后由社会党的"理论家"向坂逸郎继承，成为社会党的指导思想，因此，有些人称山川均为社会党的"党祖"。
⑤ 山川均 1928 年 2 月被开除党籍，故称之为非共产党。
⑥ 有人称山川均为修正主义者。不过与其说他是修正主义，不如说他是社会民主主义。日本的资产阶级民主派学者，战前称他为合法左翼，战后称他为社会民主主义的左翼，即社会党的左翼。

第二节 反对山川均的取消主义与党的重建

日本共产党是在反对山川均取消主义的路线斗争中重建起来的。

坚贞的共产党人，成立委员会，发行《马克思主义》杂志，在反对山川均取消主义的斗争中进行重建党的工作。一时受蒙蔽而曾同意解散党的同志也逐渐觉醒，纷纷参加重建党的工作。可是，山川均取消主义仍然在影响和干扰重建党的工作。委员会中就有两派，一派叫行动派，要求立即行动起来重建党；一派叫提倡派，满足于一般宣传工作，等待党的自然而然的成立。后来的事实说明，这一派人是山川均的追随者，都脱党加入了他的劳农派。

为了克服山川均取消主义对重建党的干扰，为了促进重建党的工作，日本共产党人于 1925 年 1 月召开上海会议①，制定了《一月提纲》，有力地促进了党的重建工作。《一月提纲》分析了日本的共产主义者、改良主义、小资产阶级自由主义分子争夺日本革命运动领导权的形势，尖锐地指出：在日本"没有一个集中全体日本共产主义者的组织（即共产党）对革命运动是个很大危险"②。《一月提纲》接着阐述了日本共产党被解散的主客观原因，批判了右倾机会主义路线，并严肃地指明了山川的"自然成长论"在委员会中的影响。《一月提纲》明确提出了重建党的方针政策。上海会议把重建党的工作推向了新阶段。

委员会根据上海会议的精神，1925 年 8 月召开委员会扩大会议，把委员会改为中央局，并吸收渡边政之辅等工人出身的党员

---

① 在共产国际的帮助下，于我国上海召开，德田球一等出席了会议。
② 《现代史资料》第 14 卷，みすず书店 1964 年版，第 37 页。

参加中央局的领导工作。中央局根据《一月提纲》制定了简明扼要的《组织和政治提纲》。这一提纲提出，以工厂支部为基础，在工人、农民和街道的群众中成立党组织，在无产政党中组织党的派别的任务。中央局发行《无产者新闻》，努力克服"自然成长论"的影响，加强对评议会的领导和影响，开展反对总同盟改良主义的斗争，并在斗争中培养党的积极分子。重建党工作的迅速发展，沉重地打击了山川均的取消主义。

山川均反对党的重建，说什么"那种东西（指日本共产党——引者）对整个运动来说是个大倒退"，"在我国现在条件下把那种形态的运动反复做几次也必然是那种"①。他还利用"老资格社会主义者"的招牌，拉拢佐野文夫、青野季吉等②退出委员会，破坏重建党的工作。他为了对抗重建党，大量发表有关"协同战线党论"的文章。当时，中央局对此认识不清，不仅未加以批判，反而给他提供了利用《马克思主义》杂志的有利条件③。这说明，批判山川均取消主义的任务远远没有完成，还要深入持久地进行。

山川均的取消主义在日本工人运动中也有强烈反响。总同盟右派头头之一的赤松克麿④积极支持和赞同山川均等解散日本共产党，把山川均的改良主义偷偷地搬到总同盟里。工人出身的共产党人反对解散党，渡边政之辅等领导总同盟内左派工会，在反对总同盟右派头头的改良主义斗争中成立了评议会。评议会的成立不仅是对总同盟改良主义路线的迎头痛击，也是对山川均的取消主义的抵制和反对。

---

① 《山川均自传》，第418页。
② 此两人都参加过上海会议。
③ 山川均的《无产政党应具备怎样的纲领》等鼓吹"协同战线党论"的文章多刊登在《马克思主义》杂志上。
④ 赤松克麿是山川均拉入党内的。他炮制了《科学的日本主义》，后来变成法西斯主义分子。

可是，评议会在对待无产政党①问题上受了"协同战线党论"的影响，争夺无产政党的领导权是评议会和总同盟进行路线斗争的一个焦点。1925 年 6 月，在日本农民组合倡议下成立了无产政党筹备协议会。在该会的纲领章程调查委员会举行第一次会议时，在评议会的斗争下，采纳了评议会提出的纲领章程的大部分，而总同盟妄图掌握无产政党领导权的企图未能得逞。于是总同盟以退出协议会相威胁。此时，评议会中央委员会在山川均"协同战线党论"的影响下，做了错误的决定，认为"当前最大事是成立全国性统一政党，……当前我们宁肯同右翼妥协，也要为成立这一组织尽力"，"付出任何牺牲"②。结果，评议会在第二次纲领章程调查委员会上退让，使总同盟得以完全控制委员会，按其改良主义路线制定了无产政党的纲领章程，并进一步排斥无产青年同盟等左派团体。广大工人群众愤然起来反对总同盟这一举动，总同盟所属的十二个工会也参加了这一斗争。斗争迫使总同盟退出协议会，由左派组织成立了第一个无产政党农民劳动党。③可是在这一斗争中，评议会以所谓顾全大局，没有进行积极领导，也没有参加该党。

当日本农民组合掀起第二次无产政党运动时，评议会以"希望早日成立统一的、阶级的、大众的政党"④为理由，主动不参加筹备工作。对此山川均满意地说"我非常赞赏"⑤。于是又在总同盟的控制下制定了无产政党的纲领和成立宣言，宣布"有共

① 无产政党不是无产阶级政党，政友会、宪政会等地主资产阶级政党和日本共产党被统称为无产政党。按性质论，其是小资产阶级政党。无产政党的左翼（如劳动农民党）是日本共产党领导和影响下的党的外围组织，其右翼（如社会民众党）是附属于统治阶级的资产阶级工人党。
② 谷口善太郎著：《日本劳动组合评议会史》上卷，青木书店 1953 版，第 134 页。
③ 总同盟退出协议会后，到内务省报告了所谓的退出理由，内务省在该党成立三小时后下令解散了它。
④ 谷口善太郎著：《日本劳动组合评议会史》上卷，第 19 页。
⑤《山川均自传》，第 424 页。

产主义色彩者一律拒绝入党"①，于 1926 年 3 月成立了劳动农民党（以下简称劳农党）。这引起了劳农党内外广大群众的不满。该党内部的左派群众迫使其第二次中央委员会决定开放党的门户，允许评议会等左派组织参加该党。在这种形势下，评议会也逐渐认清"协同战线党论"的本质，通过日本乐器公司的斗争看清了总同盟控制下的劳农党不仅不领导群众同资本家斗争，而且勾结统治阶级压制左派。1926 年 8 月评议会第三次中央委员会毅然决定开展夺回劳农党领导权的斗争。山川均表示不同意，但他不能阻挡这一潮流。总同盟所属的该党京都府支部等看清了劳农党的无能，自己主动起来开展解散议会请愿运动和争取政治自由的斗争，10 月撇开其党本部自己成立了全国协议会。总同盟腹背受敌，陷入孤立境地。1926 年 10 月在劳农党第四次中央委员会上，评议会等左派组织夺回了党的领导权②，总同盟右派头头被迫退出该党。评议会等左派工会在实际斗争中认识到"协同战线党"的危害，以实际行动批判了山川均取消主义，克服其影响。

山川均不甘心失败。他又抛出了"单一无产政党论"。这是"协同战线党论"的继续和发展。当时由于总同盟成立社会民众党，无产政党明显地分裂为左中右三派。可是山川均却说什么无产政党都是以工人、农民为主体的组织，因此不分左中右，应无条件地联合起来。他的险恶用心是通过联合把左派劳农党融入到右派之中。山川均的追随者在 1926 年 12 月召开的劳农党第一次全国代表大会上提出了同中间派无产政党——日本劳农党无条件联合的议案。大会批判了这一议案，一致予以否决。

"协同战线党论"在工人运动和无产政党问题上的逐步破产，迅速地反映到理论战线上。福本和夫等在《马克思主义》杂志上

---

① 麻生久：《什么叫无产政党》，见谷口善太郎著：《日本劳动组合评议会史》上卷，第 182 页。

② 日共重建后，参加该党，其在党的领导和影响下成为党的外围组织、日共进行公开斗争的据点。

发表文章，进一步从理论上对山川均展开批判。①

在反对山川均取消主义的斗争中，工人运动蓬勃发展，1926年的罢工、怠工等斗争从 1923 年的 270 次猛增到 495 次，参加者近 7 万人。这一年先后发生了滨松日本乐器公司共同印刷厂和别子铜山等大规模罢工斗争，斗争更加尖锐、深刻。革命的共产党人深入斗争第一线，为重建党做准备工作。革命斗争急需党这一战斗司令部的领导，先进的工人群众也在斗争中寻求党。

在革命的大好形势下，1926 年 12 月日本共产党在山形县五色温泉召开党的第三次代表大会，重新建立日本共产党。大会通过了政治纲领，发表大会宣言，并宣告了山川均取消主义的破产。日本共产党的重建雄辩地说明，革命的火种是不会熄灭的，共产党是压不垮的。

可是，这次代表大会受到了福本和夫的"分离结合论"和"理论斗争论"的影响和干扰，反对山川均右倾取消主义的斗争一时掩盖了福本的左倾机会主义路线。福本批判山川取消主义为庸俗主义和马克思主义的折中主义、工联主义和社会主义的折中主义，没有打中其要害。这说明，靠左倾机会主义不可能批倒右倾取消主义，因为左倾是右倾的影子。日本共产党虽然重建，但深入批判山川取消主义和福本左倾机会主义的任务仍然非常繁重。

1927 年上半年，片山潜、渡边政之辅等在共产国际的帮助下召开会议②，在批判山川、福本两种机会主义的基础上，制定了《关于日本问题的提纲》（以下简称《27 年提纲》）。同年 12 月日本共产党中央委员会在日光的深山密林中召开了中央委员会扩大会议，讨论通过了这一提纲。

《27 年提纲》是马列主义和日本革命的具体实践相结合的纲领

---

① 福本和夫批判山川均取消主义的问题，将在另一篇文章中评述。

② 这次会议是在莫斯科召开的。山川均受到邀请但没有出席会议，福本第 2 天出席了会议。

性文件，是批判山川取消主义和福本左倾机会主义的锐利武器。

《27 年提纲》指出："日本共产党指导部的主要错误之一，就在于不理解共产党的作用，过低地估计了这种作用，同时也过低地估计了党在工人运动中的特殊。把党认为是工会的左派，或者认为用一个广泛的劳农政党可以勉强代替共产党，这是根本错误的，是机会主义的想法。"①这是对山川均取消主义的有力批判。其还尖锐地指出："对所有各种取消主义的倾向、部分地表现在对星同志（山川均——原译者注）的方针上的取消主义的倾向进行斗争，是日本共产主义者最迫切的任务。"②

《27 年提纲》同时要求同山川取消主义的社会基础——社会民主主义展开斗争，"在目前的条件下，共产党如果不通过对社会民主主义的斗争，便不能获得发展。"③

《27 年提纲》正确地分析了日本的国内外形势，明确了日本革命的资产阶级民主革命性质和反帝反封建的任务，阐明了资产阶级民主革命转变为社会主义革命的必然性，批判了山川均打着反帝幌子的"社会主义革命说"。

《27 年提纲》特别强调了共产党的领导作用，指出"工人阶级，只有在其最先进的、革命的、觉悟的和有组织的部分领导下，即只有在共产党的领导下才能取得胜利"④。同时阐明了党和工会等群众团体的关系。

《27 年提纲》还批判了福本和夫的左倾机会主义。

《27 年提纲》最后提出了具体行动纲领和革命口号：反对帝

---

① 日本共产党史资料委员会编：《共产国际关于日本问题方针、决议集》中译本，世界知识出版社 1960 年版，第 17～18 页。

② 日本共产党史资料委员会编：《共产国际关于日本问题方针、决议集》中译本，第 18 页。

③ 日本共产党史资料委员会编：《共产国际关于日本问题方针、决议集》中译本，第 18 页。

④ 日本共产党史资料委员会编：《共产国际关于日本问题方针、决议集》中译本，第 15 页。

国主义战争，解放殖民地，废除君主制，实行普选，要求言论、出版、集会等自由，没收地主、寺院、国家的土地，等等。而且强调把这些"要求和口号，必须与建立工农政府的口号和建立无产阶级专政的口号相结合"①。

在反对山川均取消主义和福本和夫的左倾机会主义的路线斗争中制定的《27年提纲》指明了日本革命前进的方向，对巩固和发展刚刚重建的日本共产党具有重要意义。可是，山川均等人固执己见②，以《大众》③杂志为中心，组织反对日本共产党的集团。他们网罗拒绝参加日共重建的堺利彦、猪俣津南雄、荒烟寒村和被日共开除的北浦千太郎及劳农艺术家联盟的一些人，于1927年12月创刊《劳农》杂志，以它为中心形成了一个劳农派。山川均直言不讳地说，劳农派集结了"具有与共产党对立见解的……人"④；其成员斋藤公然提出"共产党不仅是工人阶级的公敌，而且是国民的公敌"⑤，暴露了这一些人反共的真面目。日本共产党于1928年2月开除了山川均，纯洁了党的队伍。同时，片山潜、渡边政之辅等写战斗性文章，揭露和批判山川均取消主义和劳农派的反马克思主义观点，在革命的大批判中进一步巩固和发展了日本共产党。

日共重建后，日本统治者极为恐惧，1928年3月⑥和1929年4月，两次逮捕了日本共产党的领导人、党员和党的支持者，党组织遭到了严重破坏。对此山川均一伙却为之兴高采烈，说什么

---

① 日本共产党史资料委员会编：《共产国际关于日本问题方针、决议集》中译本，第2页。

② 《27年提纲》1927年7月在共产国际执行委员会上讨论通过后，苏联《真理报》概要地登了其提要，其中提到了对福本的批评。日本的《文艺战线》1927年10月号根据《真理报》的报道，登载了这一则消息。山川等认为，共产国际只批评了福本，没有批他们，这说明福本对他们的批评是不对的，而他们反驳福本是对的。

③ 《大众》是铃木茂三郎等脱离政治研究会的右翼办的杂志。

④ 《山川均自传》，第426页。

⑤ 《渡边政之辅著作集》，日本共产党中央委员会出版部1963年版，第114页。

⑥ 这次德田球一等一千六百多人被逮捕。

这是日共的"绝灭","确立我们领导权的时机"①。

劳农派借日本共产党横遭破坏之机，扩大自己势力，争夺革命运动的领导权，以期实现其"协同战线党论"和"单一无产政党论"。他们于 1928 年 7 月拼凑了以堺利彦为首的无产大众党，12 月又联合日本劳农党等七个无产政党成立了日本大众党。这是山川均按照其"协同战线党论"成立的"样板"。但这个党因内讧，成立两个月后便分崩离析。这样，山川均的"协同战线党论"在实践中也彻底破产。山川均哀叹道，"当那七个党分裂的时候，说实话，那时我想不行了，输了"，"成立统一战线党形式的单一政党几乎没有希望了"②。

以山川均为首的劳农派虽然在实践中彻底失败，但在意识形态领域中，仍向马克思主义和共产党反扑。他们披着马克思主义外衣③行反马克思主义之实，反对《27 年提纲》制定的日本共产党的正确路线，在日本社会性质、革命性质、革命任务、政党、工会等一系列原则性问题上系统地提出了反马克思主义的社会民主主义；山川均也从取消主义者进一步堕落为社会民主主义者。为了反击这股社会民主主义的反扑，野吕荣太郎等共产主义者从 1932 年起执笔写《日本资本主义发达史讲座》，展开理论论战。野吕等由于办这一讲座，被称为讲座派。讲座派对劳农派的论战一直延续到 1937 年。这是反对山川均取消主义斗争的继续。

---

① 谷口善太郎著：《日本劳动组合评议会史》下卷，第 463 页。
②《山川均自传》，第 439 页。
③ 他们披着马克思主义外衣，故称之为劳农派"马克思主义"。

第四章 20世纪20年代的总同盟与评议会运动

日本工人阶级，在战后工人运动高涨的形势下，战胜了无政府工团主义。但是，斗争并没有停止，因为日本工人阶级反对无政府工团主义的斗争，一时掩盖了总同盟右派的改良主义思潮。于是，在取得对无政府工团主义的斗争胜利之后，同改良主义的斗争就提到日程上来。这是符合日本工人运动的发展规律的。

第一节 总同盟的序幕与评议会的诞生

这次斗争的序幕是由日本劳动总同盟（以下简称"总同盟"）内部左右两派的斗争揭开的。

总同盟的前身是友爱会。友爱会是基督教人道主义者铃木文治于1912年8月创建的。它继承了日本社会主义源流之一的基督教社会主义衣钵，纲领是劳资协调和阶级合作。它认为工人和资本家的关系犹如鱼水关系，劳资斗争好比夫妇吵架，因此工人不应罢工，只能用温和的合理手段改善自己的生活。

战后，在国际、国内兴起的革命运动浪潮中，友爱会有所发展。1921年改名为日本劳动总同盟，1922年制定了新的纲领。在日本共产党的影响和工人运动的推动下，总同盟的广大群众及其左派协议会，在反对无政府工团主义的斗争中起了新的作用。但

总同盟本质上并没有脱胎换骨，其纲领中依旧留下了友爱会的阶级合作主义。如其第三条规定："我们确信，工人阶级和资本家阶级不必势不两立。"[①]

作为总同盟右派的铃木文治[②]、松冈驹吉[③]、西尾末广[④]等人的改良主义思想，在反对无政府工团主义的斗争中依然在总同盟内部具有很大影响。这股思潮在 1923 年下半年的新形势下，迅速发展为彻头彻尾的改良主义路线，甚至向左派路线提出挑战。

当时，在国际上世界资本主义各国相继进入相对的稳定时期；日本国内也暂时克服了 1920 年的经济危机，但工人斗争仍然风起云涌。日本统治阶级非常清楚，要镇压工人运动就要先镇压工人阶级的先锋队共产党。1923 年 6 月，它以突然袭击的方式逮捕日共领导人及其党员，严重破坏了刚刚成立不到一年的这个新党。而后，趁关东大地震[⑤]之机，它又镇压了工人运动。另一方面，日本统治阶级又采取手段实行所谓的资产阶级改良，如改革议会、扩大选举权、实施"普选"、同意工会选派自己的代表参加国际劳工组织会议[⑥]，以此来麻痹工人们的斗志。

面对日本统治阶级的两手政策，日本共产党内的右倾机会主义思想迅速抬头，以山川均为首的右倾取消主义分子，于 1924 年 2 月解散了日本共产党，严重削弱了工人阶级的战斗力，助长了工人运动内部的改良主义活动。

在这种形势下，右派又在 1924 年 2 月总同盟大会上，抛出

---

① 大河内一男、渡部彻监修：《总同盟五十年史》第 1 卷，1964 年版，第 576 页。

② 铃木文治（1885—1946），总同盟的会长，1926 年任社会民众党的中央执行委员，1928 年当议员，是战前日本改良主义的头目。

③ 松冈驹吉（1888—1958），1912 年钻进工人运动内部，曾任友爱会和总同盟的主事。战后，总同盟恢复，任会长，又为社会党的"元老"、民社党和总同盟的顾问，数次当选为众议员和议长，始终是日本工运右派的核心人物。

④ 西尾末广（1891—1981），1915 年混进工人运动内部，曾任总同盟副会长、关西同盟会会长。战后，任社会党书记长，在社会党的片山内阁中当过国务大臣、官房长官，在芦田内阁时期继任国务大臣和副总理。

⑤ 指 1923 年 9 月间以东京、横滨为中心的关东地方一府八县的大地震，死者达十五万人。

⑥ 过去是由政府指派的官员假借工会之名出席这一会议。

了所谓大会"宣言草案"。这是一个向资产阶级投降的宣言，也是向总同盟内左派进行挑战的"战书"。对此，左派坚决反对，纷纷提出了反对修正案。

这时，左右两派路线斗争的焦点是：如何估计战后工人运动，如何对待统治阶级的反革命两手的问题。右派认为，战后工人运动"有过于讲究工会的质而轻视量的倾向"[①]；认为日本工人阶级尚未觉悟，但却受到欧洲大战后的思想激流的影响，"模仿它们，思想极端地左倾，从而使运动停留在为少数人的运动，孤立于群众"[②]。总同盟也受到共产主义的影响，度过了所谓"思想混沌"的时代。他们甚至攻击和诬蔑战后的日本工人运动，说什么"运动方法是轻率无谋的"，"与其说是工人运动，不如说是患幼稚病的思想运动"[③]，而且，在罢工斗争中还"提出了过高要求，处理也不当，因此，未能保住组织，常常牺牲工会会员"[④]。总之，工人运动陷入一片混乱！因此，在新形势下，应"立足于现实"，调转运动的方向。

对此，总同盟左派进行了针锋相对的斗争，指出"工人阶级通过过去的斗争显著地提高了革命觉悟"[⑤]，"运动的进程适合于我国资本主义的畸形发展"，斗争方法也"适合于客观形势和我们力量的需要"，"全然不是我们的失败"[⑥]。因此，在新形势下，应该坚持战后工人运动的"根本精神"，"正确地洞察我国资本主义的倾向和工人阶级的壮大"，不断地适应"形势及我们力量的变化"，"把政策更加现实化和积极化"[⑦]，克服一度不参加争取"普

---

① 谷口善太郎著：《日本劳动组合评议会史》上卷，青木书店1953年版，第59页。
② 麻生久：《什么叫无产政党》，见谷口善太郎著，《日本劳动组合评议会史》上卷，第45页。
③ 大河内一男、渡部彻监修：《总同盟五十年史》第1卷，第708页。
④ 大河内一男、渡部彻监修：《总同盟五十年史》第1卷，第760页。
⑤ 根津正市著：《日本现代史》第5卷，三一书房1969年版，第32页。
⑥ 谷口善太郎著：《日本劳动组合评议会史》上卷，第61页。
⑦ 谷口善太郎著：《日本劳动组合评议会史》上卷，第53～54页。

选"运动等错误，迎着阶级斗争的新风暴继续前进。

左派的斗争虽然否定了原草案，但大会所通过的宣言仍然保留了右派的部分观点。如在如何对付统治阶级反革命两手问题上，左右双方都以模棱两可的语言表示要"积极利用"①改良政策。这给右派推行改良主义以可乘之机。从此，总同盟右派迅速扭转工人运动的方向，开历史的倒车，在改良主义的道路上越滑越远。因此在日本工人运动史上，称这一宣言为"方向转换宣言"。

这样，此次大会就揭开了反对改良主义的序幕。

面对新斗争，日本工人阶级深感工人阶级的团结和统一的重要性。于是，1924 年春，关东的六个左派工会先后加入总同盟，在总同盟右派的主要支柱关东同盟会中显著地增强了左派力量。

斗争首先表现在关东同盟会的核心——关东铁工工会里。1924 年 4 月，铁工工会所属东京大崎冈部电机公司的工人举行了罢工，资本家立即解雇了全体工人。这时，工会右派干部土井直作②同资本家搞幕后交易，签订出卖工人利益的协议。协议规定：凡是未加入总同盟和加入其他工会者以及被总同盟开除者一律予以解雇；由土井当公司职工科主任，从资本家那里领高薪，替他们管工人。土井完全堕落为资本家的代理人。可是，右派却自我吹嘘说，这是"适合于现在我国工会发展的一种战术"③，是"现实派的胜利"④。斗争向前发展，左派吸收新加入总同盟的两个工会⑤参加铁工工会，加强了自己的力量，在 4 月 20 日关东铁工工会的大会上，罢免了土井的工会主事职务，夺取了铁工工会领导权。

斗争还波及关东同盟会。在 1924 年 10 月关东同盟会的大会

---

① 大河内一男、渡部彻监修：《总同盟五十年史》第 1 卷，第 1135 页。
② 战后曾任国会议员，是民社党党员。
③ 谷口善太郎著：《日本劳动组合评议会史》上卷，第 67 页。
④ 大河内一男、渡部彻监修：《总同盟五十年史》第 1 卷，第 702 页。
⑤ 关东机械工会和光学技术工会。

上，右派干部利用职权，压制左派，剥夺他们的发言权，不许揭发土井等右派干部出卖工人阶级的罪恶行径。以渡边政之辅为首的左派干部和工会抗议右派的行为，坚决同他们斗争。关东同盟会的右派干部视左派为眼中钉，把他们当成自己同资本家勾结的最大障碍。大会后，他们利用执行委员会的职权，开除了左派领导人渡边政之辅等五个人和四个工会。①开除的理由是：1. 反对总同盟的现实主义；2. 搞思想运动，信仰科学社会主义；3. 搞路线斗争。②这恰恰说明左派斗得对，它执行的路线是革命路线。

被开除的左派领导人提出，他们同工人贵族做斗争，是代表工人群众进行的，是为了把工人群众吸引到自己方面来，向总同盟中央申诉，要求留在总同盟内。总同盟中央对关东同盟会开除左派的决定"全然同感"，但是在工人群众的压力下，不敢公然开除，而叫他们留在总同盟内"矫正其错误"。

这样，斗争又扩大到总同盟中央。左右两派就开除左派问题，在11月18日的中央委员会上进行了激烈的斗争。结果决定：同意关东同盟会开除五个工会，但这五个工会直属于总同盟本部，被开除的六人③，由本人自行决定进退问题。这是双方的妥协折中，但右派仍未能达到完全开除和打击左派的目的。

左派越斗越强，被开除的五个工会，于12月9日成立日本第一个地区性左派联合工会——总同盟关东地方评议会，以崭新的姿态登上了日本工人运动的舞台。

随着左派力量的茁壮成长，右派越加意识到他们是执行改良主义的严重阻力。右派想在总同盟的1925年3月大会上开除他们，但没有得逞。此后，他们又试图利用中央委员会中右派占多数的

① 四个工会：关东印刷工会、横滨合同工会、钟表工工会、东部合同工会。
② 大河内一男、渡部彻监修：《总同盟五十年史》第1卷，第707~709页。
③ 关东同盟会开除左派领导人及其工会后，关东铁工工会的右派头子另行成立东京铁工工会，分裂了关东铁工工会。而后，关东同盟会又开除了关东锨工工会及其领导人阿田贤治，这样被开除的工会增为五个，被开除者便达六人。此六人皆系共产党员。

有利条件开除左派。大会结束后，右派的中央委员一个也不离开神户，继续策划阴谋活动。

为了反击右派的这一阴谋，左派领导人 3 月 19 日在大阪召开左派领导人全国协议会，决定开展刷新总同盟的运动。会后，全国各地的工会和工人群众支持协议会的决定，纷纷表示参加刷新运动。

果不其然，1925 年 3 月 27 日在大阪召开的总同盟中央委员会提出开除左派的问题。会上，开除左派领导人问题被否决，解散关东评议会问题被通过。[①]刷新派立即召开全国协议会，要求总同盟中央再次审议解散关东评议会问题。但总同盟中央悍然拒绝了协议会的正当要求。左派则成立日本劳动同盟革新同盟，在组织上统一自己的力量，把刷新运动推广到总同盟的各个角落。这在总同盟中引起了强烈的反响。左派工会不消说，右派控制下的工会也争先参加。对此，右派恐慌万状，如坐针毡。为了阻挡众叛亲离的革命洪流，右派于 5 月 16 日终于开除了参加革新同盟的全部工会，分裂和破坏工人运动的统一和大团结。总同盟右派分裂和破坏了日本工人运动。

"暮色苍茫看劲松，乱云飞渡仍从容。"经过战斗洗礼的革新同盟所属左派工会，在两条路线斗争风暴中看到了日本工人运动的新曙光，1925 年 5 月 24 日，在神户成立了第一个全国性左派工会——日本工会评议会（以下简称评议会）。它下辖 32 个工会、12505 名会员，总同盟则有 35 个工会、13110 名会员。[②]这是总同盟的第一次大分裂。

此次斗争之后，诞生了新的组织：评议会。

---

① 京都、神户的中央委员误认为，一个地区并存两个工会是不合适的，评议会解散后应加入关东同盟，因此投了赞成票。

② 小山弘健著：《日本劳动运动史》，社会新报 1968 年版，第 42 页。

第二节　总同盟对工人运动的改良主义

改良主义是 19 世纪末叶产生的反马克思主义的机会主义派别。一般说来，改良主义就在于，人们只限于提倡一种不必消除旧有统治阶级的主要基础的变更，即保存这些基础相容的变更。其主要内容是从阶级合作和阶级调和的思想出发，取消阶级斗争，反对暴力革命，主张议会主义，妄想通过细小的经济、政治的改良，和平进入社会主义。换句话说，就是主张保存资本主义制度，只对它进行修正和改善。此外，如同其他机会主义一样，还鼓吹社会沙文主义。

总同盟右派在日本工人运动中所推行的改良主义，显然受到了国际共产主义运动和工人运动中机会主义的影响，其中包括英国的工联主义、俄国的经济主义、德国的拉萨尔主义、英国的费边社社会主义等。他们把这些"黑货"拼凑起来搬到日本，贴上"国产"的商标，美其名曰"现实主义""健全的工会主义"，在1926 年以总同盟为主体的资产阶级工人政党——社会民众党成立前后，又称为社会民主主义，其后终于发展为完整的改良主义，开始破坏日本工人运动。

1. 总同盟的改良主义反对马克思列宁主义与日本工人运动的具体实践相结合，妄图把日本工人运动引入改良主义歧途。

毛泽东指出："只要认真做到：马克思、列宁主义的普遍真理与日本革命的具体实践相结合，日本革命的胜利就是毫无疑义的。"①这精辟地总结了日本工人运动的历史经验，指明了日本工人运动的方向。

---

① 毛泽东：《给日本工人朋友的重要题词》，《人民日报》1968 年 9 月 18 日。

第一次世界大战后，在十月革命的影响下，马列主义迅速传到日本，逐步与日本工人运动相结合。关东同盟会关于工会形势的报告中写道："对我们更有用的是科学社会主义，换句话说，以辩证唯物主义论即共产主义作为运动的根本方针。"[①]这说明，解放工人阶级的唯一正确的理论马列主义正日益深入日本工人群众当中，逐渐成为工人运动的指导思想。这是日本工人运动发展的历史必然。

可是，总同盟右派为推行其改良主义路线，对这一历史潮流猖狂反对，将攻击的矛头直接指向马列主义和共产主义，说什么"共产主义革命……在日本，不仅不必要，而且可能性也很少"[②]，"用今天在日本视为极端危险的共产主义思想和共产党的方法……不能达到真正争取大众的目的"[③]。他们不仅说，而且在实际运动中也是这样做的。后来，西尾得意洋洋地说："我实践了反对共产主义。在日本，共产主义魔爪最早伸到的是总同盟，我同这一赤化工作做了浴血奋战。我是反共有功之臣。"[④]这一表白充分暴露了其右派的反马列主义立场。

他们还诬蔑马列主义是"空想理论"，以马列主义指导的工人运动是"患幼稚病的思想运动"[⑤]，甚至把它诽谤为无政府工团主义运动。他们之所以行如此诬蔑和攻击之能事，是因为马列主义不是指引日本工人阶级去"改良"日本社会，而是去推翻统治阶级，实现无产阶级专政，刺到了改良主义者的心脏。

2. 总同盟改良主义在"现实主义"和"健全工会主义"的幌子下贩卖工联主义，宣扬经济改良，反对政治斗争，维护统治阶

---

① 大河内一男、渡部彻监修：《总同盟五十年史》第 1 卷，第 708 页。
② 西尾末广：《和群众在一起》，见大河内一男、渡部彻监修：《总同盟五十年史》第 1 卷，第 736 页。
③ 麻生久：《什么是无产政党》，见谷口善太郎著：《日本劳动组合评议会史》上卷，第 45 页。
④ 西尾末广：《我的履历书》第三集，见中津研三著：《新左翼论》，法律文化社 1960 年版，第 189 页。
⑤ 大河内一男、渡部彻监修：《总同盟五十年史》第 1 卷，第 708 页。

级的利益，瓦解革命斗争。

什么叫"现实主义"？所谓"现实主义"其实就是工联主义，是立足于现实，在统治阶级所"恩赐"的现实条件范围内，进行它们所允许的现实的经济改良，只要求一点一滴地提高工人生活，改善劳动条件，从而把工人运动和阶级斗争缩小为狭隘的工联主义运动，缩小为要求逐渐实行细小的改良的"现实主义的"斗争。总同盟右派的"现实主义是一种经验主义"①。所谓经验也就是对工人运动自发倾向的崇拜，而"自发的工人运动也就是工联主义的运动"②。马克思曾痛斥工联主义说，"它们只限于进行游击式的斗争以反对现存制度所产生的结果③，而不同时力求改变这个制度，不运用自己有组织的力量作为杠杆来最终解放工人阶级，也就是最终消灭雇佣劳动制"④。

那么，"健全的工会主义"又是什么？右派自己承认，"健全的工会主义"既不是共产主义的红色工会主义，又不是黑色的无政府工团主义，而是英国的黄色工会主义即工联主义，把提高工人工资和改善劳动条件作为工会运动的根本任务。他们为了按照"健全的工会主义"来建设开除左派后的"新"总同盟，首先号召要"积累罢工基金，建立共济制度，经营消费合作社等建设性事业"⑤。其实，这也不是新鲜货。"罢工基金"是俄国经济主义者的所谓"罢工储金会'对于运动比一百个其他的组织更有价值'"谬论的日本版。至于铃木文治苦心经营的、由政府出钱搞的工人集体宿舍等共济设施以及贺川丰彦⑥领导的工人合作社运动，实

① 大河内一男、渡部彻监修：《总同盟五十年史》第1卷，第824页。
② 列宁：《怎么办？》，《列宁选集》第1卷，人民出版社1972年版，第256页。
③ 指工人微薄的工资和恶劣的劳动条件。
④ 马克思：《工资、价格和利润》，《马克思恩格斯选集》第2卷，人民出版社1972年版，第204页。
⑤ 大河内一男、渡部彻监修：《总同盟五十年史》第1卷，第757页。
⑥ 曾任关西同盟会的会长。他信仰基尔特社会主义，鼓吹改良主义，宣扬"无抵抗的抵抗"主义。

质上是拉萨尔所谓由国家资助的工人合作社的翻版，只是抵制流通领域中的商业资本，而不去消灭其根子资本主义所有制。可见，健全的工会主义是夹杂着俄国经济主义和德国拉萨尔主义的英国工联主义。

鼓吹经济改良的总同盟右派，极力反对政治斗争和理论斗争，说什么"在日本，搞政治斗争为时尚早，且不能搞"[1]，并扬言"不能保护和发展组织的理论斗争，几乎对工人运动没有利"，"不立足于现实的理论斗争，归根到底，不过是思想游戏"[2]，"浪费精力"[3]。他们反对的正是日本工人阶级对无政府工团主义和改良主义的路线斗争。

总同盟改良主义者为了反对政治斗争，竟利用俄国经济派歪曲政治和经济的辩证关系的诡辩术来替自己辩解，说什么"政治上的权力，不过是经济上的权力之反映罢了。只要掌握经济上的实权，政治上的权力随之而来，因此，作为劳动主体必须直接同资产阶级斗争，争得经济上的实权"[4]。这正是对总同盟改良主义的深刻揭露。

总同盟改良主义反对政治斗争，不像友爱会那样赤裸裸，也参加"反对"《治安维持法》的斗争。其实质就是工联主义的政治斗争。他们竟说《治安维持法》"对诚实的工会运动的发展是有必要的"[5]，从内部破坏反对《治安维持法》的斗争。总同盟的改良主义，宣扬经济改良就是一切，一切为了经济改良。这只是在用止痛剂，而不是在除病根，以眼前的经济利益蒙蔽群众，使他们变成政治上的近视眼，看不到工人阶级的伟大政治目标——推翻天皇专制主义，以便达到麻痹工人斗志，保护统治阶级的目的。

---

① 谷口善太郎著：《日本劳动组合评议会史》上卷，第27页。
② 大河内一男、渡部彻监修：《总同盟五十年史》第1卷，第695页。
③ 大河内一男、渡部彻监修：《总同盟五十年史》第1卷，第759页。
④ 大河内一男、渡部彻监修：《总同盟五十年史》第1卷，第521页。
⑤ 谷口善太郎著：《日本劳动组合评议会史》上卷，第70页。

3. 总同盟改良主义鼓吹资产阶级议会主义，是麻痹工人阶级的运动。

改良主义在政治上表现为议会主义，鼓吹通过选举取得议会多数，"和平"进入社会主义。但在日本，工会不能直接提候选人，只能通过政党提。于是总同盟伙同独立劳动协会①等日本费边社的右翼骨干组成，它效法英国费边社社会主义。费边社反对马克思关于阶级斗争和社会主义革命的学说，鼓吹通过细微的改良来逐渐地改造社会，宣扬议会道路。于 1926 年 12 月成立了资产阶级工人政党——社会民众党，准备参加 1928 年 2 月举行的第一次众议院"普选"。这样，总同盟的现实主义、健全的工会主义和费边社社会主义汇合成为完整的改良主义即社会民主主义。而总同盟的议会主义便表现在社会民众党的活动里。

社会民众党的委员长安部矶雄在该党成立时说，"我们希望以议会政治改革资本主义社会制度"②，"用议会政策也完全能达到改造社会的目的"③。那么如何改造呢？他们想通过议会，把帝国议会改良为英国式议会，把日本内阁改良为英国工党的麦克唐纳内阁。这就是说，日本改良主义的最高政治目标是英国工党的资产阶级专政。为此，社会民众党在 1928 年众议院选举中，从资本家腰包里领取选举经费，提出和地主资产阶级政党没有多大区别的改良主义口号，扬言"迈出建设新日本的第一步"④。其实，与其说是建设新日本，还不如说是"用改良主义反对革命，用局部修缮行将灭亡的制度来反对用革命推翻资产阶级政权"，以分化和削弱工人阶级，保持资产阶级的政权。通过 1928 年 2 月的选举，铃木等改良主义进入了众议院，和地主、资产阶级的代表

---

① 独立劳动协会是由安部矶雄等创立的。
② 安部矶雄著：《下一个代》，春阳堂 1930 年版，第 362 页。
③ 安部矶雄：《社会民众党纲领解说》，见住谷悦治等编：《日本社会思想史》第 2 卷，第 162 页。
④ 河野密等著：《日本无产政党史》，第 340 页。

坐在一起，装饰天皇专制主义的门面，确实起到了分化工人阶级、保护统治阶级的作用。

4. 总同盟的改良主义是阶级投降主义，取消阶级斗争，鼓吹阶级合作，出卖工人阶级的利益，帮助资本家破坏工人斗争。

继承和发展友爱会的阶级合作主义的总同盟，为 1923 年的白色恐怖所慑服，被议会主义迷惑了心窍，变本加厉地搞阶级合作，暴露了工人运动中的资产阶级代言人的面目。他们说什么"斗争尽量不要过火"①，"要采取公正的有识者能接受的方法"②。向资本家提条件时，应考虑资本家的态度；要求提高工资时，则要考虑资本家是否容许；斗争胜败的关键是"背后的战术"③，即同资本家搞幕后交易。这是总同盟改良主义的阶级投降主义路线！

这一投降主义路线，具体表现在龟户工厂、玉造船厂、野田酱油公司等罢工斗争里。1926 年 4 月，野田酱油公司工人向资本家提出了增加工资等要求。资本家向其代言人松冈求援。松冈伙同西尾下仓禁止罢工，一时压住了工人。但劳资矛盾是不可调和的。9 月 16 日野田公司 1300 多名工人坚决进行了持续 216 天的大罢工，英勇战斗，前仆后继。松冈等为保护狼狈不堪的资本家，下令罢工指挥部撤回要求条件，并亲自出马同资本家交涉。他还勾结外务省的森恪，求铃木内相协助调停。这样，轰轰烈烈的野田大罢工被压下去了。745 名工人被解雇，工会横遭破坏。这是改良主义路线的罪行。

1927 年春天爆发的金融危机又促进了日本工人运动的新发展，总同盟右派在对革命斗争最有利的这一时期，竭力保护资本家，尽量避免斗争。这一年的 383 次罢工斗争中与总同盟有关的

---

① 大河内一男、渡部彻监修：《总同盟五十年史》第 1 卷，第 762 页。
② 根津正市著：《日本现代史》第 5 卷，第 32 页。
③ 大河内一男、渡部彻监修：《总同盟五十年史》第 1 卷，第 761 页。

仅有 37 次，比 1926 年减少了 34 次①，而且多半是以同资本家的妥协告终。

我们生活在阶级社会里，除了进行阶级斗争以外，我们没有而且也不可能有其他摆脱这个社会的出路。总同盟的改良主义就在这一根本问题上背叛了日本工人阶级。可是，他们却替自己辩解说，这样做的目的是不触犯《警察法》十七条，能保住工会组织，不牺牲工人利益。与此同时，大肆攻击评议会领导下的工人斗争，说什么提的条件太高，采取"恐吓"的方法，这种"冲动"的斗争给资本家以镇压工会的借口。更有甚者，还向资本家乞求恩赐，请专门镇压工人运动的内务省官员和警察出面对罢工斗争进行"仲裁"和调停。这是完全适应资本家和统治阶级需要，为维护雇佣制度而效劳的叫花子主义。

5. 总同盟的改良主义是社会沙文主义，为日本帝国主义的对外侵略效尽汗马之劳。

改良主义是机会主义，与社会沙文主义有内在的联系。列宁说："机会主义和社会沙文主义的思想政治内容是一个，那就是用阶级合作代替阶级斗争，放弃革命的斗争手段，帮助'本国'政府渡过难关，而不利用它的困难进行革命。"因此，社会沙文主义是极端的机会主义，"就是熟透了的机会主义"。总同盟改良主义当本国统治阶级为渡过危机发动对外侵略和推行殖民政策时，则站在帝国主义立场上，配合它们推行沙文主义。1923 年 9 月震灾中，日本统治阶级屠杀了在日朝侨六千多人。改良主义头头则配合统治阶级，在其总部设朝鲜人部，从朝鲜总督府领取一万六千多元活动经费，替日本帝国主义统治朝鲜出力卖命。1924 年松冈在会见苏联代表时，以解决失业问题为借口，提出日本对西伯利亚木材采伐权的要求。1925 年中国"五卅"运动时期，总同盟右

---

① 隅谷三喜男著：《日本劳动运动史》，有信堂 1966 年版，第 145 页。

派却打起左派的旗号，说什么运动现在不仅有工人而且有资本家和学生参加，因此不能支持资产阶级参加的运动，进行反宣传破坏活动。以总同盟为主体的社会民众党，在中国国内革命战争时期，"坚决支持国民党的正统派，排斥共产派"[①]，站在中国人民的死敌蒋介石一边。日本帝国主义发动侵华战争时，总同盟沙文主义为了支援"圣战"，公然提出禁止罢工，彻底暴露了总同盟改良主义头头的社会沙文主义。社会沙文主义者是我们的阶级敌人，是工人运动中的资产者，他们是那些客观上被资产阶级收买（用优厚的工资、尊贵的地位等）的工人阶层和集团，他们帮助本国资产阶级掠夺和压迫弱小民族。

6. 总同盟改良主义的哲学基础是庸俗的进化论，把达尔文的进化论硬搬到社会阶级斗争之中。总同盟1925年3月大会宣言在说明总同盟真正精神时宣称，社会进化论反映了现实，是工人运动的指导理论，现实主义就是建立在这一基础之上的[②]。鼓吹进化，反对飞跃，在政治上就必定反对革命，反对武装夺取政权。改良主义在哲学上的庸俗进化论，是其在政治、经济斗争中的改良在理论上的表现。

总同盟改良主义的产生和发展并不是偶然的，它有深刻的阶级、社会和历史根源。

总同盟改良主义是日本资本主义发展的产物。日本资本主义通过第一次世界大战，大发战争横财，迅猛发展，从而确立了帝国主义的完整体系，进一步提高了垄断资产阶级在政治上的地位，扩大了资产阶级的民主自由。这表现在大战后出现的政党政治和政党内阁及其所施行的资产阶级改革上。一个国家的资本主义越发展，资产阶级的统治越纯粹，政治自由越多，运用最新的资产阶级口号的范围就越广，这个口号就是：用改良来反对革命，用

局部修缮行将灭亡的制度来反对用革命推翻资产阶级政权，以分化和削弱工人阶级，保持资产阶级的政权。总同盟的改良主义是在日本资本主义发展的这一特定条件下的产物。总同盟改良主义是阶级斗争尖锐化的产物。日本资本主义的发展激化了国内阶级矛盾。1918 年席卷全国的米骚动和战后高涨的工人农民运动集中地反映了这一矛盾。战前，日本统治阶级对于部分工人运动中的左右两派，一律予以镇压，只施展刽子手的职能。战后则不然。工人阶级的茁壮成长和工人运动的汹涌澎湃，迫使他们玩弄反革命的两种社会职能。他们也想利用西方社会中牧师的职能，故组织了以大财阀团琢磨为首的 24 人考察团到英美去，学习英美资产阶级用改良主义对付工人运动的方法。另一方面，急需在工人运动中寻找自己的代言人，使他们从内部起比资产阶级亲自出马还好的作用。此时，总同盟右派就适应这一需要，提出了改良主义路线。总同盟改良主义的核心人物之一松冈驹吉，鉴于总同盟内部左派势力的壮大和统治阶级的需要，1923 年 10 月辞去总同盟主事的职务，专心研究英国工人运动史，把英国工党的工联主义一套搬到总同盟。这说明，总同盟改良主义路线是执行日本统治阶级的牧师职能的路线。

总同盟改良主义路线是日本帝国主义腐朽寄生性的产物，其社会支柱是工人贵族。随着日本帝国主义的确立和发展，垄断资本的巨额利润和食利者的纯利收入空前增加。日本垄断资本家在第一次大战期间，从对外贸易和海运中获利 28 亿元[①]，食利者于 1926 年的纯利达 20 亿 3000 余万元[②]，比 1907 年增长了四倍。所以垄断资本家可以从中拿出上亿甚至更多的金钱，对总同盟的大、中代言人实行各种形式的收买，使他们成为日本工人运动中的资产阶级代言人。被收买的这些头头便是工人贵族，是日本统治阶

[①] 楫西光速著：《续日本资本主义发达史》，有装阁 1957 年版，第 7～8 页。
[②]《日本经济学全集》第 41 卷，改造社 1929 年版，第 577 页。

级和垄断资本家破坏工人运动的工具，是工人阶级的可耻叛徒。这样，垄断资本家的超额利润成为总同盟改良主义路线的经济基础。

总同盟改良主义的阶级基础是小资产阶级。随着日本资本主义工业的发展和农民的破产，日本工人阶级的队伍迅速扩大。1914年日本工人总数是 85 万人，1919 年则为 152 万人，1925 年为 400万人。这批新工人来自小农经济的农村，把小资产阶级的思想意识带到工人运动之中。总同盟改良主义就蒙蔽和利用这批小资产阶级的改良主义倾向，不自觉地成为改良主义的阶级基础。

革命运动高涨时期，革命的同路人也会卷入革命队伍。但这批人在革命的关键时候，往往是脱离或者叛变革命。其中资产阶级和小资产阶级知识分子尤为明显。如安部矶雄等曾译过马克思的《资本论》，宣传过马克思主义。可是到 1924 年，以他为首而成立的日本的费边社，继承英国费边社的衣钵，为建立英国工党式的资产阶级工人政党大造改良主义舆论。1926 年 12 月安部等人又伙同总同盟成立了第一个资产阶级工人政党——社会民众党，把总同盟的现实主义、健全的工会主义发展为完整的改良主义和社会民主主义。这批资产阶级知识分子在总同盟的改良主义发展中起了很大作用，成为改良主义的重要支柱。

总同盟改良主义是日本工人运动和意识形态领域中各种机会主义发展的必然产物。日本近代历史上社会主义流派较多，如基督教社会主义、基尔特社会主义、德国社会民主主义、无政府社会主义等，但它们都主张改良，是 20 世纪 20 年代总同盟改良主义路线的历史根源。同时，总同盟的改良主义又是修正主义在日本工人运动中的反映。它一方面和伯恩斯坦的"最终目的是微不足道的，运动就是一切"的修正主义公式一脉相承，认为最终消灭雇佣劳动制度是微不足道的，而提高工资、改善劳动条件等改良措施就是一切。另一方面，和日本共产党内的右倾机会主义即山川均取消主义有密切联系。

第三节　评议会反对总同盟改良主义的斗争

这一时期日本工人运动内部，评议会对总同盟改良主义展开了不调和的斗争，从而把日本工人运动推向新阶段。

评议会坚决反对总同盟的工联主义，把对工人群众的政治思想教育放在首位，把经济斗争提高到政治斗争。

评议会首先制定了与总同盟改良主义路线针锋相对的纲领和宣言，从实质上批判了总同盟的改良主义路线。其宣言写道："根据一般群众的现实要求，把群众组织在工会之中，以战斗精神教育训练。"①其纲领规定："以工会运动来教育工人群众，使工人阶级完全脱离资本主义的精神支配，使他们获得以阶级意识为基础的团体行动的教育。"②评议会"利用争取日常经济利益的机会，对参加斗争的劳动大众进行政治教育和训练，使他们成为争取真正伟大崇高的无产阶级目标的阶级斗争的部队"③。

1927 年 10 月召开评议会二中全会，认真总结评议会成立两年多来的经济斗争和政治斗争的经验教训，克服福本主义的"政治经济分离论"和"混合型脱离论"④的影响，制定了符合革命路线的《罢工战术》（以下简称《战术》）。《战术》集中地论述了评议会如何把经济斗争引上政治斗争，如何开展对统治政权的揭露和斗争等根本问题。这是对总同盟工联主义的论战书，有力地抨击了其改良主义路线。

---

① 根津正市著：《日本现代史》第 5 卷，第 35 页。
② 根津正市著：《日本现代史》第 5 卷，第 35 页。
③ 谷口善太郎著：《日本劳动组合评议会史》上卷，第 26 页。
④ "政治经济分离论""混合型脱离论"是神本主义的"分离结合论"在工人运动中的具体反映。其内容是，政治斗争由政党搞，经济斗争由工会搞，但日共被解散后没有政党，因此由工会承担了政治、经济斗争的两项任务。日共重建党后，工会应分离这两项任务，把政治斗争交给党，工会只搞经济斗争。

《战术》首先肯定了经济斗争的作用，并指明了经济斗争发展为政治斗争的必然性。《战术》指出："作为经济斗争的工人的群众性罢工，按其性质，必须而且能够动员起工人大众。况且在今日形势下，经济罢工必定碰到资本家的反动进攻，特别是政治权力的极端的妨害和镇压。这里就有动员所有阶层参加对政治权力斗争的客观条件。"[①]

评议会把政治斗争和经济斗争结合成统一的阶级斗争。《战术》指出，"为把经济斗争结合于政治斗争，巧妙地抓住施加于各阶级的政治压迫，以图经济斗争和政治斗争的相结合"，"使工人群众对政府官宪镇压罢工的激愤，不仅仅停留在反对镇压的抗议上，而要利用这一机会，揭露资本家地主政府的本质，激发对这一反动政府的斗争，即争取言论、集会、出版、结社和罢工自由、集结权利等政治自由的工人自身的斗争"[②]。《战术》进一步指出，"通过这一过程，工人群众可以理解对现有资本家地主政权斗争的必要性"[③]。评议会在两个阶级、两条路线的大搏斗中为工人运动制定的这一路线，在理论上痛击了总同盟的改良主义路线。

评议会不仅在纲领、宣言和决议中这样写，而且在实际斗争中也是这样做的。在1926年的日本乐器公司的斗争中，日本统治阶级曾出动军警和暴力团体进行了三次大逮捕和大镇压。评议会立即组织反对暴力镇压运动，揭露统治阶级的政府，通过斗争提高了工人阶级的政治思想觉悟。可是总同盟却攻击评议会的这一正确路线，说什么对评议会来说罢工只不过是培养进行阶级斗争将校的学校，是培养共产主义者的讲习会。这一攻击，恰恰说明了评议会路线的无比正确。

评议会以金融危机后高涨起来的工人运动为基础，1927年9

---

① 谷口善太郎著：《日本劳动组合评议会史》下卷，第387～388页。
② 谷口善太郎著：《日本劳动组合评议会史》下卷，第388页。
③ 谷口善太郎著：《日本劳动组合评议会史》下卷，第389页。

月开展了争取五个法①斗争。陷入改良主义泥坑的总同盟不仅不敢发动这一类政治斗争，而且也不参加这一全国性斗争。评议会则成立争取五个法的全国协议会，以工厂的罢工斗争为中心，把经济斗争和政治斗争结合起来，进行了全国性斗争。统治阶级惊恐万状，立即动员军警镇压。这引起工人阶级的激愤，纷纷举行反对暴力镇压的政治罢工，提出罢工、言论、集会、结社自由等政治要求，并把10月20日定为反对暴力镇压全国斗争日。这一天，大阪的26个工厂约2600多名工人举行了反对暴力镇压总罢工，在日本工运史上举行了第一次政治总罢工。通过这一斗争，广大工人群众受到了政治训练，提高了进行政治斗争的自觉性。

评议会坚决反对总同盟的资产阶级议会主义，把政治斗争提高到新水平。

1926年底重建的日本共产党，积极领导工人的政治斗争，在1928年众议院选举中提出了崭新的政治口号："建立工农政府"和"无产阶级专政万岁"。日本共产党根据这一口号，又提出解散和天皇勾结的资本家和地主的议会，成立工人、农民的议会，无偿没收大地主和宫廷的土地，废除君主制等具体要求，通过党的外围组织劳动农民党提出自己的候选人，开展选举斗争。日本共产党的选举口号反映了工人阶级的政治要求，指明了工人运动的方向。评议会在这一口号的指引下，成立支援委员会，积极支持日共的选举斗争，动员广大工人群众参加选举斗争。这对统治阶级是个很大威胁。他们常用武力和右翼暴力团体破坏评议会和劳农党的选举运动。为了对付这一暴力，评议会组织自卫团和纠察队，携带自卫的武器，以对付统治阶级的暴力。同时揭露资产阶级选举的骗局，教育广大群众。选举斗争的结果，评议会支持的党的外围组织劳动农民党获得了20万张选票，其候选人山本宣治

---

① 五个法：《失业补贴法》《最低工资法》《八小时劳动法》《健康保险法》《妇女青少年劳动保护法》。

等两名成员当选为众议院议员。统治阶级大为震惊，在3月镇压日本共产党之后，又于4月10日下令强迫解散评议会等三个左派组织。这说明评议会的政治斗争是何等地威慑了日本统治阶级，打中了他们的要害！

评议会等所推选的议员在众议院里进行议会的斗争，反对治安维持的修改，同统治阶级和与他们坐在一条板凳上的社会民众党议员展开了不调和的英勇斗争。他们把山本视为议会中的眼中钉，唆使右翼暴徒于1929年3月刺杀了他。

这些事实充分说明，评议会执行了议会斗争的路线，反对总同盟和社会民众党的资产阶级议会主义路线。

评议会坚决反对总同盟的阶级调和主义，坚持共产党人的斗争哲学，谱写了日本工人运动史的新篇章。评议会的宣言，针对同盟的阶级调和主义，写道：通过和资本家"妥协所得的除屈服之外没有别的，因此，工人生活的改善除了不断地斗争之外，没有其他方法"[①]。评议会不被敌人的凶狠所吓倒，坚持斗则进、斗则胜的革命路线，积极领导了工人斗争。在1926年罢工斗争中，评议会领导的占28.8%，1927年金融危机时期则猛增为42.89%[②]，几乎领导了罢工斗争的一半，与总同盟的妥协投降主义形成鲜明的对照。这一时期评议会领导的罢工斗争有：滨松日本乐器公司罢工、东京共同印刷厂罢工、京滨14个工厂三万多工人总罢工、大阪27个木材厂总罢工、小樽运输工人总罢工、四国抚养盐场工人总罢工等等，不胜枚举。

评议会在斗争中坚决揭露和反对总同盟的妥协投降主义。1925年在川崎纺织厂罢工斗争中，松冈等人接受了神奈川县知事的调停，同资本家签订了出卖工人阶级利益的协议。评议会立即声援川崎纺织厂工人的斗争，散发传单揭露松冈等人的可耻行为。

---

① 根津正市著：《日本现代史》第5卷，第35页。
② 森喜一著：《日本工人阶级状态史》，三一书店1961年版，第429页。

在评议会领导滨松日本乐器公司罢工斗争时，西尾等来到滨松同警察勾结，妄图按他们的妥协调和路线解决这次罢工斗争，以便夺取滨松地区工人运动的领导权。评议会以实际斗争打击了妥协调和路线，西尾等也狼狈逃走了。

评议会在路线的斗争中，创造了许多新的斗争策略，丰富了斗争内容。例如设置秘密罢工指挥部，把合法斗争和非法斗争结合起来，组织反暴的自卫团和纠察队；成立工人工厂委员会和工厂代表会议，发行《罢工日报》；把工人的罢工斗争同市民的支持活动结合起来等等。这一时期，随着阶级斗争的尖锐化，资本家也进一步联合起来反对工人阶级的斗争。评议会根据这一形势，把一个工厂的斗争扩大到同一个产业的总罢工，把工人同厂主的斗争进一步发展为整个工人阶级反对资本家的斗争。

评议会的斗争引起了日本统治阶级和垄断资本家的刻骨仇恨。日本乐器公司的资本家在工人罢工斗争中一定要把评议会赶出滨松地区，看是评议会垮台，或者是日本乐器公司关门，一定搞个彻底。他们为了破坏工人群众与评议会的鱼水关系，公然说："若是职工不与评议会分手，便不接受其要求"，"只要脱离评议会就可以全部接受"①。这从反面说明了评议会执行的是同资本家坚决斗争的无产阶级路线。

"为有牺牲多壮志，敢叫日月换新天。"在评议会成立不到三年的阶级大搏斗中，评议会有 5661 人被拘留，196 人坐牢，评议会的领导人之一渡边政之辅也在 1928 年秋被军警杀害。

评议会以实际行动表现出自己是整个工人阶级的代表和为工人阶级利益而斗争的战士。所以日本的广大工人群众支持和同情评议会，评议会也在斗争中不断壮大。到 1927 年 3 月，参加评议会的工会有 59 个，比成立时增加了 28 个，会员从 13625 人增

---

① 渡部彻著：《日本劳工运动史》中译本，东方书社 1951 年版，第 116 页。

加到 35080 人。[①]这一铁的事实，雄辩地驳斥了总同盟推行阶级投降主义的路线，证明了斗则进、斗则胜的真理。

评议会反对总同盟的社会沙文主义，坚持无产阶级国际主义，把日本工人运动和世界无产阶级革命运动联结在一起。评议会坚决反对总同盟对中国、朝鲜的社会沙文主义立场，针锋相对地支持中国人民和朝鲜人民反对日本帝国主义的正义斗争。评议会第三次全国代表大会在《运动方针和新纲领》中提出："我国工人阶级要与反对帝国主义列强侵略的中国工人和反对日本资本主义压榨的朝鲜、中国台湾等殖民地工人，实现合作和紧密团结，为加强我们的斗争，迅速成立和这些国家工人相协同的委员会。"[②]评议会成立后不久，中国上海的工人阶级掀起了反对日本帝国主义的五卅运动。运动在打倒日本帝国主义的口号下，迅速扩大到汉口、九江、重庆等城市。评议会立即决定支持中国工人阶级的斗争，并派两名代表去中国声援。在国内，联合其他组织，抗议日本军队在中国的侵略和暴行，发动宣传机器大造声势支援中国，反对日本政府的舆论。中日两国工人心连心，在斗争中相互支持，相互学习。派到中国的评议会代表从中国工人的反帝斗争中学到了有益经验，例如日本乐器公司斗争时设置的秘密指挥部就是从中国工人运动中学习的经验。

评议会反对总同盟参加的帝国主义工具——国际劳工组织，积极参加反帝的泛太平洋工会会议，谴责日本帝国主义的侵略行径。评议会为了加强同苏联工人阶级的团结，于 1925 年 9 月邀苏联工会代表团来日访问。日本劳动人民欣欣鼓舞，盛情欢迎他们。日本统治阶级把他们看作洪水猛兽，处处设防阻挠和监视。总同盟的西尾、赤松等人，积极配合统治阶级监视代表团的一举一动，暴露了其反共的真实面目。

---

① 谷口善太郎著：《日本劳动组合评议会史》下卷，第 291 页。
② 谷口善太郎著：《日本劳动组合评议会史》上卷，第 32～33 页。

　　评议会同总同盟的社会沙文主义彻底分裂，为日本工人阶级和被压迫的殖民地和半殖民地民族之间的团结，为日本工人阶级和世界无产阶级的联合，进行忘我的革命斗争来反对本国的帝国主义政府和本国的帝国主义资产阶级。评议会作为国际主义战士，巍然屹立在战争乌云笼罩的日本列岛上。

　　评议会在工人运动中，坚持新路线，严厉批判和猛烈抨击总同盟的改良主义路线，狠狠地打击反动统治阶级和垄断资本家，长了日本工人阶级的志气，灭了反动派和总同盟改良主义的威风，谱写了日本工人运动史的新篇章。

　　这是与以片山潜为首的日本共产党的正确路线的指引分不开的。1924 年 2 月日本共产党被解散后，工人出身的坚贞的共产党员反对山川均的机会主义路线，在重建日本共产党的斗争中，通过《无产者新闻》《马克思主义》等刊物，积极领导和影响评议会。但评议会也受到山川取消主义和福本主义的影响，走过了曲折的道路。评议会在工人运动的教训中逐渐觉悟，克服其影响，为日本革命的发展做出了应有贡献。

　　20 世纪 20 年代，日本工人运动采取了惊心动魄的两条路线，体现了日本工人运动汹涌澎湃和生气勃勃的新景象，表明日本工人阶级在前进，日本工人运动在发展。

　　这次路线斗争的性质，是革命与改良，是日本工人运动沿着改良主义的道路滑下去，还是沿着革命道路继续前进两条路线之间的斗争。

　　评议会，在两个阶级和两条路线斗争的烈火中，茁壮成长，对此，统治阶级和改良主义恐慌万状，1928 年 4 月竟然下令取缔评议会。但是两条路线的斗争并未止息，运动后继有人。日本工会全国协议会，高举红旗，在战火纷飞的 30 年代，与完全堕落为社会沙文主义的改良主义路线，继续进行了英勇的斗争。

　　历史的经验值得注意。现在，改良主义在日本工人运动中泛

滥成灾，误国害人。这是因为它的根源在战后不仅没有被革除，反而有所扩大。而且松冈、西尾等重整旗鼓，复活总同盟。①日本工人阶级继承了评议会反对总同盟改良主义的传统，继续同这一反马克思主义的机会主义路线英勇战斗。

① 松冈、西尾等于 1946 年 8 月成立日本工会总同盟，这是战前旧总同盟的新版。经数次分裂、改组和改名，1964 年 11 月重新结成为全日本劳动总同盟，会员有 217 余万，属民社党系统的右翼工会的核心。

第五章　20世纪20年代的日本农民运动

20世纪20年代，日本农民阶级以顽强的反抗精神与反动统治者英勇奋战，揭开了日本农民运动史的新篇章。

日本的农民问题即土地问题，是日本资产阶级民主革命的根本问题之一。

那么，具有资产阶级民主运动性质的日本农民运动在日本无产阶级夺取政权的斗争中具有什么意义呢？谁想夺取政权，谁准备夺取政权，谁就不能不关心自己的真正同盟者的问题。农民问题，即无产阶级在为政权而斗争中的同盟者问题，是无产阶级专政这个总问题的一部分。

如何把农民变为无产阶级的同盟者呢？在明治维新和自由民权运动时期，日本农民把希望寄托于资产阶级民主派身上，希望从他们那里得到土地和自由,成为资产阶级民主运动的后备军。可是，日本的资产阶级民主派被人民革命斗争所吓倒，丧失了革命性，转而同天皇制和地主结成联盟来反对革命，反对农民。农民从日本资产阶级民主派手中既得不到土地，也得不到自由。在这种情况下，日本农民应当向谁寻求援助呢？农民所能指望得到帮助的唯一的力量就是城市工人，即无产阶级。在日本，工人阶级作为独立的政治力量走上政治斗争舞台，成立自己的政党——共产党之后，无产阶级同资产阶级和小资产阶级民主派就展开了争夺农民的斗争，努力把资产阶级后备军的农民变成自己的牢固

的同盟者。

　　这一斗争必然以农民运动内部的路线斗争和由此引起的分裂的形式表现出来。日本农民运动充满了革命和改良这两条路线的斗争。

第一节　一战后日本农民运动的兴起
　　　　与两种纲领路线

　　日本农民是日本社会里深受剥削和压榨的阶级，在 50%～90%的沉重地租和名目繁多的苛捐杂税的剥削下，过着贫穷不堪的生活，处于水深火热的境地。随着资本主义经济的发展，自给自足的农村经济日益陷入资本主义商品经济的旋涡，农民又受着资本家的剥削。1920 年 3 月，战后的经济危机冲击了农业，各种农产品的价格猛跌。1920 年 12 月，米价跌到 1 月份的二分之一，茧价比 1919 年下降了 40%。1922 年农产品价格继续下跌，如以1920 年的农产品价格指数为 100，这一年大米则跌到 70，小麦跌至 80，大豆跌为 63。整个 20 年代农业处在慢性萧条之中。危机和萧条减少了农民的收入，但地租却有增无减。资本家也利用工农业产品的"剪刀差"加紧剥削，把危机的灾难转嫁给农民；同时，负债累累的农民又受高利贷的盘剥。农民为了筹措生活费，归还债务，缴纳地租，被迫廉价出售青苗，甚至卖儿卖女。其中占日本农户 60%的佃农所受的剥削和压榨尤为沉重。

　　压迫愈深，反抗愈烈。以佃农为主体的日本农民奋起反抗，掀起了 20 年代农民斗争的高潮。1917 年的佃农斗争仅有 35 次，1920 年就增加到 408 次，计有三万四千多名佃农奋勇参战，1921年则猛增到 1680 次，参加者有十四万五千多人。斗争的浪潮，以排山倒海之势，勇猛向前。

广大农民在同地主的斗争中深深意识到团结就是力量，只有组织起来才能战胜地主。但是，当时只有分散在各村的小农会。只是琦玉县、京都府等个别府县才有农会的联合会。①这些农会规模小，领导力量薄弱，战术不统一，且分散在各地，因此不能适应农民运动蓬勃兴起的新形势。新形势要求建立全国性的、统一的农会。在这种形势下，日本第一个全国性农会——日本农会（日本称之为日本农民组合，以下简称"日农"），于1922年4月9日在神户成立。其开始由15个地方性农会和253名会员组成。但是，当时真正成立一个代表以佃农为主体的日本农民阶级利益的农会的条件并未成熟，因此，日农还不是一个革命的农会，它具有种种改良主义特点，其具体表现是：

第一，日农的领导权掌握在基督教徒也是改良主义者的杉山元治郎和贺川丰彦手里。杉山毕业于大阪农业学校，当过农技师，是福岛县小高町的基督教会的牧师。他篡夺了日农会长的要职，在日本农民运动中始终推行改良主义路线。贺川也是基督教徒，和杉山是教友，从事过基督教的所谓"慈善事业"，并曾混入工人运动内部，任友爱会神户制钢所支会长，在工人运动中兜销其"不抵抗的抵抗主义"，致使声势浩大的神户三菱、川崎两造船厂工人罢工斗争遭到失败。之后，他被迫离开工人运动，混入日农，任日农的理事、顾问等职，起草日农的纲领和第一届大会宣言。

第二，在纲领、宣言中宣扬地主和农民间的阶级合作，根本不提阶级斗争，否定革命力量，要求用合理合法的方式求得农民的解放。日农纲领有三条："一、我们农民应努力学习知识、提高技术、敦修品德、改善农村生活、建立农村文化；二、我们以互相扶助的力量，互依互信，努力促进农村生活的提高；三、我们

---

① 据统计，1918年有88个，1921年有373个，1922年增到525个。

农民通过稳健妥实合理合法的方式努力促进共同理想的实现。"①
在成立宣言中还说什么"我们彻底否定暴力"②，不敢点农民阶
级敌人——地主的名，在日农的机关杂志《土地和自由》的创刊
词上也宣扬阶级调和主义，说什么"如果认为打倒了地主，则佃
农会好起来的想法是个大错误。有地主才有佃农，有佃农才有地
主，两者相互协调，相互扶助"③。还说什么"地主和佃农在相
互理解的基础上尽量协调一致，增进各自的福利，同时为国家应
努力增产，[确保]安定"④。甚至在谈到成立日农的目的时，竟
说"为了农民的福利和国家的健全发展而建立全国性日本农会"⑤。
结果，日农大会在讨论纲领和宣言时，贺川等人根据"不以地主
为敌"的宗旨，删去了宣言中"与横暴的资本家相对抗"的"横
暴"二字。而且，在提出的 21 条主张中，也根本不提农民运动中
最重要的问题之一——土地问题，只是笼统地提出了"耕地社会
化"⑥。当参加会议的代表质问什么叫"耕地社会化"时，贺川
自己也说不清。实际上，这是在不没收地主土地的条件下，平均
使用土地的虚伪的空想，是反动的社会主义者所特有的反动的小
资产阶级空想。

　　此外，贺川同人道主义者马赖宁、森木厚吉一起，还把"互
助和友爱""天赋的自由""创造公义所支配的世界"等资产阶级
人道主义也塞进了日农的宣言之中。

　　由此可见，日农的纲领、宣言是改良主义、阶级调和主义和
资产阶级人道主义的混合物，没有反映佃农的要求。

---

　　① 井上清、深谷进著：《日本农民运动史》，生活·读书·新知三联书店 1956 年版，
第 93 页。
　　②《日农第一届大会宣言》，见青穗一郎著：《日本农民运动史》第三卷，日本评论新
社 1963 年版，第 87 页。
　　③《土地和自由》的创刊词，见青木惠一郎著：《日本农民运动史》第三卷，第 80 页。
　　④《土地和自由》的创刊词，见青木惠一郎著：《日本农民运动史》第三卷，第 81 页。
　　⑤《土地和自由》的创刊词，见青木惠一郎著：《日本农民运动史》第三卷，第 81 页。
　　⑥ 井上清、深谷进著：《日本农民运动史》，第 93 页。

日农的这一改良主义路线直接影响了大战后所兴起的农民斗争并使之归于失败。比如冈山县藤田农场的佃农斗争便是一例。藤田农场的经营主是大阪的大地主藤田传三，他用封建的和资本主义相结合的剥削方法剥削农民，这里的地租高达 75%～85%。藤田农场是佃农的人间地狱，240 多户 1700 多名农民挣扎在死亡线上。1921 年 10 月，藤田农场的佃农不堪忍受残酷的压榨，奋起斗争，要求减低地租，并进行了长达两年的斗争。日农成立后的 1922 年 10 月，杉山元治郎等闯入该农场，按日农的改良主义路线成立了日农藤田村联合会。其宣言要求佃农们"为国家做贡献"[1]，没有反映正在进行斗争的佃农的要求。1922 年秋，佃农要求减租五成，场主则查封收割的稻子，不许打场。因断粮不能揭锅的佃农不顾场主的禁令，决定动手打场。这时，杉山却下令"若场方和警察方面动手，我们则不要还手，秩序井然地打场"[2]，不许佃农以实力反击场主和警察的暴力。结果，场主勾结警察逮捕了斗争的骨干 40 余人。后来，右翼法西斯团体国粹会出面，同杉山进行协商，要求日农本部不要插手；而杉山也欣然同意并接受了国粹会提出的所谓"调解"的条件，使持续两年的藤田村斗争终于失败。这是日农改良主义的投降主义路线给农民运动带来的恶果。

随着马克思主义在日本的传播和工人运动的深入发展，日本农民运动也逐渐摆脱改良主义路线的影响，进入了新阶段，成为无产阶级领导的资产阶级民主革命的一部分。

日农的纲领代表了在农民运动内部的路线，反映了在农村中相互对立的不同阶级的利益。因此，随着农民运动的深入，这两条路线的尖锐斗争也就不可避免了。

---

① 日农藤田村联合会：《宣言》，见青惠一郎著：《日本农民运动史》第三卷，第 133 页。
②《土地和自由》（1983 年 2 月 20 日），见青惠一郎著：《日本农民运动史》第三卷，第 129 页。

第二节　农民运动的深入发展与
"日农"的两次分裂

　　深受两座大山压迫的日本农民，不顾统治阶级的白色恐怖和日农改良主义路线的干扰，仍然奋起进行以减租为主要内容的经济斗争。据统计，1923 年至 1925 年间日本佃农所进行的斗争有 655 起，参加人数达 38 万人。这些斗争 80%～90%是减租斗争。但值得注意的是，其中要求永久减租三成的斗争占到斗争总数的 20%～30%。这说明，佃农积极主动地对地主阶级发起了进攻。在这种斗争中，群马县强户村、冈山县藤田村和石生村、熊本县群筑村、新潟县木崎村的佃农斗争具有代表性。他们动员广大农民群众，向地主进行实力斗争，如地主不答应减租则不交纳地租。他们还开讲演会、农民大会，举行示威游行；甚至佃农的孩子们也举行同盟罢课，深受孔孟之道束缚的妇女也奋起参加。此起彼伏、连绵不断的佃农斗争，超越了日农改良主义干部所制定的框框和限制，直接冲向了封建地主阶级，威胁了他们的统治。地主阶级为了扑灭这一革命烈火便采取了种种反动措施：

　　1. 行使土地所有权，强迫农民归还租地。当英勇的佃农不理地主归还租地的要求仍然耕种租地时，地主便利用天皇制专政工具——法院和警察，在租地上竖起"禁止擅自入内"牌子，阻止佃农进行耕种。对拖欠或拒交地租的佃农，则查封青苗、查封从谷糠到农具的一切资产。这种残暴行径，1923 年还只有数起，但到 1925 年猛增到 896 起。

　　2. 地主阶级联合起来对付佃农斗争。地主的组织 1921 年只有 92 个，到 1925 年便增到 532 个，并成立了地主阶级的全国性组织——大日本地主协会。该会纲领规定："从农村驱逐左倾的过

激分子""消灭佃农斗争""协调地主和佃农"①。地主协会向法院起诉佃农，仅在 1925 年至 1926 年就有 7513 起，并不断地向日本政府陈情，要求政府利用反动法律镇压佃农斗争。此外他们还合伙成立了土地公司，实行土地入股，由土地公司替地主剥削和压榨农民。当时天皇制日本政府为了维护地主阶级的利益，也以违反《治安警察法》为名，血腥镇压佃农斗争，仅在 1923 年和 1924 年，就逮捕农民运动的领导人和骨干 1100 余人。同时，施展软的一手，制定《租佃纠纷调停法》，成立法院参与的调停委员会和协调组合，以调停或协调之名镇压农民斗争。此外，日本政府又制定了《自耕农创设维持法》，用给予无地的佃农以耕地的幻想欺骗佃农，拉拢中农，分化农民运动。更为狡猾的是，利用工农群众争取政治自由的要求，宣布了《普选法》，妄图把他们争取政治权力的斗争纳入资产阶级议会主义轨道。但是，天皇制政府和地主阶级这一切镇压，并没有也不可能阻止农民运动的发展，反而促进了经济斗争向政治斗争的转化。这是符合阶级斗争发展规律的。

是时，日本农民运动内部也初步具备了对天皇专制进行政治斗争的主观条件。随着农村阶级斗争的进一步发展，日农扩大到 957 个支部，72000 余人，不少佃农加入了日农组织，以青年为主的势力逐渐开展政治斗争。这样，在日农内部就形成了与日农右派及其路线相对立的左派及其路线。左右两派的斗争，首先表现在建立一个什么样的无产政党的问题上。

所谓无产政党是 1923 年关东大地震后，日本统治阶级施展软硬兼施的两手政策下的产物。日农的改良主义在这两种政策尤其是所谓"普选"的诱引下，力图把对天皇专制主义的政治斗争纳入资产阶级议会主义道路。在日农内部，首先渲染议会主义的是日农关东同盟。它是由右翼工会总同盟的铃木文治、赤松克麿

---

① 青惠一郎著：《日本农民运动史》第三卷，第 207 页。

等所建立并控制的农会。赤松把日共党内机会主义头头山川均的协同战线党的谬论也搬到日农关东同盟里。赤松说："只有包括中产阶级、进步分子的政党，和这种政党的发展，才能使改造社会的政治斗争发展，同时接近解放的理想。"①在这一股黑风的影响下，1924年7月，日农成立了政党组织筹备委员会，并决定参加1925年1月至7月的町、村会议员选举。这时，杉山等叫嚷"如能占领町、村会，则我们的政治行动成功了一半"，要求"农会会员互相一致协力，占领[町、村会]大多数，首先占领我国基础的町、村会，从而为多数民众的最大幸福而实施新村政"②，妄图把农民群众反对地主阶级所把持的农村政权的斗争，引入议会主义歧途。1925年5月日本政府宣布《普选法》，准备实行对众议院议员的所谓"普选"。为了参加这一"普选"，日农于6月向拥有千人以上会员的劳农团体发出建立无产政党的倡议书；8月在评议会、总同盟等16个团体的参加下，成立了无产政党组织筹备委员会，准备成立农民劳动党。但在筹备过程中，左翼工会评议会和右翼工会总同盟进行了争夺农民劳动党领导权的尖锐斗争，斗争的焦点是建立革命党还是议会主义党的问题。总同盟在筹备过程中，极力排斥评议会等左派群众团体。日农左派则支持和同情评议会等左派团体，右派平野力三等人支持总同盟排斥左派，这加剧了日农两派的矛盾，使他们在日农第五届大会上分裂。

日农第五届大会是1926年3月在京都举行的。会议前几天成立了日农青年部，加强青年在日农中的作用，促进了日农的革命化。大会根据新的斗争形势，修改了日农的改良主义纲领。新纲领规定："一、以农会的斗争，努力改善农民的生活，以保证农民的合理生活的佃耕条件和农业劳动条件。二、反对把全国人民

---

① 赤松克麿：《日本的政治运动——关于农民党组织》，见青木惠一郎著：《日本农民运动史》第三卷，第324页。

② 青木惠一郎著：《日本农民运动史》第三卷，第339页。

粮食来源的土地滥用于投机、营利等目的，争取制定保障实际耕作的农民使用土地的一切权利的土地制度。三、通过组合的组织与活动，使农村无产群众摆脱封建的资本主义的奴隶思想，独立起来，与城市无产阶级共同协办建设新文化。"①这一纲领虽然不是马列主义的土地革命纲领，但与 1922 年日农成立时的纲领相比，有了显著的进步，在一定程度上反映了日农内基本群众日益革命化和战斗化的事实。大会宣言揭露"地主、资本家政府制定的《调停法》或者《自耕农创设维持法》等欺骗性政策和未曾有的恶法——《治安维持法》，是牵制和威胁农民运动，欺骗和怀柔未觉悟的农民"②，宣言要求对"地主阶级的进攻与欺骗怀柔政策进行勇敢的斗争"③，为废除《治安维持法》《治安警察法》及取缔农民运动的法令而斗争，要"农民靠农会的斗争求解放"④。宣言明确提出工农联盟问题，"为和城市工人阶级更加紧密具体化地联合尽最大努力"⑤。宣言还提出地租的合理化、耕作权的确立等具体要求。大会解散了总同盟右派头头铃木等所控制的日农关东同盟，将其所属府县联合会直属于日农本部，切断了总同盟通过它向日农内部伸张势力、灌输改良主义的渠道。日农这些逐渐革命化的倾向和措施，直接冲击了日农内与总同盟相勾搭的右派。与此同时，左派乘胜追击，在大会上追问平野力三等在农民劳动党成立过程中勾结总同盟、排斥左派团体的问题。大会审查委员会对此进行了审查，于是平野领着山梨县的代表退出会场，福冈县的高崎也跟着率领该县的部分代表退出。

---

①《日农第五届大会宣言》，见农会创立日五十周年纪念祭实行委员会编：《农会五十年史》，第 62 页。

②《日农第五届大会宣言》，见农会创立日五十周年纪念祭实行委员会编：《农会五十年史》，第 62 页。

③《日农第五届大会宣言》，见农会创立日五十周年纪念祭实行委员会编：《农会五十年史》，第 63 页。

④《日农第五届大会宣言》，见农会创立日五十周年纪念祭实行委员会编：《农会五十年史》，第 63 页。

⑤《日农第五届大会宣言》，见农会创立日五十周年纪念祭实行委员会编：《农会五十年史》，第 63 页。

平野等人于 1926 年 3 月 28 日在甲府市开会，发表了《关于退出日农的宣言》。这宣言是日农右派的自供状，清楚地道出了他们分裂日农的原因是对日农群众的日益革命化的不满和仇恨。他们把攻击的矛头指向左派群众，说什么"玩弄偏激空论的极左青年""用不立足于现实的翻译的理论来指导农民运动""毒害我农民运动"[①]。他们还说，最近"玩弄革命理论的极左青年分子的妄动变本加厉了，因此农会正失去最初成立时的精神"[②]他们所攻击的"翻译的理论"就是马克思主义的理论，他们所攻击的"极左青年"就是日益革命化的群众。他们的攻击论调，和总同盟对大战后兴起的工人运动的攻击如出一辙，恰恰暴露了他们和总同盟改良主义是一丘之貉。平野等在宣言中一再鼓吹总同盟的"现实主义"，说什么"日本农会最初是按照现实主义成立的。我们赞同这一精神，迄今作为其领导下的一个县联合会继续奋斗下来了"[③]。所谓现实主义就是工联主义、经济改良主义。他们信仰"现实主义"恰好自我暴露了他们留恋日农成立时期的改良主义纲领，妄图把日农革命化的群众拉回到四年前的 1922 年。平野等于 1926 年 4 月 21 日成立了全日本农会同盟，在组织上分裂了日本农民运动，重新拿起了日农 1922 年的改良主义纲领。并于同年 10 月以全日本农会同盟为主体成立了日本农民党，宣扬"农民参加农民党"的谬论，又鼓吹依靠议会政治"建设合理的新日本"的议会主义。后来，平野等加入法西斯的日本国家社会党，暴露了他们的本性。

日农的第一次分裂，一方面说明了日农在群众的推动下日益革命化，另一方面也说明广大农民政治觉悟不断提高。日农本部及其所属的香川、四国、新潟、山形、东北等联合会纷纷发表声

---

① 青木惠一郎著：《日本农民运动史》第三卷，第 408 页。
② 青木惠一郎著：《日本农民运动史》第三卷，第 408 页。
③ 青木惠一郎著：《日本农民运动史》第三卷，第 408 页。

明，谴责和揭露全日本农会同盟。日农本部声明说："全日本农会同盟完全是协调农会，和御用农会没有任何差别。"①在另一篇文章中则更尖锐地指出，它是"把佃农出卖给地主的组织"②。日农向山梨县、福冈县派人继续揭露平野等人的行为，号召受蒙蔽的群众回到日农。日农关东、东北地方协议会就日本农民党的成立发表声明，揭露和批判"农民参加农民党"的反动性，说他们"是迎合地主、资产阶级挑拨工农关系，破坏工农联盟的需要"，并指出他们"是地主、资本家的辩护士，是阶级的叛徒"③。

平野等右派分裂日农的行为，阻挡不住以佃农为首的日本农民反对地主阶级斗争的蓬勃发展。1926 年佃农斗争有 2751 起，比 1925 年增多 500 多起。在这些斗争中，京都府美豆村、兵库县加古川村、冈山县藤田村、新潟县木崎村的佃农站在前列，进行了英勇的斗争。地主阶级利用日农分裂的时机，猖狂反扑。当年，地主夺回租地的有 225 次，和 1925 年的 17 次相比有显著的增加；查封青苗、动产和禁止佃农进入租地的事件也增加到 1125 次。可是，佃农们同地主进行了英勇的斗争，并取得了 101 起斗争的胜利。这年 7 月，日农召开了各府县联合会的争议部长会议，专门研究了反对禁止擅自入内、查封青苗和动产的战术，决定 6 月 28 日举行全国性抗议大会和示威游行。在这天，新潟、山阴、香川、冈山、滋贺、爱知、德岛、鸟取等县的农民举行大规模的示威游行。农民子弟也配合父兄的斗争，举行同盟罢课。统治阶级惊呼，"这一斗争是引起内乱的不稳定的行为"④，动员警察镇压，仅在大阪府，这天就逮捕了 170 多人。但农民们同前来镇压的警察进行了英勇搏斗。

　①　日本农会：《声明》，见青木惠一郎著：《日本农民运动史》第三卷，第 409 页。
　②　日本农会：《全日本农会的正体》，农会创立五十周年纪念祭实行委员会编：《农会五十年史》，第 71 页。
　③　农会创立五十周年纪念祭实行委员会编：《农会五十年史》，第 72 页。
　④　青木惠一郎著：《日本农民运动史》第三卷，第 416 页。

这一时期，农民斗争逐渐地从减租斗争转向确立耕作权的斗争。反对地主夺回租地、确立耕作权的斗争，1926 年就有 360 起。为了压制农民这一斗争，日本统治阶级发布了《佃耕法草案》。日农则联合其他农民团体成立了租佃立法对策全国农民团体协议会，反对政府为维护地主利益所宣布的草案，要求制定以佃农的要求为基础的佃耕法。协议会发表声明，要用自己的手制定自己的佃耕法。

1926 年秋天，日农本部根据佃农斗争日趋激化和政治斗争化的新形势，和劳动农民党等基层组织一起开展了解散议会的请愿运动，先后举行了三次全国性政治示威。请愿当然不是战斗，可是请愿运动却促进了右派控制下的劳动农民党的群众反对其右派领导的斗争，迫使右派退出该党，使党的领导权回到左派手中。而且从日农方面来说，这种运动也起到了促进工农联盟的作用。但是，留在日农内部的右派领导人反对农民和工人的联盟，不许日农的群众参加促进工农联盟的活动，这再次暴露了他们的右派本性。这样，也就产生了日农的第二次分裂。

1926 年随着工农革命斗争的激化，日农内部革命与改良的斗争，又进一步地反映在争夺劳动农民党的领导权问题上。1926 年3 月由总同盟右派控制下成立的劳动农民党，成立伊始就极力排斥评议会等左派团体参加该党。可是该党和日农的群众积极要求开放党的门户，准许评议会等革命团体加入。日农本部在群众的推动下，被迫放弃原有的调和、折中的立场，在 10 月 20 日的扩大执行委员会上决定在即将召开的劳动农民党第四次中央执行委员会上允许评议会等左派革命团体加入该党。这是日农革命化的表现，也是对总同盟右派的沉重打击。因此，总同盟发表声明，攻击日农"没有排击共产党系之诚意"①，再次表示"在经济上、

---

① 铃木文治、西尾末广：《关于退出劳动农民党的声明》，见增岛宏等著：《无产政党的研究》，大学出版局 1969 年版，第 68 页。

政治上拒绝同共产系势力的共同战线"的顽固态度。但这恰恰说明，日农正在重建的共产党的影响下，逐步摆脱右翼改良主义的控制。

日农的革命化促进了劳动农民党的革命化，总同盟右派再也无法控制该党。于是，他们退出该党，于12月5日成立了无产政党的右翼——社会民众党，日农的老右派贺川丰彦等也加入该党，成为中央委员。这样，无产政党正式分裂为左翼的劳动农民党和右翼的社会民众党。时隔不久，又从中分化出标榜所谓走中间正道的日本劳农党。对日农的继续革命化持反对态度的杉山元治郎、须永好、三宅正一等右翼分子在日本劳农党的麻生久等人的积极拉拢下，加入该党。为了分裂日农，杉山提出辞去日农委员长之职，安藤常任书记长等七个领导人也提出辞职，成立支持日本劳农党和以杉山为委员长的全国协议会，攻击日农"正在被极左翼和共产党所统治"①，诬蔑日农内部的左派"患有玩弄理论观念的极左幼稚病"，扬言"大扫幼稚病"②，并明目张胆地搞分裂活动。为痛击和揭露这批分裂主义者，日农中央常任委员会发表声明驳斥他们分裂日农的言论，并明确指出"要分裂农会者，在客观上，可以说是地主的朋友。因此，我们应对进行这种行为者展开果断的斗争"③。可是这批顽固不化的右派分裂主义者不顾日农的劝阻，1927年1月24日在大阪成立了坚实派同盟。为此，日农进一步严厉谴责，"他们无视组织领导，阻碍日本无产阶级重要部队的我农会开展正确的运动，他们是顽固地搅乱我阵线的反动的策划者"④，并于2月4日开除了带头搞分裂活动的须永好等十二人和支持日本劳农党的山形县联合会。但是，物以类聚，

① 日本农会：《声明》，见青木惠一郎著：《日本农民运动史》第三卷，第422页。
② 须永好等：《告日本农会的诸君》，见增岛宏等著：《无产政党的研究》，第59～60页。
③ 日农中央常任委员会：《声明》（1926年12月25日），见青木惠一郎著：《日本农民运动史》第三卷，第423页。
④ 青木惠一郎著：《日本农民运动史》第三卷，第423页。

人以群分。被开除的右派，1927 年 3 月在大阪成立全日本农会，推选杉山为委员长，终于分裂了日农。日农的第二次分裂，是右派改良主义路线的必然结果。杉山也说，"现在农会的指导精神和我相反"①。相反在哪里？日农第六届大会体现了日农左派的路线，与过去杉山等所执行的改良主义路线完全相反。

1927 年 3 月，日农第六届大会在大阪开幕。大会同意杉山辞去日农委员长的要求，改选了领导机构，并通过了《关于农民运动的方向转换宣言》（以下简称《宣言》）。《宣言》总结了大战以来日本农民运动的经验，提出了对日本专制制度开展政治斗争的任务。《宣言》指出，农民要求减租的经济斗争，由于地主和政府利用法院的权力和各种法令镇压，遭到了失败，因此，农民的斗争"不仅是只把地主作为对象的经济斗争，而且要扩大到对镇压经济斗争的政府进行的政治斗争"②。《宣言》指出，"统治阶级的专制越来越露骨化""即将出现警察政治时代""统治阶级的强制、怀柔和种种政治镇压以及政治欺骗沉重地压在我们的头上"。《宣言》明确指出，"加在我们运动的各种行政乃至法律的压迫都是统治阶级的专制所造成的。在统治阶级为所欲为地行使这种专制的条件下，根本上改善我们农民的地位是不可能的"。《宣言》以愤怒的语调揭露："我们农民处在这样屈辱的隶从和非人的贫穷境地，是由于巨大的黑暗势力——统治阶级的专制政治。"同时，"在资本主义社会，农民作为消费者，以抵押、利息、高利贷利息以及商业利润的形式，受金融资本、工商资本家的资本主义剥削"，因此，我们的斗争也要"从对地主的狭隘领域，扩大到对政治、对金融资本家和对工商资本家的领域"。但是它说，由于我们农民自己生产方式和封建的、分散的和孤立的生活环境，"无论

---

① 青木惠一郎著：《日本农民运动史》第四卷，第 24 页。
② 日农第六届大会：《关于农民运动的方向转换宣言》，见青木惠一郎著：《日本农民运动史》第四卷，第 27 页。以下关于此宣言的引文分别见第 27～28 页。

如何不能靠自己的力量来争取完全的解放"，所以"我们农民应信赖战斗化的城市工人运动，和他们结成紧密的联盟，只有这样才能切断隶从、贫困的铁锁，创造幸福、自由的生活"。这是农民争取解放的根本保证。《宣言》，最后提出了新的任务，"我们现在进一步发展过去的运动，越过单纯为增加经济利益而进行的斗争，和城市工人阶级结成政治统一战线，勇敢地同暴力镇压全国人民的专制政治势力进行斗争，以便争取政治自由。这是真正地完全解决我们农民问题的康庄大道"。敢不敢反对天皇专制，敢不敢把矛头指向地主、资产阶级的国家机器，历来是日本农民运动中两条路线斗争的焦点。《宣言》在这一大是大非问题上，鲜明地表明了日农革命派的正确态度。

日农第六届大会反对日本劳农党和全日本农会，反对《治安维持法》和《暴力行为取缔法》，反对《租佃法》《租佃纠纷调停法》和《自耕农创设维持法》；支持劳动农民党，支持刊物《无产者新闻》，支持评议会等建立的统一同盟。

日农第六届大会，举起了无产阶级国际主义的旗帜，声援中国人民的北伐战争，揭露日本帝国主义对中国的侵略，派人支援台湾农民斗争，抗议日本的台湾总督府对台湾农民的残酷统治；同时派人声援朝鲜西南部荷衣岛农民斗争，并反对工联主义的国际劳工会议，支持太平洋工会会议，从而把日本的斗争和国际无产阶级的斗争联系起来了。

总之，日农第六届大会根据广大佃农的实际斗争经验，提出了既反对地主，又反对天皇专制势力的路线，反映了农民数年来反对改良主义路线的成果，有力地抨击了只搞反对地主，不搞反对天皇专制势力的经济改良主义路线，指明了日本农民运动的正确方向。

日农第六届大会所取得的成就，同 1926 年底日共的重建和肃清山川均取消主义对党内外的影响是密不可分的。日共重建后

制定了《1927 年纲领》(以下简称《纲领》)。这一《纲领》从日本资产阶级民主革命的角度，分析了"日本农业问题的严重性"和建立工农联盟的必要性。《纲领》说："农民只有在工人阶级领导下，才能在为取得土地所进行的斗争中以及在对封建残余和近代垄断资本的束缚所进行的斗争中取得胜利。任何国家的历史都证明了农民运动如果没有无产阶级的领导，必定会遭到失败。另一方面，像日本这样农村人口占总人口一半多的国家，假如无产阶级在农民中孤立，将会带来更大的危险，将会给资产阶级提供最有力的武器。"[①]为此，《纲领》提出"建立工农政府"和"建立无产阶级专政"的口号，把日本农民运动提高到建立工农政府和无阶级专政的新高度；而且把"没收天皇、地主、国家以及寺院的土地"的任务结合于这一口号之中。

　　大会后不久，1927 年的金融危机就袭击了日本。地主阶级把危机的灾难转嫁给农民，而农民在日本共产党和日农第六届大会所制定的正确路线指引下，奋起展开了反对 1927 年垄断资产阶级向地主阶级转嫁危机的斗争。据不完全的统计，1927 年日本佃农共进行了 2052 次斗争，计有 91000 余人参加。对此，田中内阁下令镇压，地主则采取"禁止擅自入内"的方法进行压制，动员警察和右翼暴力团体用暴力把佃农从租地上赶出去。针对日本政府和地主阶级镇压农民的反动行径，日农发动群众召开村民大会或者农民大会，揭露地主、警察的蛮横无理，在斗争中提出"反对禁止擅自入内，确立耕作权"的口号，并把 6 月 18 日规定为反对"禁止擅自入内"全国斗争日，6 月 18 日至 7 月 1 日为反对"禁止擅自入内"全国斗争周，为确立耕作权而斗争。秋天，日农又制定《秋季斗争方针》，把斗争的矛头集中指向和大地主相勾结的专制政府。

---

① 日本共产党史资料委员会编：《共产国际关于日本问题方针、决议集》中译本，第10 页。

1928 年初，日农在日本共产党和劳动农民党的领导和影响下，以新的姿态展开了 1928 年众议院选举活动。1926 年末重建的日本共产党，在 1928 年 2 月众议院选举中提出："解散和天皇勾结的资本家地主的议会""成立工人、农民的议会""无偿没收大地主、皇室的土地"，"建立工农政府""无产阶级专政万岁"等主张，并通过劳动农民党提出自己的候选人，积极开展选举活动。劳动农民党也把这次选举"作为对专制统治的野战来利用"，"与专制统治尖锐地对立起来，更加有力地开展争取政治自由的群众斗争"[①]。日农和评议会一道支持劳动农民党的选举活动，结果劳动党得票近二十万张，其候选人山本宣治等两人当选为众议院议员。通过这一选举斗争，日本共产党、评议会和日农扩大了在群众中的影响，增强了自己的力量，震惊了惶惶不可终日的日本统治阶级。

第三节　"三一五"镇压与"全农"的路线斗争

1928 年 3 月 15 日，日本统治阶级动员数万警察袭击全国各地的工会、农会的 400 多所办公室，一举逮捕了领导人和骨干力量 1000 余人，妄图将其一网打尽。接着又在 4 月 10 日下令取缔群众团体劳动农民党、日本工会评议会和全日本无产者青年同盟。在这次镇压中，日农的北海道、新潟、长野、奈良、大阪、兵库、福冈、香川、爱媛等县联合会遭到破坏，失去了领导骨干力量。地主阶级也积极配合政府的镇压，变本加厉地采用禁止擅自入内、查封青苗及动产的横暴手段和抬高地租的方法，向农民反扑。这对农民运动不能不产生一定的影响。在这年，以佃农为首的农民

---

① 劳动农民党关于选举活动的方针，见青本惠一郎著：《日本农民运动史》第四卷，第 140 页。

群众以不畏强暴的精神，顶着恶浪，进行了 1866 次 75000 多人参加的斗争。但是，斗争次数和参加人数同 1927 年相比都有所减少，而且更值得注意的是被调停的斗争件数占总件数的 90.5%。这说明统治阶级在以软硬兼施、双管齐下的方法与农民斗争。

面对日本政府和地主阶级对农民运动的猖狂反扑，广大农民群众迫切要求农民运动的统一和团结，要用统一和团结的力量同敌人战斗。可是，杉山等右派干部利用群众的这种要求，1928 年5 月以全日本农会为中心，合并了日农，成立了全国农会（在日本称之为全国农民组合，以下简称"全农"）。杉山当选全农的委员长，贺川任顾问，右派篡夺了全农的领导权。他们首先篡改日农第六届大会所制定的路线，在纲领和宣言中只字不提对天皇专制制度的政治斗争，其《运动方针》中规定，"农会主要是为人民大众的经济利益而斗争的组织"，把农民的斗争紧紧地限制在经济改良上。他们不坚持斗争，不以群众斗争的实力反击地主和政府的猖狂反扑，而以所谓的全国农民团体会议的名义向政府陈情，他们还把确立耕作权的斗争，限制在制定租佃法的范围内。这一切都说明，全农的成立不是日本农民运动的前进，而是倒退，倒退到 1926 年日农第五届大会之前的水平。广大农民和工人群众不满这一倒行逆施，以实际斗争反对改良主义路线的重新上台。在1928 年秋裕仁天皇继位之际，统治阶级大肆逮捕日农运动七千多名领导和骨干的白色恐怖中，岐阜县七千多农民前往县政府进行反对犀川改道的斗争，并与前来镇压的宪警搏斗，取得了斗争的胜利。香川县农民为重建被破坏的组织奋起斗争。日共也揭露全农的机会主义路线，号召工农群众起来斗争。工人群众为了支援农民的斗争，1929 年 1 月在全农东京办事处成立支持关东地方农村斗争协议会，揭露全农的改良主义路线，决定派人声援农民反对全农的改良主义路线的斗争。继承评议会传统的日本工会全国协议会在其中起了带头作用。

广大农民和工人反对全农的倒退，坚持斗争，迎来了全农第二届大会。《无产者新闻》指明了日本农民运动的方向。其社论指出，当前在日本"耕地的 30% 被只占农村人口 1‰ 的地主所霸占。这一土地所有关系就是阻碍我国农业生产发展的最大原因"。社论明确地指出左派的任务是，应在农民大众中"揭露资产阶级各政党的农业政策，批判社会民主主义各政党的改良主义政策"；在农村中宣传，"在佃耕制度存在的条件下，绝不能保证农民的合理生活，要真正地、根本地解决农民生活，要发展农业生产，只有……废除佃耕制，解决土地问题。为此，农民和工人必须结成牢固的联盟，在共产党的领导下打倒资本家地主政府，建立工农政府，无偿地没收大土地所有[者的土地]给农民"。同时，根据这些土地革命的原则，提出了包括减租、废除地租等十项具体要求。这一社论，反映了日本农民的迫切要求，指明了农民运动的大方向，直接影响了全农第二届大会。

全农第二届大会是 1929 年 3 月初召开的。这次大会是左派反对全农改良主义者的大会。在会上，左派查问杉山等与无产政党和工会的右翼勾搭的问题；追问山上武雄、平野力三和日本民众党往来等问题，要求给山上以组织处分；质问本部为什么对社会民主主义者背叛阶级的行为不采取措施；批判全农本部不积极领导以土地问题为中心的各地斗争。

经左派斗争，大会制定了新的《运动方针大纲》（以下简称《大纲》）。《大纲》总结了一年来的斗争情况，肯定了福冈、岛根、鸟取、冈山、兵库、大阪、京都、三重、新潟、千叶、青森、北海道等联合会在"给农民土地"的口号下把减免地租的斗争引向反对地主、资本家政府和解决土地问题的斗争经验，批判了全农本部不支持和很少参加工人阶级反对地主、资本家政府的斗争，而只搞经济斗争的改良主义。同时还批判了全农本部在组织工作中的不得力和重建香川县联合会斗争中的机会主义态度。《大纲》

在这一基础上，提出了新的任务，"在帝国主义战争危机逼近，地主、资本家的攻势日益加重，工人、农民斗争日益尖锐化的形势下，我们在城市工人的支持和领导下，动员中农以下的本会农民，全面地、勇敢地展开减免地租，反对地租，反对垄断价格，反对恶法，反对帝国主义战争，反对查封青苗和动产，反对禁止擅自入内"等斗争，把减免地租的斗争在"给农民土地"的口号下引到解决土地问题的方向。《大纲》指出："反对暴压、争取团结权、废除恶法的斗争是同资本家、地主、国家组织的正面冲突，因此，应和无产阶级一起展开群众性的全国斗争。"《大纲》就非农会会员、农会的统一、工农联盟等问题也都提出了具体的任务和要求。在讨论这一《大纲》时，茨城县代表提出"给农民土地"的口号，如不与建立工农政府的问题连在一起就没有意义。大会接受了这一意见。可见第二届大会在一定程度上反映了左派的正确意见和要求，表现了他们反对全农改良主义路线的勇气和决心。

但斗争并没有结束。全农第二届大会闭幕的第二天，即3月5日，日农所支持的劳动农民党的议员山本宣治因反对把《治安维持法》改为《死刑法》而惨遭杀害。全农的群众在这一事件影响下，3月15日在京都、大阪、东京、宫城、青森、冈山、长野、鸟取、新潟、鹿儿岛等地举行山本葬礼示威，高喊"反对暴力镇压""打倒反动的田中内阁""争取言论、出版、集会、结社自由"的口号。田中内阁于4月16日又采用突然袭击的方式，逮捕全农的干部30余人，破坏了大阪、京都、冈山、山形等14个联合会。被白色恐怖吓倒的全农机会主义领导不敢参加火热的斗争，顽固地反对日共关于不用建立取代劳动农民党的新党的指示，假借农民要求成立合法政党之名，欲想成立合法的新劳农党①。他们的

---

① 合法的左派无产政党——劳动农民党于1928年4月10日被取缔，这意味着20年代末的日本统治阶级已经不允许左派无产政党合法地存在。因此，这时要成立的合法无产政党不可能是左派政党。

这一举动引起了工农群众团体内部的混乱。尽管全农的关东地方协议会和三重、岛根、鸟取、千叶、新潟县联合会的青年部坚决反对新劳农党，为扩大和巩固全会而努力，但全农的改良主义干部还是在 10 月召开的全农第二次中央委员会上，和日本劳农党、日本民众党系的中央委员合伙压制左派，并解散全农关东地方协议会，解除了一些左派领导人的职务。可是，全农的左派并未屈服于压力，他们加强了相互间的联系，扩大了力量，如在山梨县，全农左派就争取了右翼日本农民党系的农会。

　　20 年代的最后一年 1929 年，日本农业歉收，饥饿的农民从九月份开始进行减租二至五成的斗争。农民们说，"斗争胜利丰收年，失败则歉收年"①，以暴力同地主和警察进行了勇敢的斗争。据不完全统计，是年农民进行了 2434 次斗争，8 万多人参加。其中，秋田县的农民斗争较为突出。秋田县下井河村的农民，1929 年底在全农支部的领导下，要求减租二至三成，组织不交纳地租同盟，地主减租前拒绝交纳地租。地主不仅不答应，还联合武装警察 70 余人，妄图以武力执行法院关于禁止佃农擅自进入租地的判决。下井河村的男女老少总动员起来，在附近村庄的 600 多名农民的援助下，把前来镇压的警察团团围住，当面谴责他们的蛮横无理，要他们滚回去。警察在不畏强暴的农民面前，束手无策，灰溜溜地逃走了。这一斗争一直延续到 1930 年 9 月。秋田县阿仁前田村农民，从 1925 年起直到 1930 年进行了持久的减租斗争。地主用尽了方法，但都无济于事。最后来了 70 多名警察，武力镇压。英勇的农民不畏强暴，拿起刀和竹枪，以石头为"炮弹"，与前来镇压的警察进行了浴血奋争，打退其两次进攻。但秋田县农民斗争由于领导人的软弱和投降，未能取得彻底胜利。

　　总之，20 世纪 20 年代的日本农民运动是在斗争中发展起来

---

　　① 青木惠一郎著：《日本农民运动史》第四卷，第 187 页。

的。20 年代日本农民共进行了 18000 多次英勇斗争，展现了日本农民运动生气勃勃、汹涌澎湃的新气象。

日农和全农内部的两条路线是阶级斗争在农民运动内部的反映，是无产阶级和资产阶级、小资产阶级民主派争夺农民的表现。

其革命路线具体表现为：在共产党的正确路线的指引下，和城市工人阶级结成联盟，坚持斗争，把农民的减免地租的斗争提高到反对天皇制专制的政治斗争上，把两者有机地紧密地结合成统一的斗争，以便推翻天皇专制制度，建立工农政权，没收天皇、地主、寺院的土地。同时在国际上，支持日本殖民地、半殖民地人民的正义斗争，反对帝国主义战争。

其改良主义路线是：攻击马克思主义，反对工农联盟，宣扬阶级调和，鼓吹资产阶级议会道路，反对没收地主、天皇寺院的土地，反对天皇专制的政治斗争，以眼前的经济利益蒙蔽群众，使农民看不到无偿没收地主土地、推翻天皇制专政、建立工农政权的远大目标。这种改良主义策略下的改良，在资产阶级政权存在的条件下，必然要变为巩固资产阶级政权的工具，变为瓦解革命的工具。这是一条代表地主、资产阶级和具有资本主义倾向的富裕农民利益的投机主义路线。

在 20 世纪 20 年代，日农和全农的左派反对改良主义的斗争，推动了日本农民运动的进一步发展，但未能彻底战胜平野、杉山等改良主义路线。这是由于：一、领导农民运动；二、牢固的工农联盟未能建立；三、虽有正确路线的代表，但由于统治阶级的残酷镇压，组织遭到破坏，领导干部和骨干力量被捕，缺少代表这一路线的领导干部。

到 30 年代，全农内左派势力成立了全农全国会议派，同全农本部的改良主义路线继续进行斗争。

第六章　20世纪30年代日本的工运与"全协"的反战运动

　　日本帝国主义为了摆脱 1930～1932 年的经济、政治危机，于 1931 年 9 月 18 日发动了对我国东北的侵略战争。接着进攻上海，蚕食华北，并于 1937 年 7 月 7 日发动了妄图吞并整个中国的全面侵华战争。

　　对帝国主义的侵华战争持什么态度？是支持，还是反对？是把帝国主义侵华战争转变为国内革命战争，还是为支持侵华战争而镇压本国工农群众的革命斗争？这是日本工人运动中区别国际主义和沙文主义的分水岭，是区别革命工会和沙文主义工会的试金石。

　　据统计，1930 年前后，日本大约有 476 万工人，其中 36 万人分别属于 818 个不同的工会[①]。这些工会及其会员，经 20 年代的大分化、大改组，明显地划分为左、中、右三派。属于社会民众党等右翼无产政党的日本劳动总同盟（简称总同盟）、日本海员工会、官业劳动总同盟等右翼改良主义工会大约为 21 万人；左派工会日本工会全国协议会（简称"全协"）有 1 万名会员；其余分别属于全国工会同盟（简称"全劳"）等中间派及合法左翼工会。九一八事变后，属于右翼的总同盟等改良主义工会，拥护本国政

---

　　① 森喜一著：《日本工人阶级状态史》，三一书房 1961 年版，第 480～481 页。

府的帝国主义侵华战争，压制工人斗争，逐渐堕落为沙文主义。只有属于左派的"全协"①，举起无产阶级国际主义旗帜，进行反战、反沙文主义的斗争，成为坚持国际主义的工会。"全协"的这一斗争，代表了日本人民和日本工人阶级的真正利益，声援了中国人民的抗战，在中日两国人民友谊史上书写了新的一页。

第一节　总同盟对侵华战争的沙文主义

什么叫沙文主义？沙文主义工会便是这种沙文主义在工人运动内部的具体表现。总同盟等日本沙文主义工会具有如下的特点：

第一，歪曲日本帝国主义发动侵华战争的原因，美化日本帝国主义的侵略，诬蔑中国人民的抗日战争。

日本帝国主义为什么要发动对中国的侵略战争？毛泽东曾一针见血地指出："正因为日本帝国主义陷在严重的经济危机和政治危机的深坑之中，就是说，它快要死了，它就一定要打中国，一定要把中国变为殖民地。"②可是，日本沙文主义工会却歪曲这一战争的起因和性质，说九一八事变是由于中国"不当的排日行为"③而引起的，七七事变"由来于抗日赤化"④，并扬言"要乘此机会，横扫抗日赤化的祸根"⑤。把被侵略而奋起抗战的中国人民说成是战争的"祸根"，而侵略者日本帝国主义反倒成了"横

①"全协"于1928年12月成立，它继承和发展了评论会的革命传统。
②毛泽东：《新民主主义论》，《毛泽东选集》合订本，人民出版社1967年版，第640～641页。
③社会民主党：《关于满蒙问题的决议》，见《日本工人阶级状态史》，第529页。
④全日劳动总同盟——1936年1月由总同盟和"全劳"合并而成：《1937年大会宣言》，劳动运动史料委员会编：《日本劳动运动史料》第9卷，东京大学出版会1965年版，第657页。
⑤松冈驹吉（全日劳动总同盟会长）：《迎接大会》，《日本劳动运动史料》第9卷，第616页。

扫祸根"、进行"正义"战争的"王师",真是颠倒黑白,欲盖弥彰。至于"赤化",则更是司空见惯的帝国主义陈词滥调,暴露了沙文主义工会的本性。

日本的沙文主义工会是投向资产阶级怀抱的工会。总同盟的西尾末广认为:"为确保日本国民大众的生存权,我们条约上的权益受到侵犯是不当的。"①西尾所称的"权益"是日本帝国主义对中国人民进行剥削和掠夺的权益;所称的"条约",是日本帝国主义强加给中国人民的殖民条约。这就暴露了他们的殖民主义卫道士的面目。

沙文主义工会,为美化侵华战争大念和平经,说这次战争的目的是为了"确立东亚的安定"和"世界和平"②,"为确保真正的东洋持久和平"③。这使我们想起了无产阶级的叛徒考茨基在第一次世界大战期间所说的所谓交战双方"都是为持久和平而战"的滥调。两者毫无区别,同样充当了帝国主义战争的辩护者。

更为离奇的是,日本的沙文主义工会竟打出社会主义旗号。说什么"解决满蒙问题的根本"是对满蒙实行"社会主义国家管理","为日中(两国)民众的生活利益,建立两者的共同经济"④,真是荒唐到了极点。帝国主义者怎能为中日两国民众的利益在满蒙建立社会主义乐园呢?在九一八事变时期,一小撮军部法西斯分子也曾叫嚷过对满蒙实行所谓"社会主义管理",这就说明了沙文主义工会已经同军部走到一块去了。

第二,效法第二国际沙文主义者"保卫祖国"的口号,大肆鼓吹地主、资产阶级的爱国主义,并开展什么"产业报国"运动,

---

① 渡部彻著:《社会民众党中央执行委员会决定》,见《日本劳动组合运动史》,青木书店1954年版,第69页。

② 全日本劳动总同盟:《关于感谢皇军官兵的决议》,见劳动运动史料委员会编:《日本劳动运动史料》第9卷,第658页。

③ 东交:《1938年运动方针》,见《日本劳动运动史料》第9卷,第738页。

④《社会民众党中央执行委员会决定》,见《日本劳动组合运动史》,第69页。

要工人以增产的实绩，支持侵华战争。

毛泽东在抗日战争时期曾明确地指出："日本共产党人和德国共产党人都是他们国家的战争的失败主义者，用一切方法使日本侵略和希特勒的战争归于失败，就是日本人民和德国人民的利益；失败得越彻底，就越好。日本共产党人和德国共产党人都应该这样做，他们也正在这样做。"[①]这是日本的国际主义者对待侵华战争的唯一正确的态度。可是，沙文主义工贼西尾等却说什么如果由于反对战争而"帝国主义被打倒了，那么作为日本无产阶级生活基地的日本被毁灭了怎么办"[②]？因此，为了日本无产阶级的生存，要"保卫祖国"。为了"保卫祖国"，第一，他们大造地主、资产阶级的所谓爱国主义舆论，叫喊什么"必须唤起和培养新鲜的爱国心"[③]，要"培养和巩固泼辣的爱国心，以便持久地发展以身殉国之热情"[④]，并要求工人阶级"忠诚殉国"。"协力克服时难"[⑤]，大肆宣扬没有祖国的繁荣就没有国民的幸福等谬论。

第二，掀起"产业报国"运动。九一八事变后，沙文主义工会大搞"产业协力"运动，协助资本家搞好生产，支援侵华战争。七七事变后，变本加厉，步法西斯工会的后尘，掀起"产业报国"运动，要求工人以增产的实绩"报答"进行侵华战争的帝国主义国家。沙文主义工贼纷纷修改其改良主义工会时期的旧纲领，把"产业报国"或"产业报公"等塞进新纲领之中。他们迫使工人不得因私缺勤，力争减少事故，爱护器材，节约原材料，利用废物，遵守劳动纪律，增强劳动生产力，以便为侵华战争服务。

此外，沙文主义工会为表达其"爱国"之心，还开展认购"爱

---

① 毛泽东：《中国共产党在民族战争中的地位》，《毛泽东选集》合订本，第486页。
② 《社会民众党中央执行委员会决定》，见《日本劳动组合运动史》，第69页。
③ 松冈驹吉：《倾听工人、农民的声音》，见《日本劳动运动史料》第9卷，第654页。
④ 松冈驹吉：《再论举国一致的巩固》，见《日本劳动运动史料》第9卷，第655页。
⑤ 全日本劳动总同盟：《1937年大会宣言》，见《日本劳动运动史料》第9卷，第657页。

国公债"的活动。它们为了购买更多的军事公债，竟然要求每个工人月月储蓄；同时募集"国防献金"，千方百计榨取工人阶级的血汗。马克思主义的国家学说是沙文主义工会推行地主、资产阶级爱国主义的最大障碍。于是，它们指出那是"不能赞同的国家观"①，声称"要从日本工人的立场出发，认识国家的存在"，"承认实现国家乃至国民信念的必要性"②。换句话说，就是要承认日本统治阶级对工人阶级的统治，支持本国政府侵略和掠夺中国。

第三，赞美"皇军的武威"，慰问皇军及其家属，驱使工人为侵华战争卖命。

无产阶级国际主义者教育被抓去参加侵略战争的军人，认清战争的非正义性，掉转枪口，与被侵略国家的人民一道反对帝国主义。但是，沙文主义工会——全日本劳动总同盟，在 1938 年10 月的大会上却通过了《对皇军官兵的感谢决议》，极力赞扬"皇军官兵的神速和果敢的行动"，并对"皇军官兵在皇威下所带来的效忠礼物"即对侵略、掠夺和屠杀行为表示"无限的感谢"③。他们还表示要向皇军"学习"，向他们发誓：在后方的我们也要"像枪林弹雨中的皇军官兵那样的紧张，尽报国的微力"④。他们召开什么"欢送""欢迎"大会，驱使工人充当侵华战争的炮灰，迎接从侵华战场归来的残兵败将，组织募集慰问金活动。据统计，仅募集慰问金一项，沙文主义工会就从工人阶级身上搜刮了 7600多日元。

第四，接过统治阶级"举国一致"的口号，鼓吹"产业和平"和劳资合作，妄图在侵华战争时期消灭工人的斗争，以帮助统治

---

① 《日本工会会议评论会报告》，见《日本劳动运动史料》第 7 卷，第 483 页。
② 《日本工会会议评论会报告》，见《日本劳动运动史料》第 7 卷，第 483 页。
③ 全日本劳动总同盟：《对皇军官兵的感谢决议》，见《日本劳动运动史料》第 9 卷，第 658 页。
④ 全日本劳动总同盟：《对皇军官兵的感谢决议》，见《日本劳动运动史料》第 9 卷，第 658 页。

阶级渡过危机，在侵华战争中取得胜利。

侵华战争的爆发意味着日本国内阶级矛盾和阶级斗争的加剧。随着战争的扩大，这一矛盾和斗争更加尖锐。1930～1937年，日本工人运动空前高涨。据统计，在此期间，工人阶级共进行了各种形式的斗争1.59万余次，参加者达100多万人，其中罢工、怠工等实力斗争有500多次。这在日本工运史上是前所未有的。日本的无产阶级本应利用战争造成的有利形势，提出变现实的帝国主义战争为国内战争这唯一正确的无产阶级口号，进行英勇的斗争。可是，沙文主义工会为了巩固侵华战争的后方，增产军需品，却极力限制工人的斗争，甚至勾结资本家和警察破坏工人斗争。

1932年3月至8月，总同盟控制下的关东纺织公司平壕纺织厂的工人，为了反对资本家解雇工人，进行了持续116天的大罢工。但兼总同盟纺织工会会长的松冈驹吉却站在统治阶级和资本家的立场上，百般阻挠和破坏罢工斗争，说什么由于满蒙及上海事变，举国上下面临困难，因此他劝诫会员采取"慎重"的态度，不要"诉诸罢工手段"，以免"生产能力的减退"①。与此同时，他还请求平壕警察局长"调停罢工"。于是，警察局长出面协助资本家解雇了斗争的骨干40余人，镇压了大罢工，为此，他从资本家那里获得了一笔赏金。

1934年7月至9月，总同盟关西同盟会控制下的大阪机械厂700多名工人为改善待遇，反对解雇，举行罢工。可是，总同盟大阪金属工会却"根据总同盟所采取的产业协力的精神，为避免问题的进一步恶化，决定采取和平手段"②，并宣称"我国现在处于举国一致、劳资合作的时代"，"要显示国家兴隆和产业合作

---

① 松冈驹吉：《把关东纺织公司纠纷真相报告给有同情心的市民之书》，见《日本劳动运动史料》第9卷，第53页。
② 《大阪联合公报》，见《日本劳动运动史料》第9卷，第97页。

实绩"①。西尾末广则八方奔走，要海军省、内务省、县长和警察出面调停罢工。他求县长说，这次罢工"与军工生产有关，因此，希望尽可能早一点解决"②。结果，县长、海军省及警察当局一齐动手，在所谓"调停"的美名下镇压了罢工。沙文主义工会破坏罢工有功，资本家除了赏给他们3万日元之外，还格外鼓励工贼说："今后好好干吧！"③对此，总同盟大阪联合会的主事金正米士回答说，"添了种种麻烦"④，并鞠躬道谢，真是到了极点。

七七事变后，沙文主义工会积极配合战争的需要，变本加厉地推行劳资合作支援侵华战争的政策，主张"用和平道义的手段"⑤解决劳资纠纷，扬言"在国内产业战线确立没有一名追求利润的资本家和没有一名怠工的工人的产业和平"⑥。所谓"产业和平"就是第二国际沙文主义者的"国内和平"的同义语。

日本沙文主义工贼们为了更好地支援侵华战争，还导演了一幕又一幕的劳资合作丑剧。1938年2月21日是日本的"纪元节"，即所谓第一代神武天皇建立日本国的纪念日。就在这天，沙文主义工贼和官方及军部代表欢聚一堂，在东京举行"产业协力大会"。大会在《爱国进行曲》的军国主义乐曲中揭幕后，先唱《君之代歌》，遥拜天皇，然后默哀在侵华战争中死的所谓"皇军英灵"，并祈祷战争的胜利。会上，与会者还齐声宣誓，"在空前重大的时局里"，"提高国家产业人员的自觉性，拿出劳资合作

---

① 《就大阪机械厂纠纷告我亲爱的市民诸君》，见《日本劳动运动史料》第9卷，第122页。

② 社会思想对策调查会：《大阪机构厂劳资纠纷经过概要》其三，见《日本劳动运动史料》第9卷，第122页。

③ 社会思想对策调查会：《大阪机构厂劳资纠纷经过概要》其三，见《日本劳动运动史料》第9卷，第132页。

④ 社会思想对策调查会：《大阪机构厂劳资纠纷经过概要》其三，见《日本劳动运动史料》第9卷，第132页。

⑤ 全日本劳动总同盟：《一九三七年十月大会宣言》，见《日本劳动运动史料》，第9卷，第657页。

⑥ 全日本劳动总同盟：《一九三七年十月大会宣言》，见《日本劳动运动史料》，第9卷，第657页。

的诚意,为确保产业和平和生产力的发展,倾注殉国的热情","把事变时期劳资问题的一切,通过劳资恳谈,用道义和和平的手段来解决","消灭总罢工、怠工、关闭工厂等事态","靠劳资合作提高后方生产率"①云云。不难看出,这篇誓文是沙文主义思想的总结,深刻地揭露了沙文主义工会的本质。

第五,攻击无产阶级国际主义,鼓吹"现实的国际主义"。

沙文主义是无产阶级国际主义的大敌,国际主义是他们推行沙文主义的最大障碍,因此,沙文主义工贼们攻击无产阶级国际主义是"空想的国际主义"②,反对无产阶级国际主义的革命工会从满蒙撤回日军的主张,诬蔑这种主张"是从把日本作为帝国主义国家、把中国作为被压迫民族的共产主义公式中推断出来的,是无视无产阶级现实生活利益的幼稚病似的唯心论"。③他们还说,"马克思主义的国际主义是空想的谬误","无视国民的利害关系,只强调全世界无产阶级的共同利益"④,因此,要坚决反对"空想的国际主义态度"⑤,在民族斗争激烈的形势下,"在明确国民立场的基础上,采取最现实的国际主义"⑥,"从实际出发,对待国家及国民问题"⑦。这是总同盟的改良主义即现实主义在国际问题上的具体运用和发展,恰巧暴露了它的沙文主义本质。但他们却说"把现实的国际主义可以说成国家社会主义或者国民社会主义"⑧。可这哪里是社会主义,分明是法西斯主义,这也暴露了其向法西斯主义转化的事实。

① 东京后方产业协力大会:《宣誓文》,见《日本劳动运动史料》第 9 卷,第 671 页。
②《社会民主主义和国民社会主义》,见《日本劳动运动史料》第 9 卷,第 612 页。
③ 社会民众党:《关于满蒙问题的决议》,见《日本劳动运动史料》第 9 卷,第 601 页。
④《社会民众党第六次代表大会新运动方针书纲要》,见《日本劳动运动史料》第 9 卷,第 613～614 页。
⑤《关于满蒙问题的社会民众党声明》,见《日本劳动运动史料》第 9 卷,第 601 页。
⑥《社会民众党第六次代表大会新运动方针书纲要》,见《日本劳动运动史料》第 9 卷,第 614 页。
⑦ 社会民众党:《通告》,见《日本劳动运动史料》第 9 卷,第 613 页。
⑧《社会民主主义和国民社会主义》,见《日本劳动运动史料》第 9 卷,第 612 页。

　　综上所述，日本沙文主义工会是帝国主义侵华战争的产物，是改良主义工会为适应帝国主义侵略战争的需要进一步演变而成的。这一演变有其内在的根源。它深刻地揭示了沙文主义的思想政治内容及其经济基础以及沙文主义和机会主义之间的内在联系。日本帝国主义的侵华战争加速了改良主义堕落为沙文主义工会的进程，撕掉了他们搞改良主义的伪装，露出了他们所扮演的资产阶级同盟者的真正面目。这样他们同资产阶级的秘密联盟便演变为公开的联盟。对此，松冈也曾直言不讳地供认，"我确信，劳资官民为建立真正的举国一致体制和确立东洋和平必须共同努力。作为日本人，当然有爱国心。迄今，为抵制政府和军部镇压，屡次进行了斗争，但是，这都……不是反战、反国家运动"，我们"决心在举国一致的形势下齐心协力"①。随着日本法西斯工会的出笼和法西斯体制的形成，这些沙文主义工会迅速地解散自己的组织，除了个别工会之外，都纷纷加入法西斯工会②。

第二节　　"全协"反战反沙文主义的斗争

　　在日本帝国主义猖狂地对中国进行侵略战争的 30 年代，左派革命工会"全协"在工人运动的领域里，高举国际主义旗帜，英勇地进行了反战、反沙文主义的斗争，谱写了日本工人运动史和中日两国人民友好史上的新篇章。"全协"在日本帝国主义发动侵华战争之前就指出了战争的危险性。1929 年 3 月，"全协"在其提交第二次全国代表大会的议案中指出：日本帝国主义随着其生产力的发展，碰到了因中国革命的发展和国内工人、农民的贫困而引起的消费市场变小和掠夺资源困难的问题。它为了摆脱困

①　松下若男著：《三代反战运动史》，黑潮出版社 1960 年版，第 325～326 页。
②　沙文主义工会转变为法西斯工会，在另一篇文章中将详述。

难，准备对中国进行帝国主义战争。这次大会虽然由于"四一六"大镇压未能召开，但"全协"在这样艰苦的条件下，通过其机关报《劳动新闻》提出了"反对帝国主义战争""放弃对中国包括满蒙在内的权力""解放殖民地"等反战口号。

1931 年日本帝国主义发动"九一八"事变前夕，"全协"更加积极地开展了反战斗争。"全协"所属的日本金属工会在国际反战斗争日发表文章揭露，日本帝国主义正在为执行对满蒙的殖民化政策……增派军队，编制 14 亿日元的军事预算，在裁军的幌子下充实军备，制造新式武器，举行大型军事演习和对青年的训练。此外，还利用一切反动机关进行军国主义宣传和军事训练[1]，并明确指出了日本帝国主义在远东发动侵略战争的危险性。在侵华战争逼近的新形势下，日本工人阶级迎来了 8 月 1 日的国际反战日。"全协"在东京、大阪组织反战日联络会议，研究和布置了这一天的具体行动。但日本统治阶级事前就在东京逮捕 200 多名工人，派遣大批警察到工厂，猖狂镇压。因此，未能举行全国性的、统一的总罢工和示威，但东京、大阪、横滨、佐世保、长崎、下关等地的工人仍举行了小规模的、分散的反战示威和临时罢工，反对即将爆发的侵华战争。

日本帝国主义悍然发动侵略我国东北的战争后，"全协"立即发出《劳动新闻》号外，揭露和反驳日本政府及军部为自卫行使武力的谎言，一针见血地指出"挑起战争者是日本"[2]，并揭露日本帝国主义假借"正当防卫"之名行军事行动之实的计划，号召日本工人阶级"拒绝输送弹药、武器、军队！举行反战的群众性罢工和示威"[3]！参加到反战的斗争行列。9 月 15 日《劳动新闻》又发表文章揭露侵华战争的性质，指出"日本帝国主义政

---

[1] 全协金属工会：《关于红色节》（1931 年 7 月 23 日），见渡部彻著：《日本劳动组合运动史》，第 68 页。

[2] 渡部彻著：《日本劳动组合运动史》，第 68 页。

[3] 渡部彻著：《日本劳动组合运动史》，第 68 页。

府终于决心掠夺中国……以便把危机的灾难转嫁给日本工人和勤劳大众"①。文章进一步指出，"这次战争是为了拥护和扩大集中在三井三菱的利益！……不要上日本利权等胡言乱语的当"。文章最后指出，"摆脱经济危机的唯一出路不是强盗战争，而是打倒帝国主义政府的战争即内战"②。《劳动新闻》9月下旬又发表题为《铁路被破坏的真相暴露了日本帝国主义的卑劣原形》一文，用外务省和参谋本部的密电揭露"日本政府的'满铁柳条沟铁桥被破坏'的声明（强盗战争的借口）完全是伪造的"③，指出日本政府在铁路被破坏之前就知道铁路将被破坏，事前做好了调运军队、武器的准备，而被破坏的铁路仅有两米长，用一个小时就能修好。"全协"对日本侵华战争的这种揭露，与沙文主义工会为侵华战争的辩护形成了鲜明的对照。

由于"全协"对日本帝国主义侵华战争的揭露，工人群众认清了战争的非正义性，起来进行了反战的斗争。在东京，工人群众突破警戒，散发反战传单；在静冈、冈山、神户，工人利用县议会选举进行反战宣传。此外"全协"还准备在10月7日渡边政之辅遇害的纪念日，组织反战反暴力镇压的全国性示威，利用京滨地区工人对劳动条件恶化和解雇工人的不满，组织反战的总罢工，但由于警察、宪兵的戒备未能实现，仅有江东失业者同盟的多人散发反战传单，举行示威。东京下立石、山田染绸厂的30多名工人也举行了反对出兵中国的示威，但他们全部被捕。这些反战斗争规模虽小，但它代表了无产阶级的真正利益，指明了日本工人运动的正确方向，而且以实际行动抨击了沙文主义出卖工人阶级根本利益的罪行。

日本帝国主义对中国东北的侵略战争由于蒋介石的不抵抗

---

① 渡部彻著：《日本劳动组合运动史》，第68页。
② 渡部彻著：《日本劳动组合运动史》，第68页。
③ 渡部彻著：《日本劳动组合运动史》，第232页。

政策，到了 10 月大体告一段落。这时，在日本工人阶级内部产生了一些糊涂的思想，认为对中国东北的侵略战争是小规模的战争，而且不会再发展，因此现阶段反战斗争不太重要，没有必要大力开展反战斗争。针对这一情况，"全协"于 10 月 23 日发表《新形势与革命工人的任务》一文，指出现在虽然由于日军在满蒙的军事行动达到目的而告一段落，但是，日本帝国主义为争夺更多的市场，为破坏被压迫民族的抵抗，正把战争扩大到华北、华中一带。而且这一侵略举动势必加剧日美矛盾，美国为调整这一矛盾鼓励和驱使日本帝国主义侵犯苏联，因此更大规模的战争日益逼近。文章要求立即克服这种低估形势的错误。

"全协"的机关报《劳动新闻》发表文章揭露和痛击总同盟等右翼沙文主义工会和中间派的总评议会、"全劳"及劳农派的所谓和平主义。文章说，总同盟等右翼工会赞成强盗战争，劳农派、总评议会、"全劳"等合法左翼只在口头上反对战争，实际上是镇压反战罢工和示威。文章明确指出，这些人在客观上是战争的积极执行者的。同时，文章还指明了这批改良主义者日益社会法西斯化的倾向。为了反战斗争的胜利，要求同这批社会法西斯化的改良主义进行斗争。《第二无产者新闻》也于 10 月 24 日发表文章，明确指出革命的反战斗争和合法左翼的和平主义反战的区别。文章说，"我们和社会民主主义者的不同之点是把反对战争不作为和平主义的反战，而进行打倒本国政府、建立工农政府的斗争"[1]。这样，"全协"不仅同总同盟的沙文主义，而且同合法左翼的和平主义划清了界线，同它们进行了斗争。

《第二无产者新闻》还提出了反战斗争的具体任务：（一）群众性地揭露战争的本质；（二）把日常的经济斗争提高为反战的政治斗争；（三）把工人代表会议、示威和罢工等作为反战斗争的基

---

[1] 渡部彻著：《日本劳动组合运动史》，第 234 页。

本形式，并把它引导到反战总罢工上来。根据这一方针，"全协"准备在 11 月 17 日十月革命十四周年纪念日时举行全国性的反战示威游行。"全协"事前做好了充分的准备工作。17 日东京的三四百名群众集合在车站准备举行示威，但由于警察、宪兵的戒备未能举行。在中部地区，失业工人、国铁工人和印刷工人 300 余人举起红旗，高呼日本共产党万岁，举行了反战的示威。在江东地区，10 多名工人举行了反战示威，在横滨、大阪，也举行了不同形式的反战示威，有的示威群众还同前来镇压的警察进行了搏斗。这些反战示威虽然规模较小，但显示了日本工人阶级反对帝国主义侵华战争的气概。

为了进一步扩大反战斗争，"全协"利用工人阶级反对资本家转嫁经济危机的经济斗争，开展反对战争、拥护中国革命的政治运动。自 1931 年 11 月至 12 月，其领导和参与了北至北海道、南至鹿儿岛的 33 起工人斗争，以反战斗争和经济斗争相结合的新形式进一步促进了反战斗争。

"全协"针锋相对地反对沙文主义工会鼓吹的"产业和平"即阶级调和主义，积极领导了工人斗争。据"全协"调查部的《调查部报》，1931 年下半年"全协"所参与的斗争有 138 起，在东京领导了 75 起，在大阪 17 起，在福冈 10 起，56%的斗争采取了罢工斗争的形式。[①]通过这些斗争，"全协"的力量也进一步发展。1930 年 8 月会员只有 4000 人，到 1931 年底便发展到 1 万人，其影响下的群众大约有三五万人。随着"全协"的巩固和影响的扩大，其机关报《劳动新闻》的发行量也猛增到 1.5 万份，而且 1931年的发行次数也超过前两年间的 21 次，达到了 25 次。

1932 年，"全协"依然坚持反战斗争。在 8 月 1 日的国际反战日，东京的统治当局动员 600 多名警察乱捕工人，破坏和镇压

---

① 渡部彻著：《日本劳动组合运动史》，第 242 页。

反战示威游行，但仍有数十名工人散发反战传单，举行了反战示威。在横滨、大阪、京都、神户等地，也有数十名工人冲破警宪的警戒线，勇敢地冲上街头举行了反战示威。9 月 18 日即九一八事变一周年之际，"全协"在东京、大阪等地又组织了反战示威。"全协"当时正确地分析了国内外形势，认为世界正处在帝国主义世界大战的前夜，在国内，日本帝国主义加紧军火生产，准备征兵 500 万人，增援在东北的关东军，阴谋发动进一步侵略中国和苏联的战争。根据这种分析，"全协"提出阻止新战争的新任务，要求反战斗争不能停留在口头上，而应用实际斗争来阻止战争。"全协"指出，如能动员广大群众则有阻止战争的可能性，要求把帝国主义战争变为国内战争。为了促进反战运动，"全协"成立反战行动委员会，准备在军工厂成立组织，并利用合法斗争的舞台，在广大的群众中开展反战斗争。为此，"全协"准备利用 10 月渡边遇难的纪念日和 11 月的十月革命节，展开群众性的反战运动。日本统治阶级通过派遣到"全协"内部的特务松村得知这一消息后，先发制人，在东京、大阪等地逮捕"全协"的领导人，破坏其基层组织。这严重地打乱了"全协"利用十月革命节展开全国性反战斗争的计划。但是，失去领导的少数工人在东京仍然举行了小规模的反战示威。

"全协"尽管遭到了残酷的镇压，但仍然坚持斗争，又开展了反对六十四届议会的斗争。六十四届议会准备通过 22.4 亿日元的军事预算和镇压人民的法西斯法案。为了反对六十四届议会，"全协"提出：反对 23 亿的军费及各种苛捐杂税；反对进攻苏联、分割中国的战争，放弃从朝鲜、中国掠夺的领土，从那里撤回军队、军舰；打倒贵族院、枢密院、军部和官僚政治，建立日本工农苏维埃政府等。这反映了"全协"高举国际主义旗帜、坚持革命的顽强精神，并表明了日本工人阶级把反对日本帝国主义侵略战争进行到底的决心。

"全协"遵照变现实的帝国主义战争为国内战争是唯一正确的无产阶级口号的原则,把反战的斗争提高到推翻天皇专制的新高度。1932 年 9 月,"全协"秘密召开第一次中央委员会,提出了打倒天皇制问题。"全协"的《运动方针》指出,"由于以天皇的名义所进行的侵略中国的强盗战争和为进攻苏联的战争准备,工人生活极度恶化,残暴的政府用天皇的名义,以逮捕、拷打、坐牢等方法,镇压和扼杀任何微小的斗争。因此,工人的斗争必然同天皇制国家冲突。由于天皇制的存在,一切自由被剥夺了。所以工人打倒资本家的支柱天皇制,粉碎以天皇的名义进行的帝国主义战争,打击作为资本家走卒而蚕食工人阵营的改良主义干部,争取工人阶级的多数,这是当前的任务"[①]。接着,10 月 9 日《劳动新闻》又提出了"加强打倒天皇制斗争"问题[②],抨击了沙文主义工会在侵华战争中公开维护天皇制国家政权的行径。

"全协"对战争和革命关系的正确观点,是与日本共产党《1932 年纲领》的指导分不开的。《纲领》指出:"战争不可避免地会使国内的阶级矛盾极度尖锐化。战争赋予日本无产阶级和日本共产党以这样的任务,即把反对战争的斗争与工人农民及全体劳苦大众争取迫切的日常利益的斗争,以及与他们反对经济上、政治上被奴役的斗争结合起来,这样一来把帝国主义战争转变为内战,以实现推翻代表资产阶级和地主的天皇制的革命。日本帝国主义的强盗战争并没有把日本的革命推迟,反而使它更加临近了。"[③]1930 年到 1931 年,日本工人运动形势空前高涨,证明了帝国主义的对外侵略战争势必促进国内革命斗争的发展。

日本统治阶级为了扑灭日本工人阶级的反战、反沙文主义的斗争,从 1932 年秋起变本加厉地对坚持国际主义的日本共产党及

---

①"全协":《运动方针》,渡部彻著:《日本劳动组合运动史》,第 308 页。
②"全协":《运动方针》,渡部彻著:《日本劳动组合运动史》,第 308 页。
③ 日本共产党史资料委员会编:《共产国际关于日本问题方针、决议集》中译本,第 57～58 页。

其影响下的"全协"进行了镇压，尤其是 1932 年 2 月的镇压，使"全协"领导部门遭到了严重的破坏。此后，"全协"虽然顽强地进行了斗争，但是由于统治阶级接二连三的镇压，1934 年组织完全被破坏。同时，日本统治阶级积极拉拢支持侵华战争的沙文主义工会，让它们从内部破坏和分裂工人的反战斗争，欺骗群众支持侵华战争。这样，七七事变后，日本工人阶级有领导、有组织的反战斗争被摧残，但自发的反战斗争依然在进行。

中国和日本是一衣带水的友好邻邦。两国人民有着两千年友好往来和交流的历史。九一八事变以来，由于日本帝国主义对中国的侵略，中国人民遭受了重大的灾难，日本人民也深受其害。在这不幸的年代里，日本工人阶级和"全协"在沙文主义盛极一时的艰苦条件下，不畏强暴，展开反战斗争，和中国人民一道反对两国人民的共同敌人——日本帝国主义，结下了战斗的友谊。日本工人阶级和"全协"为中日两国人民的友谊而战斗的精神，永远留在两国人民的心中。

第七章　日本法西斯劳工团体的演变

各国的法西斯由于各国历史条件和政治、经济基础的不同，各有特点，有所区别。日本法西斯通常被称为天皇制法西斯，是和日本政治制度中的封建残余结合而成的。日本在建立这种法西斯专政的同时，如何建立法西斯劳工团体？法西斯劳工团体和社会上的法西斯运动有何关系？法西斯劳工团体的指导思想是什么？法西斯劳工运动和群众又有什么关系？法西斯劳工团体有何特点，和改良主义、沙文主义工会又有何区别？本文拟就这些问题谈一谈自己的看法。

第一节　日本法西斯的组成

法西斯劳工团体是日本法西斯的组成部分。它是在日本法西斯化运动中建立的，并和日本法西斯的总特点有密切的关系。因此，要研究法西斯劳工团体，需要先搞清日本法西斯的总特点，从法西斯运动的总体来研究法西斯劳工团体。下面简要叙述日本法西斯的特点。

1929 年至 1933 年，资本主义世界发生了世界经济危机史中最严重、最深刻的经济危机，日本也随即卷入了这次危机。日本的经济危机表现在：（一）进出口锐减，对外贸易总额从 1929 年

的 46 亿日元降到 1931 年的 24.9 亿日元；（二）商品价格猛跌；如假设 1913 年物价总指数为 100，那么 1929 年 12 月则为 159.6，1931 年 12 月则跌到 86.5；（三）股票价格急剧下跌，如 1924 年的股票价格为 100，1930 年 10 月便跌到 63；（四）工厂倒闭，1930 年被迫倒闭的工厂企业达 823 家；（五）工业总产值下降，1929 年至 1931 年间由 74.2 亿日元降到 49.9 亿日元；（六）失业人口剧增，1930 年达 200 万人，1931 年则增加到 250 万人，半失业者从 1930 年至 1932 年估计有 300 万人；（七）工人工资下降，如 1928 年工人定额工资指数为 100，1931 年则降到 91.3，而且不少工厂不能如期支付工资。这次经济危机延续时间长，下降幅度大；工业、农业危机和金融危机同时迸发，互相交织，破坏性大，是日本历史上空前严重的危机。

资本家为摆脱危机，加重对工人的剥削和压榨，转嫁危机的灾难。这更加激化了劳资间的固有矛盾，激起日本工人运动的新高潮。据日本官方的统计，在危机爆发的 1930 年，日本工人进行了 2289 次斗争，和危机前的 1928 年的 1021 次相比，猛增一倍以上。在处于经济危机的 1930 年至 1932 年的三年里，日本工人阶级共进行了 7382 次斗争，这比 1924 年至 1928 年 5 年间的斗争还多两千多次。[1]由于危机深刻，斗争也激烈。罢工、怠工、关闭工厂等激烈斗争，在 1931 年就有 998 起，比 1928 年的 397 起增加一倍多。在危机的三年里，这种斗争共达 2747 次。[2]斗争的激烈性还表现在斗争的持久性上，持续 100 天以上的斗争有 37 起。这在危机前是罕见的。因此，日本的统治阶级也哀叹"斗争的长期化和深刻化"[3]。这便是经济危机带来的政治危机，经济危机和政治危机结合成为日本的总危机。

---

① 劳动运动史料委员会编：《日本劳动运动史料》第 10 卷，东京大学出版会 1964 年版，第 440 页。

② 劳动运动史料委员会编：《日本劳动运动史料》第 10 卷，第 440 页。

③ 隅谷三喜男著：《日本工人运动史》，有信堂 1966 年版，第 153 页。

日本法西斯为摆脱总危机，对外发动九一八事变和七七事变，对内则从进一步法西斯化中寻找出路。

法西斯专政尽管是垄断资产阶级的专政，但由于各个法西斯国家的历史、政治及经济条件的不同，建立和实行法西斯统治的步骤、方法也有所不同。日本和德国法西斯相比，在对外疯狂侵略和对内恐怖专政上虽有共同之处，但在具体形式上还是有所区别的。日本经1868年的明治维新，走上了资本主义发展的道路，但由于维新的不彻底，在政治、经济等各方面保留了不少封建残余，天皇制便是政治上的封建残余，是在日本近代化的过程中逐渐变成垄断资产阶级和地主阶级的联合政体。这一联合政体，拥有相对的独立性和至高无上的统治大权，而议会、内阁的权力却有限。这便说明，日本的资产阶级民主制度不发达，封建的残余较多。基于此种特点，在法西斯化过程中，由于资产阶级民主制度的脆弱，日本用不着通过自下而上的法西斯运动推翻现有的政治体制，重新建立一党一国的法西斯统治，而是利用日本政治制度中的封建残余，强化独揽统治大权的专制，以自上而下的形式建立法西斯体制。因此，日本在法西斯化过程中，大刮复古风。日本法西斯的"大理论家"大川周明曾说，"在我国的真正的改造（即法西斯化——笔者注）一般是复古的"[1]；曾极力主张缔结德意日法西斯三国军事同盟的外相松冈洋右也说，取消政党即消灭资产阶级民主自由的"真正目的就在于日本恢复和确立道义国家，即忠、孝、节、义的国家或社会"[2]。他们提出"皇道政治""皇道经济""君民如一，举国一致"等口号，提高天皇的地位和作用，以便强化专制，进而建立日本式的法西斯专政。因此法西斯专政中就包含着封建因素。日本研究法西斯的木下半治曾说过，"封建

---

① 《现代史资料》第5卷，水笃书房1964年版，第686~687页。

② 松冈洋右著：《昭和维新是确立道义日本的当务之急》，第一出版社1938年版，第137~138页。

要素就是法西斯的要素"①。这便是日本法西斯的特点。

第二节 日本法西斯工会的特点

法西斯是日本法西斯的总称，在政党、工会、文化团体等社会领域中也要建立和天皇制法西斯相应的法西斯组织，以便形成法西斯体制。在工人运动领域中要建立法西斯劳工团体，必须做到：第一，镇压工人的斗争，取消和消灭包括改良主义工会在内的各种工会。第二，建立统一的、官办的法西斯劳工团体。这是德国和意大利在建立法西斯体制时曾经面临过的问题。在德国，希特勒于1933年上台伊始，便制造国会纵火案，一举消灭共产党和工会运动，建立了官办的法西斯劳工战线。这是和德国自下而上的法西斯化运动相适应的。日本则不同，采取分批消灭和逐步建立的方法，即先镇压革命的左派工会，扶助成立民间的法西斯工会。第三，解散改良主义和沙文主义的工会。第四，建立半官半民的法西斯劳工团体。第五，建立统一的官办的法西斯劳工团体。这是和日本的自上而下地建立法西斯体制的步骤相适应的。

日本统治阶级为了建立法西斯体制，首先镇压在危机时期蓬勃发展的工人运动。在3年的经济危机中，以种种罪名大肆逮捕工人运动的领导骨干3万多人。对于左派工会日本工会全国协议会前后进行五次血腥镇压，终于在1934年将它镇压下去。在20年代，日本统治阶级至少表面上还一度允许日本工会评议会进行合法的活动。但进入30年代，就连这一点点资产阶级民主的外衣也撕掉了，开始对工人运动实行法西斯恐怖专政。

日本统治阶级在镇压工人运动的同时，拉拢改良主义和沙文

---

① 小山弘健著：《日本社会运动史研究史论》，新泉社1976年版，第240页。

主义工会中的工人贵族，作为在工人运动中推行法西斯化的代理人，让他们从工人运动内部破坏工人运动，分裂工人阶级，进而建立民间的法西斯劳工团体。

民间的法西斯劳工团体是在九一八事变前后掀起的法西斯运动浪潮中建立起来的。1931年至1933年在日连续发生了五起法西斯事件。1932年5月15日军部和民间法西斯分子分别袭击首相官邸和政友会本部、日本银行、三菱银行等，击毙犬养毅首相，推翻了政党内阁。政党内阁是20年代护宪运动的产物。它虽然不是议院制内阁，但反映了20年代日本资产阶级民主制度的发展。政党内阁的被推翻意味着日本法西斯分子撕掉资产阶级民主外衣，要建立法西斯恐怖专政。在法西斯浪潮和九一八事变的冲击下，一些改良主义工会变成支持侵华战争的沙文主义工会，从这一改良主义和沙文主义工会中进一步蜕化出法西斯劳工团体。首先蜕化出来的是国家社会主义工会。

国家社会主义是法西斯思想流派之一，挂着社会主义招牌，行法西斯之实。德国法西斯自称"纳粹"，意思是国家社会主义者，纳粹党全名为德国国家社会主义工人党。希特勒曾经说："革命的理论，这是新战术的秘密。人是要向敌人学习更多的东西的。"①这是挂羊头卖狗肉的反革命伎俩，欺骗群众的花招，掩盖法西斯恐怖专政的遮羞布。日本便沿用德国的国家社会主义。在日本提出国家社会主义理论的是高皂素之。因这种人曾从事过社会主义运动，故先打出国家社会主义旗号，以社会主义的招牌欺骗群众。他们在社会主义的美名下，否定国家的阶级性，强调国家的作用，进而强化国家的统治职能。因此，国家社会主义又称为"国家职能论"。国家社会主义工会是民间的法西斯劳工团体的一种。

日本第一个国家社会主义工会是1932年11月成立的日本劳

---

① 安部博纯著：《日本法西斯研究序说》，未来社1975年版，第335页。

动同盟，是从改良主义工会日本劳动总同盟中分化出来的。它的核心是以赤松克麿为头头的递友同志会。赤松曾参加过社会主义运动，当过日本劳动总同盟的领导。30年代，他卷入法西斯主义旋风，于1931年9月参加日本法西斯主义理论家大川周明建立的日本社会主义研究所，在报刊上兜售国家社会主义理论；同时在社会民众党内和它影响下的社会青年同盟、日本农民组合和递友同志会中培植势力。1932年4月他退出社会民众党，于5月29日成立日本国家社会党，接着成立日本劳动同盟。参加该同盟的有38个工会，27400多人。

日本劳动同盟悍然支持日本帝国主义对中国东北的侵略战争，反对和攻击反对战争的一切力量，主张法西斯的"东洋国际主义"①，支持扩军备战。它同民间及军部的法西斯一样，打着"打倒资本主义""建设社会主义日本"的旗号，叫嚷"一君万民的建国精神"②"君民如一，举国一致"等法西斯口号③。它是假借社会主义之名，欺骗群众，粉饰门面，"排挤非国民的共产主义运动以及其他一切马克思主义运动"④，极力反对和攻击马克思主义的国家学说。可见，它是反马克思主义的假社会主义。至于它宣扬的"一君万民""君民如一"等是在工人运动中的新口号，是抬高天皇的地位、强化天皇专制的法西斯口号。这说明，国家社会主义还有和法西斯相适应的封建因素。这一因素，便是从国家社会主义工会中又分化出日本主义工会的内在因素。可是，国家社会主义有西方的味道，与带有复古色彩的法西斯多少有点矛盾。而且日本的国家社会主义是对德国纳粹理论的抄袭，继承了拉萨尔在《哥达纲领》中兜售的国家社会主义衣钵。拉萨尔的国

① 日本劳动同盟：《斗争方针》，见劳动运动史料委员会编：《日本劳动运动史料》第7卷，第645页。
② 日本劳动同盟：《纲领》，见《日本劳动运动史料》第7卷，第651页。
③ 日本劳动同盟第二次大会《宣言》，见《日本劳动运动史料》第7卷，第665页。
④ 日本劳动同盟第二次大会《宣言》，见《日本劳动运动史料》第7卷，第665页。

家社会主义，打着社会主义的幌子，突出容克地主、资产阶级国家，靠这一国家"解放"工人阶级。可是，在日本法西斯化中要突出的不是国家而是天皇，招牌和法西斯化的内容有所矛盾。因此国家社会主义从1933年开始逐渐衰退，被适合于天皇制法西斯的日本主义所取代。

日本主义早在明治时期就有，当时它是反对日本欧化的国粹主义思潮。曾经信奉国粹主义思潮的人，一旦变成法西斯时，就提出日本主义或者日本精神。日本主义主要鼓吹家族共同体的复古，掩盖阶级和阶级矛盾，像德国法西斯的全体主义一样，图谋家族共同体的全体利益，放弃谋一个阶级的利益。最早的日本主义工会是大正末期以石川岛造船厂的修身团体乃木讲为母体而成立的自疆会。它跟民间法西斯分子上杉慎吉和金鸣学院的安冈正笃有联系。后来，以它为核心正式成立了日本主义工会——日本造船劳动联盟。九一八事变后，以该联盟为中心，又成立了国防献金劳动协会，明目张胆地支持日本对我国东北的侵略战争。到1933年6月，进一步发展为日本产业劳动俱乐部，网罗10个工会8500多名会员。赤松克麿也抛弃国家社会主义，转向日本主义，于同年6月成立标名日本主义的日本递信职工工会。日本劳动同盟于1934年再次分裂，其主流归入日本主义工会，剩下的分别归于日本劳动总同盟和全国工会同盟。此外，在爱知县丰桥地区也出现了日本主义工会。该地区的工人原来在左派工会——日本工会全国协议会的影响下，曾经进行过三信铁路的斗争。后来日本工会全国评议会也在此地进行活动。可是丰桥警察署采取高压手段，驱逐这两个工会，扶植成立日本主义工会——丰桥爱国电影协同委员会、丰川铁路爱国职工会、三河爱国职工联盟，并加以指导。1934年2月成立的日本主义工会——日本产业军在誓言和盟约中更为露骨地提出：我产业军信奉一君万民的建国精神，以确立产业大权为我们的本分；产业大军作为陛下的工人和农民，

尽其本分，和祖国日本生死与共。

日本主义工会是日本法西斯运动进一步发展的产物，是它在工人运动中更加突出的反映。由于法西斯运动的进一步发展，不再借用国家社会主义的理论和口号，这些日本主义工会在其纲领和宣言中，要求发扬日本主义或日本精神，大肆宣扬"君民如一，举国一致"的思想，大搞"爱国劳动游行"，掀起民族排外主义浪潮，并宣传"劳资一家"思想。这是改良主义、沙文主义工会未曾提出过的新主张，也是改良主义、沙文主义工会和法西斯工会的区别所在。前者只提"劳资协调"，而没有提"劳资一家"。"劳资一家"是"劳资协调"的进一步发展，这一发展便是劳资关系上的法西斯主张。

在日本主义工会的影响和推动下，改良主义和沙文主义工会迅速分化，从中进一步分化出日本主义工会。例如从日本工会会议中分化出主张日本主义的新日本海员工会。中间派的日本工会总联合也转向日本主义。这是因为改良主义工会的劳资协调、沙文主义工会的狭隘民族主义和日本主义工会的劳资一家及极端的民族排外主义有内在联系。前者进一步发展，则必然成为后者。这样，法西斯工会运动的浪潮，后浪推前浪，越滚越大。

1936 年 2 月 26 日，军部法西斯的皇道派①发动法西斯政变。22 名皇道派军官率领 1400 多名军人，占领首相官邸和陆军省所在的永田町一带，打死斋藤内相、高桥藏相和渡边教育总监，妄图建立以真崎甚三郎为首的皇道派法西斯军人政权。但皇道派的这种自下而上的法西斯流血政变，却与以加强专制自上而下进行的法西斯化精神不合，因此，这一政变，以军部的统治派为中心，自上而下地加速进行法西斯化。虽然如此，我们还是可以从日本

---

① 军部法西斯有两派：皇道派和统制派。前者多半由尉、校级军官组成，企图以自下而上的法西斯流血政变来建立军部法西斯独裁；后者多半由校、将级军官组成，东条英机是这派的头目之一，主张以天皇为中心的自上而下的法西斯化。

的法西斯化过程中看出自上而下和自下而上这两者间的内在的辩证关系。如前所述，在日本先掀起的自下而上的法西斯运动，为自上而下的法西斯化打了基础。日本统治阶级虽然"镇压"了"二二六"事件等法西斯政变，但却按照他们的法西斯主张，自上而下地建立了法西斯体制。

"二二六"法西斯政变后，军部对日本政治的影响大大加强。政变后上台的广田内阁，按军部意见组阁，炮制反映军部法西斯意图的《国策大纲》，决定南进、北进的战略方针，制定《思想犯保护观察法》等法西斯法令；在国际上，与纳粹德国签订了《防共协定》，加强国际法西斯联盟。从此，日本的法西斯运动进入新的阶段，即自上而下地建立法西斯体制的阶段。

在这一新阶段中，日本统治阶级将进一步镇压工人运动和取消工会的问题，提到议事日程上来。

为此，首先加强和扩大日本主义法西斯工会。1936年4月，以日本产业劳动俱乐部、新日本海员工会为中心，成立日本法西斯劳工团体的全国性组织——爱国工会全国恳谈会。该会提出"革新破坏国民生活的资本主义，发展以安定国民生活为原则的日本国家，确立基于一君万民的道义日本"[①]等三大目标，以"革新资本主义""安定国民生活"等迎合群众要求的主张来蒙骗群众。结果，15个工会8万多人（占日本工会会员的四分之一）参加了该会。该会成立后，在工人运动中大干破坏工人运动的活动。

其次，破坏和取消五一国际劳动节。五一劳动节是全世界工人阶级的节日。在日本，统治阶级惧怕日本工人阶级纪念这一节日，不准工人举行五一纪念活动。但日本工人阶级却以斗争争得纪念这一节日的权利，于1920年5月2日在东京举行了日本工运史上第一次五一节活动。从此日本工人阶级每年利用这一节日，

---

① 木下半治著：《日本国家主义运动史》，岩波书店1952年版，第481～482页。

提出革命口号，举行集会和游行。"九一八"后，日本工会全国协议会等通过五一节活动提出反战、反法西斯的革命口号，改良主义和沙文主义工会则从 1933 年起单独举行所谓的纪念活动。日本统治阶级便乘虚而入，借"二二六"政变实行戒严之机，下令禁止举行五一节活动。这是日本统治阶级剥夺工人阶级举行政治集会、群众示威的权利，要消灭最后一点资产阶级民主的一个信号。爱国工会全国恳谈会则立即呼应，积极支持这一法西斯镇压，接二连三地向总理大臣广田和陆、海军省、内务省等提出取消五一节的要求书，要求"绝对禁止亡国的五一节"[①]，对这一镇压表示"欣快"，并且诬蔑"同情和支持五一节的人是全然不站在祖国日本的非日本意识之徒"[②]，再三要求采取彻底措施。

不仅如此，日本主义工会从 1934 年起举行劳动祭，以此取代五一节。1935 年在东京举行的"劳动祭"，有 14 个工会 5500 多人参加，气焰嚣张。赤松克麿说，"劳动祭"是"显示日本工人的爱国精神的表现"，"是给国民以爱国紧张感的教化运动"，而且"是对非国家运动的警告和抗议"[③]。可见，劳动祭是向工人群众灌输法西斯主义爱国精神的活动，是日本法西斯化运动的组成部分。

再次，镇压陆军军工厂的工会和工人运动。1936 年 6 月，陆军军工厂长官永持中将下令："（工人）不准在陆军管辖各工厂里进行集体行动，参加工会者立即退出。"[④]他说，"通过工会不纯的思想介入进来。为防止左翼思想的侵入，禁止[工人]加入工会，已经加入者必须退出"[⑤]。当时陆军的军工厂里有向上会、纯向

---

① 爱国工会全国恳谈会：《要求书》（1936 年 4 月 21 日），见劳动运动史料委员会编：《日本劳动运动史料》第 9 卷，第 551 页。
② 爱国工会全国恳谈会：《要求书》（1936 年 6 月 4 日），见《日本劳动运动史料》第 9 卷，第 550 页。
③ 赤松克麿：《日本劳动祭的意义》，见《日本劳动运动史料》第 7 卷，第 692 页。
④《永持长官的命令》，见《日本劳动运动史料》第 9 卷，第 551 页。
⑤《永持长官的命令》，见《日本劳动运动史料》第 9 卷，第 551 页。

上会等工会，会员达 8000 多人。他们是官业劳动总同盟的核心力量。因此，对他们的镇压直接打击官业劳动总同盟，预示最后消灭工会和工人运动的法西斯狂风即将来临。爱国工会全国恳谈会立即支持陆军当局的这一法西斯暴行，向陆军大臣提出《要求书》，说什么"对反国体团体的"镇压是"理所当然的处置"，"担忧皇国前途的我们"对此表示"由衷的欣慰"①。并且要求陆军当局允许所属工厂的工人加入日本主义工会，妄图乘机扩大自己势力。

面对法西斯工会势力的日益崛起和对工人运动的猖狂进攻，必须组织广泛的、强大的反法西斯人民战线来和它们进行针锋相对的斗争。当时只有日本工会全国评议会、东京交通工会等合法左翼组织。它们是从日共中蜕化出的劳农派影响下的工会，是从左派和中间派工会中分化出来的。它们先后发表声明，抗议对民主和自由的践踏，呼吁工农大众把对镇压工会的愤怒化为反法西斯斗争的力量，并想联合右翼工会和右翼无产政党社会大众党建立反法西斯统一战线。但右翼已经堕落为民族沙文主义，把自己拴在日本帝国主义侵华战争的战车上。因此它们提出的人民战线必然遭到右翼的反对，右翼沙文主义工会的大本营——日本工会会议的会长就说，"在我国社会条件下……可以断言：没有提出人民战线的条件"②，这便助长了法西斯气焰。至于爱国工会全国恳谈会则把反法西斯人民战线诬蔑为"亡国的人民战线"，扬言要歼灭其根源。这是法西斯工会的自我暴露。

日本工会全国评议会虽然提倡过反法西斯人民战线运动，九一八事变后，曾反对侵略战争，但它是仅仅反对战争的小资产阶级和平主义者，不是利用战争给统治阶级带来的困难来进行革命者。七七事变后，为了适应侵华战争的需要，修改其纲领。新纲

①　爱国工会全国恳谈会：《要求书》，见《日本劳动运动史料》第 9 卷，第 553 页。
②　松冈驹吉：《排斥人民战线论的直接输入》，见《日本劳动运动史料》第 9 卷，第 582 页。

领规定："我们认清作为产业工人的社会责任，期待劳资纠纷的最少化。"①换句话说，就是为了支援侵华战争，把工人对资本家的斗争限制在最小范围内。但是，曾经提倡反法西斯人民战线的合法左翼对日本统治阶级推进法西斯化仍是个障碍。于是，继逮捕有关人民战线的人物200余人后，日本当局于1939年12月下令取缔日本工会全国评议会，这说明小资产阶级和平主义者和社会民主主义者也已成为法西斯专政的对象。在这种形势下，合法左翼中较大的工会——东京交通工会发表声明，立即转向日本主义，声明说，逮捕有关人民战线的人物和取缔日本工会全国评议会是"极为当然的"②，并开除因人民战线而被捕的会员，公然支持法西斯恐怖镇压；并积极参加法西斯的产业报国运动。沙文主义的日本工会会议也对这一法西斯镇压表示赞同，说什么镇压它们是必要的，而且表白自己如何与它们做了坚决的斗争。

　日本反法西斯人民战线运动的流产，使法西斯工会运动毫无阻力地向前发展。"二二六"政变后，日本统治阶级曾策划建立统一的全国性的官办法西斯工会。当时内阁调查局局长吉田茂唆使南岩男炮制解散一切工会和资本家团体、建立日本勤劳协同团的计划，但未能实现。法西斯化和战争紧密地联在一起，法西斯化是为了战争，战争进一步促进法西斯化。在德国，希特勒为发动战争，在战前建立法西斯体制；而日本则是在战争中推进法西斯化和建立法西斯体制。七七事变进一步推进了日本的法西斯化。近卫内阁为全面侵华战争，1937年9月13日公布《国民精神总动员令》，翌年2月又公布《国家总动员法》，在建立法西斯经济体制的同时，在工厂企业里推广产业报国运动。这一运动是以"劳资一家"为指导思想，一面成立以厂长或社长为会长的产业报国

---

① 日本工会全国评议会：《纲领》（草案），见《日本劳动运动史料》第9卷，第586页。
② 东京交通大会：《关于检举人民战线的声明》，见《日本劳动运动史料》第9卷，第736页。

会，驱使工厂企业的资本家和所有职工都参加；另一方面，强迫工人为增产军火军需甘受一切超经济的剥削和压榨。在日本，首先响应这一运动的是爱知县。该县警察署工厂科于1937年10月和第二年的2月分别提出"劳资一体""产业报国"的具体方案，极力推行产业报国运动。在这一运动浪潮中，资本家在警察协助下纷纷成立产业报国会。初期的产业报国会虽然是民间的，但和日本主义工会相比较，有了进一步的发展。日本主义工会虽然提倡劳资一体，但在组织形式上尚未实现劳资一体化。而产业报国会则实现了日本主义工会所提出的劳资一体。这便说明，产业报国会是在日本主义工会的思想基础上建立的，它是日本主义工会进一步发展的必然产物。

在工厂企业中建立产业报国会的基础上，下一步是要建立半官半民的统一的产业报国联盟。这样，法西斯劳工运动进入其第二个阶段，即自上而下地建立半官半民的法西斯劳工团体的阶段。这便和"二二六"政变后自上而下地建立日本法西斯体制的运动相吻合。1938年4月，协调会的时局对策委员会继承南岩男的衣钵，向近卫内阁提出《劳资关系调整案》。该方案规定：劳资关系的指导精神是"事业者（即资本家）负责有关经营的一切责任，谋职工福利；职工协力发展产业，发扬事业一家、家族和睦的精神；各自必须完成自己职责，为国家服务"①。方案还建议成立法西斯劳工团体的中央机关。政府和军部则支持这一方案。7月30日，以该方案为指导精神，成立了以贵族院议员河原稼吉为理事长的半官半民的法西斯劳工团体——产业报国联盟，请警察和官僚当理事，请厚生、内务、文部、商工等大臣当顾问。这些人虽然是官方人士，但他们不完全代表官方，而带有私人身份。因此它是民间的法西斯工会过渡到官办法西斯劳工团体的过渡性工

---

① 时局对策委员会：《劳资关系调整方案》，见《日本劳动运动史料》第9卷，第594页。

会。该联盟宣扬劳资一体思想，说什么"在皇国产业里，既无劳资的对立，又无事业者（即资本家）之间的竞争"，"若尽产业报国之诚，则不用期望就能确保产业和平，家族亲睦之情洋溢于产业里，并自然地达到产业的发展和国民的福利"[①]，在工厂中进一步推进产业报国运动。日本统治阶级下令各地方当局支持和奖励产业报国联盟的成立，结果 1938 年底成立了 1000 多个。

在这一浪潮中，新日本海员工会等日本主义工会主动解散，参加产业报国会；日本工会总联合为体现产业报国的法西斯精神，改名为日本勤劳报国联盟；日本海员工会和海员协会于 1933 年10 月合并为皇国海员同盟，狂叫什么"把八纮一宇的大精神显现于宇内"，"期待产业报国的完整"[②]。曾经标榜合法左翼的东京交通工会和日本交通劳动总联盟于 1938 年 8 月成立东京电业局产业报国会，积极参加产业报国运动，并向陆军献了一架飞机，以示产业报国的决心。右翼沙文主义工会的核心日本工会也发表声明，支持和协助产业报国运动。这样，这一运动迅猛发展，1939年 4 月产业报国会激增到 2000 个，会员达 100 多万人。

这时，半官半民的产业报国联盟过渡到官办的统一的法西斯工会的条件日趋成熟。法西斯劳工运动也随即进入建立统一的官办法西斯劳工团体的第三阶段。1939 年 3 月，产业报国联盟理事会要求政府"更加积极地领导""以政府为中心，联盟协助"[②]的形式开展强有力的产业报国运动。根据这一要求，厚生省和内务省于 4 月 28 日提出《设置产业报国联合会纲要》，着手改组产业报国联盟，按行政区域成立道、府、县产业报国联合会，由地方长官和警察头子任会长。纲要明文规定东京府产业报国联合会会长为东京府警察总监，确立了警察对法西斯工会的统治。官办法西斯工会的成立，就意味着即将取消除官办法西斯工会之外的一

---

① 产业报国联盟：《创立趣意书》，见《日本劳动运动史料》第 9 卷，第 598 页。
② 皇国海员同盟：《创立宣言》，见《日本劳动运动史料》第 9 卷，第 845 页。

切工会。于是，改良主义、沙文主义工会纷纷解散，争先恐后地参加产业报国会，仅在 1939 年主动解散的工会就有 214 个。

1940 年 7 月，在军部支持下，近卫文麿第二次组阁。近卫上台伊始便制定《基本国策纲要》，订立德意日三国军事同盟，准备和美英争夺太平洋霸权。新的更大规模的战争，要求确立法西斯的政治体制。为确立这一体制，近卫极力推行新体制即法西斯体制运动，要求一切政党主动解散。于是，7 月 1 日赤松克麿的日本革新党、6 日社会大众党、16 日政友会正统派、8 月民政党等都主动解散。在此基础上，10 月 12 日建立了日本型的法西斯政治团体——大政翼赞会。该会纲领是"大政翼赞，臣道实践"①，即辅弼天皇，实现子臣之道。这体现了日本天皇制法西斯的特点。大政翼赞会的成立标志着日本法西斯政治体制的确立。

近卫新体制运动，进一步促进了法西斯工会运动的迅猛发展和改良主义、沙文主义工会的解散。在日本具有悠久历史的改良主义工会——日本劳动总同盟于 7 月宣布解散，在解散声明中说，"切望全国的同志诸君，把握祖国的实际情况"，"为建设具有历史意义的举国新体制而迈进"②。10 月，日本海员工会也主动解散，表示"舍身参加新体制"③。1940 年主动解散的工会猛增到 468 个，比 1939 年增加一倍多。这样，沙文主义、改良主义工会也都合流于产业报国会，产业报国会 1940 年在 7 万个工厂企业中建立了它的支部，参加者达 481 万人。在这一形势下，同年 11 月终于成立了以厚生大臣为总裁的法西斯劳工团体的中央组织——大日本产业报国会。该会隶属于大政翼赞会，由官僚和警察直接领导，确立了从上到下的完整的法西斯工会体制。这样，从 19 世纪末兴起的日本工会被法西斯劳工团体所取代。

① 日本政治学会编：《近卫新体制研究》，岩波书店 1973 年版，第 17 页。
② 日本劳动总同盟：《解散声明》，见《日本劳动运动史料》第 9 卷，第 721 页。
③ 日本海员工会：《解散声明》，见《日本劳动运动史料》第 9 卷，第 867 页。

第三节　改良沙文主义工会与法西斯工会的区别

　　法西斯工会和改良主义、沙文主义工会有何区别？它有何特点？法西斯工会为何能蒙骗群众，群众为何上当？

　　改良主义、沙文主义工会和法西斯工会，都是资产阶级政策的产物，是为维护和巩固统治阶级利益服务的工具。它们的共同特点是阶级合作，反对和攻击无产阶级对资产阶级的斗争，欺骗工人阶级甘心受资本家的剥削和压榨，为资本家卖命效劳。这三种工会有其内在的联系。改良主义工会是资产阶级自由主义政策的产物；沙文主义工会是适应日本帝国主义侵略战争的需要，从改良主义工会中演变过来的，是推行侵略战争的工具；法西斯主义工会是适应日本帝国主义的法西斯化需要，从改良主义和沙文主义工会中演变过来的。日本有些工会，例如日本海员工会、日本工会总联合等是从改良主义工会发展为沙文主义工会，最后堕落为法西斯工会的。这便说明，它们一个比一个更露骨地暴露出它们在工人运动中充当了资产阶级帮凶。可是，它们为适应日本资产阶级的需要，其颜色、旗号却常在变。因此，法西斯工会与改良主义工会、沙文主义工会又有所区别，具有如下特点：

　　第一，法西斯工会是官办工会，由统治阶级亲自领导，直接成为法西斯统治机构的一个组成部分。如前所述，大日本产业报国会是隶属于大政翼赞会的法西斯劳工团体，其总裁是厚生大臣（后来是司法大臣），直接受大政翼赞会总裁即内阁首相的领导，其地方联合会的头子都由地方长官和警察来担任。德国、意大利的法西斯劳工团体也是这样，乍一看，法西斯工会好像是个劳动行政机构，不像个劳工团体，因为它和法西斯行政机构紧密地联结在一起。但法西斯工会的特点就在这里，这就是它和改良主义、

沙文主义工会的区别所在。而改良主义和沙文主义工会是民办的，是由工人贵族担任领导。这一不同点，正说明了法西斯工会作为统治阶级御用工具的赤裸性。

第二，日本法西斯工会，尤其是国家社会主义工会和日本主义工会，大肆"攻击"政党政治即政党内阁，要"确立一君万民的道义日本"[①]，要"建设皇道日本"[②]。而改良主义工会则与此相反。它是实行政党政治的产物，和政党政治休戚相关，因此支持政党政治和政党内阁。

在日本，1924 年至 1932 年 5 月是政党内阁执政时期，称为政党政治时期。这次总危机是政党内阁所实行的经济政策的必然结果。因此，工人群众自然对政党内阁不满，起来反对它。法西斯工会便抓住群众的这一不满，"攻击"政党政治是"堕落为非国家的既成政党政治"[③]。政党政治是资产阶级民主的产物，日本人民利用政党政治这一稍稍扩大了的资产阶级民主，掀起了轰轰烈烈的革命斗争。尤其是经济危机激起的 1930 年至 1937 年的工农运动，使日本统治阶级惶惶不可终日。于是，正如毛泽东同志所说："希特勒、墨索里尼、东条、佛朗哥、蒋介石等人的政府取消了或者索性不用那些资产阶级内部民主的幕布，是因为国内阶级斗争紧张到了极点，取消或者索性不用那片布比较地有利些，免得人民也利用那片布去手舞足蹈。"[④]要取消资产阶级民主的幕布，则先要取消政党政治。军部法西斯分子在 1932 年"五一五"法西斯政变中，杀死政党内阁的首相犬养毅[⑤]，取消政党政治，要建立"皇道日本"。他们的这些主张在当时的群众中确实有市

---

① 爱国工会全国恳谈会：《成立宣言》，见《日本劳动运动史料》第 7 卷，第 703 页。
② 赤松克麿：《日本劳动祭的意义》，见《日本劳动运动史料》第 7 卷，第 686 页。
③ 丰川铁路职工要求改善待遇委员会委员长：《要求书》，见《日本劳动运动史料》第 9 卷，第 138 页。
④ 毛泽东：《为什么要讨论白皮书》，见《毛泽东选集》合订本，第 1392 页。
⑤ 犬养毅曾反对过否认政党政治的法西斯主张。

场，能欺骗群众。明治维新以来，日本统治阶级利用神道进行天皇是神的封建迷信宣传，建立绝对权威。当群众尚未觉悟时，容易受这一宣传的欺骗，认为如取消政党政治，能把他们从水深火热中解救出来。日本法西斯工会便利用这一点，提出"皇道日本"的法西斯主张，进而建立法西斯统治体制。

第三，法西斯工会在经济上，以"反对"资本主义为幌子，主张成立"皇道经济"，加强国家垄断资本主义。

1930 年至 1932 年的经济危机是日本资本主义固有矛盾带来的危机，而且资本家把危机转嫁给工人阶级，因此，工人群众痛恨资本主义和资本家。法西斯工会便抓住工人群众的这一思想，打起反对资本主义的旗号，"痛斥""资本主义经济破坏国民生活"①，"资本主义的发展常常破坏国民经济的安定"②，喊叫"打倒资本主义"，甚至用法西斯恐怖手段刺死财团的头头团琢磨。这是骗人的手段，在反对资本主义经济的幌子下，把日本经济纳入法西斯经济体制，以便挽救陷入危机的资本主义经济。它们说，在日本"除了建立皇道经济之外，别无他途"③，"遵照皇道精神，建立产业大权"④。这是法西斯的经济主张，在经济政策上的反映和应用，具有加强国家垄断资本的实际意义，在经济中居于统治地位的垄断资本利用法西斯国家政权来巩固和扩大自己的垄断地位，借国民经济的军事化来增加垄断利润。同时法西斯国家政权通过各种法令加强对经济的控制和干涉，进而把整个国民经济纳入法西斯经济体制。

"七七"事变后，根据《国家总动员法》所推进的所谓新经

---

① 爱国工会全国恳谈会：《成立宣言》，见《日本劳动运动史料》第 7 卷，第 702 页。
② 爱国工会全国恳谈会：《面向全国工会的统一战线》，见《日本劳动运动史料》第 7 卷，第 705 页。
③ 丰川铁路职工要求改善待遇委员会委员长：《要求书》，见《日本劳动运动史料》第 9 卷，第 138 页。
④ 丰川铁路爱国联合会：《纲领》，见《日本劳动运动史料》第 9 卷，第 148 页。

济体制是法西斯经济体制，在以卡特尔为中心的各产业统制会中垄断资本占统治地位。这样，垄断资本家和法西斯军阀抱成一团，利用法西斯国家权力，集中使用资金、原材料、劳动力，吞并中小企业，保证垄断资本在战争中攫取最大利润。这是法西斯国家加强国家垄断资本主义的普遍规律，揭露了法西斯工会在反对资本主义的幌子下，为国家垄断资本和法西斯经济体制效劳的秘密。

第四，法西斯工会标榜日本精神和日本主义，兜售纳粹的全体主义，掩盖阶级矛盾，抹杀阶级斗争，鼓吹"劳资一家""一国一家"，连资产阶级改良也加以反对。

法西斯是垄断资产阶级最残暴的阶级专政，但表面上又完全否定阶级的存在。希特勒说："在国民的社会主义国家里，只有政治上拥有同等权利和同等一般义务的市民以及对国家政治完全无权利的国籍所有者。"[①]这就是说，法西斯国家里没有阶级，更没有阶级斗争。这是和改良主义的不同之点。改良主义工会承认阶级矛盾，为解决这一矛盾要进行改良主义运动。法西斯工会则不然，根本不承认无产阶级和资产阶级之间的矛盾，认为无产阶级和资产阶级原来就是一家人，因此，连资产阶级改良主义运动也加以反对。这是法西斯专政在劳资关系上的反映，也撕开了法西斯反对资本主义的假面具。

法西斯工会的"劳资一家"有三种招牌：

一曰：日本精神或者日本主义。在法西斯工会的纲领和宣言中，几乎都有"遵照日本主义"或者"发扬日本精神"的字眼。1933年6月赤松克麿建立的日本递信工会在其成立宣言中写道，"我们是站在否定马克思主义的立场，言明立足于一君万民的国民精神，因此我们的一切运动的精神，必须从日本精神中寻找其最高原理""日本精神不是追求阶级利益的部分主义，而是养活全

---

① 希特勒：《我的奋斗》，黎明书房1961年版，第144页。

体、增进全体利益和幸福的原动力"①。这就是说，日本精神或日本主义是德国纳粹所宣扬的全体主义的日本版。赤松克麿在日本系统地兜售法西斯的全体主义。他说，"全体主义要求工人放弃阶级斗争主义""和无产阶级的利益相比较，应该首先考虑产业全体的利益，通过产业的发展图谋工人的幸福""清算和超越产业指导者（即资本家）与工人的阶级对立的观念，把干预产业的一切人作为有机体来考虑"，劳资双方"彼此以敬爱的精神在人格上联合起来，为产业的发展，协力一致，作出贡献。这就是真正的全体主义。"②这是掩盖阶级矛盾、抹杀阶级斗争的劳资一家主义，给法西斯独裁统治戴上了超阶级的全体主义桂冠。

不仅如此，法西斯工会的领导人把全体主义进一步引用到国家学说里。赤松克麿说，"国家不是资产阶级的机关，也不是无产阶级的机关。国家是超越个人、超越阶级的一个统一的生命体，其本身具有独自的理想和生活""国家是在人类生活中最大的有机的组织体，而且是最高的道德存在。"③这是"超阶级"的国家论，美化人类历史上最残暴的法西斯国家政权对人民的残酷统治。的确，在日本的法西斯化过程中，这些反动主张起到了蒙骗群众的作用。全体主义和"超阶级"的国家学说听起来颇有"道理"，似乎把工人带到无阶级、无剥削的世外桃源，尚未觉悟的群众听了信以为真，上当受骗。

二曰：大家族主义。赤松说："日本国是大和民族以天皇为中心结合起来的血缘的大家族体。天皇和人民的关系既不是征服与被征服的关系，也不是契约关系，而是自然血族的情爱关系。"④法西斯工会还说什么工人是"陛下的赤子"，对天皇要"尽忠"⑤。

---

① 木下半治：《日本法西斯》，纳乌卡社（译音）1936 年版，第 137～138 页。
② 赤松克麿：《日本劳动祭的意义》，见《日本劳动运动史料》第 7 卷，第 692 页。
③ 赤松克麿：《日本劳动祭的意义》，见《日本劳动运动史料》第 7 卷，第 693 页。
④ 赤松克麿：《日本劳动祭的意义》，见《日本劳动运动史料》第 7 卷，第 693 页。
⑤ 日本工会总联合：《行动方针书》，见《日本劳动运动史料》第 9 卷，第 804 页。

裕仁也说，"视民为子"，要求"兆民相率以敬忠之欲事于上"[①]。战前，天皇是日本最高统治者，地主、资产阶级的总代表，他和人民的关系是统治和被统治的关系，丝毫没有家族关系。大家族主义肆意歪曲这一事实，以群众中所存在的封建家族观念和家长制习惯来美化天皇，进而抹杀法西斯专政对工人阶级的统治。

法西斯工会还以大家族主义掩盖工人和资本家之间的不可调和的阶级矛盾，说什么资本家犹如双亲，工人犹如孩子，在资本家企业里显现"大家族国日本的自然之态"[②]。而资本家也效法法西斯工会的大家族主义，在工人中宣扬工厂是一个大家族。大家族主义迎合了资本家的口味，麻痹了工人阶级的阶级意识，使工人阶级上了法西斯的当。

三曰：国体。法西斯工会的领导人说什么劳资一家的思想"渊源于日本国体"[③]，"光辉的日本历史是以皇室为中心、皇国一家的思想为根底，传承万邦无比的国体"[④]，一再举起"国体明征"这一法宝。近卫文麿在开展新体制运动时一再说，新体制运动是"国体明征"运动[⑤]，以国体的招牌来抹杀阶级的存在。国体是社会各个阶级在国家中的地位，战前日本的国体是地主、资本家对劳动人民专政的国体，根本不是"一国一家"。

如上所述，全体主义是抄袭德国纳粹的。至于大家族主义和国体则是日本法西斯工会的独创。日本的工人多数来自农村，曾受封建的家族主义影响。这便是日本工人被法西斯蒙骗的内在原因。这一家族主义在法西斯工会领导人的利用下，发展为"国体明征"运动，变成"超阶级"的国家主义，即法西斯主义。

---

① 裕仁：《即位敕语》，见吉林省哲学社会科学研究所编：《资料选编》，1974 年第 3 期，第 42 页。

② 丰川铁路职工要求待遇改善委员会委员长：《要求书》，见《日本劳动运动史料》第 9 卷，第 138 页。

③ 日本工会总联合：《行动方针书》，见《日本劳动运动史料》第 9 卷，第 804 页。

④ 产业报国会联盟：《创立趣意书》，见《日本劳动运动史料》第 9 卷，第 597 页。

⑤ 日本政治学会：《近卫新体制研究》，第 16～17 页。

第五，法西斯工会的"劳资一家"谬论，在组织形式上，最后发展为产业报国会。产业报国会集中体现了包括法西斯工会在内的一切资产阶级黄色工会的阶级调和思想，其把剥削工人的资本家和被剥削的工人组织在一个产业报国会之中，是体现这一思想的最好的组织形式。资产阶级为对抗团结战斗的工人阶级，曾经成立自己的组织——日本工业俱乐部、全国产业团体联合会。这些组织，在破坏和镇压工人运动中起了非常恶劣的作用。但在成立产业报国会时，他们解散其组织，纷纷参加产业报国会。这样，产业报国会就如同德国的劳工战线和意大利的劳工联合会一样，网罗了劳资双方，完全体现了劳资一家。正如墨索里尼所说，"从此资方和劳工将像法西斯主义大家庭里的兄弟一样，有同等的权利和责任"[①]。这种权利和责任在日本不是别的，就是尽忠奉公、产业报国，为日本帝国主义的侵略战争，工人阶级甘心受资本家剥削和压榨，甘心屈从天皇制法西斯统治。

第六，法西斯工会是主张极端的民族沙文主义，反对无产阶级国际主义，甚至反对改良主义工会所支持的第二国际的后代——阿姆斯特丹国际。这是因为阿姆斯特丹国际表面上还是打着反战、反侵略的旗号，而法西斯工会无须打这个旗号，它们主张"立足于新的民族提携的东洋国际主义"[②]，"以实现以日、德、意……为中轴的国际工人的协作"[③]，并鼓吹日本民族是"优秀的民族""领导性的民族"，以排外性的民族偏见蒙骗工人群众。

日本统治阶级为摆脱总危机，为"巩固"侵略战争的后方，一时镇压工人运动，建立法西斯的劳工团体，看起来很有力量，但法西斯同一切反动派一样，都是纸老虎。在 1941 年至 1945 年 8 月日本法西斯闹得乌烟瘴气的黑暗年代里，日本工人阶级毅然

① 福斯特著：《世界工会运动史纲》，三联书店 1961 年版，第 462 页。
② 日本劳动同盟：《昭和九年运动方针书》，见《日本劳动运动史料》第 7 卷，第 674 页。
③ 日本工会总联合：《第十一次全国代表大会宣言》，《日本劳动运动史料》第 9 卷，第 805 页。

进行了 5.68 万余人以上的 1328 次斗争①。曾经不可一世的法西斯头目东条英机等被押上历史的断头台，法西斯被历史车轮碾得粉碎。战后，日本工人运动，犹如春风吹动野火重生，燃遍了曾被法西斯铁蹄践踏的日本列岛。这便证明了一个真理：法西斯终究不能消灭工人阶级及其斗争；工人阶级能够战胜法西斯，赢得胜利。

---

① 松尾章一：《日本法西斯史论》，法政大学出版会 1977 年版，第 77 页。

第八章 美国的军事占领与战后改革

第一节 军事占领

一、占领的计划

1945 年 8 月 15 日，日本接受《波茨坦公告》，向盟国投降。日本的投降与德国不同，它是在美军占领冲绳等日本周围岛屿的情况下投降的，因而出现了美军占领日本的问题。

早在 1945 年 5 月 23 日，联合战争计划委员会向联合计划参谋会议提出了占领日本的两个计划。该计划提出，用 23 个师 80 万兵力，分两个阶段占领日本。这一计划是美军用流血的方法在占领日本的同时，让苏联进驻北海道和本土的东北地区，英军进驻九州和中国（指日本关西的山口、冈山、岛根、鸟取、广岛五县）地方，中国军队进驻四国。首都东京由美苏英中四国共同占领。①这一计划是同对德国一样，分割占领日本的，体现了盟国协调的精神。

与此同时，1945 年 6 月 14 日美国参谋长联席会议又指令美

---

① 五百旗头真:《美国的日本占领政策——战后日本的设计图》下卷，中央公论社 1985 年版，第 217 页。

国太平洋陆军司令官麦克阿瑟制订占领日本的计划。麦克阿瑟的计划是用 15 个师的兵力先占领东京、名古屋、大阪、神户、下关海峡，然后用 23 个师的兵力占领全日本，对盟国参加占领抱消极的态度。①

随着美、苏在欧洲的矛盾扩大，美国对日军事占领计划，由分割占领逐渐转变到单独占领。7 月 25 日，麦克阿瑟向杜鲁门总统建议，由美国单独占领日本。杜鲁门也表示同感，说：“对日本的占领不能重蹈德国的覆辙。我不想分割管制或划分占领区。我不想给俄国人以任何机会，再让他们像德国和奥地利那样去行动。”②

8 月 13 日，美国将单独占领日本之事，用《总命令第一号》通知对日作战的各盟国。该命令规定了日军向谁投降和由谁受降的问题。这也是由谁占领日本的那一部分领土的问题。其中对千岛问题规定，占守岛、幌筵岛地区日军由苏军受降，温祢古舟岛以南由美军受降。③

对此，苏联于 16 日提出修正意见，即应把整个千岛群岛和北海道的北半部（钏路——留萌线以北）包括在苏军受降区之内，但美国不同意。正当此时，苏军从 8 月 18 日起相继在千岛群岛和库页岛登陆，同时占领同属于北海道的日本固有领土色丹、齿舞、国后和择捉四个岛屿，并于 1946 年 2 月用立法程序把这些岛屿正式纳入苏联版图。

8 月 16 日，中国共产党要求：“派遣自己的代表参加同盟国接受敌人的投降和处理敌国投降后的工作。”④但遭美蒋拒绝。南京政府曾计划派 3 个师参加对日占领，但因国内外原因未能派成。

① 五百旗头真：《美国的日本占领政策——战后日本的设计图》下卷，第 222～223 页。
② 哈里·杜鲁门：《杜鲁门回忆录》，世界知识出版社 1964 年版，第 333 页。
③ 竹前荣治、天川晃：《日本占领秘史》上卷，朝日新闻社 1977 年版，第 52 页。
④ 毛泽东：《第十八集团军总司令给蒋介石的两个电报》，《毛泽东选集》第 4 卷，人民出版社 1967 年版，第 1090 页。

二、占领的实行

在日本，8 月 17 日成立了东久迩内阁。首相东久迩稔彦原是陆军大将，也是皇族。日本是想利用他在军内的地位和皇族的身份来妥善处理日军的无条件投降和美军占领日本等战后事宜。东久迩内阁组成了以外相重光葵为首的终战联络委员会，其下设中央事务局和地方事务局来处理日本投降和美军占领日本本土等问题。

东久迩内阁打算设法把美军占领限制在最小的限度之内，例如把占领地点尽可能限制在最少限度之内，将东京不包括在占领区之内，驻兵也是象征性的，等等。但是，美军按预定的计划迅速占领了日本。美军先遣部队于 8 月 28 日抵达神奈川县的厚木机场。30 日，麦克阿瑟司令官飞抵日本。随之美军第八军占领关东以北和北海道地区，第六军占领以京都、大阪、神户为中心的关西和九州一带。其兵力共 46 万。1946 年初，英联邦的少数部队象征性地占领中国及四国一带。

三、统治的方式与机构

美军占领日本后，曾拟实施军政，直接统治日本。在已经占领的冲绳、奄美岛，美军早已实施军政，由美军行使行政、司法大权，并使用美军发行的军票。日本投降前夕的 8 月 5 日，麦克阿瑟在其太平洋陆军总司令部里设置军政局，负责拟定和安排占领日本后实行军政事宜，还印好了在日本使用的军票。

至 8 月下旬，美国的对日方针发生了变化。8 月 22 日，美国陆军省通知麦克阿瑟，对日本不实行军政，而改为间接统治。① 并且在麦克阿瑟即将进驻日本的 28 日和 29 日，向他正式发出《作

---

① 五百旗头真：《美国的日本占领政策——战后日本的设计图》下卷，第 254 页。

战命令第 4 号》，取消原来的对日占领政策。①30 日，麦克阿瑟抵达日本。

此时，日本政府也一再请求不要实行军政。日本在投降书上签字的那一天即 9 月 2 日，东久迩内阁的外相重光葵专程去横滨拜会麦克阿瑟司令官，向他说明日本的现状和日本政府实行《波茨坦公告》的决心，并请求他不要实行军政。重光葵希望麦克阿瑟信任日本政府，通过日本政府执行《波茨坦公告》。②麦克阿瑟也向重光葵表示了通过日本政府实行《波茨坦公告》之意。

美国为什么在日本实行间接统治？首先，美军和日军在日本本土上没有交战，日本的政府机构和其统治体制较为完整地保存了下来，因此美军有可能利用它。其次，可利用日本人的精神支柱——天皇来统治日本。再次，如实行军政，庞大的军人和文职官员较长时间驻扎日本，这既违背美国士兵早日复员归国的愿望，又增加了美国的经济负担。因此，实行间接统治可减轻美国的负担，而且更有效地达到预期的占领目的。

可是，这并不意味着支持日本政府。根据美国国务院和陆海军部共同拟定的《战后初期对日政策》规定，这仅仅"是利用日本现有政治形态，而不是加以支持"，"天皇及日本国政府的权限……从属于最高司令官"，"如在天皇或其他日本国的掌权者执行投降条款上不能满足最高司令官的要求时，最高司令官得要求更换政府机构或人员，或者依据直接行动的权利和义务，加以限制"。③

可见，日本政府虽然行使行政、司法等权，但君临于日本的是盟国最高统帅。美国总统杜鲁门不顾苏联关于盟军最高统帅应由苏美将领各一人担任的建议，于 8 月 13 日任命美国太平洋陆军

①　五百旗头真：《美国的日本占领政策——战后日本的设计图》下卷，第 254 页。
②　重光葵：《续重光葵手记》，中央公论社 1988 年版，第 244、256 页。
③　日本外务省特别资料部编：《占领和管理日本的重要文书集》第 1 卷，东洋经济新闻社 1949 年版，第 96 页。

总司令官麦克阿瑟为盟军最高司令官,并授予他至高无上的特权。9 月 6 日,杜鲁门总统在《关于盟军最高司令官权限问题致麦克阿瑟的通知》中,指令"天皇和日本政府统治国家的权限,隶属于作为盟军最高司令官的贵官","贵官的权限是最高的"。[①]麦克阿瑟也说,"我对日本国民,事实上拥有无限的权利。历史上,任何殖民总督也好,征服者也好,总司令也好,都没有拥有过我对日本国民所拥有的那种程度的权力","我是八千多万日本国民的绝对统治者"。[②]这样,麦克阿瑟作为盟军最高统帅君临于日本天皇、政府和国民之上。

8 月 28 日,成立了盟国驻日占领军总司令部(简称"盟总",GHQ)。"盟总"具有两重性,它既是盟国驻日总司令部,又是美国太平洋海军总司令部,从最高司令官到工作人员都是美国军人。麦克阿瑟身兼两职。"盟总"之下设参谋部。参谋部之下设民间财产管理、民间通信、民政、统计资料、民间谍报、公共卫生福利、天然资源、经济科学、民间情报教育、法务等 10 个局和国际检察局及远东国际军事法庭。在地方则另设 8 个地方军政部,下设 27 个军政中队。

"盟总"和麦克阿瑟对日本实行间接统治的方法是以指令、一般命令、备忘录、书信和口头指示等形式,通过日方的终战联络委员会或者直接向日本政府下达指令和命令。而日本政府于 9 月 20 日发布"紧急敕令 524 号",规定"盟总"的指令"具有法律效力",要不折不扣地加以执行。日本政府为保证"盟总"和麦克阿瑟指令的实施,10 月 31 日制定《阻碍占领目的处罚令》。该处罚令规定,"旨在反对盟国最高司令官对日本政府指令之行动,旨在反对盟国占领军的军、军团、师团及各司令部为实行这一指令所发布的命令的行为,以及违反日本政府为履行这一指令所发

---

① 末川博:《战后二十年史资料——法律》第 3 卷,日本评论社 1971 年版,第 13 页。
② 袖井林二郎:《麦克阿瑟的两千日》,中央公论社 1974 年版,第 88 页。

布的法令的行为"，皆为"阻碍占领目的的有害行为"，违者严加惩处。①

这样，美军在占领日本的同时，建立了占领体制。

美军虽然单独占领日本并建立了占领体制，但这都是以盟国和盟军的名义进行的。这是因为对日作战的胜利，是盟国、盟军的胜利，而不是美国一国的胜利。因此有必要成立参加对日作战的所有盟国参与制定对日占领政策的机构。8月22日，美国曾向苏联、中国和英国建议成立由几个国家组成的远东咨询委员会。这是咨询机构，而不是决策机构。因此，苏联建议成立由苏、美、英、中组成的对日理事会，由它决定和实施对日的占领政策。但美国不顾苏联的建议，10月30日在华盛顿召开远东咨询委员会第二次会议。苏联拒绝出席。于是，12月16日在莫斯科召开苏、美、英三国外长会议并达成协议，决定成立远东委员会和对日理事会。

远东委员会由美、苏、英、中、法、荷、加、澳、印、菲、新[西兰]11个国家组成，设在华盛顿。该委员会不是咨询机构，而是决定和审查对日占领政策的决策性机构。它有两个权限：一是决定对日政策的原则性方针和政策，二是根据成员国的要求审查美国政府对盟国最高司令官的指令和最高司令官所采取的行动。但对第一条的权限附加了一个条件，即该委员会决定的方针和政策不直接传达到日本，而是美国政府按照这一方针和政策制定指令，然后把这一指令下达到"盟总"和麦克阿瑟司令官，由他们在日本具体执行。而且该委员会对领土和军事行动等问题无权加以干涉。

远东委员会在决定对日方针政策时，需要其成员的半数以上多数成员的赞同，但其半数中一定要包括美、苏、英、中四大国，

---

① 末川博：《战后二十年史资料——法律》第3卷，第212页。

如其中一大国不赞成时，即使赞同的超过半数也不能通过。但这与四大国在联合国安理会上的否决权不同。如某一个决议因一个国家的否决而不能通过时，美国政府向"盟总"和麦克阿瑟可发出"中间指令"，如该委员会对这一"中间指令"没有提出异议，则这一指令是有效的。可见，在远东委员会中美国的权力很大。

对日理事会由美、苏、英、中四国代表组成，是针对盟国最高司令官的咨询机构。盟国最高司令官向日本政府发出指令前，需事先通知该理事会，并与它协商。但理事会对最高司令官没有约束和控制作用，更没有对指令的否决权。麦克阿瑟也在该理事会的第一次会议上说，理事会的职能是顾问性和建议性的，它不得侵犯最高司令官的行政责任，不得批评"盟总"的占领政策。

远东委员会和对日理事会在对日占领政策的制定和实施过程中虽然起了一定的作用，但其内部存在对立和分歧，尤其美苏的对立，因而这两个机构未能发挥其应有的作用。

综上所述，在对日的军事占领、占领机构以及占领政策的制定和实施过程中，美国和美军占有主导地位。这与美国和美军在对日作战中所起的巨大作用以及战后美国推行的全球战略有着密切关系。

第二节　占领初期的政治

一、美国的对日政策

美军占领日本后，在建立占领体制的同时，执行其占领政策。《波茨坦公告》是规定对日占领政策的第一个公开文件，规定了对日占领政策的基本原则。

《波茨坦公告》是美国起草的。美国研究对日占领政策较早，

太平洋战争爆发后，美国务院特别调查部所属的远东部就着手研究和调查战后对日的基本方针和政策，其中包括战后日本的领土、政治、经济等问题。随着美军在太平洋战场上的节节胜利，对日占领政策的调查和研究便进入了制定具体政策的新阶段。1944 年 1 月，美国国务院成立战后计划委员会。该委员会之下又设立了远东地区委员会，由它起草和制定对日政策。美国陆军部也从军事占领的角度研究对日占领政策，并于 1942 年 5 月成立陆军军政学校，着手培养对日占领所需的军政人员。

1944 年 3 月 14 日，远东地区委员会拟定了《战后美国的对日目的》。这一文件从政治、经济、军事和领土等各方面规定了美国在日本达到的最终目的。根据这一文件，美国从 1945 年 6 月起进一步研究占领初期的政策，并制定了美国的《战后初期的对日政策》（简称《初期政策》）。美国政府于 9 月 22 日正式公布了这一政策。《初期政策》是美国政府及其占领军实行对日占领政策的基本文件。其基本精神是与《波茨坦公告》大体一致的。《初期政策》由"最终目的""盟军权利""政治"和"经济"四个部分组成。"最终目的"规定了对日占领政策所要达到的最后两个目标，即"甲，日本确实不再成为美国的威胁和世界和平安全的威胁；乙，最终建立和平的、负责任的政府，即尊重他国权利、支持联合国宪章的理想和原则所显示之美国目的的政府"①。美国陆军部长罗亚尔对此解释道："根本思想是为预防未来的日本侵略，解除军备，进行直接的预防；建立一个具有不发动侵略战争精神的政府，进行间接的预防。"②

为实现这两项最终目的，美国占领军实行了铲除日本军国主义的非军事化政策：

---

① 日本外务省特别资料部编：《占领和管理日本的重要文书集》第 1 卷，东洋经济新闻社 1949 年版，第 92 页。

② 辻清明：《战后二十年史资料——政治》第 1 卷，日本评论社 1970 年版，第 58~60 页。

一、解除日军的武装。日本投降时在日本本土上有 336 万日军，海外有 375 万，共计 711 万。美军占领日本后，以第一号和第二号命令，迅速解除了日军的武装。在海外，各盟国按照第一号令的规定解除了日军的武装。被解除武装的日军，复员回原地。美国占领军利用天皇和日本政府机构，不流一滴血，迅速完成了这一工作。这样，曾拥有庞大军队的日本一时变成没有一兵一卒的国家。

二、解散军事机构。美军在解除日军武装的同时，相继解散日军的主枢机构：9 月 13 日解散大本营；10 月 15 日解散元帅府、陆军参谋本部、海军军令部、教育总监部；11 月 30 日解散军事参议院、陆省和海军省。

三、废除军事法令。美国占领军先后指令日本政府废除《兵役法》《义勇兵役法》《国防保安法》《军机保护法》等一系列军事法令。然后又废除了《国家总动员法》《战时紧急措施法》等有关战时体制的法令。

四、禁止生产武器、弹药、军舰、飞机和军需物资，限制可用于武器和军需物资生产的原材料生产，禁止研究原子能和航空技术，解散东京大学航空研究所等与军事工业有关的研究机构。

五、制裁战犯。根据《波茨坦公告》和《初期政策》，"盟总"之下设远东军事法庭，并自 9 月至 12 月分三批逮捕东条英机等108 名战犯，着手审理其罪行。

六、解散法西斯军国主义团体。1945～1946 年，相继解散和取缔在乡军人会、大日本政治会、大政翼赞会、翼赞政治会等 147个法西斯军国主义团体。

七、整肃曾猖狂鼓吹和积极执行侵略战争的法西斯军国主义的骨干，不许他们任公职，不许他们在政党、社会团体、新闻出版和财界任职。截至 1948 年 3 月，19.3 万人被整肃。与此同时，在学校也整肃职业军人和法西斯军国主义分子，从各级学校驱逐

了 11.3 万人。

由于这些政策，美国占领军较为迅速地达到了日本的非军事化目的。

美国占领军在军事上采取这些措施的同时，如下节所述，在政治、经济等领域中也进行了根除法西斯军国主义的一系列改革。

占领初期，美军在日本所推行的政策，基本上与包括苏联在内的盟国的对日政策是一致的。由对日作战的盟国所组成的远东委员会于 1947 年 6 月 19 日通过了《关于投降后日本的基本政策的决议》（简称《基本政策》）。《基本政策》也由"最终目的""盟国权利""政治关系""经济关系"四个部分组成。其内容和精神与《初期政策》大体相同。其区别是：《初期政策》是以"美国"为第一人称的，而《基本政策》是以"盟国"为第一人称的，以"盟国"替代了"美国"一词。这便说明了占领初期美国的对日政策与其他盟国的政策的一致性和美国在执行对日占领政策中的主导地位。

二、东久迩内阁（1945.8.17～1945.10.5）

8 月 15 日日本向盟国投降时，铃木内阁辞职。翌日即 16 日，天皇亲自任命东久迩稔彦组阁。东久迩①组阁时，天皇对他训示："命卿组阁，应遵照宪法，以诏书（停战诏书）为基准，统制军队，维持秩序，努力收拾时局。"②这一训示给东久迩内阁提出了三项任务：一、遵照宪法，维护以天皇为中心的日本国体。二、按停战诏书办理投降事宜。三、防止民众运动，维护统治体系。东久迩首相心领神会，把天皇的训示"当作施政的根本基调"。③

---

① 东久迩稔彦是久迩宫朝彦亲王的第九子，生于 1887 年。1915 年与明治天皇第九个女儿聪子成婚。1920 年赴法留学。1938 年曾作为第二军司令官侵华，后升为陆军大将。太平洋战争爆发后任防卫总司令官。他还是裕仁的亲家，其长子与裕仁的长女成子成婚。

②《东久迩日记》，第 207 页，德间书店，1968 年版。

③ 辻清明：《战后二十年史资料——政治》第 1 卷，第 11 页。

东久迩内阁遵照天皇的停战诏书和美国占领军的命令，顺利完成了投降事宜和解除几百万日军武装的工作。在完成这一工作中，东久迩的双重身份起了很大作用。

东久迩内阁在办理投降事宜和解除日军武装的问题上与美国占领军较为协调，但在维护社会治安和维护天皇制问题上与美国占领军产生了冲突。东久迩内阁力图维护和扩大原有的旧统治体制，以便强化社会治安。该内阁上台伊始便制定了《整顿和扩充警察纲要》，准备把现有的 9.3 万名警察扩大 1 倍，并从陆军大学和海军大学以及宪兵队军官中选拔其骨干。28 日又制定《关于处理言论、集会、结社的方针》，扬言以军国主义的《治安警察法》严厉取缔反对国体的团体和言论。当社会舆论要求废除镇压民众的《治安维持法》和特高警察时，东久迩内阁的内务相山崎严①竟然声称："管束思想的秘密警察现在还继续活动，对于进行反皇室宣传的共产主义者，不容赦免……主张政治形态的变革，特别是主张废除天皇制的共产主义者，依照《治安维持法》应予逮捕。"②当社会舆论要求释放曾反对法西斯统治、反对战争、反对天皇制的政治犯时，东久迩内阁的法相岩田竟然说："作为司法当局，现在不考虑释放政治犯。如果把这些政治犯提前释放，就使判决无效。"③这表明了东久迩内阁力图原封不动地维持旧天皇制的统治秩序，抵制民主化趋势的决心和态度。

恰好此时发生了一件事。9 月 27 日，裕仁天皇亲自前往美国大使馆拜访了麦克阿瑟总司令官。29 日，日本各报均以头版头条发表这一消息，并附以天皇与麦克阿瑟的合影。照片上的麦克阿瑟身穿军装，双手叉腰，悠然自得地站着。而天皇身穿礼服，神态呆板，摆出立正姿势。两者形成鲜明的对照，俨然是胜者与败

---

① 山崎曾任东条内阁的内务省次官。
②《朝日新闻》1945 年 10 月 5 日。
③《朝日新闻》1945 年 10 月 5 日。

者的形象。各报还准备刊登美国联合通讯社社长采访天皇时的问答纪要。对东久迩内阁来说，公开发表如此贬低天皇形象和外国记者随意质问天皇的报道，实在是大逆不道，有损于天皇和国体。于是，内务省于 28 日深夜向各报发出紧急指令，禁止发售第二天的报纸。

"盟总"闻知此事，立即采取坚决的反措施。29 日，以麦克阿瑟总司令官指令的形式发出通告，"撤销对新闻及通信自由的一切限制"，并通告该指令适用于报道麦克阿瑟与天皇会见一事。"盟总"又指令各报发行被禁止发售的报纸。"盟总"的强硬态度，使东久迩内阁不得不撤销已发出的指令。但是，如前所述，该内阁的内务大臣和法务大臣依然要限制言论和出版，维护以天皇制为中心的统治秩序。这便与美国占领军的占领政策相抵触。

此事使美国占领军甚感在政治领域内尽早推进改革的迫切性。10 月 4 日，"盟总"发布《关于废除对政治、公民、宗教自由限制的备忘录》，要求立即释放包括日本共产党人在内的政治犯；废除特高警察，罢免内务省和各县警察部长及特高警察等 4000 余人；废除《治安警察法》《治安维持法》等 13 个法令；解除对政治、民权及信仰自由的一切限制，其中包括对天皇和日本政府的自由议论的限制。这对维护天皇制国体及其统治秩序的东久迩内阁是很大的冲击。东久迩内阁不愿执行这一指令。它已成为美国占领军推行改革的障碍。

恰巧此时国务大臣绪方竹虎作为首批战犯被捕，外务大臣重光葵也因战犯嫌疑而辞职，而且国内外谴责皇族内阁的舆论四起。在此种情况下，东久迩内阁不得不于 10 月 5 日辞职。

三、币原内阁（1945.10.9～1946.4.22）

继东久迩内阁之后而成立的是币原喜重郎的官僚内阁。东久迩在辞职时留下了这样一句话："今后应由充分了解英美的人组

阁，在与盟国密切联系下开展政务。"①这个人便是币原喜重郎。

币原是外交官，历任大隈、寺内、原敬内阁的外务次官，20世纪20年代任加藤、若槻、滨口内阁的外相。币原任外相的这五年多时间里，坚持所谓的协调外交，强调维护日本与英美之间的协调。因此一些人称他为亲英美的外交家。战争年代里他完全被人们忘记了，但在美军占领日本的新形势下，币原重新登上了日本的政治舞台。麦克阿瑟认为，币原是理想的人物。于是天皇指名币原组阁。

10月9日，币原组织了战后第二届内阁。其内阁成员由没有战犯嫌疑的所谓民主主义者组成。币原内阁成立后的第二天，即10月10日，遵照10月4日备忘录的指令，释放了包括日本共产党领导人德田球一、志贺义雄等在内的3000多名政治犯。

10月11日，币原首相亲自前往"盟总"，拜访了麦克阿瑟总司令官。麦克阿瑟向他口述了民主化的五项指令：一、解放妇女，给妇女以选举权。二、鼓励成立工会。三、教育民主化和自由化。四、废除秘密的司法制度。五、经济机构民主化。②这五项指令是美国占领军开始推行战后改革的起点。

币原内阁具有两重性质。它既是官僚内阁又是带有民主色彩的内阁。战前，官僚是维护天皇体制的支柱之一，该内阁确依然想维护战前的天皇制。这一点与东久迩内阁有相似之处。币原内阁与东久迩内阁不同的是想改革法西斯军国主义的日本。因此币原内阁夹在战前天皇和战后民主改革之间，难以摆脱自相矛盾的处境。可是该内阁在占领军和"盟总"的督促下进行了一些有利于民主化的改革。

一、改革选举法。12月17日，币原内阁制定众议院的新选举法。该法给妇女以选举权和被选举权。这在日本政治生活上是

---

① 《东久迩日记》，第246页。
② 历史学研究会编：《战后日本史》第1卷，青木书店1964年版，第74页。

破天荒的第一次，从此日本妇女有了参政的权利。新选举法把战前的中选举区制改为大选举区制，把选举权的年龄从战前的 25 岁减到 20 岁，把被选举权年龄从 30 岁减到 25 岁。

二、制定工会法。币原内阁于 12 月 6 日向众议院提出《工会法》。众议院于 12 月 18 日通过了该法，并于 1946 年 3 月 1 日起开始实施。《工会法》保障了国家公务员和全体工人组织工会、举行罢工和集体交涉的基本权利，为战后兴起的工人运动提供了法律保障。

三、改革军政机构，军人复员。币原内阁于 11 月 24 日废除内大臣府，改组宫内省。11 月 30 日解散陆军省和海军省后，12 月 1 日设第一、第二复员局，负责办理已被解除武装的军人复员回原地之事宜。12 月 31 日废除了内阁情报局。

四、废除法西斯军国主义法令。币原内阁于 10 月 13 日遵照"盟总"的指令，废除了《国防保安法》《军机保护法》《言论、出版、集会、结社等临时取缔法》。接着 15 日废除了《治安维持法》《思想犯保护观察法》。11 月 21 日废除了《治安警察法》。12 月 20 日废除了《国家总动员法》《战时紧急措施法》。

五、废除战争体制下制定的经济法令。币原内阁于 10 月 24 日废除了《工厂企业管理法》《企业整顿法》《陆运统制法》及《金融统制法》等 11 个法令。12 月 22 日，废除《全国农业会法》，并公布新的《农业团体法》。

教育方面。为了铲除教育领域中的法西斯军国主义教育，"盟总"于 10 月 22 日发布了《关于日本教育政策》的指令，"禁止普及军国主义的极端的国家主义思想，废除军事教育和军事训练"。接着 30 日，"盟总"又发出从学校驱逐军国主义者和法西斯分子的指令。12 月 31 日，"盟总"发出了停止讲授修身、日本历史及地理课的指令，并收回这些教科书。币原内阁遵照"盟总"的这些指令，先后成立公民教育刷新委员会和日本教育家委员会，在

铲除法西斯军国主义教育的同时，为建立新的教育体制和教育内容作了努力。

经济方面。币原内阁面临经济上的两大问题，即粮荒和通货恶性膨胀。1945 年农业歉收，粮食产量比往年减少三分之一，且从朝鲜、中国台湾和东南亚进口的粮食来源也被切断。这便加剧了战后的粮食危机。币原内阁实行粮食配给制，每天每人只配给二合一勺（相当于 290 克）。但就是这一点配给也不能保证，全国平均推迟了 13 天左右才能得到配给。粮食危机使黑市的粮价大幅度上涨。为抑制黑市粮价的飞涨，1946 年 3 月 3 日起日本实行新的物价体系，政府收购大米的价格一石（约 150 公斤）为 300 日元，政府的出售价为 250 日元，由政府补贴 50 日元。但这一措施未能遏止粮价上涨。为解决粮食危机，1946 年 1 月日本从美国进口 1000 吨面粉。2 月 11 日，"盟总"允许日本进口 200 万吨面粉。这便打开了日本从美国大量进口粮食的大门，相对缓和了粮食危机。

战败后，日本的通货膨胀严重。日本银行券发行额，1945 年 8 月 15 日为 303 亿日元，1946 年 2 月 15 日竟达 605 亿日元，比战争结束时膨胀了 1 倍。同一个时期，零售物价涨了 2 倍。为解决通货膨胀问题，币原内阁于 1946 年 2 月 17 日采取金融紧急措施：从 2 月 25 日起以新货币兑换旧货币；3 月 3 日起禁止旧货币流通，并要求旧货币于 3 月 7 日前必须存入银行。开始时只许户主兑换新币 300 日元，其他家庭成员每人只能兑换 100 日元，其余的作为存款冻结起来。用新日元支付的工资也限制在 500 日元（当时东京黑市大米 1 斤约为 20 日元）以内。这样，一时缓和了通货膨胀和物价飞涨。但至 9 月，通货膨胀又急速上升，暂时稳定的物价又开始直线上升。

为重建日本经济，币原内阁力争对外贸易。美军占领日本后严管日本经济，禁止日本对外贸易。但 1946 年 3 月在"盟总"的许可下，日本第一次向美国出口 20 万磅生丝。而美国也愿提供日

本纤维工业所需的棉花。这虽然是非正式的对外贸易，但却为日本后面的正式外贸奠定了基础。

社会方面。12 月 15 日"盟总"发布了神道与国家分离的指令。神道本来是日本的一种宗教，但明治以来日本政府把它当作国教，作为维护天皇制和推行扩张主义的精神支柱，驱使人民盲目信仰。神道与国家分离，把神道改为一般宗教，切断了法西斯军国主义的精神支柱，解除了它的思想武装。币原内阁为贯彻这一指令，12 月 28 日公布《宗教法人法》，保障宗教信仰的自由。1946 年 1 月 31 日废除《神祇院官制法》（按：神祇院是把神道作为国教，强迫国民信仰的政府机构），2 月 2 日进一步修改《宗教法人法》，把神社改为一般的宗教法人。

如上所述，币原内阁在铲除日本军国主义方面配合占领军和"盟总"采取了许多积极措施，但在制定新宪法、解散财阀和改革土地制度等重大问题上，虽然不像东久迩内阁那样直接拒绝执行，但也想方设法地把改革限制在最小范围内。

第三节　战后改革

一、《日本国宪法》的制定

日本的法西斯军国主义是战前日本政治制度的产物，这一体制又促进了日本的法西斯军国主义化。要铲除法西斯军国主义，就要改革日本的政治制度。战前的日本政治制度是根据 1889 年制定的《大日本帝国宪法》制定的。要改革日本的政治制度，就要废除《大日本帝国宪法》，制定一部新宪法。

制定新宪法的一大焦点是天皇制问题。天皇制是战前日本政治制度的核心，也是法西斯军国主义的精神支柱。要改革政治制

度，必然遇到天皇制问题。

美国政府从 1943 年初开始研究日本政治制度的改革问题。当时对在政治改革中如何处理天皇制问题有两种意见，即一种主张废除天皇制，另一种则主张保留和改革天皇制。这两种主张，一直持续到 1945 年日本投降。1945 年 10 月 6 日，美国国务院和陆海军共同拟定《SWN55/3 文件》，决定先把天皇制和裕仁天皇个人分开，然后考虑制定新宪法问题。

根据这一文件的精神，10 月 11 日麦克阿瑟指令币原首相起草新宪法草案。于是币原内阁成立了以国务大臣松本烝治为首的宪法调查委员会，匆忙起草新宪法草案，并于 1946 年 2 月 8 日呈报"盟总"。

该草案把旧宪法的"天皇神圣不可侵犯"改为"最高不可侵犯"，把"天皇统帅陆海军"改为"天皇统帅军队"。①而且在草案说明中居然写出"由天皇统治日本国是从日本国有史以来不断继承下来的，维持这一制度是我国多数国民不可动摇的坚定信心"②。

显然这与美国的占领政策大相径庭，从而触怒了麦克阿瑟。因为美国既反对废除天皇制又反对原封不动地保留天皇制，而希望对天皇制实行民主改革，把它改成象征性天皇制（立宪君主制）③，想利用天皇来推行其占领政策。

"盟总"民政局按照这一精神起草了《日本国宪法草案》。该草案规定，"天皇是国家的象征，又是国民的统一的象征"，"不拥有政治上的权限"；"天皇关于国事的一切行动，需要内阁的辅弼及协赞"④；日本"绝不允许设置陆军、海军、空军及其他战斗

---

① 末川博：《战后二十年史资料——法律》第 3 卷，第 62 页。
② 末川博：《战后二十年史资料——法律》第 3 卷，第 63 页。
③ 朝尾直弘等：《岩波讲座日本历史》第 22 卷，岩波书店 1977 年版，第 66 页。
④ 末川博：《战后二十年史资料——法律》第 3 卷，第 68 页。

力"，"废弃作为国家主权的战争"。①该草案剥夺了天皇总揽大权的权力，把他变成象征性的天皇，并剥夺了日本拥有军队及进行战争的权力。

2月13日，民政局局长惠特尼把这一草案交给日本国务相松本及外相吉田茂，并说："如果日本拒绝此案，就对天皇的人格进行重大变更。"②后来惠特尼又说："如果你们无意支持这种形式的宪法草案，麦克阿瑟元帅将越过你们直接诉诸日本国民。"③币原深知事关重大，立即上奏天皇。天皇赞许麦克阿瑟的意见。于是币原内阁以此为蓝本，在"盟总"民政局的具体指导下重新草拟了宪法草案。

宪法草案于3月4日至5日由日本官员和"盟总"民政局官员一起最后修改审定。3月6日正式公布。麦克阿瑟立即表态："我今天十分满意天皇和日本政府决定向日本国民提出我全面承认的新宪法。"④

《日本国宪法》草案经过议会的审议，于1946年11月3日作为正式宪法公布于世。翌年5月3日生效。

新宪法的最大特点是：日本"永远放弃作为国家主权发动的战争，武力威胁或使用武力作为解决国际争端的手段。为达到前项目的，不保持陆海空军及其他战争力量，不承认国家的交战权"。这是使日本不再威胁世界和平及安全的有力措施，反映了反法西斯联盟各国要铲除日本军国主义的要求和愿望。新宪法革除了政治制度中严重存在的封建的、法西斯军国主义的因素，确立了立法、司法、行政三权分立的资产阶级政治体制，建立了和资产阶级共和国相近的君主立宪制。这是明治维新以来的重大改革，使日本的政体发生了重大变化。

---

① 末川博：《战后二十年史资料——法律》第3卷，第68页。
② 信夫清三郎：《战后日本政治史》第1卷，劲草书屋1972年版，第275页。
③ 井上清等：《战后日本》，世界知识社1955年版，第55页。
④ 袖井林二郎：《麦克阿瑟的两千日》，第180页。

二、政治改革

通过新宪法的制定，币原内阁对明治以来的政治制度进行了重大改革。

1. 天皇制的改革

1889 年的《大日本帝国宪法》规定，"大日本帝国是由万世一系的天皇统治"，"天皇是国家的元首，总揽统治权"；"天皇神圣不可侵犯"，"统帅陆海军"，并拥有裁决法律、拟定法律的权力。[①]这是封建皇权在维新政权中的再现，是明治维新不彻底的产物，是日本政治制度中的封建残余。新宪法剥夺了天皇总揽统治大权的这一权力。新宪法第一条只规定，"天皇是日本的象征，是日本国民整体的象征，其地位，以主权所属的全体国民的意志为依据"[②]。宪法虽然规定天皇行使公布宪法修改案、法令、政令及条约，召集国会，解散议会，公布国会议员选举，任命内阁总理大臣和最高法院院长等权力，但又严格地规定这些权力的行使是"根据内阁的建议与承认"，不得擅自行使。这就是说，天皇行使国事是形式上的、礼仪性的，天皇本身不拥有行使国事的大权。而且辅佐天皇的枢密院、贵族院等特权机构也都被废除，其支柱——军部也被摧毁，只剩了象征性的天皇。

裕仁天皇本人也于 1946 年元旦发表《人格宣言》，宣布自己是人，而不是下凡到人间的神，自我否定了天皇拥有的神权。这是明治以来对天皇制的重大改革，不仅革除了天皇大权，而且革除了封建的、血缘家族的世袭统治。

2. 议会制的改革

通过新宪法的制定，日本对议会制度也进行了改革。战前日本议会分为众议院和贵族院。贵族院是身份议会，由皇族、华族

---

① 《日本国宪法·附录大日本帝国宪法》，有斐阁 1961 年版，第 28 页。
② 时事通讯社编：《日本国宪法》，时事通讯社 1946 年版，第 2 页。

的男性和天皇任命的议员组成。他们都是封建公卿和领主遗老，是具有身份的特权阶级。贵族院的权力大于众议院，众议院通过的议案若遇贵族院的反对即无效。众议院中占据多数议席的政党，无权组织自己的内阁。议会不是对选民负责，而是对天皇负责，它是辅佐天皇的一种协赞机构，是专制主义的装饰品。到20世纪40年代，随着日本法西斯体制的建立，议会也变成大政翼赞会的"翼赞"议会，成为法西斯体制的附属品、法西斯分子聚集的场所。因此，战前日本虽然有议会，在1924年至1932年间曾一度实行过所谓的议会政治，但毕竟不是完整意义上的资产阶级议会制，议会制度中依然夹杂着封建残余和法西斯军国主义因素。

新宪法革掉了这些残余和因素，取消贵族院，建立了众议院和参议院。首先，两院均由国民选举产生，一扫血缘的、身份的封建关系。而且众议院的权力大于参议院。其次，取消了天皇以敕令、敕语立法的权力和天皇对议会的控制。新宪法第41条明确规定："国会是国家的最高权力机关，是国家唯一的立法机关。"[①]修改宪法、制定法律、审议预算、任命总理大臣等国家一切重大问题，均由国会讨论决定。这样，通过新宪法的制定，日本建立了较为完整的资产阶级议会制民主制度，从而一定程度上完成了议会政治的近代化。

3. 内阁制的改革

议会制度的改革，必然引起内阁制度的改革。战前，日本的总理大臣因由元老和重臣提名，由天皇任命，故被称为天皇的"敕令内阁"，只对天皇负责。而且内阁的成立和权力常常受到军部的干涉和控制，军部不支持或者反对的内阁不是流产就是倒台。日本自1885年成立第一届内阁以来的60年内，30名总理大臣中15名是军人，政党出身的首相仅有数人。这种内阁充其量只不过是

---

① 时事通讯社编：《日本国宪法》，时事通讯社1946年版，第17页。

从属于天皇、军部的行政机构。

新宪法使内阁成为议院内阁，众议院中占据多数席位的政党。组织内阁，由其政党的总裁任内阁总理大臣。新宪法第 65条和第 66 条规定，"行政属于内阁"，"内阁行使行政权，对国会负连带责任"。[①]内阁除执行一般的行政事务外，还执行法律，总理国务，处理外交，缔结条约，拟定预算，决定大赦、特赦等一切行政事宜。这样，内阁变成了名副其实的议院内阁。

与此同时，日本对专制主义的中央集权制也进行了改革。宪法第 8 章规定地方自治。都、道、府、县、市、町、村在宪法和法律规定的范围内实行自治，地方的各级领导均由当地居民直接选举产生，中央和上级机关无权任命。地方也设议会，制定预算，甚至制定地方性法律。这一改革调动了地方的积极性，在日本政治制度史上颇有意义。

4. 司法制度的改革

通过修改宪法、改革司法制度，日本健全了资产阶级法制。战前，日本司法机关根据宪法的规定，"以天皇的名义"进行审判。天皇高于法律，司法机关是从属于天皇制的一个机构，而不是和国会、内阁鼎立的独立的机构。经过改革，最高法院成为与国会、内阁并列的独立机构，并扩大了司法机关的权力。最高法院有法律及法令是否符合宪法的审议权，一切司法权属于最高法院及下级法院。废除法院对检察官和律师的统治，扩大和保障他们的独立性。

三、解散财阀

财阀是日本法西斯军国主义的经济基础。这种财阀是日本特有的垄断资本集团，是德川时期的封建特权商人在维新后与明治

---

① 时事通讯社编：《日本国宪法》，时事通讯社 1946 年版，第 10 页。

政权相结合而形成的。它不是封建社会末期从手工业工场发展起来的产业资本，而是以血缘和家族的主从关系形成的经济集团。例如三井财阀是以三井家族为中心，三菱财阀是以岩崎家族为中心。这些家族以它所拥有的股票控制这一集团的总公司和子公司，建立总公司和子公司间的金字塔形的主从关系，形成一种康采恩式的垄断集团。这显然是由于日本资本主义发展不成熟所致，其血缘家族关系是封建残余，与近代垄断资本不相称。但它毕竟是垄断集团，垄断了日本经济命脉。三井、三菱、住友、安田等十大财阀占有日本金融资本的 53%，重工业资本的 49%。[①]财阀还垄断了日本的军需军火生产，如三菱重工业公司在八年的战争期间生产各种军用飞机 1.8 万余架，占同时期日本军用飞机总产量的四分之一。同时期私人企业生产军舰 80 余万吨，其中三菱占有 40%。[②]三井财阀和军部勾结，不仅侵略中国大陆，还向东南亚扩张，开发掠夺印尼的煤矿，菲律宾的铜矿、锰矿和缅甸的铁矿。

因此，要铲除日本军国主义，必须铲除其经济基础。1945 年 10 月 20 日，"盟总"指令三井、三菱等 15 家财阀提交关于营业内容和资本结构的报告，并于 11 月 2 日冻结其资本。

在美国的督促和压力下，币原内阁于 11 月 4 日发表《关于解散控股公司的备忘录》，并提出具体计划：设立"控股公司整理委员会"，令控股公司的一切证件移交给控股公司整理委员会管理，三井、安田、住友、岩崎家族的一切成员立即辞去在金融、商业、非商业、工业等企业中的职务。三井财阀也提出解散计划：一、三井家族从企业和商社退职，三井总公司的干部也退职；二、开放三井总公司的大部分股份；三、三井的子公司独立；四、废除

① 高桥龟吉：《战后日本经济跃进的根本原因》，日本经济新闻社 1976 年版，第 62 页。
② 家永三郎等：《昭和的战后史》，汐文社 1976 年版，第 72 页。

总公司的统辖机能，要纯公司化；五、废除理事制。[①]

"盟总"对此表示满意，11 月 6 日发表《关于解散控股公司问题》的声明，表示"全盘地承认"它们所提出的解散计划，并指令日本政府立即付诸实施。

1. 第一阶段

日本政府于 8 月 22 日成立"控股公司整理委员会"。该委员会自 1946 年 9 月至 1947 年 9 月分五批指定三井、三菱、住友、安田、富士等 83 家公司的控股公司（其所属子公司 4500 家）把各种证券和凭证交给控股公司整理委员会。1947 年 3 月，指定三井、三菱、住友、安田、中岛、野村、浅野、大仓、古河、鲇川十大财阀的家族为财阀家族，把其各种证券和凭证一律收归控股公司整理委员会。结果，83 家财阀交出 155151041 股 70 多亿日元，被指名为财阀家族的三井高公、岩崎久弥、住友吉左卫、安田一等 56 人交出 10522076 股近 5 亿日元，两者共交出 165673117 股 75 亿多日元。[②]这些股票一律收归控股公司整理委员会，由该委员会公开转售处理。

财阀除家族关系外，还以它所拥有的股份来控制企业。据统计，三井总公司资本为 5 亿日元，其中三井家族所持有的股份是 6386400 股，其他的是 3613600 股。三井财阀有 68 家子公司，对其投资为 8.3 亿日元。[③]三菱总公司资本为 2.4 亿日元，其中岩崎家族持有 2296680 股，其他的是 2503320 股。它有 28 家子公司，对其投资 5.5 亿日元。[④]财阀交出并转售这些股票后，他们占有一半左右股票的总公司被解体，对子公司的统辖关系也被切断，金

① 东京大学社会科学研究所编：《战后改革——经济》第 7 卷，东京大学出版会 1974 年版，第 67 页。

② 有泽广已、稻叶秀三：《战后二十年史资料——经济》第 2 卷，日本评论社 1970 年版，第 105 页。

③ 楫西光速等：《日本资本主义的发展》，东京大学出版会 1953 年版，第 457 页。

④ 楫西光速等：《日本资本主义的发展》，东京大学出版会 1953 年版，第 457 页。

字塔形的控股主从关系也完全瓦解。其后，财阀家族一律退出财界，财界的 1800 名领导人相继被整肃。

2. 第二阶段

为防止日本垄断资本重新复活，美国政府于 1947 年 1 月 22 日拟定《关于日本经济力量过度集中的政策》，远东委员会也制定《FEC—230 号》文件，计划分割日本 1200 个大企业和大银行，切断银行和财阀的关系，驱逐财阀头头。[1]根据这些文件，日本政府于 1947 年 4 月发布了《关于禁止垄断和保证公平交易的法律》（简称《禁止垄断法》），限制私人垄断和不正当的交易，禁止不公平的竞争方法，防止和控制实业的力量过分集中，促进公平而自由的竞争。12 月 18 日又发布了《经济力量过度集中排除法》（简称《集排法》）。该法令主要排除托拉斯的重新复活。根据此法，325 家公司被指定为经济力量过度集中的企业，其资本有 200 多亿，占全国股份公司总资本的 66%。

解散财阀的工作，尤其是第二阶段的工作执行得不彻底。美国既想铲除日本军国主义的经济基础，又想在其全球战略中利用日本的经济力量，这是矛盾的。当时，"盟总"的禁止产业集中科的科员们常说，"我们不能破坏我们最好的同盟者"。[2]因此给这个科起了"财阀保存科"的绰号。[3]"盟总"的产业金融科科长洛克更为露骨地说："如果粉碎日本财阀，就等于消灭我们在日本的投资对象……所以我们应当停止那种损害自己利益的行动。我们需要一个强有力的日本，因为我们在不久的将来必须和俄国对立，那时就需要有日本这样的同盟国。[4]因此，自 1948 年秋天起，美国改变对日政策，修改了两个法令，放宽了对日经济限制。

---

① 秦郁彦、袖井林二郎：《日本占领秘史》下卷，朝日新闻社 1977 年版，第 77 页。
② 秦郁彦、袖井林二郎：《日本占领秘史》下卷，第 74 页。
③ 井上清等：《战后日本》，世界知识社 1955 年版，第 78 页。
④ 井上清等：《战后日本》，世界知识社 1955 年版，第 78 页。

3. 解散财阀的意义

解散财阀虽然执行得不彻底，但对日本的经济发展产生了积极的影响。家族的、保守的财阀家族退出财界，具有实际经营能力的中上层管理人员登上财界的领导岗位。他们不拥有或者拥有少量的股票。这样，资本和经营结成一体的体制变成资本与经营相对分离的新体制。这一变革，在日本称之为"经营者革命"，它对改善日本的经营管理起了良好的作用。[①]同时，由于控股关系被切断，子公司成为独立公司，拥有独立性和灵活性，这对战后日本产业结构的变化即重化学工业的发展起了良好的作用。

解散财阀具有两重性：一方面革掉了日本垄断资本主义的血缘的、家族的封建主义因素；另一方面革掉了财阀家族以股票垄断经济的控股关系即垄断关系，并且防止垄断的重新复活。可见解散财阀且有反封建、反垄断的性质。

在解散财阀的同时，美国迫使日本赔偿盟国在战争中蒙受的损失。这既是战争赔偿又是摧毁其战争经济基础的一个措施，是非军事化政策的重要组成部分。美国关于日本赔偿的方针是：日本工业设备几乎大部分是面向战争的，除维持日本最少限度经济之外的一切工业设备，将作为实物赔偿物资，拆迁到盟国，以便达到日本武装的完全解除。[②]

1946 年 5 月 13 日拟定了对日中间赔偿（按照国际惯例，赔偿问题在媾和七条约中解决，但美国采取中间赔偿即占领时期赔偿的形式来解决日本的赔偿问题）计划。[③]根据这个计划，先后指定 1000 多个工厂为将被拆除的赔偿工厂。从 1947 年 11 月开始

---

① 饭田经夫等：《现代日本经济史》上卷，筑摩书房 1976 年版，第 48 页。
② 铃木九万监修：《日本外交史》第 26 卷，鹿岛研究所出版会 1973 年版，第 435～436 页。
③ 计划规定，凡年产超过以下限度的设备都要拆除或拆迁：铝 1.5 万吨，工作母机 2～7 万台，硫酸 350 万吨，造船 15 万吨，生铁 200 万吨，钢铁 350 万吨，火力发电 210 万吨，轧钢 270.5 万吨；陆海军兵工厂、飞机制造厂、人造石油和橡胶厂等军火军需工厂全部拆除。

拆除名古屋陆军工厂、横须贺海军工厂等 17 个工厂，将 1.9 万台工作母机和加工机械迁到中国、菲律宾、荷兰和英国等地。日本在其殖民地和占领地区的设备和资金，根据盟国的决定，一律交给有关盟国。这种赔偿，对铲除日本军国主义经济基础具有积极意义。

四、农地改革

农地改革是美国占领者为铲除军国主义经济基础而实施的一项资产阶级自上而下的土地改革。

明治维新作为资产阶级革命，应该解决农民的土地问题，但它只是实行地税改革，承认土地的私有制，建立了寄生地主土地所有制。据 1945 年 11 月的统计，日本耕地有 508.5 万多町步（每町步约合 9.918 平方米），其中地主出租的土地则有 220.9 万多町步，占耕地面积的 43.46%。[①]101.6 万多户无地或少地的农民耕种地主的租地，缴纳五至八成的高额地租，受着和封建年贡差不多的剥削。这种残酷剥削不仅使农民过着饥寒交迫的生活，而且使农民无法进行扩大再生产，严重阻碍农业生产的发展。同时农民的消费水平低，国内市场狭小，使日本军国主义向外扩张的欲望更加强烈。要铲除军国主义势力，必须革除寄生地主土地所有制。

1. 第一次农地改革法

由于战争对农业的破坏，战后爆发了空前的粮食危机。在这种情况下，币原内阁抢在美国之前，于 1945 年 10 月 13 日主动提出《第一次农地改革纲要》，准备进行农地改革。该纲要规定，限制地主拥有土地在 3 町步以内，超过的应出售给佃农。这个方案遭到众议院中保守势力的反对，没有通过。结果双方妥协，于 18 日通过了《农地调整法修改案》。这个方案规定，农地改革的对象

---

① 农地改革记录委员会编：《农地改革颠末概要》，农政调查会 1957 年版，第 600 页。

是不在村地主的土地及在村地主超过 5 町步以上的土地。还规定
土地转移是有偿的，而且不经国家之手，由地主和佃农直接交涉。
这一方案是很不彻底的。根据该方案，只有出租地的 37.5%成为
改革的对象，地主依然拥有 160 万町步的出租地。[①]

　　"盟总"对此方案表示不满，要求日本政府在 1946 年 3 月 15
日以前提出新的改革计划。但币原内阁依然坚持第一次改革方案，
只是把 5 町步的限制改为 3 町步。

　　美国认为，日本政府不可能制定使人满意的改革方案。把农
地改革问题提交对日理事会讨论。英国在 6 月 12 日的理事会上提
出一方案，美国代表表示同意，并以此为蓝本，于 6 月 17 日发表
了"农地改革的第二次劝告"。该劝告规定，"拥有出租地的限度，
在内地平均为 1 町步，北海道为 4 町步"，"强制征购限度以上的
土地"；把实物地租改为货币地租；地租率水田为 25%，旱田为
15%，限日本政府于两年内完成。[②]

　　2. 第二次农地改革法

　　1946 年 5 月 22 日成立的第一届青田茂内阁。按照美国的第
二次劝告，立即起草第二次农地改革法草案，并经"盟总"批准，
于 1946 年 11 月 21 日公布。

　　第二次农地改革法由《建立自耕农特别措施法》和《农地调
整法》组成。该法规定：一、由国家征购下列土地：不在村地主
的全部出租土地；在村地主的 1 町步（北海道 4 町步）以上的出
租地；虽系自耕地但农地委员会认为不宜经营的 3 町步（北海道
12 町步）以上的土地；自耕地和出租地超过 3 町步（北海道 12
町步）以上的市町村居住者的土地；虽不是耕地但经营上所需的
房地、草地、未开垦地。二、征购的土地将由国家卖给佃农。三、

---

　　① 东京大学社会科学研究所战后改革研究会编：《战后改革——农地改革》第 6 卷，
东京大学出版会 1975 年版，第 17 页。
　　② 有泽广巳、稻叶秀三：《战后二十年史资料——经济》第 2 卷，第 123 页。

成立由地主 3 人、自耕农 2 人、佃农 5 人组成的市町村农地委员会。四、残存出租地的地租改为货币地租，地租率水田在 25%以下，旱地在 15%以下。[①]

第二次农地改革法，和第一次农地改革法相比较，具有如下特点：一、地主保留的出租地从 5 町步减至 1 町步。二、征购 3 町步以上的自耕地。三、土地的转移不是通过地主和佃农间的私人交涉和买卖，而是通过国家。四、调整农地委员会中地主和自耕农的比例，佃农占一半。五、改革期限由五年改为二年。可见，第二次农地改革法比第一次农地改革法有了进步的发展。

3. 农地改革的实施

根据第二次农地改革法，从 1947 年 3 月至 1950 年 7 月分 16 批征购了地主的土地。据统计，截至 1950 年 7 月，日本政府征购不在村地主的土地 629756.1 町步，在村地主的土地 791409.9 町步，寺院、教会和神社的土地 70829 町步。加上自耕地和其他土地，共征购 1741954.6 町步。[②]

农地改革虽然是资产阶级的土地改革，但还是触及了寄生地主阶级的利益，因此遭到他们的抵制和反对。他们叫嚷"农地改革侵犯了宪法上所保障的财产权，所以是违反宪法的"[③]，并强行夺回成为改革对象的租地。截至 1947 年 5 月，这种事件竟发生了 50 万次。[④]不仅如此，他们还以高价出售租地，或者征收黑市地租。更有甚者，组织地主团体行使暴力，公然违反农地改革法。截至 1948 年 6 月，此类事件发生 11700 多起。

以贫农为主体的广大农民对地主的猖狂反扑进行了反击。

① 东京大学社会科学研究所战后改革研究会编：《战后改革——农地改革》第 6 卷，第 184 页。

② 有泽广巳、稻叶秀三：《战后二十年史资料——经济》第 2 卷，第 127 页。

③ 井上清、深谷进：《日本农民运动史》，三联书店 1957 年版，第 201 页。

④ 东京大学社会科学研究所战后改革研究会编：《战后改革——农地改革》第 6 卷，第 270 页。

1945 年 8 月 15 日至 1947 年底，日本农民进行了反对和夺回地主强行收回租地的斗争 93500 多次，1948 年一年就进行了 3 万余次。①山形县出羽村的农民，在日共的领导和学生团体及农会的支持下，成立土地管理委员会，夺回该村大地主半泽强行收回的 23 户佃农的租地。长野县盐尻村农民成立土地管理委员会，把全部租地置于农民的管理之下，不经管理委员会的同意，不得动用任何土地。日本农民还为"解放"未列为农地改革对象的山林进行了斗争。如茨城县要村农民在常东农会的领导下，向当地最大的山林地主提出"解放"60 万町步山林的要求，并进行了顽强的斗争，迫使山林地主放出部分山林。

4. 农地改革的意义

实行农地改革的结果是，日本农村的土地制度和阶级关系发生了很大变化。在农地改革中，176 万户地主的土地被征购，475 万户佃农或半佃农买到土地。②出租地从 1941 年的 268 万町步锐减至 66 万多町步，仅占总耕地面积的 10%强。③与此相反，自耕地大幅度增加。1941 年自耕地为 312.5 万多町步，1950 年增至 551.4 万多町步，增加 238.9 万多町步，占总耕地的 88%。④

随着土地所有制的变化，农村阶级关系也发生了新的变化。不在村地主完全被消灭，一些在村地主变成小土地出租者。佃农从 1941 年的 151.6 万多户减至 1950 年的 31.2 万多户，减少了 120.4 万多户。佃农兼自耕农同时期从 109.2 万多户减至 41 万多户，减少了 68.2 万多户。自耕农同时期从 149 万多户增至 382.1 万多户，增加了 233.1 万多户。自耕农兼佃农同时期从 112.2 万多户增至

① 东京大学社会科学研究所战后改革研究会编：《战后改革——农地改革》第 6 卷，第 74 页。

② 东京大学社会科学研究所战后改革研究会编：《战后改革——农地改革》第 6 卷，第 66 页。

③ 东京大学社会科学研究所战后改革研究会编：《战后改革——农地改革》第 6 卷，第 658~659 页。

④ 农地改革记录委员会编：《农地改革颠末概要》，第 658~659 页。

159 万多户。①从这些数字可以看出，自耕农显著增长。自耕农和以自耕为主、佃耕为辅的农户加在一起共有 541.1 万多户，占农户总数的 87%。佃农和以佃耕为主、自耕为辅的农户共有 22.2 万多户，只占 13%。农地改革后一个时期，自耕农继续增加，佃农继续减少。日本农村基本上小农化了。

日本的农地改革是资产阶级民主改革。它不是用暴力消灭寄生地主土地所有制的土地革命，而是自上而下的资产阶级土地改革。改革废除了农村中半封建的生产关系，解放了生产力，促进了日本农业生产的发展。日本农业于 1950 年恢复到战前水平。改革后的十年里，农业产量增长 60%，同时为日本工业的发展提供了劳动力。农业机械化和农民消费水平的提高，也为工业产品提供了广阔的市场。

五、战后改革的性质

战后改革在日本历史上是一次划时代的改革。这次改革是反封建、反军国主义、反法西斯的资产阶级民主改革。在政治、经济、思想文化领域内革除了封建主义、军国主义和法西斯主义，使军事的封建的法西斯帝国主义国家日本变成资产阶级民主国家。日本的历史从法西斯军国主义阶段跨入资产阶级民主阶段。这是日本资本主义发展史上的一个里程碑。日本的一些史学家认为，战后日本是在战后改革的基础上建立起来的，因此把战后改革划为日本现代史的起点。

战后改革是资产阶级民主革命，理应由资产阶级民主主义者来领导，并由他们来完成。明治维新后，日本的资产阶级民主主义者曾经开展过自由民权运动和大正民主运动，力图改革日本的政治制度。这种努力虽然直接或间接地推动了日本社会的发展，

---

① 农地改革记录委员会编：《农地改革颠末概要》，第 646、656 页。

但未能完成这一历史使命。20 世纪 20 年代起，日本共产党把实现资产阶级民主作为最低纲领，为实现资产阶级民主革命进行了可歌可泣的斗争。但是由于专制主义和法西斯主义的镇压，也未能完成这一历史使命。这就说明，在日本应该完成这一革命的资产阶级民主主义者和无产阶级，尚未成长到完成这一改革或者革命的程度。但历史是按照它自身发展的规律在前进。战败后，铲除封建的、法西斯军国主义的任务已经成为日本的当务之急。由谁来推动这一历史进程呢？

这一推动力，首先是反法西斯盟国。反法西斯盟国对日战争的胜利，为实现战后改革创造了条件。如果没有这一胜利，战后改革是不可能实现的。这是战后改革的历史前提。从这种意义上来说，战后改革是反法西斯战争胜利的直接产物，是由反法西斯盟国来推动的。可是日本不像德国那样被分割占领，而是主要由美国占领。因此，美国掌握了对日军事占领的主导权，主要由美国及其占领军以"盟总"的名义推动这次改革。其他反法西斯盟国虽然没有直接参加"盟总"，但通过远东委员会和对日理事会，对战后改革也起了一定的推动作用。

战后改革并不是美军及反法西斯盟国强加给日本的。如果说强加的话，那是在日本政府不接受时才施加了一定的压力。从日本社会发展的进程来说，是符合日本社会发展的客观规律的。改革前，日本社会内部就围绕上述改革的内容发生过一些量变。盟国从外部猛促了这一量变的进程。如果美国占领军和反法西斯盟国违背这一客观规律而硬把改革强加于日本，那么军事占领结束后，即外部压力消失时，日本社会自然地又会回到旧的社会体制中。但是事过四十余年后的今天，日本仍然保留和发展了战后改革的成果，并取得了经济的高速发展。这说明如果没有战后改革，日本是不可能实现这种高速发展的。

战后改革，只有美军和反法西斯盟国的推动，而没有广大日

本人民的斗争也是不可能实现的。美国占领军也认为，占领政策的成功必须依靠劳动群众——"工人和其他各阶级（地位）的提高是将来防止军国主义复活和侵略的最好的保证之一。"①——因此，鼓励工人、农民成立工会和农会，同时释放了包括日本共产党领导人在内的一切政治犯。工农和广大群众的斗争推动了战后改革。

战后改革是美国对日占领政策的主要组成部分，也是反法西斯盟国对日占领政策的重要内容。美国的战后初期对日政策具有两重性，一方面美国作为反法西斯盟国的成员，反映了《波茨坦公告》所规定的反法西斯盟国要铲除日本法西斯军国主义，将日本变成和平民主国家的共同愿望；另一方面美国作为帝国主义，从它自身的利益和目的出发，更想消灭在太平洋和亚洲大陆上的劲敌日本帝国主义。这两重性和太平洋战争的性质是一致的。太平洋战争，一面是反对日本法西斯的战争，一面是日美帝国主义争夺太平洋及亚洲大陆的战争。这两者之间虽然有截然不同的性质，但在短暂的历史时期内，在铲除日本帝国主义这一点上是一致的。美国之所以在占领初期基本上执行《波茨坦公告》所规定的政策，是因为执行《波茨坦公告》对它有益无害，既可标榜它是在执行《波茨坦公告》，又可达到消灭劲敌日本帝国主义的目的。

可是，在实现反法西斯盟国对日占领政策的基本目标的过程中，美国却追求其帝国主义目的，推行冷战政策和全球战略。为此，当形势向不利于帝国主义的方向发展时，美国便逐渐转变对日的占领政策，企图把日本变成反对社会主义中国、朝鲜、苏联及亚洲民族解放运动的"堡垒"和"远东工厂"。从这一转变中可以看出，美国在执行占领政策的过程中带有帝国主义战略野心。而这也揭示了美国对日占领政策的本质。

---

① 末川博：《战后二十年史资料——法律》第3卷，第270页。

第四节　新政治体制的建立与重建经济的努力

一、革新与保守政党的涌现

1945 年 10 月 4 日，"盟总"发布了《关于废除对政治、民事、宗教限制的备忘录》，在废除法西斯军国主义对日本政治、政党、公民、宗教等的种种限制的同时，保障了日本国民的出版、结社、宗教信仰的自由。在此种情况下，日本的革新势力和保守势力竞相成立和重建自己的政党，准备登上政治舞台。[①]

1. 日本共产党

美国在推行占领政策时，首先遇到的是一直反战、反军国主义的日本共产党。1944 年 11 月，美国驻华大使赫尔利以罗斯福私人代表的身份到延安的时候，其随员埃默森会见在延安的日共领导人野坂参三，听取他对战后日本的构想。[②]战后，"盟总"官员在释放日共领导人之前，前往监狱见德田球一，询问他们出狱后的活动方针。

1945 年 10 月 10 日，关押 18 年的德田球一等相继被释放。他们一出狱门便发表《告人民书》，号召人民打倒天皇制，建立人民共和国的国家。

日本共产党人于 12 月 1 日召开党的第四次代表大会，重建党组织。1946 年 2 月 24 日召开第五次代表大会，发表《大会宣言》，修订第四次大会制定的《行动纲领》和党章。两次代表大会上，德田球一被选为党的总书记。

此时，日共虽然提出"打倒天皇制""建立人民共和国政府"

[①] 1940 年建立翼赞体制时，日本的政党都被解散。
[②] 坂本义和、R.E. 沃德：《日本占领的研究》，东京大学出版会 1987 年版，第 245～250 页。

的革命任务，但在其《行动纲领》中所提出的铲除日本法西斯军
国主义的政策与美国占领军的对日政策大体相同。在铲除法西斯
军国主义问题上，日共与美国一致；但在占领和被占领、改革与
被改革的问题上日共则与美国的立场不同，日共认为，"从专制
主义及军国主义中解放世界的盟国军队对日本的进驻，是日本民
主主义革命的开端"①。甚至认为美国占领军是"解放军""民主
势力的朋友"。②此种看法只是看到美国对日占领政策的一个侧
面，而没有看到另一个侧面。日本资本主义民主制度的建立，对
日本人民，特别对日共来说，比法西斯军国主义的恐怖统治固然
要好。但日共要建立人民民主的共和国家，因此和美国及其占领
军之间，既有共同一致的一面，又有矛盾对立的一面。而且随着
改革的进展和美苏冷战的开始，一致的一面逐渐消逝，阶级矛盾
逐渐激化。与此相反，美国及其占领军与日本统治阶级之间，虽
然在占领与被占领、改革与被改革之间有矛盾和摩擦，但两者同
属于资产阶级，对待日共方面有共同的一面。因此，从1948年开
始，美国占领军策动日本政府镇压日共和它所领导的民众运动。
可是日共的一些领导人对此缺乏应有的认识，影响了战后蓬勃兴
起的民众运动。

2. 日本社会党

日本社会党是由 1940 年前后被解散的无产政党重新结合而
成的。1945 年 9 月，战前属于无产政党的西尾末广、平野力三等
着手筹建社会民主主义的政党。9 月 22 日，他们在东京召开社会
主义政党筹备恳谈会，选出筹备委员会。该委员会主要由社会民
众党的片山哲、松冈驹吉、西尾末广和日本无产党的加藤勘十、
铃木茂三郎、黑田寿男以及日本劳农党的杉山元治郎、河上丈太
郎、浅沼稻次郎，加上水平社的松本治一郎等组成。其中属于社

---

① 日本共产党中央委员会编：《日本共产党纲领集》，日本共产党中央委员会出版部
1964 年版，第 71 页。
② 朝尾直弘等：《岩波讲座日本历史》第 22 卷，第 153～154 页。

会民众党的西尾末广、水谷三郎、平野力三等掌握实权，因为这些人一直没有参加大政翼赞会，坚持反战、反法西斯、反东条的态度，政治立场较强硬。

筹备委员会每周开一次会，讨论党的名称、性质和任务，最后决定党的名称为日本社会党，1945 年 11 月 2 日在东京召开成立大会，选片山哲为书记长，制定了党的纲领。纲领指出：一、我党作为勤劳阶层的组织，确保国民的政治自由，以期建立民主主义体制。二、我党排除资本主义，坚决实行社会主义，以期国民生活的安定和提高。三、我党反对一切军国主义思想及行动，以期实现世界各国人民合作的持久和平。[①]该党自称社会主义政党，但它所信奉的不是科学社会主义，而是社会民主主义，在战后日本政治格局中处于左右翼政党之间。

日本社会党主张民主政治，反对法西斯军国主义，其政策与美国的占领政策也有相同之处。"盟总"认为，日本社会党是自由主义政党，是战后日本民主政治的主要推动者。因此积极支持该党的成立，对它抱有很大希望。[②]

日本社会党成立之后，日本共产党曾多次建议成立两党的统一战线，但被社会党以种种理由拒绝。尽管如此，日本社会党有时也和日共合作，在战后蓬勃兴起的民主运动中起了一定的作用。

3. 自由党

自由党是战后第一个成立的保守政党。该党的发起人是鸠山一郎。鸠山战前属于政友会，1940 年建立翼赞体制时他拒绝参加大政翼赞会，组织同交会，对法西斯体制持批判的态度。因此，当曾风靡一时的法西斯政治体制崩溃的时候，鸠山先出来，纠合曾批判翼赞体制的评论家、新闻界和学界的美浓部达吉、石桥湛山、石井光次郎等人于 1945 年 11 月 9 日成立了自由党。该党纲

[①]《社会党》编辑部编：《日本社会党三十年》第 1 卷，日本社会党中央本部机关报局 1975 年版，第 39 页。
[②] 坂本义和、R. E. 沃德：《日本占领的研究》，第 257 页。

领提出：实现《波茨坦公告》，根除军国主义要素；维护国体，建立民主的政治体制；提倡学术、艺术、教育、宗教的自由；促进自由的经济活动，充实国民经济；提倡政治道德与社会道德；尊重人权，提高妇女地位。[1]

从自由党的组成和纲领来看，该党具有反对法西斯军国主义体制和提倡民主主义的色彩。但随着党的扩大与旧政友会的久原房之助派也加入该党，旧政友会的色彩越来越浓厚了。自由党在众议院中占有 36 个席位。

4. 进步党

进步党是 1945 年 11 月 16 日成立的。它是同年 3 月由翼赞议会的议员组成的大日本政治会和翼赞壮年团的战后版。这两个团体在战争时期积极推行法西斯军国主义，所以先后都被解散。但其成员不甘心，依然想在战后的日本政治舞台中占一席之地。他们改头换面，筹建新党，将近卫文麿和宇垣一成作为该党总裁的候选人，但内部意见存在分歧。因此在未能选出总裁的情况下急忙成立了进步党。成立后选旧民政党总裁町田忠治为总裁。

进步党在纲领中没有提及实施《波茨坦公告》和根除军国主义等问题，笼统地提了建立以议会为中心的责任政治。由此可见该党的性质。然而，进步党继承了由翼赞议会的议员组成的大日本政治会的衣钵，在众议院中占有了 273 席。

5. 国民协同党

国民协同党是 1945 年 12 月 18 日成立的。它与自由党、进步党不同，同战前的旧政党没有直接关系，但其成员与翼赞议会的议员有关系。议会是以隶属于政党的议员为中心开展活动的。没有参加自由党和进步党的议员在 1945 年 11 月 26 日召开第 89 届临时国会时，就成立了无党派俱乐部。参加该俱乐部的有未曾参加过大日本政治会的护国同志会、翼壮同志会的议员。但该俱

① 粟屋宪太郎编：《资料日本现代史》第 3 卷，大月书店 1982 年版，第 422 页。

乐部即将建立新党时，在 1942 年翼赞选举中被推荐当议员的都被驱逐。这对该党的成立是个大冲击。在此种情况下，以船田中、黑泽西藏作为照料人代表，成立了无党首的国民协同党。该党在纲领中提出了维护皇统，建立以议会为中心的民主主义政治，并标榜协同主义。可见该党是挂着民主主义招牌的保守党。

成立政党的目的之一是在议会中占据席位。美国占领军在实施占领政策时，没有强行解散 1942 年翼赞选举中产生的翼赞议会。战后初期，这一议会和议员照旧开临时国会，行使立法相关的职能。但这种议会已失去了存在的意义。1945 年 12 月 17 日新的众议院选举法在国会通过后，翌日币原内阁宣布解散这一旧国会，准备在一个月内举行新众议院的选举。但"盟总"不同意急忙举行大选，因为新成立的保守政党的成员不纯，曾鼓吹战争和推行法西斯军国主义的大日本政治会、大政翼赞会、超国家主义的右翼团体的骨干分子混入了这些政党。要建立新的资产阶级民主主义的议会，先要整顿政党。

1946 年 1 月 4 日，"盟总"指令币原内阁驱逐军国主义分子和超国家主义右翼团体的骨干分子，不许他们任公职，并指令 1942 年翼赞选举中被推荐当议员的不得当新的候选人。1 月 7 日，"盟总"又指令调查现有政党的历史、纲领、组织、干部及国会议员情况。这一措施猛烈地冲击了党员不纯的保守政党。其结果，进步党原议员 274 人中有 260 人，自由党的 43 名议员中有 30 人先后被清洗。这就为战后第一次众议院选举作了政治准备。

二、第一次吉田内阁（1946.5.22～1947.5.20）

"盟总"下令驱逐法西斯军国主义骨干分子后，1946 年 1 月 12 日指示，3 月 15 日后可以举行众议院选举。为迎接战后第一次选举，各政党重新调整党员，推荐其候选人。此时，大小 363 个政党共提出 2782 名候选人，其中 2638 名是没有任过议员的新人。

4月10日，战后第一次众议院选举举行。选举结果，在466席议席中，自由党139席，进步党93席，社会党92席，协同党14席，共产党5席，其他各党派38席，无党派83席，暂缺2席。在464名议员中，没有任过议员的新议员有375人，占81%；任过的有89人，仅占19%。在此次选举中，38名妇女第一次当选为议员，这在日本议会史上是破天荒的第一次，表明妇女开始走上政治舞台。

经过驱逐和选举，日本的政党和议会初步得以改造。下一步便是以新议会为基础成立新内阁。要成立新内阁，先要推翻币原的官僚内阁。4月7日，即举行选举之前就已经掀起了推翻币原内阁的运动。选举以后，自由党、社会党、协同党和共产党等四党于4月19日成立打倒币原内阁共同委员会，向币原首相提交要求他辞职的决议，并准备于24日召开规模更大的倒阁国民大会。这就迫使币原内阁于4月22日倒台。

1. 第一次吉田内阁的成立

币原内阁倒台后，为夺取下届内阁首相和各大臣的席位，各党派进行了激烈的斗争，使新内阁一时难产，出现了战后史上长达一个月的政治空白时期，即无内阁的时期。

关于下届首相的人选，美国占领军认为自由党总裁吉田茂是理想的人。吉田茂战前任外交官，主张与英美等列强协调，反对缔结三国同盟，反对与美英开战。战争期间策划推翻东条英机的军人独裁政权，策动近卫文麿向天皇呈递主张停战媾和的奏文，因此1945年4月吉田茂被宪兵队拘留了45天。这段经历，使吉田茂成为战前反军反战的英雄，也成为其战后执掌国政的资本。5月16日，天皇遵照美国占领军的旨意，指名吉田茂组阁。

当吉田要联合进步党组织新内阁时，粮食危机加深，要求解决粮食问题的民众运动高涨。5月19日，东京25万群众在人民广场（宫城广场）举行了突破粮食危机国民大会（也称为粮食五

一节）。大会通过决议，要求"人民管理一切粮食"，"坚决反对保守反动内阁"，要求吉田茂放弃组阁，"建立以共产党、社会党为中心，以工会、农会、民主团体为基础的"，能够保证粮食、工作和土地的民主政府。[1]会后，示威游行的群众包围吉田官邸，并派代表要见吉田，吉田不敢接见。吉田组阁即将流产。于是美军出动战车，驱散包围吉田官邸的群众。翌日晨，麦克阿瑟发表了《警告暴民聚众示威和骚扰的声明》。

5月22日，吉田茂趁机成立了第一届吉田内阁。后来他回忆说："我的第一届内阁，由于共产主义者所领导的暴徒的实力斗争，遭到了阻碍。我的内阁是在红旗的包围和革命歌声中组建的。"[2]

2. 第一次吉田内阁的施政

吉田内阁上台后，政治上的首要任务是按照日本国内的法律程序审议和通过币原内阁时期与"盟总"一起起草的《日本国宪法草案》这一新宪法草案，分别于1946年6月8日在枢密院、10月6日在贵族院、10月7日在众议院通过。[3]经过这些审议手续，吉田内阁于11月3日公布了新的《日本国宪法》。接着吉田内阁根据新宪法的有关规定，制定了一系列与之相称的法律。

一、按照新宪法第一章天皇的有关条款，修改了规定皇位继承、摄政、皇室经费的《皇室典范》和《皇室经济法》。皇室财产归国有；把过去的皇族会议改为皇室会议，议会两院议长、最高法院院长、内阁首相等成为其成员。这样，天皇和皇室适应了新宪法的有关规定，战前的天皇制也得以改革。

二、按照新宪法第五章内阁的有关规定，吉田内阁规定了《内阁法》，并于1947年1月16日公布。

---

① 大河内一男：《战后二十年史资料——劳动》第4卷，日本评论社1971年版，第20页。

② 吉田茂：《十年回忆》第2卷，新潮社1958年版，第264页。

③ 此时旧宪法尚存，战前的枢密院、贵族院等作为立法机关依然行使其职权。

三、废除旧的《议院法》，制定新的《国会法》。1947年2月24日公布《参议院选举法》，解散贵族院和枢密院。3月31日公布修改后的《众议院选举法》，解散按旧宪法组成的帝国议会即众议院。4月30日，按照新宪法第四章国会的有关规定，制定了《国会法》，为新的议会体制和议会政治奠定了法律基础。

四、按照新宪法第六章司法的有关规定，制定了《法院法》，并于4月16日公布。

五、按照新宪法第八章地方自治的规定，制定了《地方自治法》，并于4月17日公布。

以上这些法律的制定，为建立行政、立法、司法三权分立的政治体制作好了法律上的准备。

在经济政策方面，如前所述，吉田内阁于1946年10月21日公布第二次农地改革法，施行农地改革。

日本经济在战争中遭到空前的破坏，加上占领军的非军事化政策，日本经济受到种种限制。出路何在？围绕重建日本经济的途径，日本国内议论纷纷。一些人认为，日本不可能重建工业化的国家，主张建立荷兰式的"东洋荷兰"国家，即农业国家。一些人则主张，建立瑞士那样的"东洋瑞士"国家，即农业和精密机械工业相结合的国家。有人主张"外向型经济"，有人则主张"内向型经济"等等，莫衷一是。

吉田茂内阁成立由著名的经济学家组成的顾问委员会，听取他们对复兴日本经济的意见。根据他们的意见，1946年12月27日制定了"倾斜生产方式"，即优先发展煤炭、钢铁、化肥、海陆运输等产业，其中把煤炭和钢铁定为超倾斜。当时复兴日本经济的最大难题是能源不足。日本自给的能源是煤炭和水力，但水力资源有限。增产煤炭是解决能源的重要途径，所以吉田内阁把顾问委员会改为煤炭委员会，重点研究煤炭增产计划。吉田把煤炭增产作为突破口，将增产的煤炭优先供应钢铁工业，生产的钢铁

又优先供应煤炭工业。

与此同时，吉田内阁争取"盟总"允许日本进口能源。在盟总的允许下，日本进口了石油、炼焦煤和沥青煤。对与外界割断联系的日本来说，这些进口物资是宝贵的。吉田内阁把这些物资优先投入钢铁工业，然后将生产出来的钢铁供给煤炭工业。

在金融政策方面，吉田内阁于 1946 年 10 月 8 日制定《复兴金融金库法》。1947 年 1 月开始把复兴金融金库[①]的贷款优先拨给煤炭和钢铁工业，保证超倾斜产业的资金来源。

在价格政策方面，吉田内阁采取差价补贴制。如生产的煤，以比生产价格低的销售价格卖给钢铁、电力、化肥、铁路部门；将生产的钢铁，以比生产价格低的销售价格卖给煤炭部门，其差价由政府利用复兴金融金库的贷款来补贴。

吉田内阁的"倾斜生产方式"，从物资、资金、价格等方面，重点扶持了倾斜产业，以此带动整个国民经济的运行。这是富有远见的经济政策，其后的历届内阁都继承和发展了这一政策。

吉田内阁的这一经济政策虽然富有远见，但不能立竿见影，且不能解决广大职工和民众的急需。同时"倾斜生产方式"是一时牺牲广大职工和民众的利益，扶助垄断资本的政策，必然引起职工和民众的反对。但复兴经济需要安全的社会秩序，为此吉田内阁压制了职工和民众运动。这更加激化了吉田内阁与广大人民群众的对立和矛盾。

三、片山内阁（1947.5.24～1948.2.10）

1. 片山内阁的成立

在民众运动冲击吉田内阁的形势下（详见下述本章第五节

---

　　① 这种金库是政府出资的特权金融机关，其财源之一是政治投资，大部分是日本银行债券投资。日本银行是以纸币的发行来承担这一债券的。因此这种复兴金融金库反过来又加速了日本的通货膨胀。

《民众运动》），议会中的各在野党议员也联合起来，迫使吉田内阁下台。在内外夹击下，吉田茂联络在野党，改组内阁，企图渡过难关。但这一联络工作遭到了在野党的拒绝。[①]"盟总"认为，吉田内阁继续维持局势确有困难，而且这种保守党内阁不容易适应实施新宪法后的新局面。1947 年 2 月 7 日，麦克阿瑟致函吉田茂，为迎接新宪法的实施，要求尽快解散议会，举行选举。这是更换吉田内阁的一种手段。

麦克阿瑟和"盟总"认为，日本社会党是推进战后改革的推动者，对它抱有很大希望。[②]日本的民众也开展活动反对吉田的保守党内阁，要求建立革新势力的民主政府。日本垄断资本家也认为，在这次选举中走中间道路的政党可能会获得发展。言外之意就是不左不右的社会党将组织新内阁。

在这种形势下，社会党也提出迎合各方要求的竞选口号。该党委员长片山哲撰写《民众的幸福》一书，宣扬社会民主主义。

4 月 20 日，先举行了第一次参议院选举。该院议席为 250 席。选举结果，自由党 40 席，社会党 46 席，民主党 30 席，协同党 9 席，共产党 5 席，其他党派 10 席，无党派 110 席。作为党派，社会党占了第一位。经过这次选举，根据新宪法成立的参议院替代战前的贵族院。这在日本议会史上是个大改革。

接着，4 月 25 日举行了新宪法体制下的第一次众议院选举。选举结果，社会党由选举前的 93 席增至 143 席；自由党 131 席，比选举前减少 10 个议席；民主党也从 145 席减至 124 席；共产党 4 席；协同党 31 席；诸党派 30 席；无党派 13 席，共计 476 席。经过这次选举，新宪法下的众议院替代旧宪法下的众议院，由众议院指名内阁总理大臣，结束了由天皇指名的时代。

社会党虽然成为议会第一大党，但议员总数尚不足议席的三

---

① 木下威：《片山内阁史论》，法律文化社 1982 年版，第 47～65 页。
② 坂本义和、R.E.沃德：《日本占领的研究》，第 257 页。

分之一，单独执政有困难。社会党想联合自由党、民主党、协同党组阁，但自由党拒绝参加。于是联合民主党、协同党成立三党联合内阁。这一联合内阁，史称社会党内阁。

2. 片山内阁的施政

片山内阁在执政 8 个月中，做了如下几方面的工作。

片山内阁面临的最大问题是恢复日本经济问题。片山内阁继承吉田内阁时期的"倾斜生产方式"，采取了如下措施：

一、抓住左右日本经济命脉的煤炭和钢铁工业，在资金和原材料方面优先照顾这两个工业。二、为了优先发展煤炭和钢铁工业，继续执行吉田内阁的差价补贴制。三、为了提高煤炭生产，片山内阁的商工省和经济安定本部①于 1947 年 6 月 29 日提出《国家管理煤矿临时法纲要》②，对大煤矿实行国家管理。所谓国家管理就是在所有权不变的条件下割断资本家的煤矿总公司和煤矿之间的领导和被领导的关系，由国家直接领导和管理煤矿的生产，且工人也参加管理。社会党在竞选时声称对重要产业要实行国有化，但 10 月 8 日国会几乎否定了该法的基本精神。其结果，12 月 20 日公布的《煤矿国家管理法》只是加强了国家对煤炭生产的控制。

片山内阁面临的第二个大问题是工资与物价的恶性循环。战后由于通货膨胀和物资奇缺致使物价飞涨，广大职工要求提高工资。工资虽然提高了一点，但物价又猛涨，工资增加远远跟不上物价的飞涨。片山内阁为切断这一恶性循环，制定工资和物价的新体制。这一体制，把职工基准工资定为 1800 元，这是战前（1934～1936）平均工资的 27.8 倍。然而物价却比工资增长得更快，如米比战前涨 45 倍，一般物价涨 65 倍。这就是说，职工的实际工资比战前降低了好几倍，仅靠 1800 元工资就得饿死。但片

---

① 经济安定本部于 1946 年 8 月 12 日成立，负责制定经济计划和经济政策。
② 1950 年 5 月 20 日该纲要被废除。

山内阁一再要求群众忍受牺牲，"为克服通货膨胀，复兴产业，还要过比目前更甚的勒紧腰带的生活"[1]。

片山内阁继承吉田内阁的复兴金融金库制，继续向大企业发放作为设备资金的复兴贷款。这种贷款，配合"倾斜生产方式"，优先贷给煤炭、钢铁、电力等工业。

片山内阁开始恢复了战后一时被中断的对外贸易。1947年6月10日，"盟总"允许日本从8月15日起进行有限的民间对外贸易，并向其贷款5亿美元。这一年日本从美国、加拿大、菲律宾、马来西亚等地输入石油、铁矿石和煤。由于实行上述经济政策，1947年煤炭产量达2932万吨，比1946年增长76%，普通钢材达54.8万吨。[2]工业生产总值比1946年约增长20%。

为解决粮食危机，片山内阁于7月1日和19日先后发布解决粮食危机的紧急措施，半年内从美国进口粮食800万石。[3]加上这一年农业丰收，一时缓和了粮食危机。

片山内阁在政治上的重大使命是按照5月3日起生效的新宪法建立新的政治体制。吉田内阁时期虽然制定了各种行政、司法、立法机构的法令，但这些法令都在5月3日宪法生效后才能施行。因此，这些法令都由片山内阁来施行。

片山内阁废除内务省和司法省，成立法务厅；根据《法院法》建立最高法院，修改《刑法》和《民法》，取消对天皇的"不敬罪"；还改革警察制度，制定《警察法》；成立国家公安委员会，把中央集权的警察制度改编为属于中央的国家警察和属于地方自治体的自治体警察。这样，片山内阁建立了新的资产阶级法治体制。

为了保障新宪法所规定的国民的基本人权和增进劳动民众的福利，片山内阁1947年9月1日成立了劳动省。这在日本内阁

---

① 《社会党》编辑部编：《日本社会党三十年》第1卷，第139页。
② 楫西光速：《续日本资本主义发达史》，有斐阁1957年版，第344页。
③ 木下威：《片山内阁史论》，第265页。

史上是个创举。

片山内阁根据《地方自治法》，建立各县市的地方自治体，成立地方财政委员会和教育委员会①，打破中央集权的政权体制。

综上所述，片山内阁在复兴日本经济、建立资产阶级民主主义政治体制方面起了一定的作用。但其执行的是资产阶级政策，维护的是资产阶级利益，这必然遭到广大民众的反对。

片山内阁成立时，工会和民众曾一度对其抱有希望，期待其实现竞选时许下的诺言（如重要产业和日本银行实行国有化，充分就业，缩短劳动时间，废除大众课说等）。可是其一上台便抛弃了其在竞选中所许诺的政策，和垄断资产阶级妥协。片山哲也承认：“党的方针是党的方针，内阁是代表全体国民，不得不走妥协的道路。”②

四、芦田内阁（1948.3.10～1948.10.7）

1. 芦田内阁的成立

片山内阁牺牲工人阶级和广大民众利益，维护垄断资本的政策，引起了工人的不满和反对。全国工会联络协议会（简称“全劳联”）③召开工会代表会议，反对 1800 日元的“饥饿工资”，要求增至 2600 日元。7 月至 9 月初，参加增加工资斗争的职工达 260万人。9 月至 10 月，“日铁”“日产化学”和邮电职工也投入了这一斗争，给片山内阁冲击很大。这一冲击，加剧了社会党内部左右两派的对立。1948 年 1 月召开的社会党大会上，左派占上风，否决了片山内阁成立时社会党和民主党、协同党达成的三党政策协定，而且 2 月 5 日的众议院预算委员会上又否决了内阁所提出

---

① 设于各级地方自治体中的财务和教育行政机关。
② 片山哲：《回顾与展望》，福村出版 1969 年版，第 270～280 页。
③ “二·一大罢工”后，“共斗”“全斗”被解散，“产别会议”联合中立工会于 3 月 10 日成立了“全劳联”。这是工会的联络性机构，强调各工会的自主性。参加的有 446 万人，占日本工会会员的 80%。

的 1948 年度预算。这便造成片山内阁的危机，终致其于 2 月 10 日倒台。

片山内阁倒台后，2 月 21 日众议院在首相候选提名表决中指名片山内阁的外相、民主党总裁芦田均为下届首相。芦田均联合社会党、协同党于 3 月 10 日成立了三党联合内阁。内阁成员中，社会党 8 人，民主党 7 人，协同党 2 人。芦田均任首相，社会党右翼领袖西尾末广任副首相。

2. 芦田内阁的施政

芦田内阁成立时，国际形势发生了新的变化。美国开始推行"冷战"政策，企图把日本变为"远东工厂"和反对社会主义国家的"反共堡垒"。为此，美国急需恢复日本经济。芦田内阁遵照美国的旨意，在短暂的执政时期，执行了如下政策：

一、成立经济复兴委员会，拟定 1948 年至 1952 年的五年计划，力争五年内达到 1934 年至 1936 年的生产、生活水平。

二、为增产重要物资，把片山内阁的倾斜生产方式改为"超倾斜生产方式"。在倾斜产业中又对生产条件较好的大企业优先供应原料和资金；集中物资、金融等各方面的力量，扶助钢铁和煤炭资本中条件较好的大企业。例如，为增产钢铁，以调整价格为名，拿出国家预算的 5%，补贴五大钢铁垄断资本，向他们供应进口的低价矿石和煤炭。

三、为实现平衡预算，在预算中显著地提高税收。是年一般会计年度中，战前只占 10% 的所得税激增到 41.9%。[1]此外，又提高铁路运费 2 倍，邮费 4 倍，学费 3.5 倍。这无疑加重了群众的赋税负担。而与此相反，其却降低了垄断资本缴纳的公司税。

四、为了振兴对外贸易，向美国贷款 5 亿美元，作为进出口资金。而芦田内阁为了提高在国外市场上的竞争能力，又压低工

---

[1] 岛恭彦甘等：《新马克思经济学讲座》第 5 卷，有斐阁 1976 年版，第 183 页。

人工资，降低出口商品的成本。结果 1948 年的输出由 1946 年的 1.03 亿美元增长到 2.58 亿美元，增长了 1 倍多。[①]

片山和芦田两内阁实行"倾斜生产方式"和"超倾斜生产方式"，以此扶助垄断资本。结果，以煤炭、钢铁工业为中心的日本经济，虽未恢复到战前水平，但生产以 1948 年为起点开始复苏。1948 年生产煤 3477 万多吨，完成生产计划的 96.6%。工矿业生产指数如 1930～1934 年平均为 100，1948 年则达 64.4，其中矿业为 100.5，金属工业为 71.1，机械工业为 76.7，化学工业为 78.1，但与人民生活直接有关的轻工业发展极为缓慢，纤维工业仅达 24.2。[②]

芦田内阁的这种经济政策，是在牺牲工人和广大民众的切身利益的基础上扶助垄断资本的。因此，工人和职工继续进行了以提高工资、改善生活条件为中心的斗争。

第五节　民众运动

一、工人运动的崛起

日本帝国主义的对外侵略战争给日本工人阶级带来的是失业、饥饿、贫困、死亡和整个国民经济的严重破坏。民用工业的生产指数，如 1935～1939 年平均为 100，1945 年 8 月则降为 8.5。工厂由于生产设备的破坏和原料、动力的不足，不是停工就是倒闭。加上垄断资本家的消极怠工，整个经济停滞。资本家趁机大量解雇工人，仅在战败后的两个月中被解雇的工人就达 413 万人，占工人总数的三分之一。流浪在街头的失业大军竟达 1300 万人之多。

---

① 岛恭彦甘等：《新马克思经济学讲座》第 5 卷，第 342 页。
② 岛恭彦甘等：《新马克思经济学讲座》第 5 卷，第 183 页。

与此同时，物价猛涨。1945 年 8 月至 1946 年 3 月，东京的零售食品价格上涨 2.7 倍，燃料价格上涨 1 倍。工人的生活费指数，和 1937 年相比，1946 年 1 月东京上涨 14.8 倍，大阪上涨 22 倍。而工人的实际工资，如 1934～1936 年平均指数为 100，1945 年 12 月则为 13.1。[①]这就是说，战后工人的生活水平仅仅是战前的八分之一或七分之一。问题还不止于此，由于长期战争，农业荒芜，战争中业已严重的粮食危机，战后更加激化。由于粮食奇缺，黑市横行，1946 年 1 月大米黑市价格比公定价格高 40 倍。[②]工人和市民买不起高价粮，以红薯、糠菜充饥，饿死者不断增加。

走投无路的工人不得不起来斗争。首先点燃斗争烽火的是被抓到日本当"苦力"的朝鲜和中国的工人。他们不仅受阶级压迫，还受民族欺压。1945 年 8 月 15 日，北海道井华矿的 600 名朝鲜工人奋起暴动。10 月 8 日在夕张煤矿做苦工的 6300 名朝鲜工人举行大罢工。接着常盘、九州等地的朝鲜工人和三池煤矿的中国工人也起来进行斗争。10 月 23 日，读卖新闻社职工点燃了生产管理斗争的烈火。日本车辆公司蕨工厂和池贝汽车厂的工人也投入斗争。据不完全统计，1945 年 8 月至 12 月，日本工人阶级进行了 243 次斗争，有 16.4 万多人参加。其中总罢工有 72 次，3 万多人参加。斗争的主要内容是：反对关闭工厂，要求提高工资，实行八小时工作制，扩大民主，承认工人组织工会和集体谈判的权利等。

这一时期日本工人阶级采用了战前所没有的新的斗争方法，即生产管理斗争。读卖新闻社的职工首次进行了这种斗争。他们为反对报社右翼领导人，成立最高领导委员会，主持编辑局和工务局的工作，自行管理报社的编辑及出版发行。接着三井的美呗煤矿和京成铁路的职工也投入这一斗争。到 1946 年，生产管理斗

---

① 小岛健司：《日本的工资》，岩波书店 1960 年版，第 146 页。
② 森喜一：《续日本工人阶级状态史》，三一书房 1962 年版，第 18 页。

争进一步发展。1946 年 1 月至 6 月,生产管理斗争有 225 起,15.7
万人参加。而同时期罢工斗争只有 183 起,9.1 万人参加。[①]

生产管理斗争虽然不触及资产阶级所有制,但由于职工的管
理,生产有起色,保证了工人的经济利益和民主权利。职工通过
斗争逐渐认识到自己掌管生产的重要性,进而认识到自己是工厂
的主人。这是带有革命萌芽的斗争,如果进一步发展就会触及资
本家的所有权,夺回工厂。生产管理斗争对资本家构成新的威胁,
因此美国占领军和日本统治阶级设法镇压这一斗争。1946 年 1 月
30 日,"盟总"发表文告,表示"不赞成非法的生产管理"[②],并
指使内务、司法、商工、厚生四大臣联名发表声明[③],压制这一
斗争。资本家依仗这些文告和声明,以侵犯所有权,妨碍执行业
务为名,起诉参加生产管理斗争的领导和骨干。由于日美统治者
的镇压,生产管理斗争以 1946 年为高潮[④],其后逐渐低落,但斗
争一直延至 1949 年。

随着工人运动的兴起,曾支持侵略战争的法西斯工会——产
业报国会瓦解,新的工会犹如雨后春笋般地出现。1945 年底,成
立了 809 个工会,会员达 38 万人。

1946 年 5 月,日本工人阶级进行了庆祝五一节的斗争。1936
年"二二六"法西斯政变后,日本工人阶级被剥夺了庆祝五一节
的权利。十年后,又夺回了这一权利。这一天,全国 200 万群众
参加五一节的集会和游行。在东京,50 万群众在禁止集会的宫城
广场举行了庆祝大会,并把宫城广场改名为人民广场。大会提出
了"粉碎专制主义、封建主义、法西斯主义!""必须建立劳动者

---

① 朝尾直弘:《岩波讲座日本历史》第 22 卷,第 233 页。
② 御园生等、筱藤光行:《总评运动的形成与展开》,河出书房新社 1975 年版,第 45 页。
③ 该声明称,"在最近的劳动争议中发生了使用暴力威胁或者侵犯所有制的事","政
府对这种违法不当的行为不能置若罔闻,要断然予以处理。"(末川博:《战后二十年史资
料——劳动》第 4 卷,第 8 页。)
④ 1946 年底,生产管理斗争增至 400 起,22 万多人参加。

的人民民主政府！""加强和巩固劳动战线的统一！"等响亮口号。①会后举行了声势浩大的示威游行。

二、"产别会议"的成立与"二·一"大罢工

1946 年 5 月 22 日吉田内阁上台伊始，发布了《维护社会秩序的政府声明》，取缔工人运动。② 6 月 21 日，吉田内阁派警察镇压了持续已久的读卖新闻社的生产管理斗争。从此，战后蓬勃兴起的日本工人运动，以 5 月为高潮，进入短暂的低潮时期。

在这一时期，全国性的左右两派的工会相继成立。1946 年 6 月，各类工会约有 1.2 万个，会员达 367 万多人。它们都要求成立统一的全国性工会。在这一要求下，1946 年 8 月 1 日成立了日本工会总同盟（简称"总同盟"）。它是右翼工会，参加该工会的有 1698 个工会，会员 85.5 万多人，占全国工会会员的 20%。接着，8 月 19 日又成立了日本产业别工会会议（简称"产别会议"）。它是左派工会。其领导成员中，共产党员占 8.8%，社会党占 5%。参加该工会的有 21 个产业别工会，163 万会员，占全国工会会员的 43%。

至 9 月，一度处于低潮的工人运动又逐渐高涨起来。9 月 15 日，国营铁路工会总联合会举行大罢工，开展反解雇斗争。"产别会议"为了支持这一斗争，也于 19 日举行大罢工。这迫使铁路当局不得不撤回解雇 7.5 万名职工的计划，铁路职工的反解雇斗争取得了胜利。

9 月 10 日，海员工会举行了海员大罢工。这一天，229 艘大型船舶和 3550 艘机帆船一齐抛锚罢工。19 日西日本机船公司的 100 艘船舶也投入罢工。这样，迫使船舶经营协会撤回解雇 6 万名职工的计划。海员大罢工也取得了胜利。

---

① 御园生等、筱藤光行：《总评运动的形成与展开》，第 47 页。
② 大河内一男：《战后二十年史资料——劳动》第 4 卷，第 9 页。

在这两次大罢工胜利的鼓舞下，10 月 1 日东京芝浦工厂的职工奋起反对解雇 1 万名工人，揭开"十月攻势"的序幕。同一天，全日本煤炭工会九州支部的 33 个工会 3 万多人，帝国石油工会的 1.2 万名工人也投入了反对解雇、提高工资的斗争。斗争引起连锁反应，全日本新闻、通信、电台工会，全日本煤炭工会北海道支部所属的 43 个工会，日本电气产业工会协议会，日本无线电工会，日本印刷出版工会，日本电影话剧工会，日本钢铁产业工会，日本机械工会，日本粮食工会，日本教员工会，全日本邮电工会，全日本医疗职工工会协议会等先后投入了这一斗争的洪流。这次十月斗争来势迅猛，规模空前，声势浩大，有 56 万职工参加，其中 32 万人举行了罢工。[①]据"产别会议"对 540 个工厂的调查，在这次"十月攻势"中，201 个工厂的职工达到了提高工资的全部要求，其余工厂平均提高工资 74%。[②]

"十月攻势"是以私营企业的职工为中心的斗争。这一斗争的胜利鼓舞了国营企业和国家机关中工作的职工。战后私人企业职工通过数次斗争提高了工资，但官公厅所属职工由于政府压制未能提高。他们的工资比私人企业职工低 45%，生活困苦不堪。在忍无可忍的情况下，全国官公厅职工工会联络协议会、全国公共团体职工工会联合会、全国教员工会、全国邮电工会和国营铁路工会的 164 万职工联合起来，于 11 月 26 日成立全官公厅共同斗争委员会（简称"共斗"）。翌日，"共斗"代表 280 万官公厅职工，向吉田内阁提出十条要求。[③]可是吉田内阁拒绝了这一正当要求，激起了官公厅职工的愤怒和广大民众对他们的同情和支持。

"产别会议""总同盟"、日本工会会议和日本农会等团体，

---

① 伊井弥四部：《二·一罢工回忆》，新日本出版 1977 年版，第 22 页。
② 伊井弥四部：《二·一罢工回忆》，第 24 页。
③ 十条要求是：发放年终金，反对解雇，确立最低工资制，废除职工所得税，废除《劳动关系调整法》等。

在社会党的倡议下成立全国工会恳谈会，支持官公厅的斗争。他们于12月17日在东京举行50万人参加的大会，一致通过了打倒吉田内阁、成立民主政府的决议。这样，经济斗争和政治斗争，官公厅职工的斗争和私营企业职工的斗争汇合到一起。

1947年1月11日"共斗"又向吉田内阁提出了13条要求，仍被吉田内阁拒绝。于是"共斗"决定从2月1日零时起举行全国性的总罢工。"共斗"还联合"产别会议""总同盟"、日本工会会议等左中右三派工会，成立全国工会共同斗争委员会（简称"全斗"），准备领导"二·一"大罢工。

然而，就在这一关键时刻，美国占领军出面压制了罢工。麦克阿瑟亲自出马，发表"不许使用如此致命的社会武器"声明[1]，并强迫"共斗"主席伊井弥四郎在电台广播停止举行罢工的命令。美军把伊井押送到电台，逼迫他说，"今天，盟军司令官麦克阿瑟禁止举行2月1日总罢工"，"我现在奉盟军最高司令官的命令，通过广播向亲爱的全国职工和教员传达明天罢工被禁止"。[2]即将爆发的大罢工就这样被扼杀了。从此以后，战后蓬勃兴起的工人运动逐渐走向低潮。

三、"三月斗争"

1948年3月10日芦田内阁上台伊始，工人和职工便展开了"三月斗争"。1948年日本继续通货膨胀，这一年的货币发行量，由1947年的2191亿日元猛增至3553亿日元。通货膨胀引起物价上升。芦田内阁上台后，把官公厅职工的基本工资定为2920日元，比片山内阁的1800日元提高了60%。但同时期物价却猛涨350%，两者相较，工人实际工资下降六分之五。因此，除国营铁路工会之外的官公厅7个工会都坚决反对把基本工资定为2920日元，要

---

[1] 大河内一男：《战后二十年史资料——劳动》第4卷，第49页。
[2] 伊井弥四郎：《二·一罢工回忆》，第149～150页。

求单身职工工资为 4588 日元,有两个半人家属者应为 7853 日元,并要求延期交纳所得税,反对解雇职工。[①]这样,官公厅职工要求提高工资的"三月斗争"轰轰烈烈地开展起来。

邮电职工是这次斗争的主体,芦田内阁上台前他们就已经开始斗争,截至 3 月 19 日,累计 904 个支部 24.7 万人参加了斗争。[②]3 月 25 日,全官公厅工会联络协议会所属工会举行 20 个小时罢工。全国邮电工会所属职工也于 26 日举行区域性罢工。全国财务工会不顾美国司令部的"劝告",举行罢工或者请假斗争。教育工会所属的北海道、东京、大阪、京都、福冈等地支部也相继投入这一斗争的洪流。国营铁路工会所属的北海道、青森、新桥、国府津等工会支部,不顾国营铁路工会中央的反对,和官公厅职工一道参加了斗争。"产别会议"积极声援,电气、煤炭、机械、纤维、土木、建筑等私营企业职工也起来斗争了。

全官公厅职工联络协议会于 3 月 26 日举行扩大会议,决定在 13 个省举行 48 小时的请假罢工。全国邮电工会也决定,把全国邮电职工分成东西两部分,分别举行罢工。31 日,东西一起进行全国性罢工。此时财务工会的请假斗争还在继续,北海道各煤矿工人也举行 24 小时罢工,斗争形势犹如"二·一"大罢工的前夜。

三月斗争的浪潮猛烈冲击着上台不久的芦田内阁,使之陷入严重的政治危机。于是美军又亲自出马镇压斗争,挽救芦田内阁。美军以罢工违反占领政策为由,在东京、札幌、福冈等地逮捕斗争骨干,交由军事法庭审判。同时对邮电、财务、国营铁路部门下达罢工禁令,并指使芦田内阁拟定《官吏惩戒令》,惩罚参加三月斗争的职工。在此种形势下,官公厅职工只好暂时接受了 2920 日元的基准工资。斗争未能达到预期目的,芦田内阁度过了政治

---

① 海野辛隆等:《战后日本工人运动史》第 2 卷,三一书房 1961 年版,第 64 页。
② 古岛敏雄:《日本资本主义讲座》第 7 卷,岩波书店 1954 年版,第 81 页。

危机。

三月斗争声势浩大，规模空前，参加斗争的职工达 213.4 万人。但斗争是分散的、区域性的，未能形成全国性的统一斗争，而且仅限于提高工资的经济斗争。

至 6 月，芦田内阁向职工提出 3791 日元的基准工资。但因通货膨胀，依然是杯水车薪，全官公厅工会联络协议会坚决反对这一基准工资，要求 5200 日元的工资，并再次展开提高工资的斗争。此时未能参加三月斗争的 50 万铁路工人参加了斗争。20 万学生罢课，反对《大学法》和提高学费。由工会、农会及妇女、学生团体组成的反对提高物价联络委员会也配合官公厅的斗争积极开展活动。正值此时，芦田首相和西尾国务大臣等受贿的丑事被揭发，使芦田内阁再次陷入危机。

每当日本统治阶级陷入危机，美军和麦克阿瑟便亲自出马挽救。7 月 22 日麦克阿瑟写信给芦田首相，指使他剥夺官公厅职工进行斗争的权利。①芦田内阁按照麦克阿瑟的旨意，31 日拟定并公布了《第 201 号政令》，规定公务员均不得举行罢工及怠工，不得进行集体谈判，违者处以一年以下徒刑或者罚款 5000 日元以下。②官公厅所属工会奋起反对《第 201 号政令》，但被芦田内阁镇压下去。

如上所述，日本的工人和职员在片山和芦田内阁执政时期进行的斗争，都没有达到预期目的。这表明战后兴起的工人和职工的运动，从"二·一"大罢工的高潮走向低潮。

---

① 麦克阿瑟在信中写道："凡在日本政府机关或附属团体中有地位的人，均不得诉诸争议行为或施行阻碍政府职能的迟延战术及其他纠纷性战术……全面地修改国家公务员法。"（大河内一男：《战后二十年史资料——劳动》第 4 卷，第 105～106 页。）

② 大河内一男：《战后二十年史资料——劳动》第 4 卷，第 108～109 页。

四、农民运动的兴起

日本帝国主义的对外侵略战争严重地破坏了农业经济。在 8 年的侵略战争中，因征兵、征工，农村劳力减少四五百万人，荒废土地 50 多万町步。[①]如 1937 年的耕地面积为 100，1945 年则减至 86.7。农具和肥料生产也大幅度下降。其结果，农产品生产，如 1933 年至 1935 年平均为 100，1945 年则减至 58.2，其中米减至 65.9，杂粮减至 77.1，养蚕减至 25.1，畜产减至 22.1。[②]战争期间，广大农民遭受残酷剥削和压榨，战后进一步激化为以贫农为主体的广大农民和寄生地主、日本统治阶级间的矛盾，激起农民改革村政权、反对强行征购粮食、反对地主夺回租地的斗争。

茨城县新宫村农民，于 1945 年 8 月底 9 月初罢免压榨他们的村长，选出新的村长。该县中川村农民自动成立农民委员会，摧毁旧农业会，要求减免地租，自由出卖粮食，自己管理生产和生活资料的配给。群马县东村和千叶县多胡镇的农民开大会揭发村长和农业会头目的罪行，实现村政府和农业会的民主化。战争时期的所谓模范村——埼玉县折原村农民，于 11 月成立农民文化会，联合周围农民，举行千人大会，审判村长和农业会会长，赶走村里的军国主义分子，选出新村长，还将原村长和农业会会长囤积的物资分给农民。至 1946 年，农民的这种斗争仍然此起彼伏，连续不断。这种斗争虽然是自发的、分散的，但和过去的农民斗争相比，具有显著的特点，即把斗争锋芒直指农村的基层政权。这是朴素的农民斗争的萌芽。

同时，日本农民也进行了反对政府强行征购粮食的斗争。1945 年粮食（主要指大米）总产量不到 3000 万石，比往年减产

---

① 大内力：《日本农业史》，东洋经济新报社 1960 年版，第 280、285 页。
② 大内力：《日本农业史》，第 286 页。

二分之一，政府却要征购 2656 万石。①到年底仅仅征购了 23%，于是政府妄图强行征购包括农民口粮在内的粮食，度过粮食危机。1946 年 2 月，日本政府发布《粮食紧急措施令》，对不按时交纳者实行强制征购，对阻碍强行征购者严加惩处。根据该指令，警察和村政当局挨户翻箱倒柜地搜粮，甚至叫美国宪兵来做帮凶。对此，秋田、山形、宫城、富山、新潟、茨城、长野、山梨、三重、石川、冈山、大分、栃木、福冈 14 个县农民奋起反抗。其中栃木县农民斗争尤为突出。3 月 22 日，来自各村镇的 7000 多名群众，结成浩浩荡荡的队伍，举起"停止征购粮食"的巨型条幅，涌进县政府大门，召开县农民大会。他们要求：停止强行征购，给农民口粮，建立自主的粮食征购制度，挖出资本家、地主暗藏的粮食和物资。这一斗争波及 20 多个县，15 万农民参加，大部分斗争取得了胜利。②

在斗争中，广大农民自发地组织起来，成立农会或农民委员会。在此基础上，1946 年 2 月 9 日成立了全国性的日本农会（日本称"日本农民组合"）。该会的纲领是根本改革土地制度，建立和发展新的农业组织，建设民主的农村生活和文化生活。③

日本农会成立后，为解决农民的土地问题进行了不懈的努力。会员也从成立时的 10 万人猛增到 100 万人。但其领导内部却充满着左右两派的斗争，因日本农会的主要领导人是社会党党员，社会党内左右两派的斗争必然反映到日本农会里。在 1947 年 2 月 12 日召开的日本农会第二次代表大会上，以黑田寿男为首的社会党左派掌握了领导权，而以平野力三为首的右派退出农会，另建日本农会刷新同盟（后来改称全国农会）。

---

① 东京大学社会科学研究所战后改革研究会编：《战后改革——农地改革》第 6 卷，第 265 页，东京大学出版会 1975 年版。
② 东京大学社会科学研究所战后改革研究会编：《战后改革——农地改革》第 6 卷，第 265 页。
③ 山口武秀：《战后农民运动史》上卷，三一书房 1959 年版，第 40 页。

战后初期，日本农会和广大农民虽然为土地进行了斗争，但随着农地改革的完成，农民运动也逐渐进入低潮。日本共产党第四次、第五次代表大会上都提出过无偿没收地主土地、无偿分配给农民的彻底的土地纲领，领导农民进行土地斗争，但它力量有限，未能掌握农民斗争的主动权。这一主动权是被美国占领军和日本统治阶级所掌握的，因为日本农民是从他们手里得到的土地，故后者在农村建立了稳固的统治基础。

第九章　美国对日占领政策的转变与旧金山体制的建立

第一节　占领政策的转变

一、杜鲁门主义

二次大战后，世界格局急剧变化。德、意、日被打败，英、法势力削弱，唯独美国在大战中不仅没有受到破坏和削弱，而且因搞军火生产，大发战争横财，经济繁荣。1948年，美国工业生产总产值占资本主义世界的53.9%；1947年，出口占资本主义世界出口总额的32.5%；1949年黄金储备245.6亿美元，占整个资本主义世界黄金储备的74.3%，成为所谓的"金元帝国"。其军事力量经过战争也大大加强：陆军人数从战前的第17位上升到第1位；海军拥有1200艘军舰和500艘供应登陆舰，其力量也远远超过其他资本主义国家；而且在全世界占据了484个重要战略据点和交通要道，还垄断了核武器。1946年4月6日，杜鲁门公然说："美国今天是个强大的国家，没有任何一个国家比它更强大了。这不是自吹自擂……这意味着，我们拥有这样的力量，就得挑起领

导的担子并承担责任。"①美国在这样称霸世界野心的驱使下，疯狂推行其全球战略。

　　欧洲，原来是帝国主义国家争夺的重点。战后，欧洲各国面临严重的经济和政治危机，只得要求美国的"帮助"和"保护"。美国借机大肆渗透欧洲，帮助欧洲各国扑灭战后兴起的革命斗争。其中最突出的是镇压希腊革命战争。1947 年 3 月，美国总统杜鲁门向国会提出"援助"希腊和土耳其的咨文，公布了镇压各国人民革命斗争和敌视社会主义各国的对外政策。这便是杜鲁门主义。6 月，国务卿马歇尔抛出所谓《马歇尔计划》，打着"援助"的旗号，企图从经济和军事上控制欧洲各国。然而，马歇尔计划在复兴欧洲经济方面却起了十分积极的作用。1949 年 4 月，在美国牵头下英法意等 12 个国家建立北大西洋公约组织，与以苏联为首的华沙条约国家抗衡，两个对立军事集团的"冷战"进一步加剧。

　　在亚洲，美国取代老牌殖民主义者的地位，进行新的扩张。1946 年至 1954 年，美国先后帮助英、法、荷等国发动对印尼、印度支那、马来西亚和中东的战争，镇压民族解放斗争，进而扩大其在这一地区的势力。

　　美国在亚洲的战略重点是中国。1946 年至 1947 年，美国和国民党政府订立了一系列经济、军事协定，国民党政府在接受所谓 60 亿美元的援助，并装备了 800 万军队之后，于 1946 年 7 月发动了大规模的内战。这是一场妄图变中国为美国战略基地的战争，结果非但没有达到目的，反而使蒋介石政权被中国人民推翻。

二、美国对日政策的转变

　　1949 年国民党政府被从大陆赶到台湾，美国便把亚洲的战略基地移到日本列岛。1948 年 12 月 11 日，美国总统杜鲁门对即将

---

　　① 《基辛氏当代文献》（1946～1948），第 7826 页。

赴日本任麦克阿瑟经济顾问的道奇说："中国事态的进展，使日本的重要性倍增。"①而道奇于 1949 年在美国国会的演说中也说道："过去一年，尤其是最近在这一地区出现的事态的倾向，说明了我们加强在日本的地位的必要性。我们将来的远东政策的发展，要求把日本作为今后向远东地区援助扩张的跳板和供应基地加以利用。"②这就是说，美国决心要把日本变成美国在亚洲的前哨基地。

　　美国改变对日占领政策的另一个原因是反法西斯盟国的破裂。原来结盟的基础是打败共同敌人德意日法西斯，铲除法西斯主义。然而随着战争的胜利和战后对这些国家实行的改革，对反法西斯盟国已达到预期目的。苏联与美国结盟的基础也随之消失，两个阵营之间的龃龉成为世界的主要矛盾。为了反对苏联和社会主义阵营，美国在西方利用西德，在东方则利用日本。1947 年 3 月杜鲁门抛出杜鲁门主义时，已暗示把日德纳入反对社会主义阵营的用意。4 月 29 日参谋长联席会议战略委员会提出的报告，强调德国在欧洲地位的重要性，同时还认为在亚洲能遏制意识形态上的敌人的唯一国家是日本，因此对复兴日本经济和军事力量予以关心。③

　　在美国转变对日占领政策中起重要作用的政策设计委员会主席凯南，于 1947 年 11 月和 1948 年 2 月提出的报告中指出，日本是美国在亚洲可以依赖的唯一国家，是美国的桥头堡阵地。为遏制苏联及社会主义国家，应利用日本潜在的工业力量。他认为，现行的对日政策，在解除军国主义方面颇有成效，但对遏制苏联和共产主义方面没有予以充分的考虑，因此应该重新研究对日政策。凯南于 1948 年 2 月 26 日抵日，和麦克阿瑟商谈转变对日占领政策问题。他回国后，于 3 月 25 日向国务卿马歇尔提出了一份

①　朝尾直弘等：《岩波讲座日本历史》第 22 卷，岩波书店 1977 年版，第 340 页。
②　冈义武：《现代日本政治过程》，岩波书店 1978 年版，第 211 页。
③　中村隆英：《占领时期的日本经济与政治》，东京大学出版会 1979 年版，第 40 页。

报告。报告认为：日本有共产主义化的危险，因此应采取遏制政策，在国际上抗衡苏联，在国内防止共产主义化。为此，报告提出了 11 条建议。①凯南的这个报告，后来成为美国转变对日占领政策的主导性意见。

为了早日决定对日占领政策的转变，政策设计委员会以凯南的 3 月 25 日报告为蓝本，起草《美国对日政策的劝告》即《NSC-13 号文件》，并于 5 月 26 日向国家安全委员会提出。此时美国陆军部和国务院在削减赔偿和远东委员会的问题上有分歧，他们于 9 月 29 日分别向国家安全委员会提出各自的报告，即《NSC-13/1 号文件》。但中国的革命战争形势使他们消除了分歧。中国人民解放军发起辽沈战役以后，美国国家安全委员会把日本问题和中国问题一并研究。10 月 9 日终于通过了转变对日占领政策的《NSC-13/2 号文件》，1949 年 5 月又通过了《NSC-13/3 号文件》。这两个文件的内容，大致与凯南的 3 月 25 日的报告相同。美国转变对日占领政策的目的是，希望在军事上把日本变成美国在亚洲的前哨基地。1948 年初，麦克阿瑟说："现在太平洋已成为美英的湖泊，日本已成为维护美英两国权益的前线基地。"②1948 年 10 月美国国家安全委员会通过的《NSC-13/2 号文件》写道：停止非军事化和民主政策；如有可能重建日本军队；加强日本的警察力量；开发冲绳的美国第一线基地；暂时延缓对日媾和条约的缔结；美国继续驻扎日本。③这样，日本北与阿拉斯加、阿留申群岛，南与菲律宾联结成为美国在太平洋西岸的前哨基地。

----

① 凯南的 11 条建议是：1. 永久性地占领冲绳；2. 重建一定限度的军备；3. 为防止共产主义化，加强警察力量；4.恢复日本政府复兴经济的权利；5. 限制远东委员会的权利；6. 缓和赔偿；7. 不提出新的民主化措施，对已实施的不加压力；8. 修改整肃军国主义分子和排除垄断的政策；9. 放宽对新闻的检查；10. 及早发现和处理乙级、丙级战犯嫌疑中的无罪分子；11. 日本文化的亲美化（中村隆英：《占领时期的日本经济与政治》，第 74～76 页）。

② 信夫清三郎：《战后日本政治史》第 3 卷，劲草书店 1969 年版，第 932～933 页。

③ 秦郁彦、袖井林二郎：《日本占领秘史》下卷，朝日新闻社 1977 年版，第 34～35 页。

在政治上，美国把日本变成反对社会主义国家的"反共堡垒"。1948 年 9 月朝鲜民主主义人民共和国成立；1949 年 4 月中国人民解放军渡江占领南京，解放上海，新的人民共和国即将诞生，社会主义阵营的东方阵地更为壮大，明显改变了亚洲的力量对比。于是，麦克阿瑟更认为日本是"拦住共产主义东进和阻止其南进的防壁"[①]，妄图把日本变成遏制社会主义国家的据点。

三、美国复兴日本经济的诸政策

美国在转变对日占领政策中较为突出的是复兴日本经济问题。

美国为什么要复兴日本经济？首先，这一时期日本工矿业生产指数，如以 1930～1934 年平均为 100，1948 年才只有 64.4，通货膨胀严重，物价飞涨，工人群众等要求提高工资、改善待遇的斗争此起彼伏。这些斗争严重威胁了日美统治秩序。其次，这一时期美国对外扩张的形式如马歇尔计划那样，是以"经援"的方式进行的。美国通过"经援"，把受援国纳入其反共反苏的阵营，同时通过"经援"输出资本和剩余商品，企图从经济上控制受援国，并提高受援国对付苏联及社会主义阵营的经济力量。鉴于此，复兴经济便成为美国对日占领政策的首要课题。为此，美国采取下列措施：

第一，中止解散财阀的工作。原指定解散的 83 家财阀，只有 42 家被解散。其中 20 家又开办了第二公司作为替身，所以真正解散的仅 22 家。

第二，修改限制垄断资本的《集排法》（即《经济力量过度集中排除法》）和《禁止垄断法》，为复活日本垄断资本开方便之门。根据 1947 年 12 月制定的《集排法》，325 个垄断企业被指定为分散改组的企业。[②]这是限制日本垄断资本的一种措施。可是，

---

① 秦郁彦、袖井林二郎：《日本占领秘史》下卷，第 34～35 页。
② 冈义武：《现代日本政治过程》，第 28 页。

美国却以阻碍日本经济发展为名，延缓《集排法》的执行。1948年5月，美国政府派五人委员会，重新审查《集排法》。结果，最后只有三井矿山、三菱重工业、日立制造所、王子造纸等11家企业被分散改组，且处理上也很宽大。例如三菱重工业原定分割为6个公司，但最后分割为3个公司。即使被分割的企业，如日本制铁所被分割为八幡制铁所和富士制铁所，后来都成为庞大的新的垄断企业。这样，《集排法》也虎头蛇尾，1949年8月匆忙宣告排除集中审查委员会的任务业已完成。与此同时，又修改《禁止垄断法》。修改后，允许日本交流和引进科学技术情报，解除对公司股份和公司债务的限制，取消对企业合并及经营权转让的许可制[①]，为日本垄断资本引进国外新技术和外资[②]大开绿灯，并为被解散或被肢解的财阀企业重新结成新的垄断资本提供了法律依据。

第三，停止中间赔偿计划。根据波利中间赔偿计划，1946年1～8月曾指定1100个工厂为拆迁赔偿的对象，并着手拆迁。这是摧毁日本军事工业的重要措施。可是美国为把日本变成"远东工厂"，不顾中国、菲律宾等国的反对，1949年5月根据《NSC-13/3号文件》悍然停止中间赔偿计划。结果，只有5万余台机器被拆迁至国外，仅占中间赔偿计划规定的赔偿总额的7%或者27%[③]，应拆迁的850个工厂原封不动地保存下来。

第四，美国政府于1948年12月18日提出《稳定经济九原则》（简称《经济九原则》），指令日本政府执行。占领初期，美国对日本经济复兴是不负任何责任的。美国政府1945年11月发布的《占领初期的基本指令》中规定，总司令官麦克阿瑟"对复兴

---

① 朝尾直弘等：《岩波讲座日本历史》第22卷，第331页。
② 1950年至1952年，日本输入外资6525万美元。
③ 小林义雄：《战后日本经济史》，日本评论社1976年版，第30页。

日本经济或者加强日本经济不负任何责任"。[①]这时美国却公开干预并积极复兴日本经济。《经济九原则》规定：1. 平衡预算；2. 加强税收；3. 严格限制贷款；4. 稳定工资；5. 统制物价；6. 加强对外贸易和外汇管理；7. 改善物资分配；8. 增加重要的国产原料和制成品的生产；9. 改善征粮。[②]麦克阿瑟在下达这九原则时强调指出，不容许日本政府"从思想、立场上对此加以反对"，要求无条件执行。[③]

四、道奇路线

为了具体实施《经济九原则》，美国政府派底特律银行董事长道奇来日，制定道奇路线。道奇路线的主要内容是：1. 编制包括一般会计、特别会计在内的整个预算的超平衡预算；2. 全面废除补贴；3. 停止发放复兴金融金库；4. 制定 1 美元等于 360 日元的外汇汇率。道奇作为"盟总"的最高财政顾问，首先制定了1949 年度的预算。日本战败以来，财政预算年年赤字，1947 年为1039 亿日元，1948 年竟达 1419 亿日元。为了扭转这一局面，道奇制定了 1949 年度的超均衡预算。该预算规定，在一般会计中[④]，岁入 7049 亿日元，岁出 7046 亿日元；在特别会计中[⑤]，岁入 25050亿日元，岁出 24796 亿日元，过去的赤字预算变成 257 亿日元黑字预算。[⑥]这一预算的特点是以强行增加税收来保证政府岁入。结果，1949 年税收从前一年的 5237 亿日元增至 7785 亿日元，增长 40%多，在国民所得中税的负担率从 1948 年的 26.7%提高到

---

① 小林义雄：《战后日本经济史》，第 22 页。
② 有泽广巳、稻叶秀三：《战后二十年史资料——经济》第 2 卷，日本评论社 1971 年版，第 68 页。
③ 袖井林二郎：《麦克阿瑟的两千日》，中央公论社 1974 年版，第 270 页。
④ 一般会计中包括租税及印花收入等项目。
⑤ 特别会计中包括专卖、外贸、国有铁路等收入。
⑥ 楫西光速：《续日本资本主义发达史》，有斐阁 1957 年版，第 351 页。

28.5%。①这是战后最高的负担率，较战前（1934 年至 1936 年平均）的 13%还高 1.2 倍。

道奇实行财政紧缩政策，尽可能减少政府发放的贷款和价格补贴。道奇指令日本政府停止或限制发放复兴金融金库②贷款，并从过去发放的 1319 亿日元中收回 260 亿日元。③同时逐渐减少对煤炭、钢铁、肥料等重点产业的价格补贴。结果这种补贴在 1950 年的岁出总额中仅占 9.6%。并且在 1949 年的预算中准备收回过去发放的 14217 亿日元的公债、贷款、短期证券等。实行这种政策的结果是，1949 年国库对民间企业的收支中，收入比支出多 652 亿日元。

实现道奇预算的前提是增加税收。于是美国又指派哥伦比亚大学教授索普于 1949 年 5 月专程来日本，调查和改革日本税制。他建议取消对资本家的收益税，把年所得 50 万元以上的税率从过去的 65%～80%减至 55%，尽量减轻资本家所负担的税，以便让他们积累资金。可是，既要减轻资本家的税，又要增加税收，那么只能加重广大劳动人民的苛捐杂税。这便是道奇超均衡预算的奥妙所在。

尽管如此，道奇路线均衡了日本的财政预算，抑制了通货膨胀的进一步恶化。日本银行的日币发行总额，1945 年底是 55.44 亿日元，1948 年底竟膨胀到 3552.8 亿日元，上升 60 余倍，但 1949 年 7 月则减至 2954 亿日元④，直到朝鲜战争时大体控制在这一水平上。通货膨胀被抑制后，消费物价也开始下降。1949 年消费品物价一般降低 10%，黑市价格降低三分之一；1950 年降低 16%。此后，曾猖狂一时的黑市逐渐消失，对物资和物价的统制也逐步

---

① 小林义雄：《战后日本经济史》，第 48 页。
② 复兴金融金库于 1952 年 1 月 16 日被解散。
③ 楫西光速：《续日本资本主义发达史》，第 352 页。
④ 楫西光速：《续日本资本主义发达史》，第 352 页。

废除。①

美国实行道奇路线的另一个目的是要制定日元与美元的固定汇率。要复兴日本经济，就要让日本进行对外贸易。要进行对外贸易，就要制定这一汇率。道奇认为，要制定汇率，先要抑制日本的通货膨胀，稳定物价。1949 年 4 月 20 日道奇的超均衡预算在国会通过后，4 月 25 日"盟总"便实施了 1 美元兑 360 日元的外汇汇率。在此之前，对进出口商品实行了不同的汇率。1948 年 1 月的汇率是，出口商品为 1 美元兑 5600 日元，进口商品则为 1200 日元。制定这一固定汇率后，从进口来说日元升值，出口来说日元贬值。这对日本的出口有利，促进了日本的对外贸易，奠定了贸易立国的金融基础。

五、美国对日的援助

美国在实施《经济九原则》和道奇路线的同时，增加对日本的"援助"。美国政府根据"政府占领地救济拨款"和"占领区复兴基金"的规定，向日本提供粮食、石油、肥料、煤等物资。据统计，1946 年美国向日本提供的物资只有 1.67 亿美元，但 1947 年增至 3.5 亿美元，1948 年为 3.25 亿美元，1949 年为 4.68 亿美元，三年共计 11.43 亿美元。日本政府把这些物资转售成现金，把现金存入"对日援助对等资金特别会计"。截至 1953 年，存入这一特别会计的达 3624 亿日元。②这笔钱在美国的严格控制下，作为资金或者偿还复兴金融金库贷款加以使用。这是美国商品输出的一种形式，是其扩大海外市场的一种方法，也是美国扩大对日投资的一种措施。据统计，这笔资金在投资总额中的比重，1949 年度约占 50%，1950 年度是 40%，1951、1952 年是 20%。③其中

① 内野达郎：《战后日本经济史》，讲谈社 1978 年版，第 77 页。
② 冈义武：《现代日本政治过程》，第 190～191 页。
③ 冈义武：《现代日本政治过程》，第 190～191 页。

主要用途，对公共企业的投资为 1300 亿日元，对私人企业的投资为 1400 亿日元，偿还复兴金融金库贷款 625 亿日元。[①]

总之，《经济九原则》和道奇路线是力图把日本变成"远东工厂"的美国远东战略的一个组成部分。后来的事实也说明，日本在侵朝、侵越战争中确实充当了美国的"远东工厂"的角色。可是另一方面，它又是日本摆脱战后经济混乱，逐渐走上稳定和复兴的转折点，在战后经济史上具有重要的意义。

六、美国对日占领政策的实质

美国对日占领政策虽然在转变，但并非所有的占领政策都在变。农地改革始终没有变，而且征购地主土地等工作主要是在 1948 年、1949 年完成，1950 年还制定了《农地法》来维护农地改革的成果。这是因为农地改革具有两重性，它既是铲除日本军国主义的一种经济措施，与占领初期美国摧毁日本军国主义的政策相一致，又是复兴和发展日本经济必不可少的。因此，其与占领后期美国复兴日本经济的政策相吻合，无须进行改变。通过修改宪法对日本政治制度的改革也没有发生变化，其成果至今还保留并巩固下来。这是因为改革前的日本政治制度带有军国主义和法西斯主义色彩。

至于解散财阀和防止垄断资本复活的政策虽有转变，但只是转变一半维持一半，变中有不变，不变中又有转变。它反映了美国对日政策的内在矛盾，即既想解散和限制日本垄断资本，又想利用日本垄断资本为美国的远东战略服务。

在美国的这种转变和不变的占领政策中，始终不变的是美国对亚洲及太平洋地区的霸权主义。占领初期的政策也好，占领后期的政策也好，都是美国在这一地区建立霸权的重要组成部分。

---

① 冈义武：《现代日本政治过程》，第 190～191 页。

从这种意义来说，占领政策实际上终究没有变，后期占领政策是初期政策的继续和发展。它标志着美国占领政策从第一阶段进入第二阶段。

第二节　第二、三次吉田内阁
（1948.10.15～1952.10.30）

一、第二、三次吉田内阁的成立

美国对日占领政策的转变，要求建立忠实执行《经济九原则》和道奇路线的新内阁。"盟总"曾于1948年7月根据陆军部副部长德雷的建议，指令芦田内阁执行《稳定经济十原则》，但该内阁没有忠实执行。这使芦田内阁以贿赂事件为导火线，于10月7日倒台。可是，芦田内阁却在政治、经济上为第二次吉田内阁的成立奠定了基础。

这时，吉田茂的民主自由党在议会中占151席，占全部476席的三分之一。因此在10月14日众议院的首相指名投票中，吉田茂得185票，占第一位。但213票是白票，这表明吉田茂在议会中未能得到多数的支持。在白票占一半以上的特殊情况下，吉田茂于10月15日组织了第二次吉田内阁（1948.10.15～1949.2.16）。时隔不久，在野党对内阁的不信任案在众议院通过。吉田茂以解散众议院来对付这一局面。

众议院被解散后，1949年1月23日举行新宪法下的第二次众议院选举。结果，吉田茂的民主自由党由选举前的151席增至264席，占众议院议席的一半以上。民主党由90席减至69席，社会党由111席减至48席，共产党由4席增至35席。

这次选举结果，既表明了一些选民的意向，又反映了美国占

领政策的需要。民主党和社会党议席的锐减表明了众多选民对片山、芦田两内阁和民主党、社会党的失望与对保守党——民主自由党的向往。同时美国对日占领政策的转变也需要民主自由党这样的保守党上台执政。美国在占领初期积极推进民主改革时，曾支持社会党等民主势力和民众运动，但随着占领政策的转变和冷战政策的加剧，它便限制民主势力和压制民众运动了。加之冷战政策的核心是反苏、反共、反社会主义，而民主自由党等保守势力是一股反苏、反共、反社会主义的力量。随着冷战政策而转变的占领政策，就需要这种保守势力的支持。因此，麦克阿瑟对这次选举表示满意。他高兴地说："在亚洲历史上的危机时刻，对保守政治给予了明确而决定性的信任。自由世界的人们，对热烈而秩序井然的这次日本选举都是满意的。"[①]

选举结果是，2 月 16 日占众议院一半以上席位的民主自由党总裁吉田茂再次当选为首相，组织了第三次吉田内阁（1949.2.16～1952.10.30）。

吉田内阁的成立，不仅体现了美国对日新政策的需要，而且反映了日本财界的利益。当第三次吉田内阁成立时，财界的"经团联"和"日经联"发表意见书，希望内阁"强有力地执行《经济九原则》的各项政策"[②]，"经济政策应广泛地积极地反映经济界的意见"，管制工资，彻底实行产业合理化和行政整顿。[③]

吉田茂也没有辜负美国和财界的期望，向他们发誓："要强有力地忠实地实行《经济九原则》。"[④]

二、吉田内阁的经济政策

吉田内阁上台后，的确忠实地执行了以《经济九原则》和道

---

① 袖井林二郎：《麦克阿瑟的两千日》，第 291 页。
② 历史学研究会编：《战后日本史》第 1 卷，青木书店 1964 年版，第 175 页。
③ 井上清等：《战后日本》，世界知识社 1955 年版，第 175 页。
④ 朝尾直弘等：《岩波讲座日本历史》第 22 卷，第 357 页。

奇路线为中心的经济政策。

1949 年 3 月 20 日，道奇本着《经济九原则》的精神，向日本政府提出 1949 年度国家预算。道奇说，这一预算"犹如蓖麻油一样，虽然不好喝，但也得喝"①。吉田内阁立即放弃日本政府拟定的预算方案，把道奇预算当作日本政府的方案。4 月 20 日，只字不改地在议会上通过，并付诸实施。实施结果，如前所述，大致抑制了通货膨胀，物价大体稳定。如以 1948 年的消费物价为 100，1949 年 12 月则为 134，1950 年 9 月为 130.40②。这是道奇路线取得的显著效果。

吉田内阁为了执行道奇的超均衡预算，制定《定员法》，大刀阔斧地裁减铁路、邮电等国营企业的工人和国家机关的职员。结果从中央到地方的各级机关和国营企业中解雇了 62 万人。私营企业的资本家也跟着解雇了 37 万多人，失业人口增至 180 万人。这种解雇还有其政治目的，吉田茂承认，假借解雇之名"整理了赤色分子""驱逐了赤色分子"。③据美军统计，这次解雇中整肃了 1 万多名共产党员及其同情者。

吉田内阁遵照道奇意见，取消复兴金融金库贷款和其他补贴，实行紧缩政策。结果使 30%～40%的企业停业，尤其中小工厂不能按期发放工资。据劳动省统计，自 3 月至 12 月，欠发工资事件竟达 1.37 万起，欠发总额为 85.7 亿日元。④

吉田内阁还把执行道奇路线的经济负担转嫁给广大农民。据农林省调查，拥有 1 町步土地的一农户，1945 年纳税 384 日元，至 1949 年增至 24697 日元，占一年生活费的六分之一。⑤吉田内阁为了维持低工资制，压低粮食价格。1949 年大米生产费每石为

① 历史学研究会编：《战后日本史》第 1 卷，第 233 页。
② 朝尾直弘等：《岩波讲座日本历史》第 22 卷，第 353 页。
③ 吉田茂：《十年回忆》第 2 卷，新潮社 1958 年版，第 286 页。
④ 海野幸隆：《战后日本工人运动史》第 2 卷，三一书房 1961 年版，第 154 页。
⑤ 楫西光速：《日本资本主义的发展》下卷，第 533、588 页。

5300 日元，公定价格却压为 4250 日元，农民每石亏损 1000 多日元。同时还加大工农产品的剪刀差。结果一农户 1949 年的经济收支，从 1948 年 3 万余日元的盈余逆转为 2.4 万余日元的亏空。[①]农民负债的农业票据，如 1948 年为 26 亿日元，1949 年激增为 149 亿日元，1950 年为 145 亿日元。[②]

吉田内阁把片山、芦田两内阁时期的倾斜生产方式改为"集中生产方式"。所谓"集中生产方式"，就是把资金、原材料等集中供给"优秀的企业"，即劳动生产率、资材利用率和产品质量较高的大企业，有效地使用有限的资金和原材料。结果使拥有千人以上的大企业得到发展，其在生产总额中的比重，从 1948 年的 21.8% 增至 1949 年的 28.8%。中小企业被排挤倒闭。1949 年 2 月至 1950 年 2 月倒闭的中小企业有 10546 家，被解雇者达 50 万人。[③]

吉田内阁根据集中生产的政策，把优先的产业次序，从倾斜生产时期的煤炭、钢铁、电力、化工、机械、纤维改为电力、海运、钢铁、煤炭，并对这四大产业优先发放长期贷款。1949～1950 年，对电力、海运、运输和通信进行了大量投资。据统计，日本开发银行 1951～1953 年发给这四大产业的贷款有 1464 亿多日元，占该银行同时期贷款总额的 80.2%。[④]

吉田内阁根据《经济九原则》的第六项，发展对外贸易。日本是岛国，天然资源贫乏，国内市场有限，因此发展对外贸易尤为重要。吉田茂说，"为了确保我国经济的重建和自主，最大限度地振兴和扩大输出特别有必要"，把经济建设的重点从基础生产资料的生产转移到以对外贸易为中心的生产上。[⑤]其结果，对外

---

① 楫西光速：《日本资本主义的发展》下卷，第 533、588 页。
② 楫西光速：《日本资本主义的发展》下卷，第 533、588 页。
③ 森喜一：《续日本工人阶级状况史》，三一书房 1962 年版，第 207～208 页。
④ 岛恭彦甘等：《新马克思经济学讲座》第 5 卷，有斐阁 1976 年版，第 190 页。
⑤ 朝尾直弘等：《岩波讲座日本历史》第 22 卷，第 354～355 页。

贸易从 1949 年起显著增长，1950 年接近战前水平，1951 年超过战前，进出口总额达 23.5 亿美元，比战前多 4.7 亿美元。[1]在出口商品中，依然以传统的纺织品为主，占 1950 年出口总额的 48.6%。[2]这些纺织品主要销往东南亚，为日本垄断资本向东南亚的发展开辟了道路。可是日本输出的不是国内多余的商品，而是国内人民的生活必需品。而且为了提高出口商品的国际竞争能力，尽量压低工资，进而降低成本。因此日本人民称这种输出为"饥饿输出"。尽管如此，对外贸易的发展奠定了日本经济发展所需的国际条件。

吉田内阁在发展对外贸易的同时，开始引进国外的先进技术。1950 年引进的有 76 项，1951 年 188 项，比前一年增加 247.4%，日本政府开始以新的技术装备日本的企业。[3]

三、对民众运动的压制

吉田内阁在执行以《经济九原则》为中心的经济政策的同时，在政治上压制左派势力和民众运动。这是美国对日占领政策转变的另一种表现形式。占领初期，美国为了推行民主化政策，支持了包括日共在内的左派势力和民众运动，而左派也利用这一有利条件开展了气势磅礴的民众运动。但随着占领政策的改变，吉田内阁又反过来压制左派势力和民众运动了。

如前所述，日共和左派势力在"产别会议"、国营铁路工会、官公厅工会中有很大影响。而且在 1949 年 1 月的众议院选举中日共在议会里的席位由 4 席增至 35 席，其得票率从 3.7%增至 9.7%。美国和"盟总"认为，日共及其影响下的民众运动在日本的发展是苏联所领导的世界共产主义运动在日本的渗透，甚至把它视为

---

① 岛恭彦甘等：《新马克思经济学讲座》第 5 卷，第 342、347 页。
② 岛恭彦甘等：《新马克思经济学讲座》第 5 卷，第 342、347 页。
③ 高桥龟吉：《战后日本经济跃进的根本原因》，日本经济新闻社 1976 年版，第 51 页。

"间接侵略"。因此，作为美国冷战政策一环的对日占领政策，必然要压制包括日共在内的左派势力和民众运动。

美国和"盟总"的这种政策转变，正迎合了保守党内阁的需要。占领初期，日本的保守势力最担心日共和左派借民主改革发展其势力。吉田茂把这种势力蔑称为"不逞之辈"，恨不得一下子镇压。美国对日占领政策的转变，正好给他们带来了压制日共和民众运动的好机会。

吉田内阁上台伊始，首先整顿和加强司法机构，压制日共和左派团体。如把法务厅升级为法务府，并把特别审查室升级为特别审查局（该局专门调查日共和左派团体），要把它搞成美国联邦调查局之类的特务机构。这样，曾驱逐军国主义分子的特别审查室在美国对日占领政策转变的新形势下变成镇压共产党和左派的机构。

其次，1949 年 4 月 4 日，吉田内阁不经议会通过，以政令的形式擅自公布了《团体等规正令》。吉田茂直言不讳该法令"是以作为政治团体的共产党为对象的"①。按《团体等规正令》的规定，取缔"反抗和反对占领军或者反抗和反对日本政府基于盟国最高司令官的要求所发出的命令"，"或者助长和承认暴力主义倾向，或者倾向于承认它"的政党及团体。②该法令禁止一切政党及群众团体的秘密活动，要求各政党和群众团体登记其办公地点和刊物，提交领导人和成员名单。特别审查局按此法令迫使日共交出领导人和 10.8 万名党员的名单。结果，朝鲜战争前夕美军和吉田内阁按此名单镇压了日本共产党。

而后，吉田内阁全面修改《国家公务员法》，剥夺国家公务员的罢工和集体谈判的权利，限制其政治活动，进一步压制在战后工人运动中站在斗争前列的官公厅职工的斗争；同时改组人事

①　吉田茂：《十年回忆》第 2 卷，第 272 页。
②　末川博：《战后二十年史资料——法律》第 3 卷，第 210 页。

委员会的人事院。人事院是管理国家机关职工的机构，直属总理大臣。吉田内阁加强人事院的权限，使它成为具有准立法和准司法职能的机构，以便加强对国家机关职工的控制。

最后，吉田内阁还通过修改占领初期制定的《工会法》和《劳动关系调整法》，压制工人运动。占领初期，美国为了推行其非军事化和民主化的占领政策，迫使日本政府制定这两项法令，现在反过来又指使日本统治阶级修改，压制工人运动。修改后的《工会法》规定，工会只许进行改善劳动条件、提高工资的经济改良，不许进行政治活动。而且成立工会后应立即向政府登记，而都、府、县知事和劳动委员会有权审查这一工会是否符合《工会法》。换言之，他们有权取缔不符合《工会法》的工会。

修改后的《劳动关系调整法》，扩大了"公益事业"①的范围，以便剥夺更多工人的罢工权利。该法令还规定，在调停劳资纠纷时工人必须停止罢工，并取消了对资本家以工人参加罢工为借口随意解雇工人的限制，加强了资本家的权力。

四、维护民主权利与反对解雇的斗争

吉田内阁以《经济九原则》、道奇路线为中心的经济政策和压制民众运动，牺牲了民众的经济利益，剥夺了民众的正当政治权利，因此广大日本民众起来进行了维护民主权利、反对解雇的斗争。

吉田内阁为贯彻《经济九原则》和道奇路线，"整顿"企业，解雇大批职工。广大职工开展反对企业"整顿"、保卫产业的斗争。"产别会议"所属的金属系统工会联合起来，成立了保卫金属产业会议；京滨地区的50多个团体成立了保卫京滨产业会议；电气系统的工会成立了保卫电气产业会议。这些产业保卫会议明确提出：

---

① "公益事业"是指交通、运输、服务等行业，和国民生活有直接关系。

反对企业"整顿"和大量解雇职工，保卫和复兴中小企业，反对欠发工资，确立最低工资制，争取民族独立，建立人民民主政权等要求。①

"产别会议"结合1949年1月的众议院选举，联合中立系统工会和"总同盟"所属部分工会，成立全国工会法规政策协议会，展开了反对修改《工会法》《劳动关系调整法》的政治斗争。参加这一斗争的有162个团体37万9千多人。②从而使美国占领军未敢完全接受吉田内阁全面修改这两个法令的要求，只做了局部修改。

日本人民为维护集会和示威游行的民主权利，开展了反对《公安条例》的斗争，其中东京都人民的斗争尤为激烈。1949年5月30日，东京都的工人、学生和市民为了阻止都议会通过《公安条例》，包围都议会厅，对议会施加政治压力。警察立即赶来驱散群众，并打死东京交通工会的工人桥本金二。东京交通工会所属各支部立即举行罢工，以示抗议警察的暴行。

1949年6月起，日本铁路工人开展了反对解雇的斗争。国营铁路当局根据《定员法》，准备裁减职工22万。东京铁路局的神奈川、蒲田、千叶、中野四个管区的职工以罢工形式开展了反解雇的斗争。6月10日、11日两天，京滨线和中央线的火车停驶，铁路运输开始瘫痪。美占领军于11日下令禁止罢工，吉田内阁也向铁路职工发出《警告书》，国营铁路当局趁机宣布解雇3.07万人的首批名单。

恰在此时，发生了下山事件。③国务相未经调查便发表了认为下山是他杀的谈话。吉田首相也召见六大报社社长，表示要利用下山事件彻底打击共产党，希望各报予以协助。于是各报都登

---

① 海野幸雄等：《战后日本工人运动史》第2卷，第158页。
② 山崎五郎：《日本工人运动史》，劳务行政研究所1966年版，第297页。
③ 下山事件：1949年7月5日国营铁路总裁下山定则突然失踪，翌日晨在常盘线五反野附近发现了他的尸体。此事件至今尚未查清。

载了下山是被共产党和工会骨干谋害的消息。铁路当局便趁这股浪潮顺利地解雇了第一批人员，7月12日又宣布了第二批6.2万人的解雇名单。国营铁路工会中央委员会立即发出指示，开展反对第二批解雇的斗争。东京、大阪等地的铁路职工相继投入了反解雇斗争。

这时又发生了三鹰事件。①事发后，日本几大报纸不经调查便报道说这是共产党有计划的暴力行动。第二天，东京检察院逮捕了三鹰电车区分会执行委员长等9名日共党员和1名群众。②铁路当局也趁机解雇铁路工会副委员长铃木市藏和中央斗争委员会中的12名日共党员、5名左派干部。截至7月21日，共强行解雇9.5万人，反解雇斗争也告失败。③

8月11日邮电省宣布解雇1.15万名职工，其中有邮电工会中央斗争委员会委员29人。④中央斗争委员会立即宣布开展反解雇斗争，但邮电工会的"民同派"阻挠这一斗争，并退出中央委员会，另立新工会。由于邮电工会的分裂，邮电职工的反解雇斗争也遭到失败。

私人企业的职工也进行了反解雇斗争，其中东京芝浦电机公司的反解雇斗争尤为突出。芝浦公司趁下山事件解雇了4500多人，其中包括芝浦工会联络会议的委员长等5名干部和15名中央执行委员。8月8日又宣布解雇3000人。此时又发生了松川事件⑤，公司当局借机又解雇了500名工人。这样，到8月底解雇对象的90%被解雇。东京芝浦电机公司的反解雇斗争也归于失败。

---

① 三鹰事件：1949年7月15日夜，在东京三鹰车站，没有司机的电车突然开出车库，碰撞民房，撞死6人，重伤12人。

② 1950年8月10日，日本法院把非党员的竹内景助判处无期徒刑，其他日共党员无罪释放。

③ 森喜一：《续日本工人阶级状态史》，第292页。

④ 斋藤一郎：《战后日本工人运动史》上卷，三一书房1958年版，第269页。

⑤ 松川事件：1949年8月17日，火车在东北线的松川车站附近出轨，3名乘务员致死。出事地点离芝浦公司松川工厂较近。警察逮捕了铁路工人和松川工厂的20名工会会员。1963年日本最高法院判他们无罪释放。

综上所述，日本工人阶级和民众在美国与吉田内阁推行《经济九原则》、道奇路线的艰苦条件下进行了可歌可泣的斗争，但斗争几乎都失败了。1949 年 2 月至 1950 年 2 月，10546 个企业解雇了 50 万职工。从 1949 年秋起，工人和民众运动进入低潮，直到 1952 年才稍有起色，这一时期在日本工运史上被称为"黑暗的峡谷时期"。

第三节　单独媾和的准备

一、媾和的准备

按照国际惯例，盟军完成对日军事占领的目的后，理应早日订立媾和条约，撤走占领军，结束军事占领。

美国是 1946 年秋天开始考虑对日媾和的。同年 9 月，美国陆军部长帕特森来日时，麦克阿瑟便向他提出早日准备对日和约草案的希望。因此，美国务院成立以日本课课长博顿为中心的起草小组，研究对日和约草案。

1947 年 2 月，美在巴黎签订了对意大利等国的和约，这一和约的签订促进了对日媾和。1947 年 3 月 17 日，麦克阿瑟在记者招待会上公开表示了促进对日媾和之意。此时，博顿等起草的和约草案也已提交到"盟总"。该草案提出：在签署和约的同时，缔结日本不得重新武装的条约，建立替代远东委员会的管理委员会和监督日本的军队，监督日本 25 年。但麦克阿瑟反对监督日本的外国军队长期驻扎日本。于是将这一草案修改为设立由远东委员会组成的大使级委员会，由该委员会常驻日本，进行必要时期内的监督。这一草案基本上体现了《波茨坦公告》所规定的对日政策的精神。

　　和约草案拟定后，美国与其他远东委员会各国商议对日媾和事宜，准备 1947 年 8 月中旬在旧金山召开对日媾和会议。10 个同盟国先后同意美国的意见，只有苏联和南京国民政府表示异议。苏联则主张由英、美、中、苏四国外长理事会来协商，决定对日媾和事宜，反对远东委员会各国的预备会议来决定。此时苏美摩擦日益激化，美国想利用远东委员会的多数推行其对日媾和政策，苏联想以四大国一致的原则来牵制美国的独断独行，两者在缔结和约的程序上发生了分歧。

　　但是，时隔不久，美国政府内部出现一股势力，反对早日媾和。国防部认为，如早日媾和，美国占领军迅速撤出日本，美国就不能使用日本的基地。因此，积极推行全球战略的国防部当然要反对早日媾和。美国防部在媾和问题上始终坚持这一态度，成为早日媾和的一大障碍。

　　另外，积极推行冷战的急先锋凯南等人也加以反对。凯南是美国务院政策设计委员会负责人。1948 年 3 月他来日调查以后，向国务院提出了推迟对日媾和的建议。根据这一建议，美国务院于 5 月向国家安全委员会提出了《关于美国对日政策的劝告》。该委员会于 10 月 17 日将这一劝告作为《NSC-13/2 文件》通过。它便是正式决定美国对日政策转变的文件。该文件规定，推迟对日媾和，不再促进媾和事宜。这样就把对日媾和问题搁置起来。推迟对日媾和是美国对日占领政策转变的直接结果，使美国的对日媾和从全面媾和转向单独媾和。

二、从全面媾和到单独媾和

　　所谓全面媾和就是所有对日作战的国家参加的媾和，正如当时周恩来外长所说："使日本成为爱好和平的、民主的、独立的国家，并防止日本军国主义复活，以保证日本不再度成为威胁亚洲

与世界和平安全的侵略国家。"①所谓单独媾和就是把主张全面媾和的苏联、中国等排斥在媾和大门外，重新武装日本，使日本成为美国的军事基地，屈从于美国的全球战略和冷战政策，使它不能恢复完整的独立。

从1948年秋天起，美国先推行"事实上的单独媾和"。所谓事实上的单独媾和，正如吉田茂所说："将盟国（即美国——笔者注）想要在和平条约中规定的事，在占领时期完成。"②这就是说，美国把要塞进对日和约的条款，在事前利用美国单独占领的有利机会，造成既成事实，以便迫使其他盟国认可其单独媾和的事实。

可是，美国的这种做法遭到苏联、中国等国家的反对。1949年6月，苏联政府发表声明，建议召开苏、美、英、中关于对日媾和的会议。中国新政治协商会议筹备会也于7月7日发表宣言指出："美国政府不愿意迅速签订对日和约，而企图无限期地拖延对日和约，无限期地占领日本，使日本不能与中国和其他国家建立和平的关系。"③宣言还说："为了最后实现抗日战争的目的，我们一致要求迅速签订对日和约，我们一致主张在准备对日和约的同时，必须严格地遵照《波茨坦公告》所规定的由四国外长会议准备的程序，并且必须由中国新政治协商会议所产生的民主联合政府派遣中国的全权代表。"④

这时亚洲形势发生了很大变化。1949年9月朝鲜民主主义共和国成立，同年10月中华人民共和国成立，翌年1月越南民主共和国成立，菲律宾、缅甸、马来西亚的民族解放运动也在蓬勃开展。面对这种形势，美国在西方，1949年4月缔结《北大西洋条约》，企图重新武装联邦德国，把它作为北大西洋条约国的军事基地；在东方，企图将日本纳入西方资本主义阵营，重新武装日本，

---

① 世界知识社编：《日本问题文件汇编》，第69页，世界知识社1955年版。
② 吉田茂：《十年回忆》第3卷，第24页，新潮社1958年版。
③ 世界知识社编：《日本问题文件汇编》，第41页。
④ 世界知识社编：《日本问题文件汇编》，第41页。

使它成为美军的军事基地。因此，美国此时急于对日单独媾和，并得到英国的支持。1949 年 9 月 13 日至 17 日，美国务卿艾奇逊和英外交大臣贝文在华盛顿就对日媾和问题进行了会谈。其结果，英国同意了美国单独媾和的意见。

1950 年 4 月，杜鲁门总统任命杜勒斯为负责对日媾和事务的国务院顾问。杜勒斯任职后起草了对日媾和备忘录。①6 月 14 日，杜勒斯带着这个备忘录赴日，与麦克阿瑟、吉田茂磋商，后因美国内部意见分歧，该协议未能达成。

朝鲜战争促进了美国国内意见的统一。美军在朝鲜仁川登陆前夕的 1950 年 9 月 17 日，美国务院和国防部、参谋长联席会议之间达成了协议。但附加了条件：1. 在朝鲜战争局势有利于美国之前和约不得生效；2. 在签署和约的同时缔结美军继续驻扎和使用基地的条约；3. 不得否定日本的自卫权；4. 确立美国对北纬 29 度以南琉球群岛的统治权；5. 不得否定在日本国内发生骚乱时美军出动的权利。②这些附加条件，后来成为对日和约与安全条约的基本内容。

9 月 14 日，杜鲁门总统向远东委员会各国提示了《对日媾和七原则》③。1951 年 1 月 25 日，杜勒斯专程来日，导演了日本希望美军继续驻扎而美国则表示同意的一出把戏。在杜勒斯和吉田

---

① 杜勒斯的对日媾和备忘录的主要内容是：1. 对日的长远目标是把它培育成和平的、亲美反共的国家；2. 为防备共产主义分子的骚乱，建立强有力的警察军；3. 有步骤地废除占领体制；4. 不设对日的监督机构；5. 经济上不加限制，不加赔偿；6. 允许日本加入联合国；7. 在签署和约的同时，缔结安全保障条约。（正村公宏：《战后史》上卷，筑摩书房 1987 年版，第 327 页。）

② 历史学研究会、日本史研究会编：《讲座日本历史》第 11 卷，东京大学出版会 1985 年版，第 168 页。

③ 杜鲁门的《对日媾和七原则》是：1. 在对日交战国中达成一致意见并有缔结之意的国家可以缔结和约；2. 可以考虑日本加入联合国问题；3. 琉球和小笠原诸岛由美国托管，台湾、澎湖岛、南库页岛、千岛的归属，将来由美、英、中、苏决定；4. 关于安全保障问题，由日本和美国及其他国家继续保持协作；5. 订立新的通商条约之前，予以最惠国待遇；6. 缔约国放弃因战争引起的赔偿要求。7. 有关要求的纠纷，由特别中立法院加以解决。（历史学研究会、日本史研究会编：《讲座日本历史》第 11 卷，第 169～170 页。）

茂的会议中，杜勒斯对吉田茂说："如果日本希望，美国政府就要考虑美军继续驻扎在日本国内及其周围的问题。"[①]对此，吉田茂表示："衷心欢迎！"[②]这样就解决了美军继续驻扎日本的问题。同时为了使美军驻扎日本合法化，决定在保障日本安全的幌子下缔结日美安全条约。这既满足了美国的要求，又迎合了日本垄断资本的愿望。"经团联"等8个垄断资本家团体在向杜勒斯提交的《希望书》中，"希望根据日美相互协定，美军留驻日本"，并且表示"为此提供必要的基地"。[③]

三、重新武装日本

1948年初美国对日占领政策开始转变时，美国想重新武装日本。同年3月，凯南在向国务院提交的劝告中提出有限制地重新武装日本问题。10月在拟定《NSC-13/2号文件》时，陆军部就提出建立15万武装警察部队，但遭到国务院和麦克阿瑟的反对。因此把它改为"增强警察力量"。在日本，虽然彻底解除了武装，但企图重新武装日本的势力仍旧存在。

朝鲜战争的爆发，促使美国重新武装日本。1950年7月8日，美国通过麦克阿瑟指令吉田内阁立刻成立7.5万名国家警察预备队，并将海上保安厅人员增加8000人，拨给12亿日元军费。8月10日吉田内阁成立警察预备队。它是自卫队的前身，是穿警服的军队。吉田茂也承认，它"是和过去的警察不同的实力部队"。警察预备队的首要任务是对付国内人民，其次是代替开赴朝鲜战场的美军，守备美军的军事设施和军需物资仓库。海上保安厅人员在美国海军司令的指挥下直接参与了朝鲜战争。1950年10月至12月，海上保安厅的46艘舰艇和1200人前往朝鲜水域，和美

---

① 大江志乃夫等：《日本的历史——战后改革》第31卷，小学馆1977年版，第291页。
② 吉田茂：《十年回忆》第3卷，第30页。
③ 信夫清三郎：《战后日本政治史》第4卷，第1229页，劲草书房1968年版。

国海军一起进行了清理海面的工作。

警察预备队是美国转变对日占领政策的直接产物，但这并不意味着倒退到战前的军国主义。警察预备队是在铲除日本军国主义的基础上成立的。美国曾一度想利用厚生省复员局所属战史研究室的服部卓四郎等旧军人来建立警察预备队。而服部等人也有借此重新复活昔日皇军的倾向。他们计划建立陆军 20 个师30 万人，海军舰艇 15 万吨，空军飞机 3500 架，由天皇统帅这支军队。①因此，美国没有依靠他们，而是另起炉灶。这支预备队完全用美式武器装备，进行美式训练，由美军指挥。警察预备队实际上是附属于美军，为美国的远东战略服务的。在杜勒斯带来的《安全条约》草案中写道："在日本领域中发生敌对行为时，根据合众国政府的决定，警察预备队及日本的其他一切武装部队，将置于合众国政府任命的最高司令官指挥的统一司令部之下。"②

美国希望加快重新武装的速度和规模。1951 年 1 月，美国要求把警察预备队增加为 32.5 万人，但遭到日本的抵制。1951 年 1月杜勒斯来日商谈对日媾和时，吉田内阁向他提交了关于媾和的日方意见。在该意见中，日方接受了单独媾和、缔结安全条约等要求，但不希望重新武装。③其原因是新宪法否定重新武装，在野党和民众把它作为政治武器，反对重新武装。吉田茂认为，日本急速增加军备招来民众的反对，有利于在野党，会动摇保守党的统治。因此他对美国的重新武装持保留态度，同时吉田内阁倾向优先复兴经济，怕重新武装增加政府的财政负担，影响经济复兴。④结果双方妥协，吉田仅仅表示建立 5 万保安队（包括陆海），成立国家治安省。

① 秦郁彦、袖井林二郎：《日本占领秘史》下卷，第 40 页。
② 《朝日杂志》，1981 年 5 月 22 日号，第 24 页。
③ 历史学研究会、日本史研究会编：《讲座日本历史》第 11 卷，第 175 页。
④ 正村公宏：《战后史》上卷，第 317～318 页。

四、消除日美分歧

日美不仅在重新武装问题上，在其他问题上也有分歧。关于琉球、小笠原等领土问题，日本主张这些岛屿的主权归日本，美国只是租借。美国则坚持托管。关于美军继续驻扎日本和继续使用基地的问题，日本主张缔结平等的相互援助协定，而美国则主张缔结不平等的安全保障条约。就条约内容，美国主张把美军的具体特权写在条约文本上，而日本怕舆论谴责，主张不要写在条约文本中，写在行政协定上就行。[①]杜勒斯与吉田茂就这些分歧进行了讨价还价，杜勒斯寸步不让。吉田茂为了早日缔结和约、恢复独立，最后屈从于杜勒斯。而杜勒斯也只是在安全保障条约文本上不写美军在日享有的特权问题上有所让步，按吉田的要求以行政协定来处理。

美国在对日媾和中需要解决的另一个问题是和澳大利亚、新西兰、菲律宾等国的分歧。如前所述，菲律宾一直要求日本赔偿，对和约草案中没有明确规定日本的赔偿义务表示不满，并且十分警惕日本的重新武装。杜勒斯结束对日访问后，飞抵马尼拉，以许诺与菲订立相互防卫条约来拉拢菲放弃赔偿等要求，引诱菲参加对日和约。澳大利亚和新西兰要求增加限制日本军备的条款，并要求美国保证两国的安全。杜勒斯又飞抵澳，和澳新两国的外长会谈，以订立三国间的集体安全保障条约来引诱澳新参加对日和约。旧金山和会召开前夕的8月30日，美菲订立了相互防卫条约。9月1日，美澳新三国订立了澳新美安全条约。这样，菲澳新三国也放弃己见，准备参加对日和约。

在推进对日媾和中，美国与英国之间也有分歧。杜勒斯访问日本、菲律宾、澳大利亚、新西兰，把美国的媾和主张强加给它

---

① 历史学研究会、日本史研究会编：《讲座日本历史》第11卷，第176～177页。

们之后，回国起草了美国的和约草案。该草案有 22 条。但此时英国也提出了自己的媾和原则和 89 条组成的和约草案。在该草案中，英国提出了日本的战争责任、防止超国家主义团体的复活、限制日本军备、放弃核武器和生物化学武器的开发与使用、限制造船、监督重要原料的进口等问题。英国还主张请中华人民共和国代表参加对日和约，而美国则想请台湾蒋介石政权参加。为了解决这些分歧，杜勒斯于 6 月初飞抵伦敦，和英国外交大臣做了一笔交易。美国迫使伊朗在收回英国在伊朗的石油权益方面向英国做出让步，而英国则在请中华人民共和国代表方面做出让步。6 月 14 日，英美双方发表声明，既不邀请蒋介石又不邀请中华人民共和国，缔结和约后由日本自行选择和其中一方签订和约。吉田茂早就向杜勒斯保证不与中华人民共和国订立和约。至于其他问题，经杜勒斯说服，英国不得不放弃自己的和约草案。

7 月 12 日，美国和英国共同发表了对日和约草案。这一草案便是提交旧金山和会的最后一次草案。接着，7 月 20 日又向中国之外的对日交战国发出 1951 年 9 月 4 日在旧金山召开对日和约的请柬。

五、压制民众

美国在推进单独媾和的同时，为扫清其障碍，镇压日共和"全劳联"等反对单独媾和的进步势力。

1950 年 1 月 18 日，日本共产党召开中央委员会扩大会议，提出了反对单独媾和与争取独立、自由、和平而斗争的新任务。这便造成了美国推进单独媾和的障碍。于是，麦克阿瑟于 5 月 3 日发表攻击日共的反共演说。这是镇压日共的信号。6 月 6 日，麦克阿瑟指令吉田茂整肃德田球一等 24 名中央委员和候补中央委员。接着整肃《赤旗报》的 17 名编辑，用整肃军国主义分子的方法镇压日共。6 月 25 日朝鲜战争爆发，第二天麦克阿瑟就下令

封闭《赤旗报》。28 日又封闭日共的所有地方报刊。不仅如此，群众性的非党报刊，如《文化时报》《民主日本》《自由》也相继遭到封闭。截至 1951 年 7 月，被封闭的报刊竟达 1700 多种，编辑和发行人员也遭逮捕。

在这种情况下，日共成立临时中央领导部，德田球一等领导人立即转入地下。宫本显治和志贺义雄等于 9 月 1 日另立全国统一委员会。

接着"全劳联"遭镇压。1948 年 6 月"总同盟"退出"全劳联"后，留在其内的"产别会议"等工会，在艰苦条件下坚持斗争，反对侵朝战争，拒绝生产和运输军用物资。于是美军和吉田内阁以违反《团体等规正令》为借口，8 月 30 日取缔了"全劳联"。

与此同时，在政府机关和工矿企业中整肃"赤色分子"，共产党员及其同情者都遭到整肃。"日经联" 10 月 2 日发出关于排除赤色分子的指令，要求整肃以下几种人：1. 共产党员；2. 同情者；3. 秘密党员，包括脱党或被开除者；4. 曾同共产党有过联系者；5. 支持过共产党活动者；6. 有极左言论和行动者及阻碍公司业务者。他们首先下手整肃报社、电台的共产党员和进步人士 704 人。接着在电力、交通、煤矿等产业部门中继续整肃。据劳动省统计，截至 11 月下旬，在政府机关和私人企业中被整肃者竟达 12151 人。①

经过这次整肃，日共的主要领导人转入地下，党也被分裂了。1951 年底，"产别会议"会员锐减至 4.4 万人，它在工人运动中的影响也微不足道了。②

与此相反，"民同派"系统的工会在美占领军和吉田内阁的扶助下急剧发展。它们拉拢"总同盟"、海员工会、邮电工会、国

---

① 历史学研究会编：《太平洋战争史——旧金山媾和》第 6 卷，青木书店 1977 年版，第 267 页。

② 山崎五郎：《日本工人运动史》，第 397 页。

营铁路工会，于 1950 年 7 月 11 日成立了日本工会总评议会（简称"总评"）。11 月"新产别"也正式加入"总评"。"总评"罗致了 17 个工会 377 万会员，成为日本最大的工会。"总评"纲领规定"总评"维护和改善工人的劳动条件，提高其经济及社会地位，不许把工会当作夺取政治权利的行动部队，坚持以立宪的手段谋取政权。①

"总评"认为朝鲜战争是"由北朝鲜有计划的侵略暴行引起的"，并且支持美军的侵朝战争。②"总评"口头上反对整肃，行动上却支持，其所属电气产业工会支持公司整肃 2100 多名职工。这说明"总评"成立时就是分化工人运动的工具。"盟总"劳动科的布拉蒂得意洋洋地说，有人说总评是总司令部的工具，假使这是事实，我们将非常荣幸。

美占领军和吉田内阁对以日共为首的革命力量的镇压，扫清了对日单独媾和的最大障碍。

六、日本人民反对单独媾和、争取全面媾和的斗争

麦克阿瑟和吉田茂虽然镇压了日共和"全劳联"，但阻挡不住日本人民反对单独媾和、争取全面媾和的斗争。

1951 年 1 月 15 日，日本共产党、社会党左翼和劳农党联合其他民主团体，成立了由 115 个团体组成的全面媾和爱国运动协议会（简称"全爱协"），开展争取全面媾和的斗争。"全爱协"在斗争方针中提出"为了日本的和平和独立，全面媾和后占领军撤出日本"的要求③，在城乡开展"希望全面媾和""反对重新武装"的签名运动，征得了 500 万人的签名；并且发表《致杜勒斯特使的公开信》，向他提出"日本劳动人民大众最切实的希望是早日缔

① 大河内一男：《战后二十年史资料——劳动》第 4 卷，第 158～159 页。
② 日本工会总评议会：《总评十年史》，劳动旬报 1964 年版，第 224 页。
③ 大河内一男：《战后二十年史资料——劳动》第 4 卷，第 180 页。

结全面媾和”的严正要求。① “全爱协”的活动反映了日本人民的心声。

日本社会党于 1949 年 11 月召开中央执行委员会，通过了《关于媾和问题的一般态度》，即全面媾和、中立、反对提供军事基地的“媾和三原则”。1951 年 1 月 19 日召开第七次代表大会，又通过了《反对重新武装决议案》，把三原则进一步发展为“和平四原则”，附加了反对重新武装日本的条款。

“总评”支持社会党的“和平四原则”，在 1951 年 3 月 10 日召开的第二次代表大会上通过了“反对重新武装，坚持中立，反对提供军事基地，实现全面媾和，为保卫日本的和平和争取独立而奋斗”的行动纲领。在这次会议上，“总评”不再提出和美军合作，支持侵朝战争的问题。这表明，“总评”在争取全面媾和的斗争中有了新的进步。“总评”事务局长高野实把这一进步生动地形容为“孵的是鸡蛋，却孵出了鸭子”。

在“总评”的影响下，全日本汽车工会、全日本造船工会、私营铁路工会总联合、全日本港湾工会等产业别工会，相继接受“和平四原则”，开展了反对单独媾和的斗争。

在反对单独媾和、争取全面媾和的斗争中，日本工人阶级迎来了 1951 年的五一节。5 月 1 日，他们在芝公园举行了 1.5 万人参加的中央大会。大会一致通过了反对单独媾和与战争政策的抗议书，并向吉田首相和对日理事会提出全面媾和的要求书。

这时日本农民运动虽然陷于低潮，但美军扩大军事基地，强行征用农民耕地，激起了农民反对美军基地的斗争。这一斗争也是日本人民反对单独媾和的一个组成部分。1950 年 7 月召开的“日农”第四次全国代表大会（统一派）上，讨论了在鸟取县征用 169 町步农民土地的问题，坚决反对为战争征用土地。农村青年也进

---

① 信夫清三郎等：《现代反体制运动史》第 3 卷，青木书店 1960 年版，第 176 页。

行了反对单独媾和的斗争。

日本妇女也走出家门，积极参加这一斗争。1950年的三八妇女节，各界妇女1万多人在日比谷公园举行大会，发表反对军事基地、反对经济军事化的宣言。4月11日是妇女日，日本妇女举行中央大会，提出了全面媾和，反对重新武装的口号，反映了曾深受战争灾难的日本妇女的正义呼声。

日本的知识分子也投入了这一斗争。1950年1月，由知名学者组成的和平问题恳谈会发表《关于媾和问题的声明》，要求全面媾和，反对军事协定，反对提供军事基地，确保日本的中立。日本学术会议第六次会议也庄严宣布："今后绝不从事以战争为目的的科学研究。"① 由文化界人士组成的全面媾和谈话会也发表声明，表示了促进全面媾和的决心。

1951年2月在柏林召开的世界和平理事会第一次会议，发表了《柏林呼吁书》，坚决谴责重新武装日本的单独媾和，要求订立和约后占领军立即撤出日本。日本拥护和平委员会支持这一呼吁书，并把6月25日至8月15日定为和平月，开展了《柏林呼吁书》的征求签名活动，把反对单独媾和的斗争和争取世界和平的斗争结合起来。

处在美国军政统治下的冲绳和奄美岛人民展开了回到祖国怀抱的运动。冲绳县议会于1951年3月通过了要求冲绳回归祖国的决议。冲绳人民以社大党和人民党为中心，成立了促进回到日本的期成会和同志会，开展签名运动，征得了19.9万人的签名。奄美岛人民于1951年2月14日成立奄美岛岛民大会，开展绝食斗争，要求回到祖国的怀抱。

可是日本人民的斗争未能阻止美国对日单独媾和，因为这一斗争缺乏统一领导，美日统治阶级利用日本人民内部的矛盾，分

---

① 历史学研究会编：《战后日本史》第2卷，第53页。

裂日本人民反对单独媾和的斗争。例如 1951 年 7 月社会党、"总评"和宗教界和平运动协议会等成立了"日本促进和平国民会议"，召开 5 万人参加的和平国民大会。他们认为"武力绝不会带来和平，和平只有用和平的手段才能争取"①，拒绝和"全爱协"联合行动。美军和吉田茂内阁便利用这一矛盾，支持"日本促进和平国民会议"，压制"全爱协"，扩大两者间的矛盾，进而破坏两个组织结成统一战线。此外还由于侵朝战争给日本经济带来了繁荣，中小资产阶级和小市民阶层在斗争中表现动摇等原因，斗争未能成功。但是这次斗争却为反对旧金山体制的斗争打下了基础，成为 20 世纪 50 年代日本反美爱国斗争的新起点。

七、各国人民反对单独媾和、争取全面媾和的斗争

单独媾和还是全面媾和，这是两个阵营对立的产物。如果日本单独与美国等资本主义阵营的国家媾和，则必然加深与这个阵营的关系，与当时的社会主义阵营保持战争状态，甚至与它们处于敌对的关系，进一步激化两个阵营的矛盾和对立。因此，中国、苏联等社会主义国家都反对单独媾和。1951 年 7 月 12 日美英提出和约草案后，中国外长周恩来于 8 月 15 日授权发表《关于美英对日和约草案及旧金山会议的声明》，严正指出这一草案是"不能被接受的草案"，旧金山会议是"不能被承认的会议"②因为，"由美国一国包办了现在提出的这一对日和约草案的准备工作，而将大多数对日作战国尤其是中苏主要对日作战国家排斥于和约的准备工作之外。并由美国一国强制召开排斥中华人民共和国在外的和会，企图签订对日的单独和约"，"破坏日本与所有与它处于战争状态的国家缔结全面的真正的和约"，所以这一条约"并非真

---

① 辻清明：《战后二十年史资科——政治》第 1 卷，第 88 页。
② 世界知识社编：《日本问题文件汇编》，第 67 页。

正的和平条约"。①涉及领土主权问题时，周恩来外长说，和约草案"只规定日本放弃台湾和澎湖列岛"，"而关于将台湾和澎湖列岛归还给中华人民共和国"的问题"只字不提"，其"目的是为使美国政府侵占中国的领土台湾得以长期化"。②周恩来外长重申："中华人民共和国在南威岛和西沙群岛之不可侵犯的主权，不论美英对日和约草案有无规定及如何规定，均不受任何影响。"最后，周恩来外长再次声明："对日和约的准备、拟定和签订，如果没有中华人民共和国的参加，无论其内容和结果如何，中央人民政府一概认为是非法的，因而也是无效的。"③

8月27日，苏联政府也就对日媾和问题发表《苏联政府为对日和约问题再度致美国的照会》，主张对日的全面媾和，反对美国的单独媾和，反对日本的重新武装和军事基地化。

亚洲各国政府和人民也反对对日单独媾和。印度政府于8月25日表示拒绝参加旧金山和会，并且提议召开亚洲各国的对日媾和会议。缅甸政府也拒绝出席旧金山和会。缅甸报纸指责对日和约草案是"美日间的单独协定"④。

第四节　旧金山体制的建立

一、《旧金山和约》

美国不顾日本人民和苏联、中国及印度、缅甸等亚洲各国人民的坚决反对，1951年9月4日在旧金山悍然召开由52个国家参加的对日和会，9月8日签订《对日和平条约》，即《旧金山和

---

① 世界知识社编：《日本问题文件汇编》，第68页。
② 世界知识社编：《日本问题文件汇编》，第69页。
③ 世界知识社编：《日本问题文件汇编》，第73页。
④ 大江志乃夫等：《日本的历史——战后改革》第31卷，第296页。

约》，建立了旧金山体制。

这次和会是美国一手包办的单独和会。中国、朝鲜、越南等国被排斥在和会大门之外。印度和缅甸以及南斯拉夫拒绝出席会议。会上，苏联、波兰、捷克的代表坚持全面媾和，要求中华人民共和国的代表出席会议。他们就和约草案没有规定防止日本重新变成侵略国家的措施和外国军队撤出日本等问题提出了质问，并提出修改和约草案的新方案。美国根本不予采纳，不许提出任何修改意见。美国采取软硬兼施的手法，使 49 个国家在所谓的《对日和平条约》上签字。苏联、波兰、捷克代表拒绝签字。

《旧金山和约》共有 7 章 27 条。第一条规定："日本与每一盟国间之战争状态，依照本条约的第二十三条之规定，自日本与该国间所缔结之本条约生效时起，即告终止。"[1]可是，由于中国被排斥在外，印度、缅甸不出席，苏联、波兰、捷克不签字，占对日交战国人口 70% 的 12 亿人民尚未结束对日战争状态，和平条约并没有完全恢复和平，条约不具备媾和条约所应具备的第一个条件。

和约应该使日本恢复国家的主权，但《旧金山和约》却没有完全恢复日本的主权。第一条虽然写道，"各盟国承认日本人民对于日本及其领海有完全的主权"[2]，可是其第六条却规定，"外国武装部队依照或由于一个或一个以上的盟国与日本业已缔结或将缔结之双边或多边协定，而在日本领土上驻扎或留驻"[3]。这就是说，缔约后美军可以继续驻扎日本。这是对日本主权的公然侵犯。第三条规定："日本对于美国向联合国提出将北纬 29 度以南之西南诸岛（包括琉球群岛与大东群岛）、孀妇岩岛以南之南方诸岛（包括小笠原群岛、西之岛与硫磺列岛）及冲之鸟岛与南鸟岛

---

① 世界知识出版社编：《国际条约集》(1950～1952)，第 335 页，世界知识出版社 1959 年版。

② 世界知识出版社编：《国际条约集》(1950～1952)，第 335 页。

③ 世界知识出版社编：《国际条约集》(1950～1952)，第 337 页。

置于联合国托管制度之下,而以美国为唯一管理当局之任何提议,将予同意。在提出此种建议,并对此种建议采取肯定措施以前,美国将有权对此等岛屿之领土及其居民,包括其领海,行使一切及任何行政、立法与司法权力。"①这样,日本的部分领土继续被美国霸占着,日本的领土主权并未完全恢复。

美国在《旧金山和约》中有关领土问题上耍弄花招,只规定日本放弃曾侵占中国、朝鲜等国的领土,而不明确规定这些岛屿的归属问题。例如第二条乙项规定,"日本放弃台湾及澎湖列岛的一切权利、权利根据与要求"②;"日本放弃对南威岛及西沙群岛之一切权利、权利根据与要求"③;但却没有规定这些岛屿应归中华人民共和国,为制造两个中国设下伏笔。

至于日本的北方领土问题,《旧金山和约》规定,"日本放弃对千岛群岛及……库页岛一部分及其附近岛屿之一切权利、权利根据与要求"。④日本放弃千岛群岛、库页岛南部及其附近岛屿的规定是正确的,因为《开罗宣言》规定,日本"被逐出其以武力或贪欲所攫取之所有土地。"⑤

长达1万多字的《旧金山和约》只字不提防止日本重新变成侵略国家的问题,事实上允许日本重新武装,而且从1952年3月8日起,允许日本制造一些武器。对此,吉田茂表示满意。他说,对日媾和条约,对军备未加任何限制,"对日本的战争责任和无条件投降,不触及一言",是"公平宽大的和约"。⑥

---

① 世界知识出版社编:《国际条约集》(1950~1952),第335~336页。
② 世界知识出版社编:《国际条约集》(1950~1952),第335~336页。
③ 世界知识出版社编:《国际条约集》(1950~1952),第335~336页。
④ 世界知识出版社编:《国际条约集》(1950~1952),第335~336页。
⑤ 世界知识社编:《日本问题文件汇编》,第4页。
⑥ 吉田茂:《十年回忆》第3卷,第87、95页。

二、《日美安全保障条约》

在签署《旧金山和约》的同一天（9月8日），美国和日本又签订了《日本国和美利坚合众国间的安全保障条约》（简称《安全条约》）。《安全条约》是根据《旧金山和约》的第五、第六条订立的。第六条规定，"外国武装部队依照或由于一个或一个以上的盟国与日本业已缔结或将缔结之双边或多边协定，而在日本领土上驻扎或留驻"。①依此条款，理应撤走的美军，以保障日本的"安全"为名，继续驻在日本，而且把日本变成美军基地。因此，美国是先起草《安全条约》，然后草拟和约的。

《安全条约》由前言和五项条款组成。文字虽短，却给美国以无限期驻军日本领土及其周围的权利。该条约第一条规定："在和约和本条约生效之日，由日本授予、并由美利坚合众国接受在日本国内及周围驻扎美国陆、空、海军之权利。"②这样以法律条文明确规定日本为美军的军事基地。不仅如此，该条约又规定，美国驻军"镇压由于一个或几个外国之煽动和干涉而在日本引起的大规模暴动和骚乱"③。

该条约又规定，"未经美利坚合众国事先同意，日本不得将任何基地给予任何第三国，亦不得将基地上或与基地有关之任何权利、权力或权限，或陆、空、海军驻防、演习或过境之权利给予任何第三国"。④这就是说，由美国独占日本的军事基地和与之有关的权利。

这一条约的特点是只规定美国在日本的权利，而未规定美国对日本应负的义务。吉田茂也不得不承认，美国的态度是"不约定日本所要求的那种安全保障的义务。现在日本不具有自卫能力，

---

① 世界知识出版社编：《国际条约集》（1950～1952），第337页。
② 世界知识出版社编：《国际条约集》（1950～1952），第394页。
③ 世界知识出版社编：《国际条约集》（1950～1952），第394页。
④ 世界知识出版社编：《国际条约集》（1950～1952），第394页。

因此不会和没有自卫能力的国家缔结相互安全保障[条约]"。①换句话说，日本只有保障美军驻扎日本和提供基地的义务，而没有要求美国保障日本安全之权利。可见，《安全条约》并未保障日本的安全，只是保障了美国把日本变成其军事基地的权利。

根据《安全条约》规定的这种义务，同一天，吉田茂和美国国务卿艾奇逊以换文的形式互换照会，保证日本对美帝侵朝战争的支持和协助。艾奇逊致吉田茂的照会要求日本："当和约生效后，如果联合国一个或一个以上会员国家的军队正在远东参加联合国的行动时，日本将在日本境内和周围，对于一个或一个以上的会员国参加联合国行动军队的支援予以许可和便利。"②吉田茂致艾奇逊的复照中，只字不改地答应了艾奇逊的这一要求。

三、《日美行政协定》

订立《安全条约》后，为具体保证美军驻扎日本的事宜，1952年2月28日又签订了《日美行政协定》。这一协定是根据《安全条约》第三条签订的。第三条规定："美利坚合众国之武装部队驻扎日本国内及周围的条件应由两国政府之间的行政协定决定之。"③

《日美行政协定》共有二十九条。协定的第二、三、四条规定了美军有在日本的任何地方无限制地建立陆海空军事基地的权利。如第二条规定，"日本同意美国使用为实现安全条约第一条所规定的目的所必要的设施及区域"。④而且根据美军的要求"提供另外的设施及区域"。⑤不仅如此，美军在其军事基地附近的土地、领海及空间中拥有"维持、防卫及控制所必要的权利、

① 吉田茂：《十年回忆》第3卷，第117～118页。
② 世界知识出版社编：《国际条约集》（1950～1952），第353页。
③ 世界知识出版社编：《国际条约集》（1950～1952），第394页。
④ 斋藤真等：《战后日美关系资料》，第43页。
⑤ 斋藤真等：《战后日美关系资料》，第43页。

权力及职能"。①

协定的第五、六、七、八条规定，驻日美军享有优先使用日本的铁路、船舶、通信、电力、公共设施的权利。

协定又规定，驻日美军、文职人员及其家属，在日本享有治外法权。他们在日本国土上所犯的罪行，不受日本法律的制裁。可是，日本政府为了保护他们的"安全"，却要制定法令，采取措施。如日本人违反这一法令，就要依法惩处。

协定第二十五条又规定，日本政府每年负担驻日美军的军费1.55亿美元。

《日美行政协定》是丧权辱国的不平等协定，如不签订这一协定，美国在和约和《安全条约》中所规定的军事目的就无保证。因此，美国非常重视这一协定。美国参谋长联席会议主席布莱德雷声称，如不签订令人满意的行政协定，美国就不批准前两个条约。在美国的威胁下，吉田内阁把这一协定以内阁管辖的行政事宜为借口，不经国会批准，就通过行政手续公布生效。

四、《日台条约》

美国签订上述条约与协定后，又指使日本和蒋介石集团订立所谓的《对台和约》。

在日本国会批准和约与《安全条约》后，美国允许日本在台湾设立在外事务所（大使馆的前身）。12月10日美国政府派杜勒斯到日本，和吉田茂具体密谈对台和约问题。杜勒斯对吉田说，日本必须"同台湾政府缔结条约"，如果日本的意见"和美国的意见不同，美国即不得不重新考虑[对日本的]态度"。②这正如吉田所说，"美国怕日本独立后有接近北京政府的可能性，也就是说，在没有确证日本政府选择国民政府的情况下，批准条约是有困难

① 斋藤真等：《战后日美关系资料》，第43页。
② 信夫清三郎：《战后日本政治史》第4卷，第1375页。

的"①。吉田茂遵照杜勒斯的旨意，12 月 24 日给杜勒斯写了一封书信。②这就是《吉田书简》。书简攻击中国，保证继续支持和协助美国对朝鲜人民和中国人民的侵略战争，并向他再次保证"日本政府没有和中国共产党政权缔结两国间条约之意"③。书简对台湾的国民党政府表示"有缔结重新使两国政府间关系正常化条约之意。这一两国间的条约条款，对于中华民国来说，适用于中华民国现在统治和将来为入其统治之下的全部领域"④。这就暴露了吉田茂敌视中华人民共和国、支持台湾政权反攻大陆的本意。杜勒斯和吉田的会谈，加速了日本和台湾政权订立和约的步伐。

1952 年 2 月 17 日，吉田派河田烈去台北，和蒋方进行缔结和约的具体谈判。在谈判中，日方"承认'中华民国'是（中国的）正统政府"⑤，公然与中国人民为敌。经过紧张的策划，在 1952 年 4 月 28 日即对日和约生效的同一天，日本和台湾政权签订了所谓的《日华和平条约》，即《日台条约》。

这样，美国通过对日和约要达到的一系列目的均已达到。于是，1952 年 4 月 28 日，日本和美国等有关签字国交换了和约批准书，和约也从即日起"生效"。

五、旧金山体制的建立

美国与日本缔结和约后，美国占领军改名为驻日美军，"盟总"和"盟总"司令官也改名为驻日美军司令部和驻日美军司令官。远东委员会与对日理事会被解散。美国和日本之间占领和被占领的关系，在法律上改变为国与国的关系，美国不能以"盟总指令""一般命令""备忘录"及书信、口头指示等形式直接向日

---

① 信夫清三郎：《战后日本政治史》第 4 卷，第 1375 页。
② 这封信于 1952 年 1 月 6 日公开发表。
③ 辻清明：《战后二十年史资料——政治》第 1 卷，第 665 页。
④ 辻清明：《战后二十年史资料——政治》第 1 卷，第 665 页。
⑤ 日本外务省百年史编纂委员会编：《外务省百年》下卷，原书房 1969 年版，第 812 页。

本政府下达指令。这样，日本在法律上取得了独立，与签署和约的国家结束了战争状态。但是，美军以改头换面的形式继续驻扎日本，在政治、经济、军事上继续控制日本，并侵犯日本的主权和独立。而且与中国、苏联等国的战争状态尚未结束。根据《旧金山和约》《安全条约》和《日美行政协定》所建立的这种体制，被称作"旧金山体制"。

旧金山体制是美国转变对日占领政策的必然产物。通过这一体制，美国达到了推行单独媾和的预期目的。

和约的签订和生效，激起了中国人民和日本人民的反对。1952年4月28日美国宣布和约生效后，5月5日中国外长周恩来就发表《关于美国宣布非法的单独对日和约生效声明》，严正表示"对于美国所宣布生效的非法的单独对日和约，是绝对不能承认的；对于公开侮辱并敌视中国人民的吉田蒋介石'和约'是坚决反对的。"①这表达了中国人民的正义立场。

日本人民也抵制和反对《旧金山和约》和《安全条约》。1951年10月26日在众议院表决《旧金山和约》时，日本共产党、社会党左派、劳农党和民主党的议员47人投反对票，112名议员弃权或缺席，以示抵制；11月18日，参议院投票时，45名议员投票反对。对于《安全条约》，在众议院，71名议员投了反对票，100名议员弃权或缺席；在参议院，76名议员投了反对票。两个条约虽然在两院通过，但未能获得议员总数的三分之二的支持。日本人民在和约"生效"后，继续进行了反对美军继续驻扎日本、反对日本的军事基地化、反对重新武装日本、争取完全独立的斗争。

---

① 世界知识社编：《日本问题文件汇编》，第96页。

第十章　日本对中东的新政策

中东位于欧、亚、非三洲之间，石油资源丰富，是美苏两霸争夺的焦点地区之一。1973 年 10 月中东战争的炮声和阿拉伯国家石油武器的威力，打破了超级大国在中东制造的不战不和的沉闷局面，打击了以色列及苏美两霸。

阿拉伯人民的石油斗争，加剧了资本主义世界经济危机的发展，使资本主义制度的固有矛盾越发凸显。石油是日本工业的血液。1970 年日本能源消费量为 3.32 亿吨标准煤，占世界能源总消费量的 4.9%，是仅次于美国的第二能源消费国。石油在日本一次能源供给结构中占 74.9%，日本石油消费总量的 79% 作为原料和燃料用在产业和交通运输方面。但是，日本石油的自给率却为 0.3%，石油消费总量的 99.7% 依赖进口，其中阿拉伯石油占 43%，包括阿拉伯在内的中东石油占 83.7%，因此，石油战争对日本经济不能不说是一个威胁和冲击。日本政府为了摆脱困境，于 1973 年 11 月 22 日以官房长官二阶堂谈话的形式宣布了新中东政策，寻求出路。

新中东政策是日本在中东十月战争和所谓石油危机爆发后外交上采取的一个新步骤，在国际上产生了一定的影响。这里拟对这一政策的主要内容、产生原因及其政治意义进行初步的探讨。

第一节 新中东政策"新"在哪里

二阶堂的谈话是日本宣布实施新中东政策的开始，其主要内容是："我国政府认为，为了解决中东争端必须遵从下述各项原则：（一）不许以武力获得或占据领土；（二）以色列军撤出1967年战争的全部占领地区；（三）必须尊重这个地区内所有国家的领土完整与安全，并为此而采取保障措施；（四）当在中东实现公正而又持久的和平的时候，要承认和尊重巴勒斯坦人基于联合国宪章的正当权利。"接着，他宣布"我国政府对以色列继续占领阿拉伯领土表示遗憾，强烈希望以色列遵从上述各项原则。我国政府将以重大的关心继续注视中东形势，同时，将根据今后形势的演变如何，不得不重新研究对以色列的政策"。

当天，大平外相召见阿拉伯九国驻日大使，传达了日本对中东的这一立场，外务省次官法眼向以色列驻日大使通知了日本新中东政策的内容，并劝以色列撤出占领的阿拉伯领土。

1973年12月14日，日本外务省又以情报文化局局长黑田谈话的形式，敦促以色列撤回到10月22日停火线，指出这是以色列撤出1967年战争以来占领阿拉伯领土的第一步。

为了说明和实行对中东的新政策，日本接连派出特使和各种代表团访问中东，加强对中东国家的双边关系和经济援助。1973年12月，三木武夫特使带着田中首相的亲笔信，访问了中东七国。这是战后日本第一次向阿拉伯国家派出特使。1974年1月，政府又派特使小坂善本郎访问阿拉伯八国。四月，通产相中曾根出访中东四国。此外，日本还数次派遣经济代表团访问中东；自民党、社会党的代表团也先后访问了阿拉伯国家。与此同时，从1973年12月到1974年5月，叙利亚副总理兼外长哈达姆、阿布扎比

国务部长、沙特阿拉伯石油部长、阿尔及利亚工业能源部长和约旦王太子等也先后访问了日本。

1974年12月，三木组建新内阁。他在1975年1月召开的七十五届国会上发表的施政方针讲话中又重申"日本强烈要求有关国家执行联合国安理会《二四二号决议》。但是，这项决议在巴勒斯坦人的问题上，仅仅涉及难民问题。应该根据联合国宪章承认巴勒斯坦人的正当权利。而且，耶路撒冷问题，应该通过谈判求得解决。"此外，三木还在1月16日日本记者俱乐部午餐会上就外交政策问题发表了谈话，主张"产油国和消费国必须进行对话……我们对中东，不能采取对峙的态度。日本要在经济、技术方面，站在对方的立场上，尽可能地提供合作"。这些讲话表明，三木内阁继续执行田中内阁制定的新中东政策。

新中东政策"新"在哪里？与过去的政策有何区别？

过去，在表面上，日本对中东问题采取中立态度，同阿拉伯各国和以色列都建立外交关系，在历届联合国大会上对双方保持平衡，但实际上纵容了以色列，适应了支持以色列的美国的需要。1967年以色列发动侵略阿拉伯国家的"六五"战争后，联合国安理会于11月22日通过了英国关于中东问题的提案，即《二四二号决议》。这个决议既不区别侵略者和被侵略者，又把巴勒斯坦问题当成"难民"问题，实际上包庇和纵容以色列，并妄图以此迫使阿拉伯人民和巴勒斯坦人民放弃为收复失地、恢复自己民族权利而进行的正义斗争，要他们向侵略者妥协。当时，日本是安理会的议长国，带头投票赞成，为通过这一方案出了一把力。在此后的六年里，日本基本上维持这一立场，没有谴责过以色列，没有公开支持过阿拉伯人民和巴勒斯坦人民，因此，日本过去对中东的政策遭到了阿拉伯人民和巴勒斯坦人民的批评。大平外相也承认"受到了批评，说我国的这种态度未必是明朗的，是缺乏积极性的"。

新中东政策虽然没有完全超出安理会《二四二号决议》的框框，但与过去相比，有新内容，采取了中间偏阿拉伯的立场。正如田中首相所说，"采取了亲阿拉伯政策"。新中东政策"新"在以下几方面：

第一，明确谴责了以色列，支持阿拉伯人民收复被占领土的要求。二阶堂谈话强烈要求"以色列军撤出 1967 年战争的全部占领地"，宣布"我国政府对以色列继续占领阿拉伯领土表示遗憾，……将根据今后形势的演变，不得不重新研究对以色列的政策。"这是对以色列的明确谴责和公开的警告。三大特使在访问中东时也说，"以色列霸占阿拉伯领土达六年以上，应受到谴责"。他还说，"正义在阿拉伯方面"，"日本应当站在正义的一方"。

第二，把巴勒斯坦问题由"难民"问题提高为巴勒斯坦人的正当权利问题。二阶堂谈话中宣布，"要求承认和尊重巴勒斯坦人基于联合国宪章的正当权利"；当天日本内阁决定对巴勒斯坦人民提供五百万美元的援助，以表示同情和支持；三木访问约旦时，还亲自到巴勒斯坦人居住区进行访问。三木上台后，在施政演说中更明确指出《二四二号决议》在巴勒斯坦问题上的不足，认为它"仅仅涉及难民问题。应根据联合国宪章承认巴勒斯坦人的正当权利"。

第三，日本加强了与中东各国之间的双边关系。宣布新中东政策后使节往返频繁，经济"援助"和技术"协作"骤增。截至1973 年 3 月底，日本在中东的投资共有 6.06 亿美元（其中沙特阿拉伯和科威特占 5.85 亿美元）。但实行新中东政策后，日本对中东的贷款、投资在数月内猛增了几倍，而且几乎同所有的中东国家建立了双边的经济关系。

第四，面对阿拉伯石油武器，日本抑制了美国妄图拉拢日本和西欧共同体抗衡阿拉伯产油国的态度，主张双方对话和协商。三木在 1975 年 1 月 16 日的谈话中说："产油国和消费国必须进

行对话……消费国不应当聚集起来向中东施加压力。"

第二节　日本为什么采取新中东政策

日本的新中东政策是阿拉伯各国人民运用石油武器进行斗争，使日本经济受到严重威胁的产物。

当 1973 年 10 月阿拉伯人民奋起收复被以色列占领的领土时，阿拉伯各国驻日大使于 10 月 19 日要求会见大平外相，"希望积极支持中东战争中的阿拉伯立场"。对此，日本外务省于 10 月 26 日以口述记录的形式，重申了安理会《二四二号决议》的精神，表示"绝对反对靠武力扩张领土"，"阿拉伯各国想收复领土的愿望是可以十分理解的"。11 月 6 日，二阶堂官房长官发表谈话，还是重弹口述记录的老调，并呼吁苏美两霸为解决中东问题做出一切努力，把希望寄托在激烈争夺中东的美苏身上。11 月中旬基辛格访日，与田中、二阶堂、大平外相等就中东问题进行会谈。会谈后，二阶堂泛泛地说，"通过各种手段，进行外交上的努力"。可见，在十月战争爆发伊始，日本的态度仍与过去一样，对于以色列不予谴责；对于阿拉伯人民仅表示"理解"，不予支持；笼统地讲实施《二四二号决议》关于撤出占领领土的规定，回避先全面撤军还是先谈判后撤军（实际拖延撤军和部分撤军）这一阿、以双方争论的实质问题。

阿拉伯国家为了打击美国及其追随者对以色列的支持和保卫石油资源，决心使用石油武器，实行石油减产、禁运、提价等措施。10 月 17 日，阿拉伯石油输出国组织决定每月减产石油 5%，11 月 5 日进一步决定比 9 月份削减石油生产 25%，此后逐月再减 5%。日本进口石油的 40% 以上来自阿拉伯国家，减产石油和限制供应的措施对于依靠和掠夺中东廉价石油恶性膨胀起来的日本经

济不能不是一个威胁。但是由于对日本未实行禁运，日本国内尚有一定的石油储备，因而日本政府没有立即转变过去的中东政策。可是，与日本同属第二世界的欧洲共同体国家于 11 月 6 日发表了从中间偏阿拉伯的共同政策声明，改变了过去的中间偏以色列的立场。根据这一情况，阿拉伯国家本着区别对待的原则，于 11 月 18 日决定对除荷兰之外的欧洲共同体八国解除逐月减 5% 的措施。

与此同时，阿拉伯国家加紧对仍不改变中东政策的日本施加压力。1973 年 11 月 20 日，埃及的主要报纸在第一版刊登了"对日本采取更加严厉的态度"的标语，要求日本"明确对阿以纠纷的政策"。同日，阿拉伯石油输出国组织的主要成员国沙特阿拉伯的石油部长发表谈话，要求"日本对以色列采取包括断绝外交关系在内的制裁措施"。当天，参加阿拉伯石油输出国组织董事会议的日本阿拉伯石油公司经理水野从沙特阿拉伯回国，向田中首相告急。他说，如果日本在 11 月 24 日召开阿拉伯各国外长会议之前不改变对以色列的政策，握有阿拉伯石油输出国组织削减生产关键的沙特阿拉伯将[把日本]作为敌对国来对待，这"大致是确实的"，日本"政府面临必须在这几天内改变对以色列政策的极端紧迫的形势"。这就是说，日本如果再不谴责以色列，就会遭到阿拉伯国家向敌对国实行的石油禁运待遇。

严酷的形势迫使日本政府不得不从严重依赖阿拉伯石油的日本的国家利益出发，重新考虑对中东的政策。田中内阁在阿拉伯国家的压力及其区别对待的影响下，经紧急磋商，终于在 11 月 22 日宣布了对中东的新政策。正如英国《卫报》的文章所说，"日本被迫放弃骑墙的态度"。这是第三世界的阿拉伯人民运用石油武器进行的胜利，说明第三世界是推动历史车轮前进的动力。

新中东政策是日美在中东和石油问题上的分歧和矛盾的产物。

　　中东地区是美国垄断资本利益之所在。美国垄断资本控制了中东石油租借地的三分之二以及石油生产的54.8%、炼油能力的38.1%。在垄断中东石油的八家国际石油垄断公司中，美国占五家，其中四家皆属于美国最大、最有势力的洛克菲勒财团，而美国时任副总统洛克菲勒和国务卿基辛格就是这个财团的主要成员。中东石油是美国垄断资本营利的源泉，其利润高达18.5亿多美元，占美国石油利润的46.6%。美国中东政策的实质就是要通过支持以色列，达到控制和独霸中东石油资源的目的，以保证美国垄断资本，特别是洛克菲勒财团的利益。因此，在阿拉伯国家的石油武器面前，美国妄图把日本和西欧石油消费国捆绑在一起，采取共同对抗的态度。

　　然而，日本与美国不同。它虽然参加了国际石油垄断资本掠夺中东廉价石油的行列，但始终处于配角的地位。在第二世界人民力量不断壮大，美国日益衰退的20世纪70年代，日本采取了对话和协商的态度，不肯为美国火中取栗。而且日本和美国的能源结构也不同，在日本的一次能源供应中石油占74.9%，而其石油的43%来自阿拉伯国家；美国在一次能源供应量中自阿拉伯进口的石油只占2%。如果日本追随美国，对抗阿拉伯国家，必定遭到石油禁运的待遇，整个经济就会受到不可估量的损失。因此，日本不愿意也不可能完全追随美国。另一方面，美国垄断资本控制了日本石油企业总资本的67%、炼油能力的59%、石油制品销售额的53%，日本进口的石油80%以上都要通过以美国为首的国际石油垄断资本。因此，日美垄断资本之间不断地发生控制和反控制、转嫁与反转嫁等利害冲突。1973年10月在阿拉伯国家宣布减产5%、提价21%后，国际石油垄断资本对日本的石油供应削减10%～30%，提价30%。这就说明国际石油垄断资本不但把阿拉伯国家石油武器对它的打击转嫁到日本，而且从中谋取更多的利益。据统计，1973年10月至12月埃克森等四家国际石油垄

断资本共得利 16 亿美元，比 1972 年同期增长了 58%，其中很大部分是来自日本。因此，日本也想摆脱以美国为首的国际石油垄断资本的控制，直接与产油国发展双边的经济关系。这就是日本违反美国的意愿，自主地宣布新中东政策的经济根源。田中首相说："面对着石油这样一个重要问题，美国对以色列，有美国的立场。日本也有对阿拉伯的立场……日本与美国的立场不同。日本为了维护国家利益，对阿拉伯的政策，在措辞上就要有所不同。日本需要这样做。美国表示遗憾的心情，我是理解的。"这些话婉转地、清楚地道出了日美双方在中东和石油问题上的分歧和矛盾。而新中东政策则是这一矛盾的产物。

新中东政策是日本推行多边自主外交政策的新步骤。1972 年田中内阁上台前后，在尼克松的新经济政策和"越顶外交"的冲击下已发展为"经济大国"的日本提出了多边自主外交政策。这是资本主义发展不平衡规律和日美矛盾在外交上的反映。"多边"是针对过去向美国一边倒而言，"自主"是针对美国的从属而言，两者是一个政策的两个方面。但在日美"安全条约"依然是日本对外关系的基础的情况下，多边自主是相对的、有限的。1972 年日中邦交正常化是日本推行多边自主外交的第一步，而新中东政策则是多边自主外交的又一个新步骤。在日本宣布新中东政策前夕，基辛格于 11 月 14 日访日，田中在同他会谈时表示了"不得不在某种程度上倾向于阿拉伯方面"和向阿拉伯主要国家派遣政府特使的想法。对此，基辛格要求日本"慎重考虑"，采取"暂时静观"的态度，"希望包括日本的第三国克制新的活动"。基辛格还恐吓说，如果日本采取比现在更为亲阿拉伯的姿态，就会刺激美国犹太系势力，恐怕日美关系也会再次产生裂痕。日本在基辛格的压力下，一度有所动摇，但在阿拉伯石油武器的威力面前，还是违背美国的愿望，自主地宣布了新中东政策。据二阶堂说，"在发表这次谈话时，事前与美国（就其内容）没有谈过"。大平

外相也说，"这是按日本政府的判断而采取措施的事情，不是同美国协商决定的事情"。日本政府是在宣布新中东政策后才通过驻日美使馆通知了美国的。可见，新中东政策在某种程度上确实体现了日本外交的自主性。对于日本的新中东政策，美国国务院发言人发表谈话，表示遗憾。国务卿基辛格也认为，"日本如果屈服于阿拉伯的压力，发表靠拢阿拉伯的声明的话，就会中阿拉伯的计，其要求将会逐步升级"。但是，时代变了，美国一手完全控制日本的时代已经过去，美国的指挥棒对日本不大灵了。日本如此"得罪"美国，这是由资本主义发展不平衡规律所导致的。

新中东政策是日本垄断资本加强经济扩张、开展资源外交的组成部分。所谓资源外交就是 20 世纪 60 年代畸形、恶性膨胀的日本经济在 70 年代通过外交努力和经济扩张寻找新的、更多的资源，并保证这些资源稳定供应，其反映了日本经济结构的特点和垄断资本家的急切需求。田中执政两年多来，先后访问了东南亚、西欧、中美、北美、苏联、大洋洲等地，其主要目的就是寻找资源。在"石油危机"期间，三木和小坂特使接踵访问中东，与其说是"寻求实现中东和平的道路"（三木语），还不如说是为了争得石油的稳定供应。日本《产经新闻》评论他们出访的目的时说，"这些实权者共同的课题是'资源'问题"。田中首相也承认，"资源问题是我国外交的一个重要因素"，"为了保证石油和日本赖以保持其经济运转的其他原料的供应，必须加紧进行外交努力"。日本对中东的外交努力立即得到了阿拉伯各国的欢迎。1973 年 12 月 25 日阿拉伯石油输出国组织石油部长会议"决定以特殊方式对待日本，使它不受全部石油减产措施的影响"，把日本列为友好国家，从 1974 年 1 月起恢复 1973 年 9 月的石油供应水平。对此，中曾根通产相说："这个决定就是承认了我国派遣三木特使等对阿拉伯国家表示的诚意，我非常高兴。对给予这样关照的阿拉伯国家深为感谢。"

日本为了长期、稳定地进口中东石油，政府和垄断资本双管齐下，以伊朗、沙特阿拉伯、科威特、埃及等国为重点，签订经济、技术协定，输出资本、技术专家，大搞经济渗透。据不完全统计，在宣布新中东政策后数月内，日本给予中东国家的经济援助有：对埃及 2.8 亿美元，对伊朗 10 亿美元，对叙利亚 3000 万美元，对阿尔及利亚 4000 万美元，对约旦、苏丹、摩洛哥等1000～4000 万美元。仅几个月的投资、贷款等，就超过战后 28年的好几倍。这对日本垄断资本来说，起到了一箭双雕的作用，既能从资本输出中得利，又能保证稳定的石油供应。以往日本对中东只派过几名技术专家，现在仅向沙特阿拉伯就派了 100 多名专家，同时还接受它的研究生 300 余人。不仅如此，日本还借"回收"中东石油美元的方法，把中东国家和日本经济紧密联系在一起。这说明日本对中东的新政策本质上仍然是为垄断资本利益服务的。

总之，在日本采取新中东政策的原因中，阿拉伯人民的石油武器是根本的原因，它进一步加剧了日美在中东和石油问题上的分歧和矛盾，加速了日本推进多边自主外交和资源外交的步伐。

第三节　日本的新中东政策在国际关系中具有什么政治意义

中东国家是第三世界国家。中东问题的实质是苏美两个超级大国在这一地区的争霸，苏美争夺是该地区不得安宁的根源。中东的几次战争，说到底，就是美国、苏联争夺石油和战略要地的战争，是苏美与阿拉伯国家之间矛盾激化的表现。属于第二世界的日本，独立自主地实行新中东政策，有利于中东第三世界国家联合第二世界国家反对超级大国的斗争。

　　日本的新中东政策强烈要求以色列从"六五"战争中侵占的约 8.65 万平方公里的阿拉伯领土上全部撤出。日本宣布新中东政策后，11 月 28 日居美犹太人组织向日本驻美使馆提出抗议书，并组织反对日本中东政策的示威游行，要求日本重新考虑。11 月 25 日，以色列外交部亚洲局局长召见日本驻以大使，提交了抗议声明。声明说，"日本对以色列从全部占领地撤出的要求，……等于对以色列要求放弃保卫其存在和独立的权利"，承认巴勒斯坦人基于联合国宪章的合法权利，意味着"扼杀以色列"。声明表示，日本采取新中东政策是"我们做梦也没有想到的"，并要求日本考虑对中东政策，修正其诸原则。当时以色列最怕的是日本同它断交，而阿拉伯各国也为了在外交上孤立以色列，要求日本对以采取断交的制裁手段。在这种情况下，二阶堂的"将根据今后形势的演变如何，不得不重新研究对以色列政策"的谈话，对以色列是个将断交的威胁。因此，以色列外长"希望［日本］不要因屈服于石油禁运而与以色列断交"。美国财界犹太人也威胁日本，说什么如果日本与以色列断交，则与以色列友好的企业将抵制日本商品。《耶路撒冷报》也于 11 月 23 日发表以《日本的投降》为题的社论，攻击日本对中东的新政策。以色列如此强烈的反对，恰恰说明了日本的新中东政策影响到了美国盟友以色列。

　　新中东政策打在以色列身上，疼在苏美两霸的心上。美国在中东实施基辛格的穿梭外交，极力兜销"分阶段解决"的方案。这与以色列的分阶段局部撤军一脉相承。因此，新中东政策在政治上，无异是对美国的一击，而美国也怕这一击。另一个超级大国苏联也反对日本的新中东政策，说什么"东京的外交家时至今日在近东问题上仍在以阿拉伯国家为一方和以色列为另一方之间玩弄手腕"，妄图挑拨阿拉伯国家与第二世界日本的关系。其实，在中东玩弄手腕的是莫斯科的外交家。他们对阿拉伯国家打着"军事援助"和"经济援助"的幌子，输出资本，掠夺资源，牟取暴

利，以"友好合作"为名侵犯阿拉伯国家的主权，欲把中东变成苏联的新殖民地。其对以色列"假反对真支持"，输送大批苏联犹太人去以色列充当侵阿战争的炮灰。苏联的目的是要维持一个强大的以色列来威胁阿拉伯国家，迫使它们不得不依赖苏联的"援助"，从而加强苏联对它们的控制。苏联既不愿意阿拉伯国家的力量有一分壮大，也不愿意以色列的力量有丝毫的削弱。可是，日本对中东的新政策却打击了以色列，支持了阿拉伯人民。这当然不利于苏联在中东的霸权。

新中东政策是对阿拉伯人民恢复失地和巴勒斯坦人民争取民族权利的支持，它有利于阿、巴人民联合第二世界国家反对苏美和以色列。如前所述，新中东政策以谴责以色列的形式支持了阿拉伯人民和巴勒斯坦人民。《耶路撒冷报》的社论也承认日本的新中东政策是对阿拉伯人民的支持。阿拉伯人民对日本的新中东政策确实表示欢迎。阿布扎比石油工业部副部长说，"所有阿拉伯各国表示感谢"；黎巴嫩首相也表示欢迎；科威特也表示"日本对阿拉伯的政策为进一步加强阿拉伯与日本的关系有好处"，埃及各报都发表文章表示欢迎。1973 年 12 月 25 日，阿拉伯石油输出国组织石油部长会议基于日本对中东政策的变化，解除了对日本削减石油供应的措施，给予特别待遇。当时，阿拉伯国家对日本的要求是：一、同以色列断绝包括外交在内的一切关系；二、不要追随美国支持以色列；三、日本敦促美国迫使以色列撤军。第一点要求，日本没有做到，但第二、三点要求基本上做到了。三木特使回国后，转身访美，按阿拉伯的要求敦促了美国。这种努力虽然不能奏效，但是，对在中东和能源问题上偏袒以色列的美国不能不增加一分压力。这些都说明日本对中东的新政策支持了阿拉伯人民和巴勒斯坦人民的斗争。

日本的新中东政策，在石油问题上，是第二世界国家反对超级大国控制、威胁和欺负斗争的组成部分，有利于阿拉伯等第三

世界产油国的石油斗争和改变旧的经济秩序的要求。

中东问题的实质是石油问题，石油问题又和苏美争夺中东紧密地联系着。阿拉伯国家石油武器的运用是历史创举，大长了第三世界人民的志气，大灭了帝国主义的昔日威风。在石油武器的打击下，美国政府在 1973 年 10 月中旬一度被迫宣布从 11 月 1 日起对部分石油产品实行强制性的定量供应。这是第二次世界大战后美国第一次实行石油配给制。但是，美国不甘心失败。它除了威胁恫吓之外，试图谋求一个由美国控制的、包括西欧和日本在内的所谓石油消费国的"神圣同盟"，统一行动，加强合作，一起对抗第三世界产油国的石油斗争。为此，美国从 1973 年 12 月以来，不断地建议成立能源行动小组等国际能源机构，召开石油消费国会议，筹备国际能源基金，强化国际石油储备，共同开发能源，规定最低石油价格，节省石油消费，减少石油进口，不单独与石油生产国对话和发展双边贸易等等。美国的这些建议和活动，其目的主要是，联合第二世界石油消费国抗衡第三世界石油生产国，乘机加强对第二世界国家的控制和渗透。

针对美国的这些活动，第二世界的国家，特别是法国，进行了针锋相对的斗争。日本也从自身利益出发，对美国在能源问题上玩弄的种种花招持谨慎的态度，不轻易随声附和，在一定程度上进行了抵制和斗争。这表现在如下几个方面：

1. 1973 年 12 月，美国国务卿基辛格在伦敦建议成立石油消费国的能源行动小组。对此，二阶堂官房长官发表谈话说，"这个建议还存在着应该解释清楚的问题。正好是三木特使出访阿拉伯国家的时候，我国将注视这些国家的反应，从所有的角度慎重进行研究"，不予以支持。

2. 1974 年 1 月三木访美时，基辛格提出了召开石油消费国会议问题。三木就此提出了两点希望：（1）会议不要成为产油国和消费国对立的场所；（2）保证像美国那样能源对外依赖低的消

费国的主导权不要过大。这样，从侧面抵制了美国企图控制发达的石油消费国，以便对抗第三世界产油国的打算。

3. 在1974年2月石油消费国华盛顿会议上，日本始终坚持产油国和消费国对话和协商的原则。日本代表大平在会议上强调，"尽快实现同产油国的对话是最重要的，应该按照这一方向，尊重主要产油国的意向，并考虑发展中消费国的意向，进行最妥善的调整"；"关于石油价格标准问题，在现阶段，只在先进的消费国之间进行议论未必是建设性的，早日实现产油国参加的讨论是妥善的"。为此，大平建议成立产油国和消费国代表参加的联络组，具体筹备两者之间的会议，否定了美国提出的成立能源行动小组的意见。

4. 对于美国反对消费国与产油国直接对话和双边贸易的问题，日本坚持履行对于同产油国达成的双边协议的权利，逐步地、积极地发展双边贸易，取得了新的成果。日本的这种对话和双边贸易的态度，符合了阿拉伯产油国的要求，有利于第三世界人民保护自己的石油资源和改变旧的国际经济秩序的斗争，有利于日本逐步地摆脱国际石油垄断资本控制。1974年1月布迈丁对访问阿尔及利亚的小坂特使说，"日本的真正利益不在于美国，日美……是处于竞争关系"，并指明"不依赖国际石油资本的直接贸易是最终目标"。1974年1月访日的沙特阿拉伯石油部长也曾劝日本说："如果日本想得到中东石油的稳定供应，则同阿拉伯产油国签订供应石油的长期协定，这是解决日本能源的捷径。"这反映了阿拉伯人民在石油斗争中对日本的争取和希望，指明了日本解决石油稳定供应问题的方向。

5. 日本公开反对美国节约石油消费、减少进口的建议。当时的石油问题的主要焦点是石油价格问题。阿拉伯石油输出国组织根据形势的变化，取消了减产、禁运等措施，转为合理提价，使过去廉价的石油恢复了其应有的价格。这对美国垄断资本所获得

的石油利润是个沉重打击。对此美国大为恼火。代表世界最大石油财团洛克菲勒的基辛格绞尽脑汁炮制了压低石油价格的灵丹妙药，即节约石油消费，减少石油进口。他认为，石油危机是由于"需求的爆炸性增长超过了对供应的刺激而造成的必然后果"。因此，对石油需求的减少，必然引起石油供过于求，进而能压低石油价格。为此，基辛格建议石油消费国在 1975 年年底前每天少进口石油 300 万桶（相当于总进口量的 10%），在今后的十年内把石油的进口量限制到能源总消费量的 2%，并达成一项规定消费国限量目标的国际协议。1974 年 11 月，基辛格随福特总统访日时，极力兜售其建议，要求日本予以支持。但日本仅仅表示同情。日本外相木村说："每天减少几十万桶石油进口这种设想不适用于日本，那种设想是不适当的，所以我们没有同意。"中曾根通产相也当着基辛格的面就说："我国想以独自的方法加以推进。"这是因为日本石油消费量的 99.7%是靠进口，而美国只占 30%。基辛格的建议实质上是卡日本的脖子，日本反对它是理所当然的。

此外，新中东政策的实行也加强了日本在开发西伯利亚问题上对苏联讨价还价的力量。一些年来，苏联一直企图利用日本垄断资本的资金和技术来开发西伯利亚资源，增强苏联在远东和太平洋地区争霸的实力。但后来苏联出尔反尔，利用日本能源紧张的情况来压日本。在最初谈判开发西伯利亚秋明油田时，苏联说要供应日本4000 万吨石油，可是在 1973 年 8 月就降为 2500 万吨。1973 年 11 月中旬，苏联趁日本之危，拒绝以横田久生为团长的南雅库特原料煤开发访问团访苏，以施加压力。日本实行新中东政策和阿拉伯国家解除对其的石油供应限制后，日本对西伯利亚资源需求的迫切性相对减弱，因而提高了对苏讨价还价的实力。例如，对开发南雅库特原料煤，苏联要求日本投资 5.5 亿美元，日本则还价 3.9 亿美元，而且把煤的供应量从 500 万吨增加到 550 万吨。

最后我们必须指出，日本对中东的新政策仍具有局限性、不彻底性、软弱性和动摇性，和同属第二世界的法国相比更是如此。

日本反对超级大国控制、威胁和欺负的斗争是软弱的。作为多边自主外交的继续和发展的新中东政策，仍然以日美"友好合作"为基础，而且日本进口石油的80%来自中东，而以美国为首的国际石油资本控制了中东石油的90%；日本石油进口总量中阿拉伯石油占40%以上，而其中90%以上是通过国际石油资本运作。况且，国际石油资本控制和掌握了日本石油资本以及炼油、石油制品销售额的一半以上。因此，日本在石油问题上，既依存于美国，又依赖中东和阿拉伯国家，不敢与美国闹翻。正如田中首相所说，虽然实行新中东政策，"日本对美政策不变。不要以为日美关系变坏。我要明确地说，日美关系是不变的，是友好亲善的"。

新中东政策仍旧局限在安理会《二四二号决议》的框框之内，没有直接点名和区别侵略者和被侵略者，对阿拉伯、巴勒斯坦人民的支持是不彻底的。而且随着形势的发展还经常动摇不定。例如，在联合国大会投票表决《巴勒斯坦人民享有自决、独立和国家主权的不可剥夺的权利》和《巴勒斯坦解放组织以观察员身份参加联合国大会及其所属机构的活动》两个议案时，日本都弃权了。

日本的新中东政策充分体现了第二世界国家所具有的两重性。这是资本主义本性所决定的。日本对超级大国，特别是美国，有千丝万缕的联系和依从的一面，又有受超级大国控制、威胁、欺负的一面；对第三世界国家有一起反对超级大国的一面，又有对其剥削掠夺的一面。因此，新中东政策的"新"是相对的，是对比过去而言的。而且在经济上，新中东政策是为垄断资产阶级利益服务的，具有为摆脱战后空前深刻的经济危机向外经济扩张的性质。这就是新中东政策的阶级本质。

日本的新中东政策是第二世界国家反对超级大国控制、威胁和欺负斗争的组成部分，有利于阿拉伯等第三世界国家的斗争，

不利于超级大国推行的强权政治。因此，我们对日本的新中东政策在政治上表示赞赏。正如阿拉伯石油输出国组织石油部长会议声明所说，"希望日本政府珍视这一立场，继续对阿拉伯的事业采取公平正义的立场"。

附录一

日本与华盛顿会议

1921 年 11 月 12 日至 1922 年 2 月 6 日，美、英、日、法、意、中、荷、比、葡九国代表召开华盛顿会议。华盛顿会议是巴黎和会的继续和发展。它根据帝国主义各国力量的新对比，确定了战后帝国主义在远东及太平洋地区的统治秩序，从而完成了战后帝国主义重新瓜分世界的所谓"凡尔赛——华盛顿体系"。以下拟就这次会议中帝国主义各国，尤其是美国和日本为争夺这一地区霸权所进行的明争暗斗，加以剖析。

一、华盛顿会议召开的背景

在第一次世界大战中，日本趁欧美各国无暇东顾之机，占领胶州湾，攫取德国在山东的殖民权益，强迫中国接受"二十一条"，控制了中国的政治、经济、军事和外交大权，确立了在华的独霸地位。在巴黎和会上，美国曾和日本争夺远东及太平洋地区的殖民权益，但日本不肯让步，依然保住了在该地区的既得利益。

在强盗分赃战争方面，资本主义的一般规律是：谁最富最强，谁就发财最多，掠夺最多。美国在第一次世界大战中发财最多，成为世界上最新最强的帝国主义国家。但在巴黎和会上却未能按上述规律掠夺"战利品"，在和日本的争夺中，一时输给了日本。美国不肯罢休，要再次和日本争夺。这就更加激化了日美间的矛盾。美国要求召开华盛顿会议，其目的是：1. 限制日本的军备扩

张；2. 破坏日英同盟，联合英国，孤立日本；3. 打着"门户开放"的旗号，限制日本对中国的扩张，扩大自己对中国的渗透，4. 通过解决雅浦岛等问题，打入日本委任统治的南洋群岛。①

当时，英国也想召开美、英、日的三国会议，调整大战后的对外关系。英国在战争中消耗大，战后疮痍未复，它对美国向远东及太平洋的新扩张虽然心怀妒意，但恢复经济却需要美国的帮助，且对美国负有 55 亿美元的债务，因此不能不讨好美国。但这样势必开罪日本，日本会趁英国式微之际侵吞其在远东的殖民权益。于是英国以限制海军军备为名，召开三国会议，建立新的美、英、日三角同盟，以便维护其在远东及太平洋地区的固有地位和势力范围。这就使英美合伙召集了华盛顿会议。

起初，英国想要召开美、英、日三国会议。但美国主张召开六国会议，邀请中、法、意参加，因为这对美国有利：1. 可利用中国反对日本侵华，迫使日本交出在华的既得权益，以"支持"中国为名，向中国扩张；2. 可利用英、法在欧洲的矛盾，在亚洲牵制英国；3. 意大利为自身的利益，可能支持美国。结果，由英国出面，于 1921 年 8 月 11 日向五国发出了华盛顿会议的请帖。荷、比、葡等获悉此消息后也要求参加，于是 10 月 4 日又向这三国补发了邀请书。

美国发出邀请后，英、法、意等立刻表示应邀出席。日本却进退维谷，它如出席，则怕交出既得权益；不出席，又怕美、英联合对付它。而且在美国"维护世界和平"这块招牌的压力下，日本拒绝也会遭到世界舆论的谴责，它在无可奈何的情况下，不得不接受美国的邀请。

日本一面通过外交途径摸美国的底儿，一面力求会议只讨论裁军问题。至于远东及太平洋问题，则希望讨论冠冕堂皇的"门

---

① 雷蒙德·莱斯利·比尔：《华盛顿会议》，纽约 1922 年版，第 150 页。

户开放""机会均等"等一般性原则，不要涉及山东、满蒙等既得权益。

1921 年 11 月 12 日，华盛顿会议在几个大国主宰下开幕。周恩来当时曾指出："华盛顿会议中之主要角色，明显于外者，为五大强国，……至于关系太平洋事务，美日为最要，英次之，法又次之，而意为最后。此外若荷兰、若比利时、若葡萄牙等，不过为备员耳。而中国则又在似主似仆之间。"① 会议的议题有：1. 裁军问题；2. 远东（中国）问题。

二、裁军问题

华盛顿会议的第一个议题是裁减海军问题。争夺海上霸权，历来是帝国主义争霸世界的重要组成部分。帝国主义列强是在限制海军军备的幌子下争夺海上优势的。这次裁军会议虽有五国参加，但争斗焦点集中在日美之间。美国"必然要同日本展开太平洋的争霸战。这场战争已经准备几十年了。一切文献都谈到了这点。美国参战的真正目的就是准备将来同日本作战。大战后，双方处心积虑地扩充海军。美国扬言要建立"世界上……最强大的海军"②，并且拟订了 3 年内建造 16 艘战舰的海军扩军计划。日本也从 1920 年起着手实行"八八舰队"计划，到 1928 年将拥有新式主力舰 8 艘和新式巡洋舰 8 艘。而英国也要建造 4.2 万吨的主力舰。

帝国主义在争夺霸权时，都想靠武力吃掉对方，但是，在一时吃不掉对方时，就要用裁军的办法削减和牵制对方的武力，进而欺骗世界舆论。美国国务卿休斯在华盛顿会议开幕的那一天便提出了裁减海军的方案：1. 停止建造正在建造和计划建造的全部主力舰；2. 废除陈旧的现役军舰；3. 裁减时要考虑各国现有海

---

① 周恩来：《大西洋上之太平洋会议观》(1)，1921 年 12 月 20 日天津《益世报》。
② 雷蒙德·莱斯利·比尔：《华盛顿会议》，第 141 页。

军力量；4. 以主力舰作为测定海军力量的标准，补助舰艇则按主力舰的比例分配。①根据这一原则，休斯提出了各国在达成协议后3 个月拥有的主力舰吨位：美国——18 艘，500650 吨；英国——22 艘，604450 吨；日本——10 艘，299700 吨。②美日主力舰的比例是 10：6。他还要求日本放弃建造和正在建造的陆奥等主力舰的计划，废弃陈旧舰艇，其总吨位为 448928 吨。③

对此，日本全权代表加藤友三郎在 11 月 16 日的会议上对美国休斯方案提出三条修改意见：

1. 美日两国力量比例最低限度为 10：7；

2. 恢复陆奥、安芸两舰；

3. 航空母舰应与其他国家同等。④

但美国不肯让步，说 10：6 是对日最大限度的比例，"假如你们不同意美国方案，而坚持自己的主张，那么日本造一艘军舰，美国就造四艘"。

在日美争夺中，英国支持了美国。美国扩大海军，英国虽也感到是个威胁，但它无力和美国抗衡，所以不仅放弃了昔日的"双强标准"，还赞成裁减海军。这样，英国就会在数年内保持和美国同等的地位。而且日本海军力量的急速增长对它也是个潜在的威胁，因此要加以限制。

美国在英国的支持下，终于迫使日本接受了 10：6 的比例。但作为交换条件，日本要求美国在夏威夷、菲律宾、关岛，英国在香港、新加坡，维持海军基地的现状，不得增筑。美国赞许日本的退让和要求，但要求夏威夷不在其内。此刻，昔日盟国英国

---

① 日本外务省编：《日本外交文书——华盛顿会议军备限制问题》，外务省 1974 年版，第 64 页。

② 日本外务省编：《日本外交文书——华盛顿会议军备限制问题》，第 67 页。

③ 日本外务省编：《日本外交文书——华盛顿会议军备限制问题》，第 66 页。

④ 鹿岛守之助：《日本外交史——华盛顿会议及移民问题》，鹿岛研究所出版会 1971 年版，第 51 页。

却联合美国，也要求维持在小笠原、奄美群岛、冲绳、台湾、澎湖列岛、千岛等地的海军基地的现状。日本想方设法避开这一限制，以便增筑太平洋上的海军基地，将来在日美交战中占据有利地位。经双方的讨价还价，美国去掉夏威夷，加了阿留申群岛；而日本则不得已接受了美英的上述要求。至于主力舰陆奥，日本好不容易地保留了它，但美英也相应地换了几艘主力舰。经过两个多月的明争暗斗，五国终于达成暂时妥协，1922 年 2 月 6 日签署了《关于限制海军军备条约》。该条约规定，各缔约国主力舰替换总吨位按照标准排水量计算，不得超过如下数字：美国——52.5 万吨，英国——52.5 万吨，法国——17.5 万吨，意大利——17.5 万吨，日本——31.5 万吨[①]，美、英、日、法、意的主力舰总吨位比例为 10∶10∶6∶3.5∶3.5。这一比例意味着英国业已丧失了海上优势，日本的扩军备战也遭到打击，反映了五国力量的新对比。

至于潜水艇问题，由于各国各怀鬼胎，争论更烈。英在大战中饱尝德潜艇的苦头，因此英代表贝尔福坚决要求裁减。而法国无力建造大型主力舰，为保存海军实力，要求拥有 9 万吨潜艇。美国为了对付日本，不肯"割爱"。终于，潜水艇问题毫无结果。补助舰也照此办理，不加任何限制。会后，签字各国便抓住机会，心照不宣地竞相建造潜水艇和巡洋舰等补助舰。这就说明，所谓裁军事实上成了新的军备竞赛的催化剂。

三、远东问题即中国问题

华盛顿会议的第二个议题是远东问题。所谓远东问题实际上就是中国问题。大战后，日本企图独霸中国，美国则要求"机会均等"，而英国想要维持其既得利益，这样，大战前的日俄争夺中国又被日美的争霸所代替。

---

① 《国际条约集》（1917～1923），世界知识出版社 1961 年版，第 738 页。

　　中国问题是从 1921 年 11 月 16 日起在太平洋及远东问题总委员会上开始讨论的。会议伊始，休斯就要求开放中国门户，并说："日本是站在其门户的门口。"①弦外之音是要日本开放中国的门户。会议首先讨论开放门户的一般性原则问题。美国代表鲁特提出了关于中国问题的四项决议草案。根据该草案第三、四条的规定，列强要维持各国在中国境内之"工商业机会均等原则"，不得利用现状谋求特别权利或特别利益，致剥夺友邦公民在中国之权利。并不得为有害此等友邦安全之行动"②。这充分反映了美国力求打破日本在华优势地位的决心。翌年 1 月 16 日，美国国务卿休斯又提出了新的四项决议草案。其第四项写道："凡现存某种让与权之任何条款，似与其他让与权之条款，或与上述协定或声明之原则相符者，可于审查部成立后由当事国递交该部，冀得平等的圆满解决。"③这遭在场的法国、英国，尤其是法国的反对。法国代表说，"第四条危及既得的权利"，"改正既定契约甚不当"④。英国也通过加拿大代表提出了取消该条款的意见。日本不敢公开反对，只好口头上赞同，但行动上却寸步不让。日本政府曾在对其全权代表的训令里指示，要坚决维护日本在山东的既得利益、"二十一条"规定的特权和关东州租借地及南满铁路的现状；对于取消领事裁判权、撤出驻华军队、废除势力范围和收回关税自主权等问题，在附加中国不易接受的条件后可表示赞同。⑤这便表明了日本坚持其在华殖民特权的态度。

　　山东问题是中国要在会议上解决的主要问题。日本接到出席华盛顿会议的邀请后，怕中国把该问题提交大会，所以引诱中国和日本直接交涉。但其被中国拒绝，并把该问题提交大会。可是，

---

　　① 鹿岛守之助：《日本外交史——华盛顿会议及移民问题》，第 117 页。
　　② 鹿岛守之助：《日本外交史——华盛顿会议及移民问题》，第 93～94 页。
　　③ 鹿岛守之助：《日本外交史——华盛顿会议及移民问题》，第 109 页。
　　④ 周守一：《华盛顿会议小史》，中华书局 1923 年版，第 158 页。
　　⑤ 根津正市著：《日本现代史》第 4 卷，三一书房 1968 年版，第 93～94 页。

美国和英国却反对把山东问题放在太平洋及远东问题总委员会上讨论，说什么关于山东问题《凡尔赛和约》已有规定，与会各国都有执行它的义务，表示支持日本直接交涉的要求。休斯和贝尔福11月25日和日本的全权代表加藤友三郎（海军大臣）密谋，向他透露了此意。加藤立即表示同意。中国全权代表施肇基、顾维钧等蒙骗中国人民，以"不伤英美感情"为理由，同意和日本直接谈判。中日谈判从12月1日开始，英美亦派观察员参加。谈判的焦点是胶济铁路问题。日本要求中国借用日本贷款赎回胶济铁路，其目的是以贷款为诱饵，由日中合办该铁路，但仅给中国合办的空名，实权却由日本控制。双方僵持不下，谈判于12月20日中止。这时，梁士诒当了北京政府的内阁总理。北京政府急需财源，于是，日本通过驻华公使小幡，以9000万元的贷款去引诱梁和北京政府。北京政府表示同意接受贷款，但这一阴谋却为中国人民识破未能得逞。于是，休斯和贝尔福亲自出马调停。结果在1922年2月4日中日双方签署了《关于解决山东悬案的条约》。条约规定："日本应将胶州德国旧租借地交还中国"，并规定日本应撤退军队与宪兵；将铁路及附属产业归还中国；中国宣布将胶州湾辟为商埠等。[①]这样，日本就被迫放弃了独占山东及胶州湾的权利，但这并不意味着中国完全收回山东主权，它说明了美、英已坐收渔人之利。

至于"二十一条"问题，中国代表要求在太平洋及远东问题总委员会上予以解决。但休斯和贝尔福却迟迟不让大会讨论。到了12月14日，休斯突然授意中国代表向总委员会提出该问题。原因是当时美日双方在裁军问题上争吵时，为逼日本让步，美便以支持中国取消"二十一条"的要求相要挟。然而，当美国一达到目的便要求该会主席中途休会，对"二十一条"也只字不提了。

---

① 黄月波等编：《中外条约汇编》，商务印书馆1935年版，第227～228页。

对此，日本也采取拖延政策。到华盛顿会议即将结束时，美日又进行幕后交易。2月4日，日本代表币原喜重郎宣布："日本预备将让与日本资本独享之选择权：（一）建筑满洲南部及内蒙古东部铁路之借款权；（二）以此等地域内之租税为担保之借款权，开放与新近组织之国际财团共同经营。……第二，此项中日条约中关于南满洲之政治、财政、军事、警察事项，中国约定聘用日本顾问或教练员，日本对于此种优先权，并无坚持意思。"对于"二十一条"中第五项要求的保留，"现日本预备撤回此项保留"①。这样，日本就事实上放弃了臭名昭著的"二十一条"。但这却为美国向中国扩张打开了方便之门。

华盛顿会议根据对中国的一系列决议和条约，起草了关于中国问题的《九国公约》，2月1日得到全体会议成员的承认，2月6日正式签字生效。该公约规定："施用各种之权势，以期切实设立并维持各国在中国全境之商务实业机会均等之原则"，"缔约各国协定，对于各国彼此人民间之任何协定，意在中国指定区域内设立势力范围，或相互设有独占之机会者，均不予以赞助"②。这样，美、英等列强以"门户开放""机会均等"的侵略原则，打破了日本在第一次世界大战中独霸中国的局面。毛泽东曾经指出："第一次世界大战曾经在一个时期内给了日本帝国主义以独霸中国的机会。但是中国人民反对日本帝国主义的斗争，以及其他帝国主义国家的干涉，使得经过那时的卖国头子袁世凯签了字的对日屈服投降的条约"二十一条"，不得不宣告无效。1922年美国召集的华盛顿九国会议签订了一个公约，又使中国恢复到几个帝国主义国家共同支配的局面。"③

① 复旦大学历史系中国近代史教研组编：《中国近代对外关系史资料选辑》下卷第一分册，上海人民出版社1977年版，第43～44页。

② 《国际条约集》（1917～1923），第767～768页。

③ 毛泽东：《论反对日本帝国主义的策略》，见《毛泽东选集》合订本，人民出版社1967年版，第129页。

四、《四国条约》的签订与日英同盟的终结

华盛顿会议的第三个议题是《四国条约》。这虽不是这次会议的正式议题，但和废除日英同盟有直接关系，因而引起了争吵。1902 年订立的日英同盟，经三次延长和修订，成为日本对外扩张的有力后盾。大战后，日本依然希望继续维持日英同盟关系，因为它对日本仍有很大的好处：可"联英抗美"，又可防美联英，避免孤立；以维护英在华权益为名，扩大在华的殖民权益。[①]英国一直利用盟国日本，抵挡俄、德势力向中国扩张。但在第一次大战后，同盟关系已失去了对付俄、德的现实意义。而且在日美矛盾日趋激化的新形势下，它的继续存在已成为美国的一大威胁，因此美国早就希望搞垮日英同盟。在英帝国内部也对日英同盟议论纷纷。1921 年 6～7 月召开的英联邦会议上，加拿大、印度等力主废除，新西兰、澳大利亚为防止日本的"南侵"则主张维持。英国政府认为，大战中日本势力在亚洲膨胀，已有独霸中国之势，若英国放弃同盟，它在华的殖民权益难免被日本侵蚀，因此想暂时维持对日的同盟关系。同盟条件到 1921 年 7 月 13 日期满，日英双方均表示条约继续有效。[②]尽管延长了条约有效期，但英国却逐渐疏远日本。这是因为美国极力反对，英国怕得罪美国，可是又不敢完全丢弃日本，因为在英美发生冲突时尚可利用它。英国首相乔治和英国全权代表贝尔福想出两面讨好、从中取利的方法，即以美、英、日的新条约取代日英间的同盟条约。日本也无可奈何，只能表示同意。

1921 年 11 月 26 日，英向美提出了英、日的上述意见。美国看透英日的意图，建议法国也参加该条约，以便打消新条约所具

---

① 鹿岛守之助：《日本外交政策的历史性考察》，鹿岛研究所出版会 1959 年版，第 356～357 页。

② 鹿岛守之助：《日英外交史》，鹿岛研究所出版会 1959 年版，第 420～423 页。

有的日英同盟的旧痕迹。在双方僵持的情况下，12 月 6 日英、日均表示同意美国建议。至此，英、日的企图被打破，美国反而掌握了主动权。12 月 8 日，美国国务卿休斯抛出了《四国条约草案》。草案的主要内容是：缔约各国间就太平洋上的岛屿属地及领地发生纠纷时，请其他缔约国召开联席会议加以解决；本条约生效后，日英同盟自然失效。[①]根据这一草案，美、英、日、法四国于 12 月 13 日签订了《四国条约》，规定条约开始生效后，"1911 年 7 月 13 日英国和日本在伦敦缔结的协定应予终止"[②]。这样，美国便切断了持续二十年的日英同盟关系，在美、英、日的三角关系中，逐渐把英国拉到自己一边，进而孤立了日本。这就为美国和英国建立华盛顿体系打下了外交基础。

综上所述，在华盛顿会议上，美国达到了预期的目的，英国也实现了维持现状的愿望，唯独日本在中国人民的反帝斗争和列强的争夺，尤其是同美国的争夺中不得不吐出掠夺来的一部分既得权益。但是，华盛顿会议建立起来的帝国主义列强重新瓜分中国及太平洋地区的统治秩序，即凡尔赛——华盛顿体系，是列强以牺牲中国等弱小民族为代价所达到的暂时妥协，它没有消除帝国主义之间的矛盾，反而由于分赃不均更加剧了矛盾。日本和美国等列强争夺中国及太平洋霸权的斗争是不可调和的。时隔 19 年，即 1941 年 12 月 8 日在日本和美国、英国间终于爆发了争夺太平洋地区霸权的战争。

---

① 鹿岛守之助：《日本外交史——华盛顿会议及移民问题》，第 153、157 页。
②《国际条约集》（1917～1923），第 738 页。

附录二

日本与德意的《防共协定》

一、日本与德意签订《防共协定》的背景

众所周知，1895 年中日甲午战争后，德伙同俄、法，迫使日本吐出战争中攫取的辽东半岛，相互争夺在华权益。在第一次世界大战中，日向德宣战，攫取德在山东的权益，瓜分太平洋上的德属岛屿，并且在凡尔赛会议上制裁过德国。

可是，曾经相互厮杀的两国为什么在 20 世纪 30 年代结成同盟？日德两国都是军事、封建的帝国主义，进入资本主义较晚。当它们进行对外扩张时，世界几乎被英法等老牌殖民帝国瓜分完毕，因此只好用武力和它们重新争夺和瓜分世界。对此，日本外交史权威鹿岛守之助直言不讳地说道："若把世界分为'持有[殖民地]国'和'不持有[殖民地]国'，我国和这次缔结协定的德国、意大利则同属后者。要和这些国家相互合作，重新分配殖民地和资源。"[①]这就是日、德、意结成同盟的历史根源。但这一同盟之所以在 30 年代结成，是因为帝国主义各国的发展在此时出现了新的不平衡。如果以 1929 年几个主要资本主义国家的工业产量为100，那么到1936 年，美国是 88.1，英国是 115.9，法国是 79.3，日本是 151.1，德国是 106.3。斯大林说："各个帝国主义集团间

---

① 鹿岛守之助:《鹿岛守之助外交论文集》第 9 卷，鹿岛研究所出版会 1972 年版，第224 页。

势力范围的旧的划分常常和世界市场上新的力量对比发生冲突，为了在势力范围的旧的划分和新的力量对比之间求得'平衡'，必须用帝国主义战争来周期性地重分世界。"所谓旧划分，就是按照第一次世界大战后的力量对比瓜分殖民地的凡尔赛——华盛顿体系。20 世纪 30 年代初席卷资本主义世界的经济危机，缩短了重新瓜分世界的这一周期性，新膨胀起来的日本和德国要结成同盟，打破旧体系，按新的力量对比重新瓜分世界。

在东方，1931 年 9 月日本悍然侵占中国东北，冲破华盛顿会议强加给它的《九国公约》，打响了打破旧体系的第一炮。这便加剧了日本和欧美列强争夺中国的矛盾。1933 年，由英、美、法操纵的国际联盟"谴责"日本对我国东北的侵略。于是出席会议的日本代表当即退出会场，以示"抗议"。接着，3 月 27 日日本退出国际联盟。日本退出国际联盟后，在国际上空前孤立，因此极力寻找新的同盟者，以便加强抗衡欧美列强的力量。日本国际协会太平洋问题调查部在《东亚新秩序和日本外交政策》中承认，"满洲事变的结果，日本遭到各国的反对，不得不退出国际联盟。其结果陷入孤立。可是孤立政策不仅违反日本外交的传统，而且不能保障国家的安全。因此，日本再次要在世界强有力的国家中寻找朋友"。"在欧洲，德国希特勒以打破《凡尔赛和约》为目的而登台。这样一来，日本和德国都发现它们在思想和政策上处在相近的地位。"[1]因此，日本退出国际联盟时，外务省欧亚局长东乡茂德在提交广田外相的《退出国际联盟后帝国对欧美的外交方针》中提议："在日德关系上，利用极右党（指纳粹党——笔者注）掌权的机会，努力使它了解我国在远东的立场，同时促进日德学术文化的接触和了解，以便把德国引到我方。"[2]根据这一方针，1934 年 6 月成立日德协会和旅德日本人协会，11 月在京都成

---

① 《日本外务省档案（1868～1945）》，SP145 卷，SP241：第 40 页。
② 日本外务省百年史编纂委员会编：《外务省百年》下卷，第 385 页。

立日德文化研究所等学术团体。同时，1934 年和 1935 年，日本多次派海军舰艇访问德国，以示对德的好感。

德国是最强大最先进的资本主义国家之一，它不能忍受《凡尔赛和约》，德国本身是个帝国主义国家，同时又是一个被征服了的国家，所以它必然寻找同盟者来反对全世界的帝国主义。1933 年希特勒上台伊始就开始寻找同盟者。他首先从日本退出国际联盟中看出日本是德国的伙伴。因此，1933 年 10 月 18 日，即德国退出国际联盟的前一个星期，作为退出国际联盟的外交准备，希特勒指令德驻日大使努力改善和发展日德关系，如日本要求承认"满洲国"，则以经济代价为前提，可以承认。由此可见，日德两国从退出国际联盟时开始，逐步走上了结成同盟的道路。

当时，裁军和扩军问题突出地反映了帝国主义之间的矛盾与争夺。日德为重新瓜分世界，积极扩军备战；而英法美却迫使日德裁减军备，以便削减对方的军事力量。因此日德在扩军问题上采取了共同行动。日本于 1934 年 12 月 29 日决然废弃 1922 年 2 月签订的华盛顿海军裁军条约，公然进行扩军备战。德国于 1935 年 3 月悍然宣布《凡尔赛和约》中关于解除德国武装的条款无效。德国的这种行动，显然受到了日本的影响。当时德国报刊公然宣称："日本认识到，迄今认为妥当的各国间和两国间的诸条约，如国际联盟、凯洛哥公约、日内瓦条约等，丝毫不能维护国家权益，因此，今后应站在正确立场上进行行动。从这事实中，我们应该认识到各种形式的自主防卫的必要性，并做好对它的精神准备。我们要武装到像大战时期一样，不，比那时武装得更为强大。"[①]德国在西方配合日本，利用英国的"扶德抑法"和绥靖政策，公然建立空军，实行兵役制，把陆军扩充到 36 个师 50 万人。同时，和英国订立海军协定，建立海军舰队。到 1936 年，德国着手实行

---

① 奥特·佐默尔：《纳粹德国与军国日本》，时事通信社 1971 年版，第 68 页。

扩军 4 年计划；而日本退出伦敦海军裁军会议。这样，日德两国突破了限制它们扩军备战的种种障碍，在重整军备问题上携起手来了。

意大利在世界上所处的地位也和日德相似。它虽然是第一次世界大战的战胜国，但在凡尔赛会议上分赃甚少，因此对凡尔赛体系不满，要求重新分割世界。它于 1935 年 10 月举兵侵入埃塞俄比亚，走上侵略扩张的道路。对此，法国纵容讨好，英国患得患失，都没有采取果断措施。这既壮了墨索里尼的胆，又使希特勒从中看出英法间的矛盾及其软弱态度。于是，希特勒于 1936 年 3 月下令德军侵占莱茵非军事区，撕毁《洛迦诺公约》，打破《凡尔赛公约》对德的一切限制。希特勒 3 月 31 日在汉堡以胜利者的姿态宣称，"凡尔赛的精神已经被摧毁了"。

1936 年 7 月，西班牙的佛朗哥发动反革命政变。德意支持佛朗哥，公然干涉西班牙内战，以便冲破英法在欧洲的侧翼，造成对英法的战略包围，进而争夺地中海和北非地区。这一联合行动促使德意结成轴心。这年 10 月，德意签订秘密协定，在协定中德承认意侵占埃塞俄比亚，意支持德兼并奥地利，并划定双方在巴尔干和多瑙河流域的势力范围。这样，德意结成柏林——罗马轴心。

意大利跟德国结成轴心后，希望和日本订立协定。为此，意大利在沈阳开设总领事馆，事实上承认了伪满洲国。随即日本也在埃塞俄比亚设总领事馆，承认意侵占埃塞俄比亚。可是，日本认为和意缔结协定为时尚早，不准备立即订立。因为这时英意在地中海的矛盾与日俱增，日本怕日意结盟会刺激英国，加剧日英矛盾。七七事变后，日本在国际上更加孤立，但意积极声援日本，在布鲁塞尔召开的九国公约国会议上替日本辩解，并且停止向中国输出武器。①不仅如此，墨索里尼还表示，"如有必要，意大利

---

① 堀内谦介监修：《日本外交史》第 21 卷，鹿岛研究所出版会 1974 年版，第 87 页。

为支援日军，可派军队"①。这对日本是极大的支持。于是，日本于 10 月 20 日同意和意签订《防共协定》。

希特勒获悉日意订立协定的消息后，22 日指派里宾特洛甫飞抵罗马，和意外长齐亚诺会谈意参加《防共协定》的问题。里宾特洛甫对齐亚诺说："为了戒备和西欧列强的不可避免的冲突，德意有必要缔结军事同盟。"②齐亚诺同意里宾特洛甫的意见，要求参加日德订立的《防共协定》。11 月 6 日意加入该协定，12 月 11 日退出国际联盟，又一次冲击了凡尔赛——华盛顿体系。

这样，远隔重洋的日本和德意在退出国际联盟、废弃裁军条约、扩大对外侵略的行动中，彼此感到对方是风雨同舟的"伙伴"，最后结成同盟。

二、日德的对苏政策及《防共协定》的虚实

《防共协定》缔约三国都是法西斯国家。法西斯的一大特点是猖狂反苏。它们在协定中，以极其恶毒的语言攻击和诬蔑苏联和共产国际；在军事上规定，缔约国的一方与苏联处在临战或交战状态时，"缔约国的另一方不得采取在效果上足以减轻苏维埃社会主义共和国联盟负担的一切措施"③。这是它们长期反苏的继续。日本早在 1918 年就侵入苏俄的远东地区，妄图消灭新生的社会主义国家。九一八事变后，陆相荒木贞夫、参谋次长真崎甚三郎等竭力主张攻打苏联，并狂叫 1934 年前做好侵犯苏联的一切准备。这种意见当时在日本陆军中占主导地位。希特勒也在《我的奋斗》一书中宣称："当我们今天谈到欧洲的领土的时候，我们主要必须想到俄国和它周围的附庸国家。看来，命运本身希望在这

---

① 鹿岛守之助：《鹿岛守之助外交论文集》第 9 卷，鹿岛研究所出版会 1972 年版，第 211 页。
② 堀内谦介监修：《日本外交史》第 29 卷，第 90～91 页。
③ 日本外务省编：《日本外交年表及主要文书》下卷，原书房 1969 年版，第 354 页。

里向我们指明道路。"①这些狂言是日德妄图侵入苏联的自供状。

然而，《防共协定》不是针对苏联临战前的军事同盟协定。当时日本统治阶级内部就北进打苏联还是南进打英美的问题争论不休。陆军在《国防国策大纲》中主张，"首先倾注全部力量压服苏联"，"排除北方的威胁后，以实力完成对南洋及中国的国策。"②这是先北进后南进的主张。海军则在《国策纲要》中主张，"在确保帝国在大陆的地位的同时，向南方发展为根本"，对苏联"我方不采取积极的进攻性政策"。③这是北守南进论。结果陆海军折中双方意见，拟定了《帝国国防方针》。该方针规定"以美国、俄国为目标，同时防范中国和英国"④。根据这一规定，广田内阁制定《国策基准》，并规定"陆军军备，以对抗苏联于远东所能使用的兵力为目标"，"海军军备，应配备和充实兵力，足以对抗美国海军，确保西太平洋制海权"⑤。这是南北并进论，一方面说明日本的侵略胃口之大，但另一方面又说明它尚未决定究竟先打一方。可见，日本尚未下定先打苏联的决心。

那么，当时日本对苏联的具体政策是什么呢？并不是咄咄逼人的攻势。广田内阁为执行《国策基准》，拟定了《帝国外交方针》。该方针就苏联问题写道，"鉴于目前国内外形势，严禁我方向苏联挑起事端，专用和平手段努力解决过去的悬案"，"如果苏联方面进一步表明希望签订互不侵犯条约，而借此能够解决日苏间的各种重要悬案（包括整理远东军备，以取得彼此势力的平衡在内），则宁愿明确表示希望这类条约"。⑥规定对德谈判原则的《缔结日德政治协定问题》一文更明确地写道，"不要由此过度刺激苏联，

① 威廉·夏伊勒:《第三帝国的兴亡》第3卷，三联书店1974年版，第1097页。
② 岛田俊彦、稻叶正夫编:《现代史资料》第8卷，水笃书房1976年版，第357页。
③ 岛田俊彦、稻叶正夫编:《现代史资料》第8卷，第354～355页。
④ 林三郎:《太平洋战争陆战概史》，岩波书店1951年版，第10页。
⑤ 日本外务省编:《日本外交年表及主要文书》下卷，第344页。
⑥ 日本外务省编:《日本外交年表及主要文书》下卷，第344～345页。

日德合作不要诱致对苏战争","我国与苏联接壤,在苏联境内多少有权益,两国间存在着各种悬案,如徒然刺激苏方,我方直接蒙受的损失必定不少"。[①]因此在协定谈判中,日德相较,德国态度激烈,调门也高;而日本却总怕过分刺激苏联。因此,日本对协定草案数次提出修改意见。对协定的前言,日本则认为刺激性大,希望加以修改,如德方不同意,则日方单独发表声明予以解释。广田首相也在解释协定的作用时说道,"东西两方缔结条约,对苏联施加压力,以便阻止战争的爆发"[②]。这些事实说明,日本当时是想避免对苏战争。

德国虽然唱高调,但当时却不想发动对苏战争。1922 年 4 月,德国跟苏联订立《拉巴洛条约》,1926 年又订立《苏德友好中立条约》。这些条约和新订立的《防共协定》在内容和精神上是相互矛盾的,因此理应废除。日本曾要求德国废弃该条约,但里宾特洛甫给武者小路驻德大使的密信中说,两条约"与本协定的精神及由此产生的义务是不相抵触的"[③]。言外之意是德国不愿和苏打断关系,这当然不是说德国根本不想侵略苏联,而只是在这时不想先打苏联。这是因为一战时德国两面出击,结果吃了大亏。因此,里宾特洛甫 1938 年说:"形式上必须喊以俄国为敌,但事实上全然是针对英国的。与英法对敌的同时与俄国对敌的错误当然不能重犯。"[④]这是德国的声东击西政策的自白,反映了当时的真实情况。

日德的对苏政策既然如此,为何非打反苏的旗号不可?这与英法美的绥靖政策有密不可分的关系。30 年代,英法美就是这样做的。1931 年 9 月日本侵略中国东北时,英法美采取祸水北引的

---

① 日本国际政治学会太平洋战争原因研究部编:《走向太平洋战争之路》第 5 卷,朝日新闻社 1963 年版,第 24~25 页。
② 白井胜美:《太平洋战争开始的原因》,产经新闻社 1975 年版,第 31 页。
③ 三宅正树:《日德意三国同盟的研究》,南窗社 1975 年版,第 39 页。
④ 三宅正树:《日德意三国同盟的研究》,第 124 页。

绥靖政策。1935 年德国扩充海军时，英国不仅没有加以制止，而且和其签订海军协定，允许德拥有 42 万吨的舰艇和潜水艇。英国的这种政策虽有"扶德抑法"的目的，但还是纵容德国东进。而德国将计就计，顺水推舟，打着反苏的旗号，耍弄声东击西的把戏。

恰巧此时，共产国际于 1935 年 7～8 月在莫斯科召开第七次代表大会，发出了各国人民组织反法西斯统一战线的号召。这便引起英法美右翼保守集团的恐惧。它们群起攻击共产国际。11 月 22 日晚上，里宾特洛甫的心腹拉乌马绞尽脑汁起草协定草案时，他看到了美苏就共产国际问题交换的信件。美国在信件中，大肆攻击共产国际。他灵机一动便浮现出订立针对共产国际协定的想法。于是他挥笔起草了《防共协定草案》。25 日，拉乌马通过里宾特洛甫把草案呈给希特勒。希特勒表示满意，并授权他们以此草案为基础继续同驻德武官大岛浩进行谈判。大岛浩接到这一草案后给参谋本部的电报中说，"德方提出了'披上斗篷'的新提案"①。这一斗篷便是反对共产国际。《防共协定》之名遂来源于此。

日本也同意缔结这种"披上斗篷"的协定。当时日本统治阶级内部就对德协定有争论：陆军较为积极，谈判也先由陆军秘密搞②，外务省并不知道。外务省对对德协定有两怕：一怕过分刺激苏联，二怕引起英国的不安，因此，想签订形式上含糊不清、模棱两可的协定。这样，既不指明苏联，又不开罪英国。这种不指明特定国的协定正合了日本外务省的心意。因此外务省后来也积极推进该协定的谈判。

但是，反对共产国际的"斗篷"掩盖不住日德意结成同盟、跟英法美争夺殖民地和世界霸权的实质。英法美立即看出协定锋芒的所向。美国驻日大使格鲁就《防共协定》给国务卿赫尔的报

---

① 奥特·佐默尔：《纳粹德国与军国日本》，第 39～40 页。
② 1902 年日英同盟条约是由海军搞起来的。

告中指出："如果分析这次三国的联合，就立即判断出这些国家不仅是反共的，而且它们的政策及其实际行动的方向和称为民主主义的国家完全相反。这是要打破现状的国家集团力图对抗维持现状国家集团的联合。明确地说，是无持有[殖民地]国家对抗持有[殖民地]国家的联合，反共只不过是联合无持有[殖民地]国家的旗号罢了。"①当时被任命为驻英大使的吉田茂后来也承认，"军部说这一[协定]不过是单纯的反共意识形态问题。这是表面的话，骨子里是和德意联合起来，和英法及美国对抗的"②。这就暴露了《防共协定》的实质。

三、从《防共协定》到三国军事同盟

日本和德国的一些学者认为，《防共协定》是纯属意识形态的协定，是"没有支柱的联合"，在发动第二次世界大战中似乎没有起实质性的作用。其实不然。第二次世界大战是从局部战争逐步发展为全面的世界战争的。该协定是在发动局部战争时，即日本蚕食华北、准备发动七七事变，德国准备侵吞奥地利和捷克时缔结的。"反共"的口号在日德意发动局部战争时起了掩护侵略的作用。毛泽东同志曾指出："希特勒和他的伙伴日本军阀，在一个长时期中，都曾经把反苏的口号作为奴役本国人民和侵略其他国家的托词。"③日本蚕食华北时，就打着反共的旗号。1936 年 1 月，广田外相在《对华三原则》中声称，"今天中国面临的最大困难就是共产主义运动"，"帝国为了防止赤化，愿意和中国进行种种合作"。④日本这是迎合英法美的绥靖政策和蒋介石的"攘外必先安内，抗日必先剿共"的反共政策，欺骗舆论，掩盖侵华实质。而且以反共为诱饵，引诱蒋介石和日本订立军事同盟，以便进一步

① 奥特·佐默尔：《纳粹德国与军国日本》，第 120 页。
② 吉田茂：《十年回忆》第 1 卷，第 42 页。
③ 《毛泽东选集》合订本，第 1089 页。
④ 日本外务省编：《日本外交年表及主要文书》下卷，第 226 页。

侵略中国。为此，1936 年 9 月日本派越川到南京，就日军驻扎中国问题，和蒋政权的外交部长张群进行过谈判。1936 年 3 月德国侵入莱茵非军事区时也以反共掩盖侵略，希特勒在国会上大肆声称，由于法苏条约的生效，德国受到"布尔什维克的威胁"，因此"我们要进入莱茵"。

不仅如此，《防共协定》对日本来说也是个发动七七事变的外交准备。签订协定 7 个月后，日本发动七七事变，全面侵略中国。当时苏联支持了中国人民的抗日斗争，成为日本侵略中国的严重障碍。有田外相说，苏联和共产国际"是完成我东亚政策的最大障碍"[①]。但日本不可能动用武力扫除这一障碍，因为日本关东军的兵力远不如苏联远东军。据日本军部的材料，1936 年苏联在远东的兵力是：步兵师 14～16 个，飞机 1200 架，总兵力 34 万人。而日本只有 3 个步兵师，180 架飞机，总兵力 8 万人。其中一部分随即调入关内参加侵华战争。因此，日本外务省于 1936 年 6 月便拟定为了圆满地完成大陆政策，必须和其他列强携手的方针。这一列强就是德国和意大利。当时负责协定谈判的驻德武官大岛浩和里宾特洛甫谈判时，曾数次谈道，"日俄战争时，德国皇帝在沈阳战役后于芬兰的一个港口和沙皇会晤，向他保证这次战争期间德国不侵入俄国。于是俄国把欧洲兵团输送到东亚，在四平镇集结了非常精锐的部队"，因此日本在四平战役中付出了高昂的代价[②]。日本从这一历史教训和现实的力量对比出发，和德意结盟，从西部牵制苏联，从而解除了日本攻打中国时的后顾之忧。签订协定后，日本外相有田八郎在枢密院得意地说可以"用本协定加大对苏联的牵制效果"[③]。他还说，由于协定的签订，"即

---

① 日本外务省编：《日本外交年表及主要文书》下卷，第 351 页。
② 三好贞雄：《最近十年外交》，战争文化研究所 1943 年版，第 284 页。
③ 日本外务省编：《日本外交年表及主要文书》下卷，第 352 页。

使日本的军备不充分，对方不会挑起事端"①。到 1938 年日本还要和德国订立针对苏联的军事同盟条约，妄图以武力牵制苏联。

《防共协定》还牵制了英法美对日本侵华战争的干预。日本的全面侵华战争，势必侵害英美法在华的权益，引起它们对日本侵华的强烈干涉。因此，日本想利用德国牵住英美法。德国在欧洲的崛起，使英法美各国倾注主要力量对付眼前的劲敌德国，因此无暇顾及东方。日本发动七七事变后，它们对日本的所谓"谴责""抗议"和九一八事变时期相比，显著减少。这是德国在西方牵住它们的直接结果。

不仅如此，日本还通过协定，"阻止德国站在中国一边"，使它停止对中国的援助。②德国于 1936 年和蒋政权订立条约，向其军事工业借款 1 亿马克，截至 1936 年 8 月共提供 2.23 亿马克的武器，并派了 30 余人组成的军事顾问团。这对日本侵华是个障碍。于是，日本缔结协定后积极做对德工作。结果 1938 年春，德国停止对中国的武器供应，撤回军事顾问团。

日本通过《防共协定》的订立，在国际上孤立中国，迫使中国对日本的侵略做出更大的让步。日本外相有田八郎在枢密院解释协定的意义时说，"由于本协定的缔结，帝国的地位将进一步得到巩固，这对中国决定其态度产生相当的效果。因此，乘这一形势，把日中交涉进行得对我方有利的可能性并不是没有的"③。订立协定后，日本加速侵华步伐。英国便看出日本打着反共旗号，行侵华之实的目的。签订协定的第二天，英国《泰晤士》报一针见血地指出："这一协定将促进日本向中国南部的发展。"④果不其然，1937 年 7 月 7 日日本发动了全面的侵华战争。

《防共协定》的订立，对德国来说是吞并奥地利和捷克，进

① 堀内谦介监修：《日本外交史》第 21 卷，第 63 页。
② 奥特·佐默尔：《纳粹德国与军国日本》，第 41 页。
③ 堀内谦介监修：《日本外交史》第 21 卷，第 36～64 页。
④ 《日本外务省档案（1968～1945）》，SP150 卷，SP277：第 116 页。

而和英法美争夺欧洲的外交准备。德国跟日本结盟后，步日本的后尘，开始其梦寐以求的"生存空间"计划。1937 年 11 月 5 日，即意大利参加协定的前一天，希特勒召集三军司令官和外交部长举行秘密会议，抛出发动世界大战的战略计划。他说，德国行动时"应当考虑到下面的重要因素——英、法、俄以及靠近它们的小国"，但"现有的两个可恨的敌人是英国和法国"。"我们的目标首先应当是同时夺取捷克斯洛伐克和奥地利，以便在可能对西方进行的战争中解除我们侧翼的威胁。"[1]为实现这一战略计划，希特勒数次提出在东方利用日本牵制英国、威胁苏联的意见。当时任驻英大使的里宾特洛甫于 1938 年 1 月 2 日向希特勒提交一份备忘录，进一步补充了希特勒的战略计划。他提出：德国侵吞奥地利和捷克尤其是侵吞捷克，可能招来法国对捷克的援助，从而导致德法战争。避免这场战争的方法是利用日德意三国同盟，牵制英国卷入这场战争。牵制英国，靠德国一国的力量是显然不足的，必须利用意大利海军和日本海军把英国海军牵住在地中海和东亚，使英国不敢军事上援助法国。[2]根据这一战略，德国在和日本进行加强《防共协定》谈判的同时，于 1938 年 3 月悍然侵占奥地利，9 月占据捷克的苏台德区，翌年 3 月又吞并波希米亚和摩拉维亚。但英法对此没有采取强有力的措施。德国仅用一年的时间，兵不血刃，连占两国，夺取了中欧的战略要冲，迈出了发动新的世界大战的决定性的一步。

1940 年 9 月，日德意三国又签订了三国军事同盟条约。这一条约是《防共协定》的继续和发展，《防共协定》是订立军事同盟条约的第一步。日本和德国的一些学者认为，协定和条约是显然不同的两个条约，其内部没有有机的联系。其实不然。两者虽有区别，但实质上有不可分割的内在联系。1938 年初，日德进一步

---

①《纽伦堡审判》第 1 卷，莫斯科 1957 年版，第 605～614 页。
② 三宅正树：《日德意三国同盟的研究》，第 117～118 页。

加强《防共协定》谈判时，日本要缔结针对苏联的军事同盟条约，而德国要缔结针对英法的条约。在日本统治阶级内部，陆军则同意把英法纳入条约的对象，海军和外务省则反对。由于这种分歧，双方虽然进行了旷日持久的谈判，但谈判毫无进展。1940 年 7 月日本近卫内阁上台，8 月双方重新恢复中断一时的谈判，于 9 月27 日缔结了针对美国的三国军事同盟条约。这时德意和英法已处于交战状态，三国轴心和美国的矛盾也一触即发。因此，它们不仅不打反共的旗号，而且要改善对苏关系，甚至想把苏联纳入该同盟之内。《防共协定》到三国军事同盟条约的这一历史过程，反映了第二次世界大战前世界矛盾运动的客观规律，即日德意法西斯轴心和美英法帝国主义集团及苏联这三者间的矛盾运动的发展过程。斯大林曾精辟地分析和总结了这一矛盾运动的规律。

下编　孫文と日本研究

第一章　東亜国際体系と日本

第一節　東アジアの平和をめぐる役割
—その歴史的考察から

　東アジアは世界と共に、7年後には21世紀を迎える。来たる
21世紀は、アジア・太平洋の時代であるともいわれている。も
し21世紀が、このような時代になるとしたらば、東アジアが国
際社会で担うべき役割は大変重要であり、東アジア各国とその
国民が果たすべき役割も重要である。

　現在、東アジアと世界が共に抱えている問題は二つある。一
つは平和の問題であり、一つは社会・経済・文化などの発展問
題である。20世紀90年代の継続と延長としての21世紀、特に
20—30年には、この二つの問題が重要なものとして取り上げら
れると思う。

　平和は人類と世界が追求した気高い理想であり、原始社会か
ら現在に至るまで、また、21世紀においても人類が守るべき貴
重なものである。しかし平和は戦争と対称的存在であり、人類
と世界は、平和から戦争へ、戦争から平和へと転換しながら存
在してきたのである。戦争は人類にとって好ましいものではな
いが、人類と世界はある意味において戦争と共に生きてきたと

もいえる。これがために人類と世界は平和を愛し、平和を追求してきたのである。

　上述のように、平和と戦争は昔から大変微妙な関係にあった。我らは平和を守るために平和を攪乱した原因を探り、平和を守る方法を考究して来た。平和を破壊したものは戦争であり、平和を守る方法は戦争に反対することである。しかし戦争には正義の戦争と非正義の戦争がある。正義の戦争は非正義の戦争に反対するがための戦争であり、非正義の戦争は、平和を破壊する戦争であり、侵略的な戦争である。人類と世界は、この二つの戦争を区別し、平和を守るために戦争に訴えざるを得ないときがある。

　平和、戦争、社会発展。この三者の関係も微妙であり、社会発展も平和と戦争を切り離すことができない。平和は社会発展を促進し、社会発展は平和を必要とする。この意味から、21世紀における東アジアの平和は、この世紀の東アジア社会の発展を保障する平和環境を作り、これによって東アジア社会の発展を促進するであろう。このために東アジア諸国は、21世紀においても絶え間なく平和を追求し、戦争に反対するであろう。戦争は人間が創造した社会の富を破壊し、社会発展を妨げる。統計によれば、世界には各種の戦争が146000回起こり、一年平均二・三回で、戦争によって失われた人口は35億に達し、破壊された財富は、幅150m厚さ1mの金の帯で地球を一周するといわれている。これは世界人類の莫大な損失である。しかし、時には戦争によって、戦争の副産物として社会が進展することもある。このような現象は、正義の戦争ばかりでなく、非正義の戦争の場合にも起こる。これは絶対的なものではなく、相対的な現象であり、一定の条件が必要である。

　平和、戦争、社会発展。この三者の一般的関係を論じながら、

　次は東アジアの近代史を振り返り、東アジアの平和問題を検討する。

　東アジアあるいは東亜の地理学的概念は、時代によって、国と人によって異なる。近代における東アジアは、中国南北とロシア（旧ソ連）のウラル山脈の東からカムチャッカ半島、日本・朝鮮・外蒙古などの五つの国で構成されていた。現在の東アジアは、経済圏の角度からいうものであり、東経 110 度—160 度と北緯 30 度—北極圏南端までの地域を指すものだと思う。この地域は現在世界陸地面積の 1/10 と世界総人口の 1/5 を占めている。

　東アジアの近代発展史は、おおよそ 19 世紀中頃から始まったと言えるであろう。近代とは、政治学的には資本主義時代を指すもので、前近代から近代への転換は、封建社会から資本主義社会への転換を指すものである。ヨーロッパは 1640 年のイギリス革命から近代社会へ転換し始め、1789 年のフランス革命がこの転換を一層促進し、経済的には 18 世紀後半の産業革命によってその枠組が形成されたのである。東アジアの近代史はヨーロッパより 200 年遅れ、それも東アジア各国内部の社会的変化によってではなく、欧米列強の東アジア侵略によって強制的に始まったのである。中国は 1840 年のアヘン戦争と 42 年の不平等的な南京条約によって、日本は 1854 年アメリカ人ペリーの日本遠征と神奈川条約の締結によって、朝鮮は 1875 年日本の江華島侵入と 76 年江華島条約の締結によって、それぞれ強制的に自国の門戸を列強に解放し、過去の鎖国政策を放棄して、近代世界の嵐に巻き込まれていくようになったのである。

　近代前、つまり近世の東アジアは相対的に平和であった。この平和が破壊され、戦争の嵐が吹き始めた根本原因は、欧米列強のこの地域に対する侵略である。この侵略は、東アジア平和

にとって最大の敵となった。

　欧米列強の東アジア侵略には、その歴史的過程と根本原因があった。1492年コロンブスがアメリカ大陸（西インド諸島）を発見し、これに伴って地球をめぐる世界航路が徐々に形成され、西洋の東進を促進した。16世紀に至り、ポルトガルがまず欧洲からアジアへ進出し、その末にはスペインが続き、17世紀にはオランダ、イギリス、フランスの商人が続々とアジアに進出して来た。彼らはまずインドと東南アジアを侵略し、次に北上して東アジアの中国に目を向け始めたのである。ポルトガルが中国広東に足を踏み入れたのは1516年であり、1575年にはスペイン人が続いた。1604年にはオランダ人がポルトガル人の勢力を排除し、1624—61年まで台湾とその周辺の島を占拠した。1840年イギリスが中国を侵略し、42年に南京条約を締結した。これは東アジアにとって最初の不平等条約であった。続いて1844年にはアメリカが望厦条約、フランスが黄埔条約を締結した。1856年にはイギリス・フランスが連合して第二次アヘン戦争を挑発し、天津条約と北京条約を締結した。この条約の締結により中国の半植民地化が決定的になり、欧洲列強の東アジアへの北進が促進された。この時期、北からロシアが南進し、黒竜江の北からアムール川東の100万平方キロの中国領土を占拠した。15—16世紀にポルトガル人・スペイン人は中国に通商貿易を要求したが、18世紀半ばに産業革命を遂行したイギリスら欧洲列強は、資本の原始的蓄積のため植民地を開拓し、それを資源の提供地と商品の市場にかえようとした。この目的達成のためイギリス・フランスは戦争に訴え、アジアと東アジアの平和を破壊し、砲艦外交政策に頼ってその侵略の道を切り開いたのである。欧洲列強は、一連の不平等条約の締結によって中国の国家主権を侵犯し、侵略の拠点である租界を作り、通商貿易

の要害である税関を掌握し、いわゆる戦争の賠償金を大量に
取った。

　第二次アヘン戦争によって北上した欧洲列強は、中国北部を
拠点として朝鮮に対する侵略を開始し、1787 年にフランス軍艦
が初めに来航し、1816 年と 32 年にイギリス軍艦と商船が来航
した。40 年代になると一層頻繁になり、その回数は急激に増加
した。これらの軍艦と商船は朝鮮沿岸の測量と通商を要求した
にすぎなかったが、1868 年になると、8・9 月フランスの軍艦が
朝鮮の江華島を占拠し、朝鮮側の反撃により撤退した。同年 7
月にはアメリカの商船が大同江一帯に侵入し、朝鮮側の反撃に
よって撃破された。1871 年にはアメリカの軍艦数隻が再び江華
島一帯に侵入し、一部の地域を占領した。しかし欧米列強の朝
鮮に対する侵略は、朝鮮側の鎖国と抵抗により不平等条約を締
結する事ができず、朝鮮も門戸を開放しなかった。このような
朝鮮に不平等条約を強要し、朝鮮を半植民地と植民地に追い込
んだのは、欧米列強ではなく、近隣の日本であった。

　19 世紀中頃の日本は、中国・朝鮮と同様に前近代社会＝封建
社会の末期に処されていた。

　日本も 19 世紀中頃から欧米列強による侵略の脅威を受けた。
1844 年オランダ軍艦が琉球に来航し通商貿易を求め、1845 年に
はイギリス船、1846 年にはアメリカ軍艦が浦賀沖に現れた。
1853 年にはロシアの船が長崎に来航して、開国を要求した。日
本の幕府も中国・朝鮮と同様に鎖国政策をとり、欧米列強の要
求を拒否した。1854 年 1 月、ペリー艦隊 7 隻が江戸湾に来航し、
その武力的圧力で幕府の鎖国政策を破り、同年 3 月に神奈川条
約を締結した。つづいて同年 8 月にイギリス、同年 12 月にロシ
ア、翌年にはオランダと不平等条約を締結した。この後、1857
年の日米下田条約とロシア・オランダとの追加条約によって、

これらの条約の不平等性が一層露骨になった。これらの不平等条約には、欧米列強が中国と締結した条約とほぼ同様に領事裁判権・協定関税率・最恵国条項などが規定された。不平等条約締結後、1862 年生麦事件、1863 年の下関海峡砲撃事件などが続発し、1866 年に米・英・仏・蘭四か国と日本がいわゆる江戸条約を締結し、日本の門戸は定率従量税の強要と自由貿易の貫徹・具体化により欧米列強に一層広く開かれた。これによって日本に対する欧米列強の植民地化の圧力が強化された。これは日本の明治維新の勃発に強いインパクトを与えた。

　日本は 1868 年の明治維新により対内的には近代化、対外的には富国強兵のスローガンを掲げ、欧米列強と同様に侵略の道をたどり始めた。これは日本近代化の必然的産物であり、欧米諸国がブルジョア革命後対外侵略を強行したのと同様なものであった。日本はまず近隣朝鮮に対する侵略を開始した。1875 年日本軍艦曇揚号は江華島一帯に侵入し、明治政府は朝鮮に 12 か条の不平等条約＝江華島条約を強要した。この条約の内容は、1858 年イギリスが日本に強要した日英条約を模倣したものであり、欧米列強が日本に押し付けた侵略的不平等条約をそのまま朝鮮に強要したものである。これは 1874 年の台湾出兵と共に、その後日本が朝鮮を併合し中国を侵略する第一歩でもあった。条約締結後、日本は積極的に朝鮮に浸透し、1884 年の開化党の甲申事変に関与した。これによって朝鮮と伝統的関係を持っていた清国と日本が朝鮮において対立するようになり、1894—95 年日清戦争が勃発した。この戦争は日本の中国に対する戦争であると共に、日本が清朝と朝鮮を争奪する戦争でもあった。この戦争は 1856—60 年の第二次アヘン戦争につづく東アジアにおける大戦争であり、東アジアの平和を一層破壊した戦争でもあった。日清戦争において清軍は大敗北し、1895 年 4 月、日本

は清朝に下関条約を強要した。この条約の締結によって日本は
遼東半島と台湾を中国から分割して植民地にしようとし、賠償
金2億両と遼東半島還付の代償金3000万両を取り、中国通商港
に工場を設置する権益を獲得した。翌年に締結された通商条約
によって日本は中国における治外法権と最恵国待遇を獲得した。
これによって日本は欧米列強と共に中国を侵略し、東アジアの
平和を攪乱する国になった。

　日清戦争による日本の中国侵略は、欧米列強の中国侵略の意
欲を刺激し、1895年から1900年までの欧洲列強の中国再分割
を促進した。ロシア・ドイツ・フランスは日本が分割した遼東
半島返還を口実に、1896年シベリア鉄道の中国縦断とその敷
設・経営権を獲得し、東北の北部をその勢力圏に収め、1898年
には旅順と大連港を租借して南満における勢力圏を拡大した。
1897年、ドイツは山東省の膠州湾を武力で占拠し、それを植民
地にし、同年イギリスが同省の威海衛を分割・占拠した。南方
では、イギリスが九竜を租借し、フランスは広州湾の一角を租
借し、雲南・広東・広西諸省をその勢力圏に収めた。東アジア
を巡る日本と露・独・仏・英諸国の争奪と侵略により、東アジ
ア、特に中国における植民地化政策が一層進み、1900年には
日・露・英・米・法・独・伊などの八か国連合軍が天津・北京
一帯に侵入し、日清戦争につづく新しい戦争を東アジアで展開
した。八か国連合軍は約二万の兵力であったが、その半分は日
本軍であり、日本は主役的役割を果たした。戦争の結果、辛丑
条約（義和団最終議定書）が調印され、中国側に4億5千万両
の賠償金、大沽・北京間の砲台撤去、北京・山海関間の要地に
外国軍隊の駐屯権、北京公使館区域の設定及びこの区域に外国
軍隊の駐屯権などが強要された。この条約により、日本は天津
に支那駐屯軍司令部を設置し、京山線に駐兵することになり、

この軍隊が 1937 年の盧溝橋事件を誘発するきっかけになった。

　八か国連合軍の侵入と辛丑条約の締結は、東アジアの平和を一層攪乱し、東アジアにおいて新しい戦争を引き起こすようになった。条約締結後、ロシアの軍隊は中国東北地区から撤退せず、満蒙と朝鮮半島においてその勢力を一層拡大した。これによって、朝鮮と南満洲においてロシアと日本が対立し、日本はこの地域からロシアの勢力を排除して、これを自分の勢力圏に収めようとした。この結果、1904—05 年にわたり日露戦争が勃発した。日本はイギリスの支持の下で強国ロシアに戦勝して、1905 年にポーツマス条約を締結し、これによって朝鮮を自己の「保護国」として植民地化体制をつくり、朝鮮併合の条約を整えた。同時に、日本はロシアから遼東半島と南満洲鉄道を争奪し、満蒙侵略の拠点を確保した。

　日露戦争後、日本はイギリスから欧米列強に代わって、東アジア侵略の先兵になり、東アジアの平和と安定を破壊する軍国主義国家になった。1910 年 8 月、日本は朝鮮を安全に併合してその植民地にし、1914 年には中国山東省の膠州湾をドイツとの戦争によって、争奪・占拠し、山東鉄道をもその手中に収めた。1915 年には二十一個条を中国に強要して、全中国を制覇しようと企んだ。1931 年には満洲事変を引き起こして中国東北地区をその植民地にし、1935—36 年には華北分離政策を推進して華北一帯に侵入し始め、1937 年 7 月に全面的な中日戦争を誘発して全中国を日本の植民地に変えようとした。1941 年には大東亜戦争を引き起こし、日本の植民地であった朝鮮、中国東北（偽満洲国）と中国本土の占領地はこの大戦争に巻き込まれた。

　上述のように、東アジア諸国は 19 世紀中頃から、東はアメリカからの侵略、西はイギリス・フランスの侵略、北からはロシアの侵略を受けた。19 世紀 70 年代からは、新興の軍国主義国

に転換した日本の侵略を受け、侵略戦争或いは侵略的行動と脅威によって東アジアの平和と安定が破壊されたのである。その結果として締結された不平等条約によって中国本土は半植民地に、中国台湾と東北は日本の植民地に、朝鮮も日本の植民地に転落した。日本は中国朝鮮と同様に、19世紀中頃には欧米列強の侵入により不平等条約を締結され、植民地化の脅威を受けたが、明治維新の成功と日清・日露戦争の勝利によって不平等条約を改正し、軍国主義国家として東アジアにおいて大戦争を引き起こし、東アジアの平和を破壊する元凶になった。東アジアが欧米列強の侵略を受けているときに、東アジアの一員である日本が近隣の中国・朝鮮に対して大侵略を犯して東アジアの平和と安定を大破壊したことは、東アジアの悲劇であった。

　19世紀中頃から20世紀中頃までの一世紀間、中国南方地方を含む東アジアにおいて起こった戦争或いは出兵行動は12回あり、そのうち11回は中国において、一回はシベリアにおいて行われた。その12回の戦争と出兵において日本が引き起こした戦争は7回、イギリス・フランスが起こした戦争が3回であった。それに、旧ソ連と日本の対戦が1回あった。この一世紀間の東アジアの歴史を振り返って見ると、東アジアは、前期は欧米列強、後期は日本の侵略によってその平和と安定が破壊され、主権は侵犯され、国家は植民地・半植民地に転落した世紀であった。

　では、欧米列強と日本はなぜ東アジアを侵略し、東アジア諸国はなぜ侵略されたのか。その原因は何であったのか。そしてこれは現在の東アジアの平和を守るために、どのような新しい啓発を与えるであろうか。

　東アジアと欧米の社会歴史発展の不均衡は、欧米列強が東アジアを侵略し、東アジアが欧米列強に侵略されたことが主な原

因である。これは東アジア地域だけでなく、東南アジア・ラテンアメリカ・アフリカなど世界各地で見られる現象である。欧米列強は 17 世紀中頃のイギリスブルジョア革命、18 世紀のアメリカ独立戦争、18 世紀末のフランス革命などによって封建社会から資本主義社会に発展し、続いて産業革命を遂行し、近代的な政治制度と経済体制を確立し、新兵器で武装した強大な近代軍隊を追立し、その総合的国力は飛躍的に増加された。これに対し東アジア諸国は、この時期、依然として王権を中心とした封建社会に停滞し、経済は農業を中心とした自然経済であり、この立ち遅れによってその軍隊も近代的兵器によって武装されず、訓練も前近代的なものであった。このような東アジア諸国は、イギリスより 200 年、アメリカより 100 年、フランスよりも 50 年立ち遅れていた。この立ち遅れは、時間的立ち遅れであるばかりでなく、社会歴史発展段階における根本的差異であった。欧米列強は、その国内において、封建的社会を革命によって打破することにより、封建的社会から脱出して資本主義社会に転換した。資本主義社会は封建主義社会より先進的な社会であり、封建社会より優越しており、また優越のために封建社会を打破することができ、封建社会より優れた新社会を建設することができた。欧米列強の東アジアへの侵略は、この資本主義社会と東アジア封建主義の対決であり、二つの社会制度の対決であった。この対決において近代的総合国力を持つ欧米列強が、前近代的微弱な国力を持つ東アジア諸国を征服するのは、また東アジア諸国がその侵略に対抗し勝つことができなかったのは、その社会発展の段階からいって、避けられないことであったともいえよう。この社会発展の不均衡は欧米と東アジア諸国間の総合国力の差を生みだし、「弱肉強食」の植民地化時代を作り出したのである。

　このような社会歴史の不均衡的発展は東アジアの諸国間にも
現れた。日本は19世紀中頃まで中国・朝鮮と共に封建社会の後
期に処されていた。ある意味においては、日本はこれらの国よ
りも立ち遅れ、世界に対する認識もこれらの国よりも遅れてい
た。しかし日本は、種々の原因と欧米列強の外圧により、1868
年に明治維新を遂行し、封建社会から資本主義社会への第一歩
を踏み出して「脱亜入欧」の道をたどり、欧米列強と同様に中
国・朝鮮を侵略し始めたのである。中国と朝鮮も、欧米列強と
日本の資本主義的侵略に対抗するため、伝統的封建社会から脱
出する改良・改革と革命を遂行しようとしたのである。例えば、
中国の洋務運動・戊戌変法・辛亥革命と朝鮮の甲申政変などは、
欧米、特に日本の維新の経験を取り入れて、本国を改良あるい
は改革して外国の侵略に抵抗し得る強国にしようと試みたもの
であった。しかしこれらの試みは失敗し、両国は封建社会から
資本主義社会への転換を成し遂げることができなかった。これ
により、東アジアにおいても、日本と中国・朝鮮との不均衡的
発展が生まれたのである。よって、日本と朝鮮・中国間には総
合国力の差が生まれ、日本は強者、朝鮮・中国は弱者になり、
この差がまた、日本の朝鮮・中国への侵略を起こしたのである。
　社会歴史の不均衡な発展、或いは社会経済の不均衡な発展、
或いは軍事力の不均衡な発展は、国と国、地域と地域の間に総
合国力の差を生んだ。ここで言う「差」とは強者と弱者の差で
ある。この差は国家間と地域間の矛盾と対立を招く温床であり、
この矛盾と対立が外交交渉と経済調整によって緩和・解決でき
ない時には、武力と戦争によって解決しようとするようになる
のである。これは平和と安定を破壊する一原因である。
　現在東アジアの六か国は、その社会的発展段階・政治形態・
経済発展・社会文化などにおいて大変多様であり、複雑であり、

また不均衡である。社会政治制度から見ると、中国と朝鮮民主主義人民共和国は社会主義国家であり、日本と韓国は資本主義国家であり、ロシアのシベリアと蒙古は変遷段階にある国である。経済発展の段階も大変不均衡である。日本は発達した先進国であり、韓国は新興の工業化国家であり、中国・朝鮮・蒙古は発展途上の国家である。中国は、計画経済から市場経済へ過渡する国であり、朝鮮は対外開放を始めようとする国であり、蒙古は牧畜業を中心とした単一経済国である。シベリアは豊富な資源を持ってはいるが、経済的には立ち遅れた地域である。このような政治制度の相違と経済発展の不均衡にどう対処するかは、この地域の平和と安定を確保するための一つの課題であろう。

　この課題を解決する一つの方法は、内政不干渉である。政治体制の相違と社会発展段階の差は、当然ながら国内政治多様化につながり、東アジア六か国の内政は大変異なっている。異なった内政をもつ国と国が、平和的に共存しながら東アジアの平和と安定を維持する一つの方法は、内政不干渉の原則を守ることである。これはいかなる口実でも、他の国の社会制度とその内外政策に干渉せず、自国の意志とイデオロギーを他国に強要しないことである。もし干渉するとしたら、他の国に対する侵犯であり、国連憲章に違反することになる。1965 年 12 月 21 日、国連総会は「各国内政不干渉及びその独立と主権保護に関する宣言」を採択し、いかなる国もいかなる理由により、他国の内政・外交に直接或いは間接に干渉せず、いかなる干渉も非難すべきである」と決定した。これは各国が互いに、相手国の主権を尊重し、相手国のイデオロギーと価値観を尊重すべきであることを要求したものである。この内政不干渉の原則を守れば、東アジアの平和と安定を守ることが出来るはずである。

　東アジア各国の経済発展は上述のように非常に不均衡である。近代における東アジアと欧米列強の経済発展段階の差は、欧米列強の東アジアへの侵略を招いた。現在の東アジア諸国間の経済発展の不均衡は、近代の経済発展段階の差とは異なるが、やはり経済力の差を意味するものであり、その差には矛盾と対立の要素が含まれている。これを適切に処理しない時には、矛盾と対立が激化し、平和的友好関係に悪影響を及ぼす可能性がある。このために東アジア諸国間の経済発展の不均衡の差を縮め、均衡的発展と経済往来を保つことは容易なことではない。21 世紀の前半期においても、この目標を達成することができないのかもしれない。このような状況の下で、東アジア諸国は経済領域においてどう対処すべきであろうか。

　東アジア諸国は、経済関係において「平等互恵」の原則を守るべきである。これは大国、或いは小国、経済大国、或いは、経済発展途上国を問わず、互いに平等であり、互いに尊重し、平等的に往来し、相手国に経済的特権を要求しないことである。経済大国と経済発展途上国の間には、経済力の差があるため、国際的に平等の地位を保ち、往来することは容易なことではない。このためにはまず、経済大国が主体的に経済発展途上国に対し平等的に接することが重要である。世界的経済大国である日本は、この点に対して特に注意すべきであろう。

　平等的経済関係は、また、互恵的関係でなければならない。互恵的関係は互利的関係でもある。東アジア諸国は、互いに経済往来を通じ、「恵」と「利」をもたらすようにしなければならない。このような関係は、良性的な経済循環であり、長期的に東アジア諸国間の経済発展不均衡の差を縮め、各国の経済発展をいっそう促進するであろう。しかし、東アジア諸国間の経済関係は、二重的関係である。東アジア諸国は、互いに経済往来

を通じて、まず自国の経済発展と経済利益を追求し、次に、相手国の経済発展に協力する。同時に東アジア諸国は、経済発展の法則により東アジアの経済市場において、互いにパートナーでありながら、同時にライバルでもある。パートナーは協力関係であり、ライバルは競争関係である。このような二重的関係は、矛盾的なものでありながら協調的なものである。東アジア諸国は、相互の経済往来において、この両者のバランスをどう取るかが大切である。このバランスの取り方は、各国の経済力の大小によって異なるのではないだろうか。経済大国である日本は、東アジアの他の国よりも、相手国に対する経済的協調と協力をもって大切にしなければならない。このため日本は、東アジア諸国に対する投資、先端技術の移転・経済管理などの領域において、東アジア諸国に対しいっそう協力・協調的でなければならない。

　上述のように、東アジアと欧米列強及び東アジア諸国間の社会歴史発展の不均衡は、欧米列強と日本の東アジア、とくに朝鮮と中国に対する侵略を招き、東アジアの平和と安定を破壊した。しかし不均衡的発展が、必ずしも侵略を生み出すとは限らない。問題はこの不均衡と資本主義・帝国主義の前期とが結び付いたことにある。封建社会から資本主義社会に転換した欧米列強は、資本主義発展のため資本の原始蓄積を強行した。その一つの方法が他の国を侵略し、それを植民地にし、その植民地を掠奪する事であった。欧米諸国と日本はこの方法によって、資本の原始蓄積を行い、その発展を遂げたのである。これは資本主義・帝国主義の前期のものであり、その時代の産物でもあった。しかし、第二次大戦後の世界は大きく変化し、植民地の民族独立運動の発展と列強の対外政策の変化により植民地体制が世界的に崩壊し、過去の植民地国を国家として認め、国家

間の相互関係を結んだ。第二次大戦後の半世紀の現実からいっ
て、大戦前の二百余年にわたる武力による植民地体制はほぼ終
焉し、過去の社会発展の不均衡から発生するこのような時代は
すでに歴史になり、それが再発生する可能性は少ない。これは
時代の変化であり、歴史の流れであり、世界の進歩である。こ
のような時代の潮流と進歩は、世界の一地域として存在する東
アジアの平和と安定に良好な影響を与えるだろう。

　大戦後、近代の植民地体制は崩壊したが、40 余年にわたる冷
戦体制が形成され、世界の平和は再び脅かされた。この冷戦は、
近代の植民地化と植民地再分割をおもな内容とした戦争とは異
なり、社会主義と資本主義のイデオロギー的対立と双方の勢力
圏拡大を主な内容としたものであった。この冷戦が一時東アジ
アにおいて熱戦化して、朝鮮戦争が勃発し、中国と欧米諸国も
この戦争に介入した。朝鮮戦争は 1953 年 7 月に休戦したが、南
北双方の冷戦状態はまだ続いている。これは東アジア不安定の
一大要素である。朝鮮半島問題は朝鮮南北間の問題でありなが
ら、また国際的問題である。朝鮮分裂の元は、日本軍国主義の
朝鮮に対する侵略であり、三十八度線の形成は、両超大国の勢
力圏分割と関係がある。故に、日本と欧米諸国は、朝鮮南北分
裂の責任を担うべきである。これは、外来勢力が依然として東
アジアの平和と安定に対し、種々の影響と関係を持っているこ
とを示す。特にアメリカがそうである。アメリカは東アジアか
ら遠い国であるが、戦後この地域における政治・軍事・通商貿
易・投資などの諸関係により、この地域の平和・安定と発展に
強い影響を及ぼす国である。このため、日本を含む東アジア諸
国とアメリカの関係をどう処理するかが重要である。

　世界各国の歴史は、国内の矛盾と対立の中で変化し発展して
きた。これは古代から現在に至るまでもそうであり、21 世紀に

おいても続くであろう。もしこの矛盾と対立が激化し、その調整が不適当である場合は、激化した対立が衝突に転換し、一時的ながらもその国の国内平和と安定が崩れるのである。例えば、中国の太平天国革命運動・戊戌変法・辛亥革命・五四運動・中国共産党と国民党間の内戦、朝鮮における甲申政変・壬午軍乱・東学党農民蜂起・1960年の四月革命、日本における戊辰戦争と明治維新、戦前の労働者・農民・市民の蜂起と運動、戦後激動時代の種々の民衆運動などがこれにあたる。これらの革命・運動・変革は、近代東アジア歴史の一部分であり、この歴史と共に存在し、21世紀においても再度勃発する可能性がある。それは、21世紀の東アジア各国の国内にも保守と革新・進歩と反動・支配と非支配・圧迫と非圧迫など種々の矛盾と対立が存在するからである。我らはこの可能性を予測することによって、国内の矛盾と対立を適切に調整し、これによって自国の発展と平和・安定をはかることができる。

　我々が東アジア地域と各国の平和と安定を求めるのは、この地域と各国の民衆の生活を守るがためであると共に、この地域と各国の発展を保障するがためである。しかし我らは、平和のための平和主義者ではない。つまり、我らは平和のために平和と対立する一切の変革・運動などを反対するものではない。それは、この地域の社会進歩と変革のために、この地域各国の民衆の生活を守り、その水準を向上させるがために勃発した社会運動などは、一時的に国内の平和と安定を脅かすことがあるが、長期的にはこの国に平和と繁栄をもたらすことがあるからである。故に、進歩的な社会運動は、東アジア諸国の平和と安定をもたらすものではなく、長期的平和と安定のためのものであるといえよう。

第二節　国際システムの変遷と東
アジア諸国関係の変化

　19 世紀半ば頃から本世紀前半期までの 100 年間、東アジアを
めぐる国際システムは大きく三回変化し、東アジア諸国の関係
もこれに従って「対称的」に変化が起こった。本報告東アジア
国際システムの変遷過程とその原因を考究するとともに、東ア
ジア国際システムと東アジア諸国間関係の変化の内在的かつ相
互的な影響を究明し、さらには、これが 21 世紀を迎える東アジ
アにどのような啓発を与えるかを探求しようというものである。
　20 世紀の東アジア史は、第二次大戦が終結した 1945 年を境
に、前後二つに時期区分できる。この二つの時期は、内在連続
性と因果関係をもっていると同時に、相対的断続があるといえ
る。それは、この両時期の国際システムと諸国の国内体制およ
び諸国の相互関係が大きく変化し、異なっているからである。
しかし、20 世紀前半期の東アジア史と 19 世紀前半期のそれは、
上述した 20 世紀の両時期とは異なり、相対的断続が小さく、連
続性が強いので、一つの歴史過程ないしは時期としてとらえる
べきである。もし一世紀を 100 年単位とするならば、東アジア
の一世紀は 19 世紀半ばから 20 世紀半ばまでであるというのが
適切であろう。それゆえ、20 世紀前半期の東アジア史を論ずる
ときには、かならず 19 世紀前半期から検討しなければならない。
　19 世紀半ばまでの東アジアでは、強大な明・清帝国を頭首と
した特有の国際秩序である「華夷秩序」が形成されていた。こ
れは前近代的な国際秩序であり、中華帝国を中心に、周辺の国々
が中国皇帝から冊封を受け、後者が前者に朝貢し、前者が後者

を束縛する上下関係で結ばれながら、儒教の三網五倫と王道思想をもとにした独特の理念によって形成された国際システムである。このシステムは、封建的中国社会における皇帝と地方諸公との上下関係を東アジアの国際関係に適用したものであった。

　ところが、そのような「華夷秩序」は、19世紀半ば頃から西欧列強の東進により挑戦を受けるようになった。列強は、18世紀後半から既に西欧型国際システムを形成していた。これは東アジアの「華夷秩序」と異なり、強大的な国家がないため、大小さまざまの多数の国家が上下の関係でなく、法的に平等な並立の関係で結ばれていた。東アジアの「華夷秩序」から見た場合、これは異質な国際システムであった。

　「華夷秩序」からいえば、西欧諸国は「夷狄」であり、中国とは上下の関係であり、朝貢の関係であるべきであった。西欧諸国も一時はこのような関係を認め、18世紀末までの一世紀半の間にイギリス・ロシア・オランダなどが17回朝貢をしている。だが、この朝貢も徐々に変容し、19世紀前半期には朝貢が通商による利益追求の手段として利用され、貿易の一手段になりつつあった。このような変容は、「華夷秩序」の頭首である中華帝国が衰弱の道をたどり始めたことと、西欧列国が17－18世紀にかけてブルジョア革命を遂行して近代資本主義社会に転換し、18世紀半場の産業革命を経て、西欧から外の世界にその勢力を拡大しようとしたことを意味する。これは西欧資本主義体制に対外膨張のメカニズムが内在していたからである。それは、資本主義生産性における資本の原始的蓄積、資源の供給地と商品市場の開発の必要性であった。このために、イギリスなど西欧列国は東アジアに進出した。1840年に中国で起こったアヘン戦争は、この二つの異質な社会システムの衝突が、戦争という形態をとって表現されたものであった。

　東アジアにおける「華夷秩序」は、アヘン戦争での中国の敗北により、その一端が上から崩れ始めた。1842 年、イギリスは清朝と南京条約を締結し、他の欧米列強も清朝と一連の不平等条約を締結した。これは「華夷秩序」の頭首、清朝と欧米列強との間に条約＝法的システムが形成され始めたことを意味する。列強はその後、朝鮮・日本・安南（ベトナム）などとも各種の不平等条約を締結し、これらの国々とも同様な法的関係を結んだ。しかしながら、これによって伝統的な東アジアの「華夷秩序」の上下関係が一挙に崩れたわけではなかった。これが安全に崩壊するまでには、さらに数回の戦争を経て、最後には 1894―95 年の日清戦争で根底から崩され、西欧列国は東アジアに植民地的国際システムを樹立し、これにより東アジアの国際環境も大きく変化したのである。これが、東アジアの国際システムの第一回目の変化であった。

　西欧型国際システムは、1648 年ウェストファリア条約から形成され始めた。「力の均衡」によって各国の主権と独立と平等が尊重され、第一次大戦まで欧洲の平和を維持した。しかし、西欧のこの法的システムが東アジアに適用されたときには、ウェストファリア条約の原則に反する原理によって東アジア諸国に強制された。それは東アジア諸国の主権と独立の侵犯、条約締結による従属的な不平等関係である。これによって東アジアの国際システムは、「華夷秩序」から植民地システムに転換し、一世紀にわたる植民地時代が始まったのである。

　西欧列強はなぜ、このような植民地システムと植民地時代を東アジアに強要することができたのであろうか。逆に東アジアはなぜ、この強要を受容し、植民地あるいは半植民地に転落しなければならなかったのであろうか。その原因はどこにあったのか。そこには、東アジアと欧米列強との社会的歴史的発展の

不均衡に主な原因があった。これは、東アジア地域だけでなく、東南アジア・ラテンーアメリカ・アフリカなど世界各地で見られる現象である。西欧列国は、17 世紀中頃のイギリスのブルジョア革命、18 世紀のアメリカ独立戦争、18 世紀末のフランス革命などによって封建社会から資本主義社会に移行し、続いて産業革命を遂行して、近代的政治制度と経済体制を確立するとともに、新兵器で武装した近代的軍隊を編成し、その総合的国力は飛躍的に増強した。

　これに対し東アジア諸国は、この時期、依然として王権を中心とした封建社会に停滞し、経済は農業を中心とする自然経済であって、この立ち遅れにより、その軍隊も近代兵器で武装されず、訓練も前近代的なものであった。このような東アジアは、イギリスより 200 年、アメリカより 100 年、フランスより 50 年以上も立ち遅れていた。この立ち遅れは、時間的な立ち遅れであるばかりでなく、社会の歴史的発展段階の根本的な「差」であった。西欧列国は、その国内において、封建的社会を「革命」と「変化」によって打破することにより、そこから脱出して資本主義社会に転換した。資本主義社会は封建主義社会より先進的な社会であって、封建社会に優越し、また、この優越のために封建社会を打破し、封建社会より優れた新社会を建設することができたのである。

　西欧列国の東アジアへの東進は、この資本主義と東アジアの封建主義との対決であった。この対決において、近代的な総合国力をもつ西欧列国が前近代的で微弱な国力しか持たない東アジア諸国を圧倒するのは、また、東アジア諸国がその東進に対抗し、打ち勝つことができなかったのは、その社会発展の段階からいって、避けられないことであったといえよう。この社会発展の不均衡は、欧米諸国と東アジア諸国間の総合的国力の差

を生み出し、「弱肉強食」の植民地システムとその時代をつくり
だしたのである。これは、西欧型国際システムの「力の不均衡
論」が東アジアに逆用されたものであった。

　このような歴史社会の不均衡な発展は、東アジア諸国内部に
も現れた。日本は東アジアの儒教文化圏に属しながら、特異な
存在であった。日本は 16 世紀半ばまでは「華夷秩序」に属して
いたが、豊臣秀吉の起こした日明戦争によってこの秩序から離
脱した。しかし日本も、19 世紀中頃までは中国・朝鮮とともに
封建社会の後期に位置付けられ、民族的な危機にさらされてい
た。だが、鎖国から開国の政策を積極的に推進し、1868 年の明
治維新により封建社会から資本主義社会への第一歩を踏み出し
て、「脱亜入欧」の道をたどり、西洋文明と文化を吸収し、天皇
制を中心とした資本主義国家を建設した。日本は、対内的には
殖産興業・文明開化、対外的には砲艦政策と戦争の手段を行使
して、西欧列強が東アジアに強要したような不平等条約を隣国
である朝鮮と中国に強要し、東アジアの「華夷秩序」の崩壊に
決定的な最後の一撃を与えた。これは西洋列強を上回るもので
あった。もしこのような日本が東アジアに誕生しなかったら、
もし日本人の一部と孫文らが主張した純粋な大アジア主義によ
り日本と東アジア諸国が連合して西欧列強に対抗したならば、
20 世紀東アジアの国際システムは別の型となったであろう。こ
れは国際関係論における理想主義であるかもしれないが、21 世
紀を迎える東アジアに何らかの示唆を与えるであろう。

　中国・朝鮮など東アジアの国々も日本の明治維新を学び、朝
鮮では甲申政変、中国では戊戌変法・辛亥革命などの変革の試
みもあったが成功せず、両国は封建社会から資本主義社会への
転機を成し遂げることができなかった。これにより、東アジア
においても、日本の発展と中国・朝鮮のそれとの間に不均衡が

生じ、両者の総合的な国力の差が生ずるようになり、日本は強者、中国・朝鮮は弱者になり、この差がまた「弱肉強食」の戦争になって、日本のアジア隣国への侵略戦争が相次いで発生した。これによって、東アジアも敵対的な両陣営に分裂した。これは東アジアの歴史的発展の不均衡から生ずる悲劇であり、東アジア国際システムの第二回目の変化であった。

　上述のような、東アジアにおける内外の侵略による「華夷秩序」の崩壊と、植民地システムの形成は並行して進行したが、この崩壊と形成は反比例の関係にあったといえる。

　19世紀半ば頃から20世紀の20年代までの東アジア国際システムあるいは植民地システムは、欧米主導型であり、ワシントン体制はその典型であった。日本はこのシステムに追随、協調する立場であった。これは、日本が欧米列強に比較し、二流国家であったからである。しかし日本は、満洲事変・日中戦争・太平洋戦争を通じてこのシステムも打破し、日本主導型の東アジア・システム＝大東亜共栄圏を建設しようとした。これは、東アジア国際システムの第三回目の大変化であった。

　東西国際システムの衝突は、東西二つのナショナリズムの衝突と対立でもあり、この衝突と対立が東アジアの国際システムを動かす重要な力となった。西欧では、18世紀から資本主義的発展と並行して近代的ナショナリズムが形成されたが、東アジアでは一世紀遅れて、19世紀に形成されたといえる。ナショナリズムとは、一つの生活圏＝文化圏＝コミュニケーション網としてのネーションの統一・独立・発展を希求する意識の状態、思想および運動である。いいかえれば、自分が仲間の一人として帰属すると感じている「民族」あるいは「国民」という社会集団の存立と発展を願う心理状態である。西欧の東アジアへの侵略は、このような西欧型ナショナリズムの東進であり、東ア

ジア型ナショナリズムはこの触発のもとで形成されながらも、また、この東進に反発する反侵略と独立・解放を目指す運動の一形成として発生したのである。同時に、東アジア型ナショナリズムは西欧の自由主義的政治体制と合理主義的経済体制にも反発し、独自の文化・伝統を極端に賛美する傾向が強く、このため政治的な反侵略と、文化的な反西欧とが結合する傾向が強かった。

このような現象は、東西文化の摩擦を引き起こした。東アジアの文化は、一つの体系として、すべての要素が関連して一定の均衡を保っていた。東アジアの諸民族は、このような伝統文化の独立性を強調して、西欧文化を異質な外来文化として排斥し、自分の文化を守ろうとした。これは外来の西欧文化に対する「拒否」であった。この拒否が東西の文化摩擦を起こし、具体的には政治・経済上の対立として発生した。この摩擦が国家的次元で起こる場合には、戦争による征服と屈服によって決着するのである。19 世紀半ば以来の西欧列強の東アジア侵略は、まさに、この文化摩擦の一種であったともいえよう。しかし、東アジアの文化は、この征服により西欧文化に統合され、消滅したのではなく、厳然と存続しながら、反侵略運動の一構成部分として存在した。

しかし、これは東西文化摩擦の一側面であり、他面においては、少数の先覚的知識人と開明的人物らが西欧に抵抗するために西欧の文化・文明を吸収し、自国・民族の発展と強大な国家作りに利用しようとした。中国における洋務運動・戊戌変法・辛亥革命・新文化運動、朝鮮の甲申政変・愛国文化運動、日本の明治維新・文明開化などは、この傾向を示したものである。このような吸収と受容は小規模・小範囲から徐々に拡大され、今日まで続いている。東アジア諸国は、ある意味において、西

洋文化・文明を吸収することは、歴史的必然性と合理性があったといわざるを得ない。

この歴史的事実は、西欧の東アジア侵略を肯定するものではない。近代西欧諸国は、二重性をもつ国家体制であった。対内的には、近代民主主義・自由主義の政治体制を確立し、近代科学・技術を発明して、未曽有の物質文明を建設した。東アジア諸国が吸収した西欧文明と文化はこの一側面、その対外的侵略の側面に対しては抵抗したのである（日本は除外）。これは、西欧国家体制の二重的と東アジアの二重的な対応とが対照的であったことを示すものである。

東アジアの植民地システムの形成過程における各国の利害関係は非常に複雑であるが、これを「二重的国際関係論」で説明することができる。「二重的国際関係論」とは、簡単に言えば、東アジアをめぐる諸国の関係は一面的ではなく、二面的あるいは二重の関係であったことである。たとえば、東アジアをめぐる西欧列強間の関係、日本と西欧列強間との関係は、互いに支持・協力しながら、また、互いに対立・争奪しながら、また互いに利用しあう複合的な二重関係であった。これは、各列強が東アジアにおける自国の権益と勢力圏とを維持・拡大するがために起こる現象であり、この本質の二面的現れである西欧列強と中国など被侵略国との関係も二重性をもっていた。この両者は侵略と被侵略の関係でありながら、中国など被侵略国における日本と西欧列強との対立・争奪によって起こる矛盾のために、西欧列強は、時には中国など被侵略国を支援して日本を牽制し、時には日本を利用して中国など被侵略国に圧力を加えるのである。中国など被侵略国も、逆に西欧列強と日本との矛盾を利用して、西欧列強に依拠し、その力を借りて日本に抵抗したのである。

　このような二重関係の各側面は不可変的なものではなく、世界と東アジア情勢の変化によって変動し、ある時期には一国と一国との間に、またある時期は一国と多くの国との間の二重関係が終結し、その関係の一面だけが残る場合もあった。たとえば、太平洋戦争の勃発により東アジアにおける日本とアメリカの二重関係は終焉し、両国間には対立と争奪の関係しか残らなかった。日本と西欧諸国との関係も同様であった。

　こうした「二重的国際関係論」は、東アジアの半植民地には安全に適用するが、完全な植民地に転落した国家の場合はそうとはいえない。朝鮮の場合、19 世紀半場から日本に併合される1910 年までは二重国際関係が適用されるが、併合後は日本の安全な植民地となり、西欧諸国の朝鮮「韓国」併合に対する承認によって、一時この二重国際関係が消え去り、第二次大戦後半期にいたって東アジアの国際情勢が転換するに伴い、再度、二重性をもつ国際問題として取り上げられ、連合国側の支援により民族の独立と解放を達成した。だが、東アジアにおける米ソの争奪が開始されたことで南北に分裂し、北はソ連を中心とした陣営に、南はアメリカを中心とした陣営に属するようになって両陣営の冷戦に巻き込まれ、1950 年の朝鮮戦争となった。この事実は、ある意味において、国際環境と国際システムが朝鮮の運命を決定する重要な要因の一つであったことを示している。

　ロシアは欧洲に属する国家でありながら、そのシベリア地域は東アジアに属し、地理的には中国・外蒙古・朝鮮と国境を接していた。ロシアが北から南下し、東アジアに侵略の手を伸ばしたことは西欧列強と同様であるので、ここでは言及しない。しかし、ロシアの十月革命はツァーリ帝制を打倒し、過去、東アジア諸国と締結した不平等条約を放棄するとともに、民族と国家間の平等を宣言し、労働者、農民の資本と地主からの解放

を訴え、東アジアの先覚的知識人と抑圧された労農層に民族の独立・階級よりの解放のインパクトを与えた。これにより、20年代から東アジア諸国に共産党組織が成立して、労働者・農民運動が続発し、内部の階級対立が激化して、時には内戦にまで発展して、国家が分裂しはじめた。これとは逆の現象として、東アジア諸国の共産党組織と周辺の労働者が連合して、東アジアの植民地システムに対抗する一つのシステムをつくりだした。これは、ソ連共産党を中心としたコミンテルンを通じて形成され、対内的な階級闘争と対外的な反侵略・民族独立の戦いと結び付いて、東アジアの植民地システムに対抗しはじめた。

　十月革命の影響とは対照的に、1918年初頭にアメリカ大統領ウィルソンが発表した「一四カ条」の原則は、東アジアのリベラルな民族主義者の民族自決の精神を鼓舞し、共産党系の組織とは別の民族独立・民族解放の戦線の結成を促して、植民地システムへの挑戦がはじまった。

　このように東アジアの植民地システムに抵抗する勢力は二つに分かれ、民族解放と民族独立を獲得した後に、また内戦と紛争に発展し、米ソを両極とした冷戦時代に、前者はソ連を中心とした陣営に、後者はアメリカを中心とした陣営に属して、互いに対立しあったのである。

　19世紀半場から、100年間の東アジア国際システムの形成と東アジア諸国の関係を振り返って見れば、東アジア諸国には選択の余地はあったとしても、ある意味においては、西欧あるいは日本、もしくは米ソが作りだした国際システムにより東アジア諸国の運命が決せられたといえよう。しかし、この国際システムは逆に、東アジア諸国内部の抵抗と変革を促進し、東アジア国際システムの変化に新しいインパクトを与えた。これは、因果関係の循環でもある。そして、これは、近代世界が前近代

世界と異なり、一つの国、一つの地域が世界から孤立して存在することは既に不可能であって、世界の一構成部分として世界と共存し、両者が相互に影響を与えながら存続してゆかねばならないことを示している。現在、東アジア諸国はポスト冷戦の国際社会とともに存在し、模索中である新しい21世紀の国際社会は必ず何からのインパクトを与えるであろうし、東アジアもこの新しいシステムの形成に何らかの影響を及ぼすであろう。

19世紀半ばから100年間続いた東アジア植民地システムは、西欧・日本と東アジア諸国の不均衡な発展によって形成されたものである。歴史社会の不均衡な発展、あるいは社会・経済の不均衡な発展、あるいは軍事力の不均衡な発展は、国家と国家、地域と地域との間に総合的な国力の差を付ける。この差は強者と弱者の差である。また、この差は国家間と地域間の対立と矛盾を招く温床であり、不公平な国際システムを作る重要な原因になる。

現在の東アジアは、本世紀後半期における飛躍的発展と変化により、諸国間の各分野における差は縮められているが、依然として不均衡の問題が存在する。それにまた、この地域は冷戦システムの後遺症が多く残っている地帯でもある。このような諸問題にどう対処するかは、東アジアの平和・安定・発展を確保するために解決すべき大きな課題であろう。

第二章　孫文と日本（一）

第一節　日本の対孫文政策と孫文の対日観

はじめに

　日本の孫文に対する政策は、日本の中国に対する総政策の一部分でありながらも、日中関係史において重要な地位を占めている。孫文の対日観も、孫文の国際認識とアジア観の一部分でありながらも、孫文の対外政策において重要な地位を占めている。

　拙稿は、日本政府の孫文に対する政策を決定する諸要素を総合的に検討すると同時に、孫文の対日観にも触れ、この両者を簡単に比較し、そこから、意義ある歴史の教訓と反省を得たいと思う。

一、日本の対孫文政策

　孫文の名前が日本の新聞、雑誌に現れたのはロンドン遭難事件後の 1896 年 11 月であり、孫文が革命家として日本に紹介されたのは 1898 年 3 月であった。その中で、孫文が「興中会を興し、昨年兵を起こさんと」し、ついで、「倫敦にて難に会ひ米に

走る、これこそ実に愛国党となす、一道の光明に非ずや」[①]と高く評価している。この時、孫文はすでに犬養毅、大隈重信、平岡浩太郎、頭山，宗方小太郎らと交際していた時期であるから、孫文に対して深い認識があったといえる。だが、この時期の日本側は変法派の康有為、梁啓超らに対する期待と信頼が深く、孫文に対する関心は彼らよりは劣っていた。日本側が孫文を康、梁よりも重視し始めたのは1900年以後のことである。

　孫文と日本との関係は、孫文の革命運動と宮崎滔天らの自由民権思想との共鳴により結ばれたが、これに政府、軍部、財界の人達がかかわり、複雑な関係を保つようになった。

　日本政府の対孫文政策は、時期ごとによって変化するが、その政策を決定する原則は何であったのか。

　日本政府の対孫文政策は、単純な対孫文政策ではなく、日本の対中国政策の一部分であり、日本の対中国政策の総合目的達成のための一政策で、その政策の変化に伴って対孫文政策も変化するのである。日清戦争以来の日本の対中国政策は、中国における日本の植民地的権益を擁護、伸張することであり、日本の対孫文政策は、この総合目的達成のために孫文とその革命運動をどう利用するかの問題であった。これは日本の対孫文政策決定の原則であり、その政策決定の前提でもあった。

　この前提と原則に基づき、日本政府は対孫文政策を決定する時に以下の六つの要素を考慮して決定したと思われる。

　日本政府の孫文に対する政策決定の第一の要素は、単に孫文に限って、また孫文の希望と期待によって決定されるのではなく、孫文の国内における対立面、即ち孫文の反対する相手側との相互関係の中で決定されるのである。

---

①　野沢豊「新聞に描かれた孫文」、『思想』、1957年6月号68頁。

　例えば、辛亥革命前における日本政府の孫文に対する政策は、孫文が打倒しようとする清朝との相互関係においてその政策が決定されるのである。1897年8月、孫文が二度目に来日した時、小村外務次官は孫文の滞在に反対し、1907年3月と1910年6月には、清朝の要望により二回孫文を日本から追放した。当時日本の対中国政策には、対立孫文と清朝が存在し、どちらの要望を受け入れ、どちらの要求を拒否するかを選択することになるが、日本はどちらの選択が日本の対中国政策にプラスになるかを考慮して決定するのであった。当時の孫文は辛亥革命後の孫文でなく、中国政治舞台におけるその地位もまだ低く、日本の孫文に対する期待もそれなりに小さかった。逆に、中国における日本の植民地的権益は皆清朝から受け取っているものであるから、清朝そのものの存在と、日清、日露戦争後、日増しに悪化する両国間の国交を改善することは、日本にとっては孫文の存在よりも重要なことであったので、最後には清朝の要求通りに孫文を追放した。辛亥革命後には孫文の地位が相対的に高くなり、孫文の来日または滞在を拒否するか、または追放するかとの問題は生じなかった。これは、孫文の地位がその対立する相手と比較して相対的に高くなったからであった。

　辛亥革命後にも、孫文は中国の政治舞台において孤立的な存在ではなく、袁世凱、段祺瑞、呉佩孚らの北洋軍閥との対立の中で存在したため、日本政府の対孫文政策はその相互関係の考慮の中で決定されたのであった。

　日本政府の孫文に対する政策決定の第二の要素は、孫文が中国の天下をおさえ、中国の最高支配者になる可能性があるか否かの日本側の自己判断である。その可能性が大きい時には孫文に対する政策は積極的であり、その可能性が小さい時にはその政策は消極的になり、その可能性と日本の政策とは比例的関係

になるのである。これは、日本あるいは他の列強が、中国の最高支配者を自分の手下に掌握すれば、自分の意志通りに中国における植民地的権益を獲得することが出来るからであった。故に、日本と列強との中国における争奪で最も激烈な争奪は、その支配者を自分の手下におくことであった。

　例えば、辛亥革命期において、南は孫文、北は袁世凱、南北が清朝後の最高支配権を争って南北議和会議を開いた。日本は大陸浪人の積極的な説得により、政府、軍部、財界が一体になり、南方の孫文とその革命派に軍資金と武器を提供し、いわゆる援助を与えた。孫文は南京共和政府の臨時大総統になり、中国の天下をおさめる態勢を示した。この時の日本の孫文に対する政策は、その前後のどの時期にくらべても一番積極的であり、現実的であった。1913 年 2、3 月、孫文が正式に日本を訪問した時の日本の朝野の熱烈な歓迎は、孫文が中国の天下をおさめる人物の一人であると判断したからであったと思われる。

　だが、第二次革命において孫文は敗北し、袁世凱が全中国に君臨するようになると、中国政治舞台における孫文の地位は大きく変化した。故に、1913 年 8 月孫文が日本に亡命した時、日本政府は初めにその亡命さえ許そうとせず、その後には亡命は許可したが、孫文の第三次革命の準備にはなんらの支持、援助も与えず、孫文とその革命派を青島占領、袁世凱との 21 か条などの交渉の切札として利用し、日本の対中国政策における孫文の地位とそれに対する政策は、辛亥革命時期と 1913 年 2、3 月の日本訪問の時とは対照的であった。これは、日本政府は孫が中国の天下をおさめる可能性がない、あるいはその可能性が少ない、と判断したからであったと思われる。

　日本政府の孫文に対する政策を決定する第三の要素は、孫文の軍事力の大小である。日本は軍国主義国として、軍事力によっ

て対外問題を解決し、なによりも軍事力をもとにして情勢を判断するなら、孫文の軍事力の大小と日本の対孫文政策とは比例的な関係にあるといえる。

　例えば、1916 年 6 月の袁世凱の病死後、北洋軍閥も二つの派閥に分裂し、各地の軍閥もおのおの独立して、中国は軍閥林立・軍閥混戦の時代に入り、軍閥の軍事力で中国の最高支配権を争うようになった。この時期、孫文には山東の居正を中心とした中華革命軍東北軍しかなかったし、この軍隊もその後まもなく解散させられてしまった。孫文が手下に自分の軍事力がないから、西南軍閥の陸栄廷、唐継尭らに依頼して、1917 年 9 月に第一広東政権を建てた。このような情況の下で、寺内内閣は軍事力を持っている段祺瑞の北方政権を積極的に支持・支援して、南方の孫文派を弾圧して、武力による中国の統一を完成し、中国における日本の勢力範囲を南方まで拡大しようとした。これは寺内内閣が主に中国における軍事力の角度から判断して、段の軍事力が強く、孫の軍事力はゼロに等しいとの結論に至ったため、孫文には大変冷淡であったといえる。

　もし、日本に対し親近感を持ち、日本の援助を要望する孫文が、当時中国の天下に君臨するような軍事力を持っていたならば、日本は孫を積極的に支持・支援して中国の最高支配者になるようにしたと思われる。日本の孫文に対するこのような政策決定の要素を計量学的公式で表す場合には、孫文の軍事力の大小は、　日本の対孫文政策と反比例的関係があったといえる。

　日本政府の孫文に対する政策決定の第四の要素は、日本と列強、日本と孫文およびその相手、列強と孫文およびその相手等の相互関係である。これは、日本と他の列強が中国における各自の植民地的権益を伸張するため、相互間で激しい戦いをしているから、このような要素が孫文に対する政策決定において重

要な地位を占めていたのであった。

　例えば、辛亥革命勃発後、日本政府は義和団の時期のように出兵して清朝を支持しようとしたが、出兵することは出来なかった。これには、革命情勢に対する判断もあると思われるが、まず辛亥革命が義和団のように列強と対決しなかったために、日本および列強と孫文との関係が義和団の時とは異なるようになった。故に、日本は直接出兵する必要がなかった。次に英米の牽制である。もし辛亥革命に対する出兵になれば、今度は南方に出兵することになり、南方は英国の勢力範囲に属しているから、日本は英国の勢力範囲に出兵してその権益を伸張するようになる。もし出兵する場合には、義和団の時期のように大量の兵隊を出動させることになり、日本はその軍事力をバックに英米よりももっと大きな権益を獲得するようになるから、英米には不利になる。故に、英米はその出兵を牽制しなければならなかった。このような複雑な相互関係が、日本の辛亥革命に対する武力干渉を牽制したのであった。

　辛亥革命において、南の孫文と北の袁世凱が対立した時に、袁を支持したのは英国であり、袁は英国の支持の下で清朝後の中国の政治、軍事大権を掌握し、最後には孫文の革命派を弾圧した。英国は孫文が親日的な人物であり、また実力のない政治家だと判断して、孫文の辛亥革命に対する援助の要望を拒否し、帰国途半香港に上陸することさえ許可しなかった。日本は、袁は親英米的な人物であり、反日的であるからといって、袁の登場に反対し、袁に直接的な援助を与えなかった。孫文に対しては、孫文は親日的であるとの判断から、孫文とその革命運動を「支援」した。

　中国をめぐる、または袁と孫の対立をめぐる日本と列強、日本と孫文、日本と袁世凱、列強と孫文、列強と袁世凱等の相互

関係は、日本と列強の中国における争奪によって起こる現象であり、中国国内政治もこの争奪戦につながって展開されるようになるから、日本もこの両面を検討しながら孫文に対する政策を決定するようになるのである。当時中国の政治勢力の中で最も強い人物だったといわれた袁世凱を日本が支持・援助することが出来ず、最後には袁世凱に臨時大総統の地位を譲らざるを得なくなった孫文を「支持」したのも、このような相互関係から出て来る必然的な現象であった。

　1913年8月、孫文が日本に亡命して第三次革命を準備する時、日本に軍資金と武器の提供を数回要望したが、日本はこれに応じなかった。だが、1915年末から政府・軍部・財界は一時孫文に一定の援助を与え、孫文もこの援助を受けて1916年4月帰国したが、日本のこの対孫文政策の一時的転換も、上記のような複雑な相互関係を政策決定の一つの要素として考えたからであったと思われる。この時期、英国は袁政権の第一次大戦への参加を勧告して、大戦において一時ゆるくなった袁との関係を強化しようとした。日本はこれに対抗するために、袁の打倒に乗り出し、南方では孫文の革命派を援助して、反袁闘争を展開するようにした。日本は大戦以後における英国との争いを予想して、このような反袁援孫の政策を決定したのであろう。

　以上はいくつかの例にすぎないが、日本の孫文に対する政策決定において、この要素は常に重要な地位を占めていた。

　日本政府の孫文に対する政策決定の第五の要素は、財界の資本輸出である。

　日本の孫文に対する「支持」・「援助」は、政治的な一面もあるが、主な部分は借款——資本輸出である。辛亥革命時期の三つの借款交渉、1913年孫文の訪日に伴って成立した中国に対する投資会社——中国興業株式会社（日中合弁）、1916年春の久

原房之助の孫文に対する借款等は、すべて資本の輸出である。これは、日露戦争後に帝国主義段階に入った日本の対外政策の新特徴を表し、商品の輸出と同時に、資本の輸出が増加するようになった。これは財界の要望に応じたものである。だが、財界の要望は日本の孫文に対する政策決定における重要な要素ではなく、政府または軍部の意見が決定的な要素であった。

　最後に、日本政府の孫文に対する政策決定において、孫文の共和思想と革命運動の性格がどれほどの地位を占めていたかということである。

　一度目の世界旅行から日本に帰ってきた孫文は、共和国の政治思想を率直に表明し、政治思想と君主制を暴力で打倒するという革命の性格に関する双方の相違は、孫文と日本との関係が結ばれる時からはっきりとしていた。日本は立憲君主制であり、中国の封建社会における皇帝のような天皇制が存在し、政治思想の上では、孫文と日本との関係が結ばれるはずがなかった。辛亥革命の時に、南北議和会議で立憲君主制と共和制の論争が出た時、日本は立憲君主制に賛成し、孫文の共和制に反対し、徳富蘇峰らも輿論として、中国革命の共和の嵐が日本に吹いて来ることを恐れ、共和制に反対した。だが、日本は孫文の共和制に反対しながらも、革命派に軍資金と武器を提供し、浪人らは直接この革命に参加した。これは確かに矛盾した現象である。だが、共和制と立憲君主制は同様にブルジョア段階の政体に属するものである。共和制を主張する革命派が、革命の進行過程において中国における日本の既得権益に反対しない限り、この同様な範疇に属する政治形態の間には直接的な矛盾が発生しない。もし孫文ら革命派が、日本と同様の立憲君主制を主張しながらも中国における日本の既得権益に反対したとしたならば、その対立と矛盾は調和が不可能なものになったであろう。当時、

袁は日本のような立憲君主制を主張したけれども、日本は直接、袁に支持・援助を与えていない。また 1915 年、袁が帝制を復活しようとした時にも、日本は当初は支持したものの、後にこれに反対した。

　以上のような事実は、孫文の共和思想とその革命運動の性格が、原則的な問題として日本の孫文に対する政策決定における重要な要素にはなっていなかったことを示している。それよりも重要なのは、その政治的形態を主張するその人の傾向、即ち日本の方に傾くか、または英米の方に傾くかが重要な要素であった。英米の方に傾くものが立憲君主制を主張しているからそれを支持するのでもなく、日本側に傾くものが共和制を主張してもそれを支持する。この根本的原因は、日本が辛亥革命において日本の植民地的権益を擁護拡大しようとして、日本に親近感を持っている方を支持して中国に君臨させようとしたことにあったと思う。

　では、孫文の 1923 年以後の連ソ・連共・労農援助の三大政策は、日本の孫文に対する政策決定においてどのような地位を占めていたか。孫文の三大政策は、孫文の対内・対外政策の大きな転換を示す政策であるが、これは孫文が三民主義を達成するための一つの手段であり、孫文のブルジョア共和国思想とその政治体系には変化がなかった。故に、政治思想体系として日本の孫文に対する政策決定に影響を与える要素は少なかったと思う。だが、孫文の日本に対する不平等条約撤廃の要求と日本に対する公然たる批判および連ソの政策は、日本の孫文に対する政策決定において一定の影響を与えていたと思われる。

　対外政策決定過程と政治思想体系との関係は、近現代の国際関係においてもたまに見られる現象である。国際関係においては政治体制と思想体系が一定の影響を与えているが、また必ず

しもそうではない。ファシズムの特徴は反共であるが、30年代の日本とドイツのファシズム外交官らは、外交は思想ではないと叫び、三国同盟を締結する過程において、ソ連をも含む四国同盟を結ぼうとしたことも、対外政策決定過程と政治・思想体制との関係の一側面を物語る一つであると思われる。

　要するに、日本の孫文に対する政策は、中国における日本の権益を擁護・伸張する原則の下で、上記のような六つの要素がその政策の決定過程において総合的な、また多様な役割を果たすのであるが、時期ごとにあるいはことごとによって、その中の一つ、二つの要素が特に重要な役割を果たすこともある故に、具体的政策に対しては、具体的に分析する必要がある。

二、孫文の対日観

　孫文は1895年に来日して以来、日本には十数回も出入国を繰りかえして、日本滞在の期間は10余年間にわたり、その革命生涯のほぼ三分の一を占めている。孫文は、日本を中国革命の推進基地とし、日本から中国国内の革命を指導した。だが、日本が孫文の政治思想形成に与えた影響は、その日本に滞在の年数よりはるかに小さい。逆に、孫文は欧米に滞在した時間は約5・6年、日本の半分にしかならないが、その5・6年が孫文に与えた政治思想的な影響はその年数よりはるかに大きい。孫文の共和思想は、欧米の影響の下で形成されたものであるといっても過言でない。

　日清・日露戦争以来、日本は中国に対する侵略を強化し、日本は中国に対し最大の危機感を与える国であった。日露戦争後、清朝も日本の侵略に抵抗するため「以夷制夷」の政策をとり、その後日本の青島占領と21カ条の提出により、中国人民の反帝国闘争の矛先も徐々に日本に向けられた。このような日本に対して革命を目指す孫文が革命運動の推進基地としたことは、孫

文の対日観の一つの特徴を示すものでもある。また、孫文の共和思想の母国である欧米、特に英国が孫文の最大敵視国になったのも、孫文の国際観すなわち国際認識の一つの特徴であったと言わざるを得ない。

　孫文の対日観の形成において、日本の思想的影響よりも、中国と日本との歴史的、地理的、人事的、軍事的要素と孫文の国際認識が、それに与えた影響が何よりも強いと思われる。

　孫文と日本とのつながりはまず明治維新から始まる。明治維新に対するその見方は、孫文の対日観の形成に一定の影響を与え、その対日観の一構成部分になった。明治維新はブルジョア革命であるか、または絶対王政の変革であるか、孫文はその維新の性格に関しては直接に触れていない。孫文は革命家であって変法派ではないし、共和主義者であって立憲君主主義者でもない。孫文は「李鴻章の上書」で、戊戌変法派のような改良主義的な考えを述べてはいるが、その後、共和主義者になってからは、明治維新の道を歩もうとする康・梁の変法派とは真っ向から対決し、維新における天皇＝皇帝・変革＝変法には当然反対であったと思われる。孫文は明治維新そのものよりも、維新後の日本政治の発展すなわち維新が日本にもたらしたその結果を評価している。孫文は「李鴻章の上書」で、「人能くその才を尽し、地能くその利を尽し、物能くその用を尽し、貨能くその流を暢べる」との「富国の大経、政治の大本」を強調し、日本維新後に「この四大綱を国を挙げて行い、一人もこれを阻むものがなかったから」、「日本の維新の政治はまだ日が浅いのに、今日の成功はすでに大いに見るべきものがある」として、高く評価した[①]。1919 年以後、孫文が日本を批判する時期にも依然

---

　　①『孫中山選集』、人民出版社、1981 年、31 頁。

として維新を評価し、「日本はもと東方の一弱国なるも幸い維新の志士あるを得、初めて能く発奮して雄となり、弱を変じて強となせるなり。吾が党の志士も亦日本志士の後塵を歩み、而して中国を改造せんことを欲するものなり。余が日本との親善を主張するはこれが為なり」[1]と述べ、「日本の維新は中国革命の第一歩であった。中国革命は日本維新の第二歩である。中国革命と日本の維新とは、実際同一意義のものである」[2]と強調した。孫文の維新に対するこのような評価は、中国も維新後の日本のように挙国一体になって、革命を通じて速やかに弱者から強者に変化しようとしたことを示したものであった。これはむしろ、革命というよりも愛国主義的立場から維新を評価したものだと思われる。

　孫文は、また日本の維新と中国革命とを比較し、「日本維新の際に当たっては、欧米の勢力は未だ安全に東進して居らず、東亜に於いては別に障礙はなく、日本は軍備を整備し、政治を刷新するに当たっても左程牽制干渉を受けず、誠に自由であった。これ日本の維新が安全に成功し得た所上である。吾人の13年前の革命の時代には、欧米の勢力は既に安全に東亜に侵入し、中国の四境はみな強国であり、四方みな障礙物であった。一つの事を行わんとするにも、種々の困難を経なければならず、困難を嘗めても矢張り目的を達し得なかったのである。故に革命13年にして今に至るも成功していない」[3]と指摘した。この比較は大変意義あるもので、この比較から中国革命がいまだ成功していない原因は「外国の障礙」にあり、この障礙は「中国が嘗つて外国と結んだ不平等条約である」ということを明らかに

①『孫先生対日言論選集』、1965 年、92－93 頁。
②『孫先生対日言論選集』、1965 年、36 頁。
③『孫先生対日言論選集』、1965 年、53 頁。

した。

　孫文の明治維新に対する言論と評価は、中国人として明治維新を理解するという側面もあったが、また日本政府と日本国民に、自分が指導する中国革命運動は明治維新のように中国を改造しようとする運動であるということを理解させて、これによって中国革命に対する日本の同情と支援を呼び起こそうとしたものであったとも思われる。

　孫文の対日観において重要なことは、孫文がどのような対日認識のもとに日本からの援助を期待したかということである。この問題に関しては、久保田文次氏が「孫文の対日観」で詳細に検討しており、筆者はその観点に賛成する①。

　1917 年以前、孫文が日本に期待したのは、なによりも清朝と袁世凱を打倒するための武装起義に必要な武器・弾薬の援助であり、それに必要な軍資金であった。1895 年の広州起義準備、1900 年の恵州起義、1907 年・1908 年の七回の武装起義、辛亥革命・第二次革命・第三次革命の準備等において、孫文が強烈に武器と軍資金の提供を日本に要望した。このため、孫は国家主権の一部を犠牲にすることも辞さず、日本の厦門占領、広東省の排日ボイコットの反対、漢冶萍公司の合弁、四川省権益の一部分割等を日本に承諾した（この点に関しては、藤井昇三氏が「孫文の研究」で詳しく述べているのでここでは省略する）。

　これは、中国の独立と富強をめざす孫文とその革命運動と矛盾する現象であるように見えるが、実は孫文が世界各列強に対する具体的分析および判断と、それにもとづく国際認識＝国際観から日本と列強との矛盾を利用しようとしたことから出てくる現象であった。日本は近い将来、中国に対する侵略を拡大す

---

　①『中国近現史論集』、汲古書院、1985 年、393－411 頁。

る国であると同時に、または清朝と袁世凱を支持する欧米列強に対抗し得る存在であったから、孫文は日本を利用したのであったと思う。

　1916年の袁世凱病死後、日本に対する孫文の期待は変化した。清朝と袁世凱の打倒を革命の最大の目的としていた時期には、日本に武器と軍資金の提供を希望したが、清朝が打倒され、袁世凱が病死した後には、孫文は日本に不平等条約の撤廃に対する協力と援助を公然と要求した。

　孫文の不平等条約撤廃の思想は同盟会成立の時期から存在し、日本にこの要求を提出したのは、1914年5月14日大隈首相宛の書簡においてであった。大隈重信は藩閥軍人でなく文人であるから、孫文は大隈内閣に大きな期待をいだいていた。書簡で孫文は、中国に対する不平等条約の撤廃に対し日本の外交的援助を要望し、もし日本が率先して治外法権を放棄し中国の自主関税権を回復させてくれるならば、その見返りとして中日両国間の関税同盟締結を承諾するといった。

　孫文が不平等条約撤廃の要求を公然と日本に訴えたのは、1917年1月1日「東京朝日」に掲載された「日支親善の根本義」においてである。不平等条約の撤廃は反帝闘争の重要な構成部分である。孫文が公然と不平等条約の放棄を日本に提出したということは、孫文の対日批判の開始でもあり、または反帝闘争を公然と主張したことを意味するものである。孫文が1923年の広東海関問題と24年の広東商団事件で公然と反英・反帝闘争をくりひろげ、この主張を行動に移した。

　孫文がこの時期に至って不平等条約放棄と撤廃を公然と日本に提出したのは、寺内内閣の段祺瑞政権への積極的な支持・援助と関係があった。孫文は清朝と袁世凱を打倒すれば中国問題は解決されると思ったが、袁病死後、北洋軍閥は安徽派の段祺

瑞と直隷派の馮国璋とに分裂し、地方の軍閥も各自独立して、中国は軍閥林立・軍閥混戦の時代になった。日本は段祺瑞を支持し、英米は馮国璋の直隷派を支援した。列強の支援を受けた軍閥は、武力による中国の統一を狙っていた。このような情況の下で、孫文は日本と列強に不平等条約の撤廃を要求するようになった。日本に不平等条約放棄を要求するのは、孫文の対日観の一大転換ともいえる。

　不平等条約撤廃をめぐる孫文の対日観は、まず日本の条約改正を高く評価して「アジア復興の起点 (7)」であると述べた。孫文が「吾々も当然日本に倣はねばならない」①と述べ、「我が中国が、目下、其等の条約を撤廃し得るか否かの関鍵は、他の外国人にはなく、全く日本国民が同情を表するか、否かにかかっている。日本国民がよく同情を表するならば、中国の条約は即時撤廃し得るであろうか、之と反対に同情を表し得ないならば、中国は撤廃する事が出来ない」②と日本国民に訴えた。

　孫文が率先して不平等条約を放棄する可能性が日本にあると思ったのは、一に、「日本も30年前にやはり同様に斯かる苦痛をなめたのであるから、若し同情心さえあれば、己を推して人に及ぼし、自分が嘗つて味わった苦痛を当然他人が受けるのを好まないであろう。故に日本は当然中国が其等の条約を撤廃しようとするのを援助すべきである」③、二に、「中国と日本は同種同文の国家であり、兄弟の邦であり、幾千年の歴史と地位とから推して中国は兄であり、日本は弟である。現在、兄弟が集り会して一家和睦せんことを欲するならば、先づあなた方弟たる日本人は、既に十数ケ国の奴隷となって、既往に非常な苦痛

---

①『民国日報』、1924 年 12 月 8 日。
②『孫先生対日言論選集』、42 頁。
③『孫先生対日言論選集』、42 頁。

を味いつつある中国の、此の苦痛の根本原因が不平等条約である事をしらねばならぬ。そして更に、あなた方弟たるものは、兄に替って憂いを分って、兄を助けて奮闘することを必要する」①と分析したからであった。これは、孫文の対日観には中日両国間の歴史的伝統と常識的人情を刻まれていたことを示す。

　孫文は、日本と列強との不平等条約の撤廃を中日連携・中日親善の前提条件と見なし、24 年 11 月 28 日、神戸オリエンタル・ホテルにおける神戸各団体の歓迎宴会において、広東の甲乙二人の友人関係を一つの好例として挙げて、十数ケ国の植民地である中国が、この不平等条約を撤廃しなければ日本とも提携することが出来ない道理を説明し、もし日本にも「真に中国と親善する誠意があるならば、先づ中国を援助して、不平等条約を撤廃し、主人たるの地位を回復させ、中国人をして自由の身分を獲得させねばならぬ。かくてこそ、中国は日本と親善し得るのである」②と日本の国民に訴えた。

　孫文のこのような訴えには、将来の日中関係に対する孫文の大きな考えも含まれていた。孫文は、もし日本が中国を援助して不平等条約を撤廃するならば、中国国民も真に日本に感激し、「中日両国は相互に助け合い、別に互恵条約を結び、経済同盟、或いは攻守同盟の如き互助的条約も締結することが出来るのである。若し中日両国が真に攻守同盟を結ぶようになるならば、日本の得るところの権利は、当然現在有している権利に幾百倍、幾千倍するであろう」③と予想した。この予想は空想的なものではあったが、孫文の対日観の一側面を反映しているのはたしかであった。

---

① 『孫先生対日言論選集』、58 頁。
② 『孫先生対日言論選集』、57 頁。
③ 『孫先生対日言論選集』、43 頁。

　不平等条約撤廃をめぐる孫文の対日観には、かつてなかった日本国民に対する期待と信頼感が刻まれていた。孫文は大アジア主義講演とその前後における談話と講演で、不平等条約撤廃の要望を日本国民に訴え、この国民の力により政府を説得しようと考えた。孫文は1924年11月24日、神戸に到着した時に、「我が中国国民は、日本国民と連絡して一心となり、両国国民の力を以て、主に東亜の大同を維持したいと考えている」①と、その来日の目的を述べた。孫文の代理として10月東京に来た広東政府参謀総長李烈鈞も、10月8日国民党東京支部の歓迎大会で、「最近英米帝国主義カ東方二在リテ活躍スル事実ハ諸君已ニ御承知ノ如ク日本トテモ亦一ノ帝国主義的国家ナリ依テ吾人ハ毫モ之ト与スルノ必要ナシ今回ノ渡日ハ実二日本帝国主義トノ妥協ヲ謀ラムカ為ニハ非スシテ即チ日本朝野ノ名士及政党カ吾国ニ対シ真ニ如何ナル意見ヲ有スルカヲ叩キ同時二日本一般ノ国民心理ノ帰趨ヲ観察シ以テ東方民族ノ団結ヲ固クシ極東ノ平和ヲ謀ラム為ナリ是今回渡日ノ唯一ノ任務ニシテ亦所謂其重大使命ナリ」②と述べた。孫文とその革命派の日本国民に対するこのような期待は、その三大政策の一つである労農援助の思想がその対日観に適用されて現れたものだと思われる。

　孫文の対日観は、孫文の国際認識＝国際観とアジア観＝アジア連帯・アジア民族解放観の一構成部分でもある。例えば、孫文の中国主権の一部を犠牲にしながらも日本に依頼しようとしたその対日観は、孫文の国際認識と国際情勢に対する分析から出たもので、孫文のその対日観は国際観の一構成部分として存在していた。また、大アジア主義講演における日露戦争に対する評価も、孫文の対日観の一部分でありながらも、黄色人種と

---

① 『孫先生対日言論選集』、37頁。
② 外務省編『日本外交文書』、大正13年第2冊、551－552頁。

白色人種の闘争とみる国際観でもあり、また「アジア民族の欧
洲人に対する最初の勝利であった」[①]とのアジア観でもあった。

　孫文の対日観には、日本に対する孫文の親近感と期待が溢れ
ているように思われるが、実は、孫文の対日観は親近感と不信
感、期待と失望、満足と不満足等の混合物であり、両者が孫文
の対日観に占める比率は時期と事柄によって変化し、最後には
後者の方が主となった。これは、日本が孫文の期待と要望に対
し、一時的に、一部分の要望にしか応じなかったからである。
孫文はこれに対し失望をせざるを得なくなり、時には憤激の怒
りを日本に投じた。1918 年 6 月寺内内閣の段祺瑞に対する援助
は「日本政府の南方征伐なり」[②]とこれをきびしく非難した。

　1919 年、孫文が日本を帝国主義・侵略国として公然と批判し
たのは偶然的な出来事ではなかった。五四運動とソビエトの思
想的な影響も重要なものであったが、孫文の対日観に存在した
日本に対する不信感、失望、不満、憤怒等がなかったら、その
新しい対日観への転換は不可能であったと思われる。

　孫文の対日観において、日本軍国主義に対する過少評価の問
題は孫文の時代と段級的限界により存在したことは確かである
が、これも孫文の日本に対する警戒心と共にその対日観に共存
した。孫文の日本に対する警戒心は、「自主規制」により十分に
表明されなかったと思われる。

むすび

日本の孫文に対する政策と孫文の対日観を比較検討すると、

①『民国日報』、1924 年 12 月 8 日。
②『東京朝日新聞』、1918 年 6 月 28 日。

両者の間には根本的な目的から具体的な問題まで、相当のくい
ちがいがあった。日本の孫文に対する政策の目的は、中国にお
ける植民地的権益を伸張し中国を日本の植民地にしようとした
のに対し、孫文は日本と他の列強の植民地的権益を保障する不
平等条約を撤廃し、半植民地である中国を救い、独立国家を建
設しようとした。だが、この両者は真っ向から対立しながらも、
一時、部分的なことでは相対的に一致することもあった。これ
は相違する各自の目的を達成しようとするとき、その手段・方
法がたまたま一致することもあり得るという事実を物語る。

　孫文の対日観は希望から失望に変化し、この変化により、孫
文が連ソ・連共の政策をとり、新三民主義の革命運動を一段と
推し進めた。日本は対孫文政策の根本目的をその後もひきつづ
き遂行し、戦争から戦争へと侵略を重ね、最後には戦争で敗北
した。

　孫文と日本、日本と孫文の関係はすでに歴史となり、または
今まさに歴史として研究しているが、それは今後の日中関係に
意義ある教訓と反省をわれわれに与えるであろう。

　孫文の対日観には遠大な理想があったのに対し、日本の対孫
文政策には近視眼的な実利主義的なものがあり、軍国主義の一
時的な利益のために将来を予想せず、孫文の不平等条約の撤廃
に耳を傾けなかった。もし孫文の理想通り、不平等条約を撤廃
し、平等互恵の原則の下で互いに協力・提携していたならば、
その後の不幸な戦争の時代はなかったはずである。日中両国間
の歴史は、孫文の主観的意志によって発展・変化するものでは
ない。歴史は、歴史発展・変化の必然性がありながらも、その
時代の人間が選択する余地のあるものである。今後の日中関係
の発展・変化においてなにを選択するかは、その時代の人達の
責任である。

第二節　満洲借款と日中盟約小池宛書簡の探究

　本稿は辛亥革命期の孫文の満洲借款と一九一五年二月の「日中盟約」、同年三月の小池政務局長宛書簡及びその「盟約案」の信憑性を再検討することにする。この問題に関しては日本と台湾において既に深い研究がなされている。本稿ではそれらの研究を継承、整理しながら、筆者の見解を提出することにする。

一、辛亥革命期の孫文満洲借款

　満洲＝東北三省の借款問題は辛亥革命期の孫文と日本との関係の一大懸念である。この借款は国家主権にかかわる重大な問題であり、また孫文・黄興ら中国民主主義運動の先駆者とも直接かかわる問題である。故に、中国近代史学会においては、この問題を慎重に取り上げている。

　日本では既に久保田文氏の「孫文のいわゆる『満蒙譲与』論について」と藤井昇三氏の「辛亥革命期の孫文関係資料―『満洲』問題をめぐる森恪書簡」、「孫文の対日態度―辛亥革命期の『満洲』借款問題を中心に」等の論文が発表され、優れた考証と新史料の発掘がなされている。

　本稿は先ずこの問題に関する森恪の書簡の信憑性を考証し、次にその内容を分析することにする。

　筆者は、一時森恪書簡の信憑性に大きな疑問を抱いていた。筆者の疑問点は、この書簡が上海三井物産株式会社支店の便箋紙を使用してはいるが、上海から発送されたものか否かに疑問を抱き、森が東京でこの書簡を書いたかも知れないと考えていた。それには、三つの根拠があった。（一）は、この問題の交渉

に直接参加し、また一番初めにこの問題を世に問うた山田純三
郎の回想に、森は東京から「二個師団の武器と二千万円の現金
を渡すから、満洲を日本に譲渡せよとの交渉を孫文氏となせ」
と山田に命じ、森は南京での孫文・黄興らとの交渉にも参加し
ていないこと[①]。（二）は、森の益田孝宛の二通の書簡は共に封
筒が付いていない。現在、三井文庫で閲覧者に提供している書
はそのコピーである。故に封筒が付いていない可能性があるが、
筆者が三井文庫でその原文を見せていただいた時にもやはり封
筒が付いていなかった。本来、封筒には中国の切手が貼ってあ
り、それに上海郵便局の印鑑が押してある筈である。これによ
り、この書簡は上海から発送したことを確認することが出来る
のであるが、これが欠けている。（三）に、三井物産の『社報』
には海外支店の社員が出国あるいは帰国した期日が明確に記入
され、森は一月五日上海から東京に着いたとの記載があるが[②]、
いつ再び上海に戻ったかの記載がない。このような三つの根拠
による疑問が解決されたのは、最近盛宣懐の档案資料から森恪
が二月一日に上海に着いたとの資料が見付かったからである。
これは山本条太郎が二月一日付孫文宛の書簡で「森格君が今日
の朝到着し、閣下と大事なことを交渉しようとしています。貴
政府の利益と日中両国関係を祈り、接待して下さいますよう希
望致します」[③]（中文からの翻訳）との記載から確認出来たの
である．森はその後上海・南京に滞在し、四月十七日また日本
に帰国する[④]。これにより、二月一日から四月まで森が東京で
この書簡を発した疑問は解決され、確実に上海から発送したこ

---

① 山浦貫一『森恪』上巻、高山書院、1943 年、403 頁。
② 三井物産株式会社『社報』第 2 号、1912 年 1 月 6 日、三井文庫所蔵。
③ 陳旭麓等主編『辛亥革命前後—盛宣懐档案史料選輯之一』、上海人民出版社、1979
年、244—245 頁。
④ 三井物産株式会社『社報』、1912 年 4 月 18 日。

とを確認することが出来たのである。

　次に、二月五日付森格から益田孝宛書簡の内容を考証することにする。この書簡は直接満洲借款のことを取り上げていないが、八日付益田孝宛の満洲借款に関する書簡と内在的な関係があり、この書簡の考証から八日付書簡の信憑性を考証するのに役立つからである。

　五日付書簡の第一の問題は、二月二日に森と孫・黄が南京で交渉したか否かである。森は二月一日上海に到着し、満洲借款のような重要なことを孫・黄と交渉するため、その翌日南京に行く可能性があり、また次に述べる漢冶萍公司合併に関する南京臨時政府と三井物産との二五〇万円契約に孫・黄が英文の契約書にそれぞ中華民国総統と陸軍総長の名義で二月二日にサインし印鑑を押した文書から、確実に二月二日南京で交渉したことを立証することが出来る[1]。

　第二の問題は「漢冶萍公司日華共同経営ノ件」を取り扱い、それに孫・黄が署名したか否かである。漢冶萍公司日華共同経営交渉は、主に神戸で盛宣懐・李維格と日本側代表小田切万寿之助の間で行われ、その裏に日本側は外務省、中国側は南京臨時政府が介入しており、双方は一月二十九日神戸においてこの合弁仮契約書に署名した[2]。森はこれらの仮契約書を持参して同日神戸港から船で出発し、二月一日上海に到着した。この合弁契約は日本側商人と漢冶萍公司との関係であるが、これに南京臨時政府と孫・黄が介入せざるを得なかったのは、この合弁契約により南京臨時政府が三井から二五〇万円の借款を受けることになるため、またこの公司が当時南京臨時政府の管轄下に

---

①『北洋政府財政部档案』「中華民国史档案史料匯編」第 2 輯、江蘇人民出版社、1981 年、339 頁。

②『日本外交文書』第 45 巻第 2 冊、114－117 頁。漢冶萍会社「各種合同印底」、『雑巻』7 号。

あったため、南京臨時政府と孫・黄がその契約を承認し、その
執行を保障する義務があったからである。故にこの合弁関係の
契約書及び認証に孫・黄が南京政府を代表して該公司と共に署
名することになったのである。これは、一月二十六日三井の山
本条太郎が外務省の倉知政務局長宛に送付した漢冶萍公司関係
書類から窺うことが出来る①。この二月二日孫・黄は南京臨時
政府・漢冶萍公司・三井三者間の漢冶萍公司合弁に関する「事
業契約書及び認証」、南京臨時政府と三井間の「利権契約書認証」、
南京臨時政府と三井間の「借款契約書」等に署名したと思われ
るが、現在残っているのは、英文の「借款契約書」だけであり、
前者二件の文献はその草案だけが残っている。だがこれらの草
案には「本契約書ハ漢日両文各三通ヲ作リ各自各一ヲ分有ス若
シ字句ニ付疑義ヲ生シタル時ハ是ニ添付ノ英訳文ニ拠リ決定ス
ル事」②との規定から、英文の「借款契約書」も有効なもので
あり、これにより前者二件の「契約書及認証」にも二月二日孫・
黄が総統・陸軍総長の名義署名、調印したことを確認すること
が出来る。また、上述の二月一日付山本より孫文宛書簡にも森
が持参、上程した漢冶萍公司合併に関係する文件に署名、批准
するよう、明確に記載している③。これにより二月五日付森書
簡の第二の内容が確実であることを立証することが出来る。

　第三の問題は、二月三日孫文・黄興が森に依頼した井上馨宛
の電報である。李廷江氏が国会図書館憲政資料室の「井上馨文
書」から、井上が受け取ったこの電報を発見したが、その内容
は完全に森の五日付書簡と同様であり、ただ三つの字（李氏校

---

　①『日本外交文書』第 45 巻第 2 冊、131－137 頁。
　②『日本外交文書』第 45 巻第 2 冊、133 頁。
　③ 陳旭麓等主編『辛亥革命前後—盛宣懐档案史料選輯之一』、上海人民出版社、1979
年、244－245 頁。

正の時のミス？）が異なるだけである①。李氏はまた同文書か
ら二月三日付孫文の井上宛書簡（中文）を発見した②。その内
容は前の電文とそれ程大きな相違点がなく、財務上の援助のこ
とを電報より明確に言及しているし、また井上宛に電報を発し
たことも言及している。「井上馨文書」から発見されたこの電報
と書簡は、森の五日付井上馨宛書簡の第三の問題も確実である
ことを示す。

　第四は、孫・黄が森に井上「侯爵ニ言上致呉レ」との四つの
件であるが、四の「満朝王族ニ対スル御忠告」以外の三つの件
は、孫文の書簡と孫・黄の電文の内容と基本的に同様な意味の
ものである。故に孫・黄が森を通じ井上に四つの件を伝言する
よう依頼したこともほぼ確実である。

　第五は、招商局と銅官山借款の件であるが、招商局借款は承
知のことであり、銅官山鉱務公司に対する中日合資合併に関す
る契約書に森が三井物産全権代表として調印していることか
ら③、これも確認出来る確実なことである。

　第六は、二月五日付益田孝から森宛の電報であるが、これを
立証する資料が森と益田関係の資料から出てこないため、まだ
確認することが出来ない。

　第七は，五日付書簡に冒頭で森が一月五日東京到着後、井上
馨らに孫文の援助＝借款提供の要望を伝え、南京到着後に井上
らの孫・黄に対する好意を伝えたことである。孫文が一九一一
年十二月二十五日上海に到着した後、三井物産支店に巨額の借
款を申し入れた事実と、黄興が「過般第一回ノ出状後更ニ井上

---

　①『日本歴史』1987 年 8 月号、87 頁。
　②『日本歴史』、86 頁。
　③『日本外交文書』、第 45 巻第 2 冊、89－93 頁。

候ノ人物ヲ研究シタル」①の文句からこれを立証することが出来る。一月九日原敬が井上を訪問した時、井上は原に「黄興より井上に革命党に同情して金融を心配しくる、様に直接依頼状を送越し」②たという『原敬日記』の記載は、黄興が既に井上に出状を出したとの確実性を証明する。それに井上が原にまた「益田孝も〔井上を〕訪問して三井物産より漢口〔上海の誤り〕に送り置きたる森恪が右の事件に関係して詳細に話も聞き」とのことを話したという記載から③、孫文が上海において三井物産支店に借款を申し入れ、森恪→益田孝→井上馨へ伝達されたことが、森と孫・黄が二日南京においてこの問題を話し合ったことを立証する。これは、翌三日満洲借款問題を話しあう予備的な準備をしたものである。

　以上の考証から、二月五日付森恪の益田孝宛書簡はほぼ確実なものであるといえる。二日の会談は、ある意味において、三日の会談の予備的準備をしたものであり、五日付森書簡の第三、四、七の問題は、八日付森の益田宛の書簡と直接的関係があるために、五日付書簡に対する信憑性の確認は、八日付の書簡を考証する前提でもある。このような前提を踏まえながら、次に八日付森書簡の六つの内容を考証することにする。

　第一に、二月三日南京において孫文・胡漢民・森恪・山田純三郎・宮崎滔天の五人が交渉の会合をしたか否かの問題である。山田は上述の回想において、一部記憶の誤りがあるが、その会合に参加したのは事実である④。宮崎滔天はこの件に関し詳細に記した資料を残していないようであるが、彼の全集編集者はその年譜に「二月三日孫文を南京総督府に往訪、森恪・山田純

① 2月5日付森恪より益田孝宛書簡、三井書庫所蔵。
② 原奎一郎編『原敬日記』第三巻、福村出版株式会社、1965年、210頁。
③ 原奎一郎編『原敬日記』第三巻、福村出版株式会社、1965年、210頁。
④ 山浦貫一『森恪』上巻、高山書院、1943年、403頁。

三郎と同道」①と記載している。この出典は不明であるが、確かに山田純三郎の回想に依るものではない。だが、これは根拠のある記載だと思われ、森・山田・宮崎三人が孫文を訪問したことは説明出来る。だが、孫文と胡漢民はなんらの関係資料を残していない。しかし、五分の三の多数認めていることから、二月三日南京において五人が会合・会談したのはほぼ確実であるといえよう。

　第二は、満洲借款の本題に入る前に、森が孫・胡らに彼が井上馨らの日本政界の上層部の信頼を受けており、満洲のような大きな問題を南京臨時政府と交渉する資格も持っていることを証明しようと努力したことである。外交交渉の慣習から、重大な問題或いは条約を締結する時には、双方共にこのような外交行為を行う権限をもっているとの資格書或いはそれに相応しい証明書を提示し、互いに信頼関係を結ばなければならない。当時三井物産上海支店の一職員であった森としても、本題の交渉に入る前になによりも重要なのは、孫らに自分がこのような大きな満洲借款問題を交渉する資格を持っていることを説明、確認しておき、孫らの信頼を得ることである。森は二日の交渉において漢冶萍公司合併に関する孫・黄の署名、調印を獲得した後に、先ず三日の満洲借款交渉のための資格、信頼の地ならしをしたのである。上述の五日付書簡の第三、四、七の問題はこれがためのものであったといえよう。また、三日に山田・宮崎両人が同道した理由も、五日付書簡が触れているように、この信頼の獲得のためであった。故に三日の交渉において、森は先ず単刀直入に孫に「貴下ハ余ガ日本ノ政治上ノ中心ニ接近シ得ル事ヲ信ジ得ルヤ」②と質問した。これに対し孫文は二日の交

---

　① 宮崎竜介等編『宮崎滔天全集』第5巻、平凡社、1976年、703頁。
　② 2月8日付森恪より益田孝宛書簡、三井書庫所蔵。

渉における第三、四、七の問題を通じ「君ノ背後ノカヲ信ジ全ク君ニ信頼スルノ念ヲ強力ラシメタリ、余等ガ如何ニ君ノ立場ヲ解セルカハ、君ノ説ク事ヲ凡テ探シ居ル事実ニヨリテ判断セル」①と答えた。これにより満洲問題の交渉に入る先決問題が解決され、満洲借款交渉が始まるようになる。これは外交交渉の習慣として相応しいことである。

　第三は、満洲借款に関する森・孫の会談・交渉の内容である。山田純三郎の回想は、上述のように時期と森が参加したか否かの問題において誤りがあるが、満洲借款問題に関する主なことは森書簡の内容と基本的に一致しているといえよう②。故に山田の回想は、その交渉に参加した一人として、有力な直接的証拠になるであろう。

　次に、森は満洲問題を提議する前に、「余ガ言ハントスル事ハ或ル程度迄根拠アル問題ナレトモ余トシテハ少シク職分外ノ事ナリ」③と孫に言っているが、この根拠というものは東京における益田・井上・山県らの意見と要望であったといえる。では、この根拠が確実なものであったか否かがまたこの満洲借款問題を立証する一証拠になると思う。これを森が一月五日東京に着いた後の活動と益田・井上・山県らの満洲問題に関する意見によって立証し得るのである。森が東京に行った目的は、孫文が三井に漢冶萍公司合併による一二、〇〇〇万円の借款要望を本店に伝えることであった。森は東京到着後、先ず益田孝に孫文のこの意を伝えた。益田は森に「左程に我に依頼するならば此機に乗じて革命党志を得ば東三省は我に割譲すべしとの内約を

①　2月8日付森恪より益田孝宛書簡、三井書庫所蔵。
②　山浦貫一『森恪』上巻、高山書院、1943年、403頁。
③　2月8日付森恪より益田孝宛書簡、三井書庫所蔵。

取り置く事必要なり」①と要求した。森は「其事は出来得べし」②
と答えた。森は黄興が井上宛の書簡の中で「東三省は日本に於
て因縁ある土地なれば同地に於て騒擾を起さしむるを不可なり
と同志を戒しめ居る」③様な記載があったから、この位ならば
必ず出来るだろうと思っていたのであった。その後、益田は井
上馨にこの意を伝え、井上はまた山県有朋に伝えた。井上・山
県は上述の益田・森の意見に賛成し、「此機会に於て東三省を我
物となす事の密約を革命党となし置く事には賛成なり」④と来
訪した原敬内相に言い、この意を西園寺首相に伝え、閣議にお
いて決議するよう依頼した。当時、山県・田中義一らは満蒙に
二個師団を出動させ、それを占拠しようとしていたから、益田・
森の意見に賛成するのは当然であった。森は彼らの賛成を根拠
として、孫文に満洲問題を提議したのである。

　この時期、閣議においても数回満蒙問題の検討をしていた。
原は井上らの意見を西園寺首相病気のため、内田康哉外相に伝
えたが、内田外相にも既に種々の内談が他より持ち込まれてい
た。原は黄興の井上宛書簡を内田に渡し、閣議において検討す
るよう依頼した⑤。一月十二日の閣議において内田外相が中国
情況につき報告し、原は「革命軍に対しては今少しく進んで援
助的関係をなすの政策を取るべく、又露国既に外蒙古の自治を
助くる名義の下に手を出したる位なれば、我に於ても此際東三
省に対して相当の処置をなすべき時機と思ふに付篤と朝議を盡
くすべし」⑥と述べたが、松田法相・斉藤海相も原の意見に同

① 原奎一郎編『原敬日記』第三巻、211 頁。
② 原奎一郎編『原敬日記』第三巻、211 頁。
③ 原奎一郎編『原敬日記』第三巻、211 頁。
④ 原奎一郎編『原敬日記』第三巻、210 頁。
⑤ 原奎一郎編『原敬日記』第三巻、210 頁。
⑥ 原奎一郎編『原敬日記』第三巻、212 頁。

意し、大いにその必要を説いた。十六日の閣議も満蒙問題を検
討し、満蒙に対し「相当の解決」をなすことを決定した①。そ
の後の満蒙問題に対する活動情況は史料の欠落により不明であ
るが、元老と内閣の行動から、満洲を「割譲」或いは「租借」
しようとした企図があったのは事実である。この事実は、森が
孫に満洲問題を提議したことがほぼ確実であることを立証し得
るであろう。

　第四は、満洲借款と南北和議・南京臨時政府の財政情況の関
係であるが、これは当時の実情とほぼ同様なことである。

　第五は、満洲借款をめぐる孫文・益田・森三者間に六通の電
報②が往復しているが、その中の、二月三日午後五時四〇分に
森が益田に送信した電報が国会図書館憲政資料室の「井上馨文
書」に残っている③。だが、他の電報がまだ発見されていない。
この電報の往復には山田純三郎もかかわっていたが、彼はその
回想で「当時、自分等の往復した電報書類などはその後全部焼
棄ててしまったため、今私の手許にその証拠となるべきものが
残っていない」④と言っていることから、これらの電報を発見
することは不可能なことかも知れない。しかし、この電報は特
にこの問題に対する孫文の立場と対応を究明するに重要な根本
的史料である故に、益田孝関係の資料からもその一部の電報が
残っているか否かを確認すべきである。

　だが、当時使用した電報暗号が残っているかも知れない。最
近山田純造の死去後、その子孫が山田純三郎関係の資料を愛知
大学に寄贈しているが、その中に電報の暗号があるとの報道が

　① 原奎一郎編『原敬日記』第三巻、212－213頁。
　② 2月8日付森恪より益田孝宛書簡、三井書庫所蔵。
　③ 藤井昇三「孫文の対日態度―辛亥革命の「満洲」租借問題を中心に」『現代中国
と世界―その政治的展開』、1982年6月、慶応通信、149頁。
　④ 山浦貫一『森恪』上巻、405頁。

あった①。森の五日付書簡には山田に「MBK private code ノイロ
ハ暗号ヲ渡シアリ」②との記載があるが、この暗号がそれかも
知れない。山田純三郎関係資料公表後、この暗号を研究すれば、
また新しい証拠が見つかるかも知れない。

　上述の六つの電報とは別に、二月八日付益田から森宛の電報
が「井上馨関係資料」から発掘されている。この電報では、南
北和議・漢冶萍・銅官山・招商局借款等に触れた後に「満洲ニ
関シテハ一名日本ニ来ラレ秘密契約ヲナスコトヲ勧告ス左スレ
バ尚一層ノ同情ヲ得ルノ見込アリ」③と言っている。この電報
は二月三日午後森の電報に対する返事であるようである。これ
は八日付書簡の満洲問題に関する内容の一部を証明し得る重要
な文献資料である。だが、孫文の満洲問題に関する態度を確実
に立証するものではない。

　第六は、森との交渉において、孫が「余等ハ満洲ハ日本ニ一
任シテ其代ハリニ我革命ノ為ニ援助ヲ日本ニ乞ウ希望ナリ」④
と確実に述べたのか否かを立証する史料が、森のこの八日付書
簡の他にない。これを確実に考証するには孫文自身の直証と他
の傍証の史料が、必要である。これはこの森書簡の信憑性を確
認する上でキーポイントになることであるが、これが欠けてい
ることは、この問題に対する確実な結論を下すことに大きな影
響をおよぼすであろう。

　以上の考証により、日本側の史料とその背景などから、森が
三日南京で孫文に満洲借款問題を提議したことはほぼ確実であ
る。だが、これに対し孫文が満洲の租借或いは割譲を承諾した

　① 香港『明報』1991 年 10 月 23 日、『参考消息』1991 年 11 月 13 日。
　② 2 月 8 日付森恪より益田孝宛書簡、三井書庫所蔵。
　③ 藤井昇三「孫文の対日態度—辛亥革命の「満洲」租借問題を中心に」『現代中国
と世界—その政治的展開』、1982 年 6 月、慶応通信、140 頁。
　④ 2 月 8 日付森恪より益田孝宛書簡、三井書庫所蔵。

か否かを確認する史料が欠けている。故に孫文の態度に対して
確実な結論を下すことは、時期尚早だといえよう。しかし、そ
の可能性は完全に排除することが出来ない。もしその可能性が
あれば、森と孫文の交渉の内容から次のような問題を提出する
ことが出来る。第一に、満洲問題は日本側が先に提出し、その
承諾を孫文に迫ったものである。森は元老と内閣の朝議によっ
て孫文に「日本ハ満洲ヲ日本ノ勢力ニヨリテ保全スルノ必要ヲ
認タリ」とか、「到底満洲ハ日本ノ手ニ保スルノ必要アリ」とか
言いながら、この「満洲ノ運命既ニ定マレリ」と断言し、日本
は「満洲保全ノ為ニ第二ノ戦争ヲモ敢テセントスル」と脅迫し、
その承諾を迫ったのである①。故に、この問題を取り上げる時、
孫文よりも先ず孫文と南京臨時政府の財政窮乏した危機の時期
に火事場泥棒的に満洲を侵略しようとした日本の欲望を暴くべ
きである。

　第二に、孫文の対応である。森の二月八日付書簡によれば孫
文は少なくとも一月の南北和議再開の前には「満洲ハ日本ニ一
任シテ其代ハリニ我革命ノ為ニ援助ヲ日本ニ乞ウ希望ナリ」で
あったようだが、森がこの問題を提出した「今日トナリテハ業
ニ巳ニ其ノ時機ヲ失セリ……兵権モ金権モ少き余等ニハ其ノ主
義ヲ遠慮ナク実行スル訳ニ参ズ」と、その不可能性を指摘して
いる②。これは、森が満洲租借を強迫する情況の下での孫文の
内心の矛盾した心理を表現したものだと言えよう。孫文はまた
三日会談後森が起草し孫と胡漢民が、添削した増田宛電報で「孫
文満洲租借ヲ承知セリ」とし、「承知セリ」は知ったとのことで
あり、承諾したとのことではない。このように「承知セリ」と
曖昧な言葉を使用したのは、孫文が確実な回答をしていないこ

① 2月8日付森恪より益田孝宛書簡、三井書庫所蔵。
② 2月8日付森恪より益田孝宛書簡、三井書庫所蔵。

とを示す。

　第三に、孫文は資金＝借款の必要性を強調し、資金獲得を優
先させ、それにより軍隊の離散、臨時政府の崩壊を防ぎ、南北
和議を延長し、然る後に袁を排除し、共和政体を樹立する計画
を吐露した。これは、孫文が満洲問題よりも借款による資金調
達を優先したことを物語り、森は逆に満洲問題を優先し、それ
を借款提供の先決だと強調した。この問題において、孫文と森
の意見は対立していたといえよう。この対立は、両者の異なる
目的とこの問題に対応する態度の相違を表すものである。

　第四に、このような対立は、孫・黄の渡日を優先するか或い
は資金の供給を優先するかにも現れ、森は渡日を先決して優先
したのに対し、孫文は終始資金の供給を優先する方針を取った。
ここからも孫文の革命成功のために借款を得ようとしたその目
的を窺うことが出来る。

　上述のような孫文の内心の矛盾と曖昧な表現及びどちらを優
先するかは、ある意味において、満洲租借に対する彼の抵抗心
を表したものだとも言えよう。

　第五は、孫文がなぜ資金の提供を五日以内に限定したかとい
うことである。五日以内とは二月八、九日までということであ
るが、これは旧暦の正月と密接な関係があった。一九一四年は
二月十八日が旧暦の正月に当たるから、二月八、九日は旧暦の
十二月二四、二十五日に当たる。森は五日以内に供給するか否
かは年内に供給するとの意味であるかと孫文に確かめたが、孫
文は「年末ト称シテモ全クノ年末トナリテハ折角ノ送金モ無意
味ニ畢ラン」①と答えた。この回答から孫文が五日以内に限定
した原因を窺うことが出来る。旧暦の正月＝春節は中国の習慣

①　2月8日付森恪より益田孝宛書簡、三井書庫所蔵。

として一年間のなかで一番盛大な祝日である。この正月＝春節を祝うため、孫文と南京臨時政府は年末に政府職員とその管轄下の軍人に現金と賞与を与えなければならない。もしこれが不可能な場合には軍隊離散、政府崩壊の問題が起こる可能性があると孫文は判断し、その資金獲得に懸命であったのである。孫文は南北和議と清帝退位の問題も年末前に片付けようとして、二月十二日南方の代表伍廷芳に十五日夜一二時までに清帝が退位するよう北京の袁に伝言し、そうしなければ皇帝・皇室に対する優待条件を取り消すと言った①。これにも年末、正月のことを念頭においていたためであった。

　以上の考証を総括すると、日本側の史料とその政治的・軍事的背景から考究すれば、満洲借款交渉はほぼ確実に存在したといえよう。これに対する孫文の対応は、森の八日書簡によれば「満洲ハ日本ニ一任シテ其代ハリニ我革命ノ為ニ援助ヲ日本ニ乞ウ希望ナリ」②と記載されているが、これを立証する史料がまだ欠けており、それにまた孫文が、このことの実行が不可能だと言い、満洲租借は「承知セリ」との曖昧な言葉を使用していることから、確実に孫文がこのような態度をとったと断言するまでにはいたらない。だが、これはその可能性を完全に排除するものではなく、ある程度その可能性が存在することを物語るものである。この問題は新しい史料の発掘と研究が必要であろう。

　では、日本はなぜ満洲に関するこの一,〇〇〇万円の借款を孫文に提供しなかったのか。

　第一に、日本側は、井上、増田、森等が満洲に関する契約を優先し、契約締結後に借款を提供しようとした。これに対し、

①『孫中山全集』第二巻、中華書局、1982 年、82－83 頁。
② 2 月 8 日付森恪より益田孝宛書簡、三井書庫所蔵。

孫文は逆に借款の提供を優先したため、両者の方針と目的が対立した。これは根本的原因である。

　第二に、時間的に大変緊迫し、期限を延長する余地がなかった。孫文は五、六日以内にこの借款を提供することを要求したが、この数日内に日本がこのような巨額の借款を契約無しという条件の下で提供するのも非現実的であるし、或いはこの数日間に孫・黄が渡日するのも不可能なことであったからである。

　第三に、孫文は「九日迄袁世凱トノ和議ヲ延バス故夫レ迄ニ確答アリタシ」と要求したようだが、益田の八日付森宛書簡により、この要求が実現されなかった。このような情況の下で、袁と妥協し、総統の位を袁に譲位し、孫文が言ったように「政権袁ニ移レバ民心再ビ一変シテ、或ハ満洲問題ノ如きハ俄ニ決定スル訳ニハ参ラメ」[1]様になり、日本として孫が総統の位を袁に譲位した後に孫に借款を提供するのも意味のないことであり、満洲租借或いは割譲の目的を達成することが出来ないからであった。

　第四に、辛亥革命期の日本はイギリスとの協調外交を採っていたため、イギリスとの協議とその承認或いは黙認を得ずに、列強に強大なショックを与えるこのような行動を単独に行うことにも無理があったようである。

　このような分析は、孫文が上述のような対応をとった可能性を前提として分析したものである。では、孫文が一,〇〇〇万円の借款で満洲租借或いは割譲を承認した可能性があるとすれば、孫文のこの行動をどう評価すべきであろうか。孫文は帰国後の十二月末先ず清朝打倒のため三井に借款の要望を提出し、二月三日には軍隊離散・革命政府崩壊防止のため、袁との妥協を避

---

　① 2月8日付森恪より益田孝宛書簡、三井書庫所蔵。

け共和革命を最後まで遂行するため現金の提供を要望したのである。これは、当時南京臨時政府が財政窮乏の極みに達している情況の下で、その主観的目的としては正しいことであり、理解し得ることである。だが、日本は孫文と南京政府のこのような財政危機に火事場泥棒的に満洲の租借・割譲を孫に迫り、孫文は革命政府崩壊の防止と満洲租借・割譲の二者択一の緊急情況に追い込まれ、前者を選択しようとしたようである。孫文としては、日本が満洲租借・割譲を強硬に迫る情況の下で、国家主権の一時的喪失と共和革命の最終的達成という二つの矛盾した現象を最終的に統一しようとしたようである。それは、孫文は常に国内における革命の成功を優先し、革命の成功により徐々に不平等条約を廃棄しようとした戦略をとっていたからであろう。このような戦略は孫文独有のものではなく、他の政治家の中にもみられるし、明治維新以来の日本外交においてもみられる現象である。しかし、その後この借款が得られなかったからといって、軍隊の離散・革命政府の崩壊というような最悪の事件は起こらなかった。これは、孫と袁の南北和議における妥協によるものかも知れないが、孫文の客観的情勢に対する誤断だと言わざるを得ない。

　また、上述の原因等により、満洲租借借款が自然に終焉し、表面化せずに実現されなかったのも幸いなことである。もしこの問題に対する孫文の対応を評価するならば、この点も考慮すべきであろうと思う。

二、「日中盟約」・小池宛書簡

　最近、この問題はこの研究の先行者である藤井昇三氏と台湾の陳在俊氏が論争し、八月のハワイ学術会議においても論議された問題である。これは、この問題に対する研究と考証が深く

進行されていることを示すものである。中国大陸では、一部の
著書においてこの問題を引用しているが、綿密な考証した論文
はまだ見当たらない。この問題は大変大きな問題であるが故に、
先ず詳細な考証を経て、その信憑性を確認した上、この史料を
使用すべきである。

「日中盟約」

この盟約は一九一五年二月五日に署名、調印している。この
日の午前一一時四八分から午後一時四五分まで、該盟約に署名
した孫・山田・陳三人が約二時間会合し、孫文が午前一一時一
〇分電話にて陳其美を呼び、印を持参、直ちに来るべき旨を通
話したことは、重要な証拠になるようである①。だが、まだ疑
問が残る幾つかの問題がある。

（一）この二時間内に「日中盟約」を討論、起草し、またそれ
を筆で清書することは不可能である。

（二)署名者である犬塚信太郎はこの時期に孫文と往来してお
らず、一九一六年一月二十五日初めて孫文を訪問し②、その後
の二、三、四月には孫と頻繁に往来している。それに犬塚の署
名は彼自身の署名ではない③。中文と和文の署名も明確に異
なっている。

（三）藤田礼造が陳其美と共に来訪し、午後一時二分まで同席
していたことは、なんのことであったのか④。

（四）この日、孫・陳・山田三人だけが会っている時間は午後
一時三分から陳其美が退出する一時四五分までの四二分間であ

---

①「孫文ノ動静」乙秘第300号（300号は200号の誤り？）、1915年5月6日、外交
史料館所蔵。
②「孫文ノ動静」乙秘第112号、1916年1月26日。
③ 陳在俊「「孫文密約」真偽之探究」（以下「探究」と省略）付録八参照。
④「孫文ノ動静」乙秘第300号（300号は200号の誤り？）、1915年5月6日、外交
史料館所蔵。

る①。この時間内に三人が該盟約を検討、起草する可能性は一層少ない。もしこの三人が討論、起草したとすれば、その前に数回の会合があった筈である。この三人が会合した時間は次の通りである。

　　(1)　一月二十七日、午後四時五五分から六時三五分、合計一時間四〇分②。

　　(2)　一月三十一日、午後三時四〇分から四時四〇分、合計一時間、王統一も参加③。

　　(3)　二月一日、午後四時二〇分から五時一〇分、合計五〇分間④。

　　(4)　二月二日、午後一時五分から二時間の五五分間、王統一も参加⑤。

　　(5)　二月三日、山田・陳は前後二回孫宅を訪れているが、三者が同席した時間は午後三時三五分から三時五八分の二三分間、戴天仇・王統一同席⑥。

　　(6)　二月四日、山田・陳共に訪れていない⑦。

　以上の時間から見て、三者が十分な討論と案を共同に起草するような余裕のある時間が取られていない。これも一つの疑問である。だが、王統一が三回同席していたことは、小池宛書簡と「盟約案」の探究にかかわることかも知れない。

　第二に、この盟約は、山田或いは王統一に親筆によって起草されたとしたら、盟約原文と山田と王統一の親筆を比較、考証

　　①「孫文ノ動静」乙秘第 300 号（300 号は 200 号の誤り？）、1915 年 5 月 6 日、外交史料館所蔵。
　　②「孫文ノ動静」乙秘第 129 号、1915 年 1 月 28 日、外交史料館所蔵。
　　③「孫文ノ動静」乙秘第 164 号、1915 年 2 月 1 日、外交史料館所蔵。
　　④「孫文ノ動静」乙秘第 170 号、1915 年 2 月 2 日、外交史料館所蔵。
　　⑤「孫文ノ動静」乙秘第 179 号、1915 年 2 月 3 日、外交史料館所蔵。
　　⑥「孫文ノ動静」乙秘第 187 号、1915 年 2 月 4 日、外交史料館所蔵。
　　⑦「孫文ノ動静」乙秘第 193 号、1915 年 2 月 5 日、外交史料館所蔵。

すべきである。

　第三に、犬塚信太郎と山田純三郎が、日本帝国を代表して孫文とこのような盟約を締結する資格と権限を持っているか否かである。国際法から或いは慣習法から、これは不可能なことであり、孫文が彼らを相手にこのような盟約を締結したとしても、その実際的意味がないのである。

　松本英紀は「二十一ヵ条と孫中山」で、この盟約は海軍省の軍務局長であった秋山真之が起草し、孫文は山田・犬塚とこの盟約を締結したのではなく、上原勇作を中心とした参謀本部と締結し、そこの金庫に保管されていたのであると言っている①。これは上述の第一、二、三の疑問の解明に新しい糸口を提供したことに意義があるように思われるが、この問題提議にもまた疑問がある。

　（一）松本氏は主に中山峰太郎の「実録アジアの曙－第三革命の真相－」、『秋山真之』等を史料的根拠としてこのような見解を提出しているが、山中はこの時期に孫と往来がなく、一九一五年一月二十三日午後三時二五分に孫宅を訪れたが、孫は面会の要求を拒絶した②。これは、孫と山中は疎遠であったことを示すものである。

　（二）犬塚と秋山が中国問題と孫文をめぐって関係が密接であったと言うが、上述のようにこの時期に犬塚と孫文は往来がなかった。

　（三）久遠房之助が孫文に借款を提供するが、これは秋山・犬塚・小池の紹介によるものであるといっているが、これは一九一五年二、三月のことでなく、一九一六年三月のことであり、松島重太郎という人物もこの問題のためこの時期に登場し、孫

---

① 中国孫中山研究会編『孫中山和他的時代』上、中華書局、1989 年、644－658 頁。
② 「孫文ノ動静」乙秘第 106 号、1915 年 1 月 24 日、外交史料館所蔵。

文と関係があったのである①。犬塚も、上述のように一九一六年一月末から孫文との往来が始まっている。山中もこの三月七日に孫文と往来があった②。山中と山田純三郎の上述の回想はこの一九一六年三月のことであり、その契約は孫文と久遠房之助との六〇万円（七〇万円説もある）借款契約のことだと思われる。

　（四）孫文の署名と印鑑の真偽問題である。筆者は原本のコピーの再コピーを見て、その原本を見ていない。コピーの再コピーにおいて、同一なものでもコピーの技術的関係或いは他の要因により多少の差がある。特に印鑑の場合はそうである。また、盟約の署名と印鑑を考証するために使用する孫文の署名・印鑑もその原文・原物ではなく、その後編纂された書簡手跡或いは墨跡からのものであり、印刷されたものである。その一部は原本を写真でとり、次に拡大或いは縮小したものである。故に、その寸法が原文・原物と異なる。印鑑の場合は、特にそうである。例えば、盟約の印鑑と同年二月二日山田純三郎が現金二万円を受け取った受領書の印鑑はその四方の寸法に一、二ミリの差がある。これは、この受領書が写真をとって製版・印刷したものだから、この差があるのかも知れない。署名も、同時期或いはその前後において、大体一致するといえるが、その真偽を確認する時には、色々な問題がある。それは孫文自身の親筆署名も大体一致しながらも綿密に考証すれば、あれこれの異なる点が見られる。また、孫文が丁寧に書く時と一般的に速く書く時とによって、同時期であっても異なる。署名と印鑑の真偽を考証する時には、このような常識を念頭におくべきである。

---

　①「孫文ノ動静」乙秘第 351 号、1916 年 3 月 6 日から乙秘第 375 号 1916 年 3 月 11 号、乙秘第 356 号 1916 年 3 月 17 日参照、外交史料館所蔵。
　②「孫文ノ動静」乙秘第 361 号、1916 年 3 月 8 日、外交史料館所蔵。

　台湾の陳在俊氏は孫文の署名と印鑑に対し詳細な考証をしている。これは大変意義のあることだと思う。だが、二つの問題がある。(一)は盟約の署名と印鑑はテレビの撮影機が三、四〇度の角度からとったものであり、正面からとったものではない。故に拡大され、変形的になっている。これを原文・原物とすることには問題がある。(二)に、真の孫文の署名、印鑑として引用したものに年月日が付いていない①。故に、それは同時期のものか或いは前後のものかが確認出来ない。この二つの問題により、特に印鑑に対しては精密な考証をしているが、それを確実に判断することは困難である。

　盟約における孫文の署名は、綿密に考証すれば中文と和文においても一定の相違点を見つけることが出来る。だが、その筆法からいって、大体同一なものであるといえる。同時期の孫文の署名と比較したら、次の通りである。

　盟約における孫文の署名は、綿密に考証すれば中文と和文においても一定の相違点を見つけることが出来る。だが、その筆法からいって、大体同一なものであるといえる。同時期の孫文の署名と比較したら、次の通りである。

　NO.1　「盟約」（中文）の孫文署名

---

　① 陳在俊「探究」付録五、六、七参照。

NO.2　一九一五年二月二日付山田純三郎宛受領書の署名

NO.3　一九一五年三月九日付南洋同志宛書簡の署名

　盟約の署名とその前後の一九一三、一四年と一九一九年の署名を比較すれば、次の通りである。

　NO.1　「盟約」（中文）の孫文署名

NO.2　一九一二年一月二十三日付江俊孫宛書簡

NO.3　一九一四年五月二十九日付黄興宛書簡

NO.4　一九一四年六月三日付黄興宛書簡

NO.5　一九一五年十月二十三日付黄魂蘇宛書簡

　NO.6　一九一四年十一月十五日付宮崎滔天宛書簡

　NO.7　一九一九年一月六日付子超（林森）・季竜（徐謙）・胡漢民宛書簡

　第一の比較からいえば、NO.1とNO.2が大体似ているといえよう。NO.3の「文」の字の右引きは孫文の一般的署名においては特異的なものである。故に「孫」の字は似ていても「文」の字には差異があるといえよう。

　第二の比較からいえば、「孫」の字は筆法は大体同様だといえるが「文」の字の書き方、特に右引きの方が大変異なっている。それは一三、一四年と一九年の孫文の署名は丁寧に書いたものではなく、速く書いたものであるからであろうか。

　二〇年代の孫文の署名は次の通りである。

　NO.1　一九二〇年六月十七日付李綺庵書簡

　NO.2　一九二一年八月四日付葉恭綽宛書簡

　NO.3　一九二三年七月二十七日付胡漢民宛書簡

NO. 4　一九二三年八月五日付楊庶堪宛書簡

NO. 5　一九二三年九月二日付楊庶堪宛書簡

NO. 6　一九二三年十月二十四日付犬養顔宛書簡

NO. 7　一九二四年八月二十九日付範石生・廖行超宛書簡

NO. 8　一九二四年十月十五日付範石生・廖行超宛書簡

　一〇、二〇年代の孫文の署名から見られるように、一〇年代と二〇年代、また同時代或いは同時期においても、必ずその署名が一致しておらず、変化と差異があるのである。ここから提議される一つの問題は孫文のどの署名を原本として、盟約の署名と比較すべきかの問題が出てくる。また、流動性的なものである。故に、

　署名の真偽を確実に考証することは容易なことではない。

　次に盟約の陳其美の署名を討究することにする。陳其美の盟約署名とその前後の署名を比較すれば次の通りである。

　NO. 1　盟約（中文）の陳其美署名

NO.2　盟約（和文）の陳其美署名

NO.3　陳其美より山本純三郎宛写真の署名（年代不明）

NO.4　一九一六年春、陳其美より山田純三郎宛書の署名

NO.5　一九一三年冬、陳其美より山田純三郎宛書の署名

NO.6 一九一四年秋、陳其美より山田純三郎宛書の署名

　この比較から見れば、盟約の中文と和文の署名も「美」の字は同様のようであるが、「陳其」の両字には差異があり、他の署名も「美」の字は盟約の署名に似ているようであるが、「陳」と「其」の字には差異があるようである。

　次に、盟約の山田純三郎の署名を検討してみよう。山田純三郎の盟約署名とその前後とその前後の署名を比較すれば、次の通りである。

　NO.1 盟約（中文）の山田純三郎署名

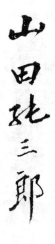

NO.2　盟約（中文）の山田純三郎署名

NO.3　一九一八年四月二十三日付山田純三郎より高木陸郎宛
「承諾書」の署名

NO.4　一九二一年十二月二十六日付山田純三郎より某氏宛書

簡の署名

NO.5　山田純三郎より汪兆銘宛書簡（年代不明）

NO.6　一九二一年「中日組合規約」の署名

　この比較から見れば、盟約の中文と和文の署名はほぼ同様であり、NO.6の「山田」と盟約の「山田」二字は似ていると言えよう。NO.4と5の署名はほぼ同様であるが、盟約の署名とは根本的に異なっているし、NO.3の署名も盟約の署名とは異なっている。

　次に、犬塚信太郎の署名を討究して見よう。盟約の犬塚信太郎の署名と他の署名を比較すれば、次の通りである。

　NO.1　盟約（中文）の犬塚信太郎署名

NO.2　盟約（和文）の犬塚信太郎署名

NO.3　十一月十二日付犬塚信太郎より山田純三郎宛書簡（年代不明）

　盟約の署名において、孫文、山田純三郎二人の中文と和文への署名はほぼ同様であるが、犬塚信太郎の署名は中文と和文において差異がある。それに、NO.3の署名とも大差がある。

　署名は固定化したようなものでありながら、また流動的なものである。故に、

　その真偽を確実に考証することは容易なことではない。筆者は最近募集した関係者の署名を提供し、それに対する比較の印象を述べることに止まり、その鑑定は文字専門家の考証に期待せざるを得ない。

　次に、孫文の印鑑を討究することにする。盟約に押した孫文の印鑑と同時の印鑑を比較すれば、次の通りである。

　NO.1　盟約の印（これは本物より0.3cm圧縮されたものであ

る。本物は縦・横共に 2.3cm）

NO.2　一九一五年二月二日付山田純三郎宛受領書の印

NO.3　一九一五年三月九日付南洋同志宛書簡の印

　この三つの印は、その縦、横の長さは二・三 cm であるが、印字の太さは、コピーによるものであるかも知れないが、差があるようである。三つに印鑑は共に篆字を使用しているが、その字型は似たような感じがするが、専門家の鑑定が必要であろう。孫文の印鑑は篆字を使用しているが、一〇年代、二〇年代の篆字の書き方が、異なっている。日中盟約の印の篆字は一〇年代のものであるが、現在みられるのは、その印鑑原物ではなく再印刷或いは再コピーしたものである。故にそれを詳細に考証することは容易なことではない。

　署名と印鑑に対する上述のような探究からその真偽に明確な結論を下すことは困難であり、専門家の鑑定に期待せざるを得ない。重要なのはこの前に、先ずこの盟約を締結したか否かの歴史的過程を考究すべきである。この「日中盟約」は、当時犬

塚信太郎と事業を共にしていた岸清一の子孫を通じて早稲田大学の教授の方に流れ、今日まで保存されていることから、このルートを探って「日中盟約」の由来を究明して見るのも意義あることだと思う。なによりも重要なのは、この「日中盟約」案が起草され署名するまでの過程を確実に究明するのが、この真偽に明確な結論を下すキーポイントであろう。

　小池宛書簡と「盟約案」と「日中盟約」を比較検討したら、その筆跡が「極めてよく似ており」、「盟約案」と「日中盟約」の内容が「殆ど完全に一致している」ことから、同一人物よって書かれたものであるといえよう。書簡と「盟約案」の起草者が「日中盟約」の起草者であるかは断定出来ないが、両者の間には密接な関係があり、或いは同一人物によって起草された可能性も完全に排除することが出来ない。故に、書簡、「盟約案」と「日中盟約」を有機的内在関係のある文献として探究することは重要なことである。この三つの文献の中の一つに対する否定或いは肯定は、他の文献の真偽の考証に、重要な手掛かりになるであろう。

　次に、書簡と「盟約案」を検討することにする。

　第一に、書簡の孫文の署名は、孫文親筆ではない。この時期とその前後の孫文の筆跡と比較研究したら明確なことである。

　NO.1　「小池宛書簡」の署名

NO.2　一九一三年一月二十三日付江後孫宛書簡

NO.3　一九一四年五月二十九日付黃興宛書簡

NO.4　一九一四年六月三日付黃興宛書簡

NO.5　一九一四年十月二十三日付黄魂蘇宛書簡

NO.6　一九一四年十一月十五日付宮崎滔天宛書簡

NO.7　一九一九年一月六日付子超（林森）・季竜（徐謙）・
胡漢民宛書簡

　孫文の署名は、「孫」の字は一〇年代と二〇年代においてほぼ
同様であり、ほぼ変化がない。だが「文」の字の書き方は一〇
年代と二〇年代に明確な変化があり、第四筆の「乀」を一〇年

代には長く引いており二〇年代にはこれより短い。故に、比較の場合、その当時或いは前後の時期の署名と比較すべきである。

　また、この「孫文」という署名は、この書簡を書いた人の親筆でもない。第三者のものである。

　一説に、孫文はこの文献が漏洩することを顧慮し、孫文自身が意図的にやや異なった書き方で書名したとの説もあるが、これは推測であり、その結果として、小池はこの署名は孫の親筆でないことを理由に、偽物だと判断し、それを受け入れないであろう。また、これより、孫文自身も書簡上程の目的を達することが出来ないので、このような方法をとる可能性は極少であるといえよう。

　第二は、時間的問題であるが、書簡と「盟約案」は「大正四年三月十四日王統一持参」と記しているが、この日に王統一は孫文を訪れていない。この前の数日を振り返って見れば、次の通りである。

　(1)　二月二十八日、午後四時一五分から四時三〇分まで、一五分間。

　(2)　三月二日、午後四時四〇分から五時一〇分まで、三〇分間。

　(3)　三月四日、午後三時三五分から四時一五分まで、四〇分間。

　(4)　三月六日、午後三時一〇分から蒋介石と共に来訪、三時五五分退出、四五分間。

　(5)　三月七日、午前九時五〇分から一〇時まで、一〇分間、その後また来訪（時間不明）一二時五八分まで。

　(6)　三月十一日、午前九時三〇分来訪、二〇分後退出。午前一一時から一二時一八分民国社で孫文、王統一ら四人と一時間一八分面談。午後四時二〇分王は富永竜太郎を案内して来訪、

富永中国から帰国、孫に中国国内革命運動状況報告、孫大いに不満、王は富永に生活費五〇円提供を承諾、六時一五分退出。

　（7）三月十二日、午前一〇時五〇分東京日日新聞社の記者田暁を案内して来訪、一一時二〇退出、三〇分間。

　以上のことから、王統一は孫文と十分に書簡と「盟約案」を検討、起草する時間的余裕がなかったようである。

　第三に、書簡には、「弊国」・「交捗」・「荏再」・「曠日」・「欹」等の誤字が多数見られる。若し孫文が中文を起草し、訳文を検閲したとしたら、このような誤字は避けられたと思うが、そうでないことは、この書簡は孫文と無縁なものであったといえる証拠を提供しているのではないか。

　第四に、書簡、「盟約案」と「日中盟約」三者が内在的な関係があったとしたら、なぜ山田らと「日中盟約」を締結した後に、小池政務局長に「日中盟約」と殆ど一致する「盟約案」を提出したのか。小池に「盟約案」を提出したことは、山田らと締結した「日中盟約」が無意味なことであったことを示すのではないか。ここから、若し、これらが真物であったら「日中盟約」の実際的目的はなんであったのかと新しい疑問を呼び起こす。

　以上四つの点から、書簡と「盟約案」も「日中盟約」と共に疑問点があり、その真偽を確実に断定することは、時期尚早のように思われる。

　また、この「日中盟約」は当時唯一のものではない。当時、中国の新聞に「孫文之日支攻守同盟条約」或いは「孫文與犬養毅訂結協約」等が報道されている。その内容は「日中盟約」と共通な点もあるが、また相当の隔たりがある。これらと「日中盟約」との関係は不明であるが、同時期の問題として、なにかの関係があるかも知れない。だが、これらを裏付ける史料はまだ見つかっていない。これもその真偽を考証すべき問題であろう。

第三節　広東政府時期の孫文と日本

　孫文は第二回広東政府を裏切った陳炯明を広東から追い出し、一九二三年二月二十一日第三回広東政府を組織した。この時期は、孫文の革命思想が旧三民主義から新三民主義に転換し、国民党の改組と反軍閥・反帝国主義の闘争を積極的に展開して、その革命運動を新しい段階におしすすめる時期であった。このような重要な時期において、孫文は日本に何を期待し、日本はこれにどう対応したのだろうか。拙文では、犬養毅の書翰と海関・商団事件を中心として、この問題を考究する。

一、日本への期待

　孫文の日本への期待は、世界大勢と中国革命情勢の変化及び孫文自身の思想の発展により、たえまなく変化していた。一九二三年十一月十六日孫文の犬養毅の書翰は、この時期の彼の日本への期待を端的に表したものであったと言える。この書翰は、孫文が犬養の第二次山本内閣の逓信大臣に就任したことを契機に、大臣になった旧友犬養に自己の対日期待を吐露し、犬養を動かして山本内閣を広東政府の支持・援助に向かわしめようとしたものであった。書翰は私的形をかりているが、孫文の日本政府に対する公式声明と言ってもよいものである。

　では、孫文はこの書翰において日本に何を期待していたか。

　一、日本は「列強追随政策を打破し、新たに一幟を立ててアジア各民族が待ちに待っていた希望にそわれること」、

　二、英国がアイルランドとエジプトの自由と独立を許したように、日本も翻然とめざめ、朝鮮の自由と独立を許し、あやま

ちをふたたびせぬよう心がけ、アジアの人心を収拾すること、

　三、日本がかならず被圧迫者の友となるのを希望し、そのため、「日本政府は毅然として断固、中国革命の成功を支持し、内に統一、外に独立を達成せしめ、いっきょにして列強の束縛を打破」して、中日の親善を実現すること、

　四、「日本は率先してソヴィエト・ロシア政府を承認し」、ソヴィエト・ロシアと結んで同盟国となること①。孫文のこの期待は、日本が欧米列強盲従の失策を一掃して中国革命を支持・援助し、ソヴィエト・ロシアを承認し、アジア被圧迫民族の大連合を実現して、欧米列強強権と闘うべきことを主張したものであった。

　日本への期待と共に、孫文はまた厳しく日本を批判した。

　一、「日本は中国の革命に対して、（中華民国成立以来）十二年このかた、ことごとに反対行動に出て、それに失敗すると、いつわりの中立をよそおって体裁をととのえ、かつていちども徹底した自覚をもって、毅然として断固、中国革命援助をアジアの国として立つ日本の遠大な計とすること」がなかった。

　二、日本は「ヨーロッパの侵略政策をまねることを知るのみで、はては朝鮮を併呑するという暴行までもあえてし、アジア全域にわたって人心を失ってしまった」。

　三、日本は英、仏と共にソヴィエト・ロシアに武力的干渉をし、それを承認しようとしなかった②。孫文の日本へのこのような批判は、前記の日本への期待と対照的であった。

　このほかに孫文は翌年二月新聞記者松島宗衛と会見した際にも、日本に対し次のような批判をしている。

　一、孫文は「原価における日本国民は頗る支那国民を軽んじ

---

　①『孫中山全集』第八巻、中華書局、1985年、401－406頁。
　②『孫中山全集』第八巻、中華書局、1985年、402－405頁。

ている、或はチャンころと冷罵し、或は弱国民なりと為し、或は亡国的国家の末路なりと見做し、ややもすれば凌辱せんとする傾向がある」と感情のこもった批判をした。

　二、中国は、百年間の中日親善の眼光で中日関係を見ているのに、日本の朝野はあまりにも短見的であり、眼前の情勢に得意なって、一時的現象のため中国を軽蔑、冷罵、凌辱することと批判した①。

　孫文のこの批判は当時の日本朝野の中国観を指摘したものであった。

　孫文はこのように日本を批判しながらも、また日本に援助を求め、広東の官業中最も前途有望であるセメント工場を担保に、三井財閥に三千万円の借款を希望し内交渉をしていた②。

　孫文は一九二四年不平等条約廃棄を中心とした反帝闘争においても、日本の帝国主義的本質をあばき、中国とアジアに対する日本の侵略を公然と批判した。一月六日の「反帝連合戦線に関する宣言」において、孫文は日本を英、米、仏、伊の様な帝国主義だと言い、二月十二日の「三民主義」においても、孫文は日本が中国から朝鮮、台湾、澎湖列島を奪取したと指摘した。二月二十四日の「三民主義」講演では、「現在、中国をほろぼせる国は日本であり、……すぐ東隣にある日本は、いつでも陸海軍を長駒突入させることができます。日本はおそらくまだ好機に恵まれないため行動をおこさないだけで、行動を起こす気になれば、いつでも中国をほろぼせる」③とその侵略的本質を公然と暴き、四月四日広東女子師範学校での講演でも、日本は中国を侵略したと言った。六月二十三日フィリピン労働界代表と

---

① 『日本及日本人』昭和二年 10 月号下、50 頁。
② 『日本及日本人』昭和二年 10 月号下、49—50、54 頁。
③ 伊地智善継、山口一郎監修『孫文選集』第一巻、92 頁。『孫中山全集』第九巻、中華書局、1986 年、233 頁。

の談話でも、孫文は日本が斐島、ジャワ、ポルネオ、オーストラリア及び中国を占領しようとする欲望をもっているといった。

　孫文は以上のように日本帝国主義の侵略的本質を熟知しており、また日本の侵略政策とその失策を批判し、排斥しながらも、一方では日本に期待を寄せ、中国の革命とアジア被圧迫民族の独立に対する支持と援助を要望していた。これは孫文の日本に対する二重的態度と孫文の対日観の矛盾を意味するが、この二重の態度と矛盾現象をどう説明することが出来るだろうか。

　孫文と会見した松島宗衛は、孫文のこのような対日態度は「恰も女郎の如き無節操を示して居る」として、孫文に反省を忠告したが、孫文は、これは貴国の「反省を促さんが為」であり、「貴国朝野を覚醒せしめんがた為で」あると強調し、「我輩の排日は手段に過ぎない、目的は親善である。日支親善の目的を達せんがためあえて排日を行ふ所以である」と答えた[①]。これは、孫文の日本批判は、日本との決裂を意味するのではなく、日本への期待を実現するため、過去における日本の失策と誤りを指摘・批判したものであった。

　では、孫文はその指摘と批判を通じて、日本が失策を改め、侵略的本質を変えると信じていただろうか。孫文は完全に信じていなかった。孫文は日本がそれを改めて被圧迫民族の友となるか、それとも敵になるかは未知数であると犬養に言い、犬養の志が山本内閣にあって実行されるかどうかをみて、判断したいと思っていた[②]。それは依然として、犬養と山本内閣に期待を寄せていたからである。これは過去において孫文の革命運動を援助した犬養の意図を、真の三民主義支援から発したものであると誤認したものであり、帝国主義的山本内閣に対する誤解

───────────────

① 前掲『日本及日本人』、150 頁。
②『孫中山全集』第八巻、403 頁。

でもあったと言える。

　孫文の対日態度の二重性と、矛盾した対日観は、孫文特有の
ものではなかった。植民地・半植民地における民主主義革命家
は、皆ブルジョア国家または帝国主義に対し矛盾した二重の態
度をとっていた。一面においては、ブルジョア国家に科学技術
と文明及びその国内での民主政治を仰ぎ慕い、そのようなブル
ジョア文明と政治を自分の国家に導入しようとした。他面にお
いては、ブルジョア・帝国主義の対外侵略と植民地政策には批
判的であり、それと対抗して民族の独立を勝ち取ろうとした。
印度のガンディもそうであり、孫文もそうであった。孫文は、
「日本の（明治）維新は、実に中国革命の原因であり、中国革命
は、実は日本の維新の結果なのであり、両者はもともと一連の
もの」①だと主張し、明治維新と彼の革命の共通点を強調した。

　孫文の日本に対する二重的態度において、どちらが主要なも
のであったかといえば、期待と希望が主なものであったと言え
る。孫文が、このように日本に期待と希望をいだいたのは、当
時の孫文の国際観とも密接な関係があった。孫文は中国の統一
と民族の独立を勝ち取る最大の障害は中国の軍閥とそれと結託
した欧米列強だと判断し、対外的には英米を中心とする欧米の列
強に抵抗するため、中国、日本、ソヴィエト・ロシアとアジア圧
迫民族が連合して、彼らと戦わなければならないと強調した。

　だが、中国をめぐる国際情勢の判断において、孫文の判断は
錯誤であったと言わざるを得ない。第一次世界大戦以来、日本
が英国にかわり中国に対する最大の侵略国として登場したため、
孫文は英米を利用して日本を抵抗すべきであった。だが、孫文
は国内的には英米の支持する直隷派軍閥打倒のため、また英米

---

①『孫中山全集』第八巻、404 頁。

と密接な関係がある海関問題と商団事件のため、英米を最大の敵とみなし、日本と連合して英米の支持する直隷派呉佩孚、曹錕の北京政府を打倒し、海関と商団事件を解決しようとした。

　では、日本は孫文の期待と希望にどう対応したのだろうか。

二、海関問題と日本の対応

　海関は国家主権に属するのであるが、半植民地である中国においては、英国を中心とする列強が中国海関の行政・管理権を掌中に収めていた。海関収入の大部分は義和団事件賠償金及び、関税収入を担保とする外債の賠償金とその利息として列強に収奪された。その残余の部分は関余として、一九一九年からその一三・七パーセントを西南護法政府に分与するようになり、前後六回に亘り交付が行われたが、一九二〇年三月以来英国人の総税務司はこの関余の交付を停止した。

　孫文は、一九二三年から不平等条約の廃棄を主張し、海関自主権の回復を列強と中国人民に訴えた。一九二三年から二四年に亘る海関と関余問題は、孫文の不平等条約は域の一部分であり、反帝国主義闘争の重要な構成部分であった。

　孫文はこの関余分与獲得において、まず日本政府の支持を受けようとして、北京の外交団と広東の領事団にこの問題を提議する前に、即ち七月二十日、広東政府外交部長伍朝枢を広東駐在日本総領事天羽英二のところに派遣して、一九一九年の西南護法政府と同様に、広東政府に対しても関余配分をするよう北京外交団と総税務司に提議すべき旨を伝え、日本も「之ニ承諾ヲ与ヘルラレタク」懇願し、この主意を内田外相に伝達するよう依頼した①。

---

　① 外務省編『日本外交文書』大正 12 年第 2 冊、596 頁。

　広東政府はこのように日本に対する外交的準備をした後、九月五日正式に北京外交団に覚書を送り、一九二〇年三月以来の未交付分と現在及び将来の関余を皆広東政府に分与するよう要求した[①]。

　この要求に対し、天羽総領事は九月七日北京の吉沢兼吉公使、九月十一日山本外務大臣に対し一九二〇年以来未交付の部分に対しては相当の議論の余地があるけれども、現在及び将来の分与には反対の理由なしとして、その要求に同情する意を表した[②]。だが、その一三・七パーセントの割合は、当時護法政府の管轄である広東・広西・雲南・貴州四省への割合であり、今の広東政府はその管轄地域が当時より大変圧縮されたので、現在の管轄地域にもとづいてその割合を再検討すべきだと具申した。天羽総領事が広東政府の要求に同情した理由は、一は「公正ノ見地ヨリ」であり、二は「若シ広東政府ノ要求ニシテ外交団ノ容ルル処トナラザル場合ハ広東政府当局ハ塩税ノ例ニ倣ヒ海関ノ差押ヲ断行センニトヲ欲スル」可能性などを考慮したからであった[③]。

　北京においては、日、英、米、仏四国の公使が十月六日英国公使館で会合し、広東政府の要求を検討した。英国公使は、「広東政府ノ主張モ相当理由アル故ニ北京政府ヲシテ広東政府トノ間ニ話合ヲ遂ゲシムルコトトシテ暫ク形勢ヲ観望シ両者ノ間ニ折合付カザルニオイテハ外交団ニオイテ是ニ（脱）シ両者間ノ分配額ヲ定ムルコトトセバ可ナラン」[④]と提議し、芳沢公使もこれに賛成した。だが、米国公使は、「広東政府ニ対シテハ暫ク回答ヲ差控ヘ置キ『アグレン』（総税務司——筆者）ノ帰来ヲ待

①『孫中山全集』第八巻、549－550 頁。
②『日本外交文書』大正 12 年第 2 冊、597－598 頁。
③『日本外交文書』大正 12 年第 2 冊、597－598 頁。
④『日本外交文書』大正 12 年第 2 冊、598－599 頁。

チ両者間ニ立ッテ然ルベク斡旋ノ労ヲ執ラシムルコトトシテハ
如何」①と提議したが、芳沢公使と仏国公使は是に賛同し、英
国公使は賛成の意を表しなかった。外交団内部のこのような意
見の相違により、広東政府の要求に対する外交団の声明案も、
米国公使の「事態ノ変（化）ニ顧ミ暫ク是ヲ見合スコト」②と
の申出により、各公使の同意を得て最終決定には至らなかった。
日、英公使が広東政府の要求に応じようとしたのは、広東政府
と孫文の要求の正当性を証明し、その内部の意見の違いにより
広東政府に正式な回答を与えなかったのは、列強が中国におけ
る植民地的権益を擁護しようとしたためであった。

　英国人総税務司アグレンは、米国経由で上海に戻ってきた。
広東の英国総領事は十一月二日上海で、広東政府の要求をアグ
レンに伝えた。アグレンは、この要求は聞き入れる余地がない
と断固拒絶した③。その理由は、当地の外国銀行団が上海地域
の財政恐慌を招く恐れがあると反対したからであった。

　関余問題のため広東政府と英国との関係は日増しに悪化した
が、日本総領事館との往来は依然として頻繁であった。十一月
六日天羽総領事は大本営に孫文を訪問し、同日夕方廖仲愷省長、
伍朝枢外交部長、孫科市長、呉鉄城公安局長らが天羽の招待宴
をもよおした④。その後李烈鈞、鄒魯、伍朝枢らはひきつづき
天羽と往来している。これは当時の広東政府と日本との関係の
一側面を物語るものだといえよう。

　広東では、十一月十九日伍朝枢外交部長が英国総領事を訪ね、
関余引渡問題の成り行きをきいた。英国総領事はアグレンの意
見を伝えた。これに対し伍朝枢は「若シ広東政府ノ要求ニシテ

貫徹セラザル場合ハ遺憾乍ラ最後ノ手段ニ訴ヘン」と警告し、英国総領事も「右ノ如キ場合ハ英国ハ経済封鎖ヲ断行スベシ」と威嚇した①。このようにして、広東政府と英国との対立は激化し、広東政府は英米を主な相手とした反帝闘争を展開し始めるようになった。

　このような情勢の下で、孫文は十一月十六日、犬養宛に書翰を発し、日本への期待と要望を伝えたのである。

　孫文は、英国のこの威嚇に対抗するため、広東海関を接収する計画をたて、この行動に対する日本の協力を要望した。十一月二十日孫文の顧問である井上謙吉が天羽総領事にこの意を伝えた。当時広東は西貢から米を輸入し、生糸を外国へ輸出していたため、もし英国等の列強が経済封鎖を断行すれば、この輸入輸出が困難になり、財政上の打撃は相当のものになるので、この米の輸入と生糸の輸出を日本船に依頼しようとした②。このような要望に対して天羽は、「政府としては日本のみならず各国共斯の如き暴行に反対すべき」だと主張し、その要望を拒否した③。井上は、天羽にこの件に関し李烈鈞と面談するようすすめたが、天羽は右の意を伝えるよう依頼し、李との面談をも拒否した。

　天羽総領事のこのような態度に対し、孫文は二十四日、また財政庁長鄒魯を派遣して天羽に井上と同様の申し出をしたが、天羽はそれに協力はしなかった④。こうして孫文の日本への期待と要望は実現されなかった。

　日本は列強の共同権益維持のため、列強に追随し、基本的には他の列強と共同行動をとり始めた。英国公使は強硬な態勢で

①『日本外交文書』大正 12 年第 2 冊、601 頁。
②『日本外交文書』大正 12 年第 2 冊、599 頁。
③『日本外交文書』大正 12 年第 2 冊、599 頁。
④『日本外交文書』大正 12 年第 2 冊、600 頁。

孫文と広東政府に対応しようとして、十一月三十日外交団に広東港の封鎖計画を提出したが、ほかの公使の反対によりこの提案は葬られた。だが、列強の軍艦を広東港に集結して広東政府に示威的行動をとることに対しては、日、英、米、仏、伊の五国公使が一致して決議した。

翌日、北京外交団は和蘭公使館で会議を開き、武力的示威を背景に「支那海関ニ対スル如何ナル干渉ヲモ是認スルコトヲ得ザルコト及ビ万一干渉アル場合ニハ其ノ必要ト認ムル厳重ナル手段ヲ執ル」べき旨を広東政府に警告すべきことを決議し、また在広東各国軍艦に対し、「領事団ト打合ヲ遂ゲ必要ナル手段ヲ執ルベキ」旨を各国公使より電報すべきと提議した①。芳沢公使は「本国政府ニ稟請シ各国と協同の動作ヲ執ル様尽クスベキ」旨と表明した②。広東駐在の英国総領事は十二月三日、この決議を伍朝枢に伝え、この決議に対する広東政府の意見を遅滞なく開示するよう要求した。

北京外交団のこの決議に対し、広東政府は十二月五日、伍朝枢外交部長を通じて英国総領事に次のような回答を与えた。

一、中国海関は中国の官庁であるために、本政府管轄下各海関は、本政府の命令に服従すべし。

二、関税収入は孰も北京に送付され、その軍資金として使用され、侵略政策を（欠）、故に本政府は税関官吏に対し北京への送金を中止し、地方の費途に当てむことを命令する。

三、海関に対し干渉をする企図もなく、海関行政権を接収しようとする企図もない。

四、二週間は何等行動を執ることを差し控へ、外交団の決議

①『日本外交文書』大正12年第2冊、602頁。
②『日本外交文書』大正12年第2冊、602頁。

を待つこととする①。

　広東政府のこの回答に対し、列強はどう対応したのだろか。英仏総領事は、税関保護を口実に水兵を上陸させ、威嚇的態勢で対応しようとした。だが、天羽総領事は「若シ外交団の大勢関税引渡問題拒絶ニ傾カザル場合ニオイテハ此際我方ヨリ進ンデ関税余剰ノ引渡ヲ承諾シ場合ニ依リテ右様決定セシムル様誘導ニ努ムルヲ賢作ナルカト思考ス」②と伊集院外務大臣に具申した。天羽は、「関税余剰引渡問題ハ理論上ヨリ見ルモ将又先例ニ徴スルモ必ズシモ広東側ノ要求ヲ拒否スベキ強キ根拠アルモノニアラズト思考セラルル」し、また国民党は「日本ニ対シ好感ヲ有セル事実ハ否ムベカラザル故ニ帝国トシテハ北方政府ニ立場ヲ考慮スルト同時ニ南方トノ関係オモ看過スルヲ得ズ」と考慮し、右のような意見を具申したのであった③。伊集院外務大臣は天羽の具申とは逆に、「万一広東政府側ニ於テ外国側ノ意向ヲ無視シ不法ノ措置ニ出テ且之ヲ阻止スル為メ領事団ニ於テ一致ノ態度ヲトル場合ハ之ト歩調ヲ合ハセ軍艦側ト連絡ヲ執リ適当ノ措置ニ出ヅルコトトシ差支」④なしと指示した。ワシントン会議以来、日本は列強との協調外交を執行し、対中国外交においても根本的には列強と一致協調の政策をとった。伊集院外相の指示は、この協調外交を意味した。だが、伊集院外相は、日本が、「主導的態度ニ出ヅルコトハ避クル様」⑤に指示し、広東政府と孫文との関係にいささかの余地を残そうとした。

　北京外交団は十二月十一日会議を開き、広東政府の十二月五日の回答に対し次のような決議を採択した。

　　①『孫中山全集』第八巻、550頁。
　　②『日本外交文書』大正12年第2冊、606頁。
　　③『日本外交文書』大正12年第2冊、606頁。
　　④『日本外交文書』大正12年第2冊、604頁。
　　⑤『日本外交文書』大正12年第2冊、604頁。

　一、外交団は孫文の関余分与問題要求に対して諾否を決定する権限をもたない。

　二、一九〇一年九月七日義和団事件最終議定書及び一九一二年一月三十日の関税収入処分に関する協定は何れも関余の使途及び配分を決定する権利を使団に与えていない。

　三、一九一九年から一九二〇年にかけて関余の一部を広東政府に分与する根拠となった取り決めは、北京、広東両政府間で結ばれたものであって、公使団の発議ないし斡旋によるものではない。現在も外交団は右のような発議ないし斡旋をなしえない[①]。

　外交団のこの決議は孫文と広東政府の関余に関する要求は正当なものであり、列強が関余問題に関与するのは中国内政に対する干渉であり、違法行動であることを意味したが、列強は孫文の要求に応じようとはしなかった。

　北京外交団は十二月十四日広東領事団を通じて広東政府にこの決議を伝えた。領事団はこの決議において孫文の要求に如何なる満足をも与えていないため、孫文が関余を差し押さえるか、或いは現税関長の立ち退きを命ずる等の非常手段を執る可能性を予測して、それに対する対策を十三日英国領事館で講じた。この時、広東港にはすでに九隻の外国軍艦が碇泊していたが、日本は至急二隻の駆逐艦を広東に派遣することを決定した。米国はマニラから六隻の駆逐艦を香港に派遣して待機させた。香港、湾門駐屯の軍隊も出動の準備をととのえ、英、米の二隻の軍艦も広東沙面北端と南端に配備され、他の軍艦は広東港封鎖の場合に適当の任務につくようにした。

　孫文は列強の武力威嚇にも屈服せず、十五日顧問のノルマン

---

　①『孫中山全集』第八巻、550頁。

を英国領事館に派遣して、関税収入を全部広東に保留するよう要求した①。同日来訪した日本人佐藤安之助にもあくまでその要求を貫徹する決心を述べた②。

　孫文は断固たる態度でその要求を貫徹すると同時に、内部においては外交交渉を通じて解決しようとした。孫文は陳友仁を香港に派遣し、香港総督と交渉するようにした。香港総督は、孫文が三回広東政府を樹立する時、孫文に好意を表した。同時に、孫文も外交上香港総督に期待を抱いていた③。当時、香港総督は陳友仁に対し孫文の要求の正当性を認め、その旨北京の英国公使と英国本国に電報した、と伝えられた④。十五日、広東の新聞はこのニュースを報道し、従来英国を最大の敵国と見なしていた広東政府は、その攻撃の矛先を米国に向けた。それは米国の六隻の駆逐艦が香港から広東港に入港したからであった。孫文は十二月十七日「米国国民へ告ぐ書」を発表し、十九日には米国政府に抗議書を提出した⑤。

　ここには、英、米に対する孫文の誤解もあったと言える。実は、英、米国軍艦は英国の要望により広東港に入港し、日本総領事もこれに賛成していた。また、英国総領事の内話によれば、香港総督は本問題に関与せざる旨を言明しただけで、正当な要求だとは認めていなかったと言う⑥。その後の英国の態度に如何なる変化もなかったことは、このことを証明するであろう。

　だが、広東政府の英国に対する感情は以前より変化し、英国人の総税務司アグレンとの交渉で、この問題を解決しようとし、

①『日本外交文書』大正12年第2冊、626頁。
②『日本外交文書』大正12年第2冊、616頁。
③『孫中山全集』第七巻、151頁。
④『日本外交文書』大正12年第2冊、616頁。
⑤『孫中山全集』第八巻、521、528頁。
⑥『日本外交文書』大正12年第2冊、617頁。

その幹旋を日本側に依頼しようとした。このため孫文と広東政府要人は、直接、天羽にこの要求を申し入れようと、十二月十五日佐藤安之助を通じ、孫文らの要人訪問の意向を天羽に伝えた①。だが、孫文ら要人の天羽訪問は実現されず、その翌日孫文の顧問であって井上謙吉が孫文の名で天羽を招待し、その夕方さらに伍朝枢外交部長が天羽を招待し、同席の佐藤安之助に対し北京の日本公使が間に立って総税務司アグレンとの調停幹旋の労を執るよう依頼した②。この依頼に対し天羽は「慎重ノ考慮ヲ払フ必要アルト思考ス」③と伊集院外相に意見具申している。

　外交団は十二月十四日の回答で、もし「広東政府ガ愈々関税干渉ヲ断行スル場合ニハ外国債権者保護ノ為陸戦隊ヲ上陸セシメ之ヲ阻止セシム」④旨を警告し、在広東の各国総領事と碇泊軍艦は上陸の準備を開始した。十六日日本駆逐艦杉と榊が広東に入港し、広東在泊の外国軍艦は十七隻（英五、米六、日仏各二、葡伊各一）に増加した。在泊の各国首席艦長は十六日英艦タランチュラ会合し、海関保護のため一七二名、居留民のため九五名乃至二四五名の水兵を上陸させる計画を作成した⑤。日本も英米列強に追随して、四〇名の陸戦隊を上陸させる予定であった。伊集院外相は列強と強調するため、十七日在英国大使に「広東海関保護ノ為メ必要トスル措置ヲ執ルニ当タリ関係国一致シテ同一ノ態度に出ヅル場合ハ帝国政府ニ於テモ出来得ル限リノ手段ヲ以テ協力スルヲ辞セザル」⑥旨を伝えた。日本の

---

①『天羽英二日記・資料集』第一巻、1357 頁。
②『天羽英二日記・資料集』第一巻、1357 頁。
③『日本外交文書』大正 12 年第 2 冊、618 頁。
④『日本外交文書』大正 12 年第 2 冊、621 頁。
⑤『日本外交文書』大正 12 年第 2 冊、619 頁。
⑥『日本外交文書』大正 12 年第 2 冊、623 頁。

上記行動は十一月十六日の孫文の犬養毅宛の期待と要望を裏切ったことを意味した。

　広東政府は列強が軍艦を増加するその目的を探るため、十九日交渉員を首席領事に派遣して、その軍事行動に対する説明を求めた。首席領事は「孫文ガ広東税関管理ノ意図アルコトヲ公言シタル為ナルヲ以テ斯ル企図ナキコトノ保証ガ与ヘラルルニ於テハ各国軍艦ハ撤退スベシ」[①]と回答した。広東政府は東江の陳炯明と対立する状況の下で、軍事的に列強と対抗する余力はなかった。広東政府外交部長伍朝枢と葉恭綽は十九日広東海関長で、「大元帥ハ命令トシテ関税長ハ外国債権ヲ差引キタル爾余ノ関税ヲ保管シ広東政府ノ指令ヲ俟ツベク民国九年以来渋滞セル広東政府ノ取分タル関余ハ関税長ニ於テ税中ヨリ之ヲ支払フベキ」[②]旨の書翰を送り、総税務司にこの旨伝えるよう要求した。香港の『ポスト』紙はこの要求を支持し、孫文の最後通牒と題する社説をかかげ、広東省民と中国のため関余を広東省の公共事業に使用させるよう主張した。

　孫文は十二月二二[③]日広東海関税務司に、

　一、賠償額及び利息以外の関余は、広東政府に交付すること、

　二、一九二〇年三月以降の関余も広東政府に交付すること、

　三、十日間以内に回答しない場合には、あらたに税関吏を派遣する、

　と命令し[④]、同時にステートメントを発表して、右同様のことを強調すると同時に、最近九ヵ月間の関余は三五〇万ドルに達することを指摘した。広東の各領事と在泊外国軍艦の首席将校は十二月二十一日英国領事館で孫文の命令とステートメント

<hr>

①『日本外交文書』大正 12 年第 2 冊、621－622 頁。
②『日本外交文書』大正 12 年第 2 冊、622 頁。
③ 十二月十九日説もある。
④『孫中山全集』第八巻、547 頁。

を検討し、首席領事は「各国軍艦ヲ尚留置置ク必要アリヤ」との問題を提出した①。これに対し天羽総領事は「孫文ヨリ未ダ関税管理企図抛棄ノ保障ヲ得ザルノミナラズ右『ステ ―トメント』中ニハ孫文自身税関吏任命ノ意向ヲモ仄メカセルヲ以テ領事団トシテハ従来ノ行懸上軍艦ヲ撤退シ得ザル地位ニ在ルニアラズャ」②と述べ、孫文と広東政府に継続的に武力示威をすることを強調した。他の領事も天羽領事の意見に賛成し、十七隻の外国軍艦は広東港に碇泊して、孫文と広東政府に軍事的圧力を加え続けた。

　孫文は武力で列強と対抗する余裕もなく、また日本への調停の希望も拒否されたので、次には葡国公使にその調停を依頼した。十二月二十四日葡公使が香港に立寄った際、孫文は代表を派遣して関税問題に対する調停を依頼し、二十七日正式に覚書を送った。その主な内容は、「関税剰余二対スル広東政府ノ権利ヲ留保スルト同時ニ　総税務司ニ於テ十二月十九日ノ命令ニ従ハザルニ於テハ広東政府ハ別ニ税関吏ヲ任命スベキ事　若シ外交団ガ右ノ措置ヲ以テ支那税関制度ノ有効ナル運用ヲ妨グルモノナリトセラルルニ於テハ　本件ニ関シ広東ノ外交団及北京政府ノ代表者ヨリ成ル会議ヲ開催スル」③こと等であった。この調停覚書を受けとった北京外交団の首席公使である和蘭公使は三十一日芳沢公使を訪問し、英、米、仏公使の意見として、右のような会議を開催するのは「事実上広東政府ヲ承認スル事トナルノ虞アルガ故ニ」④、その調停の希望を拒否する意を表した。芳沢公使もこの意見に賛成した。芳沢は翌年から首席公使になる予定だったので、北京外交団を代表して広東領事団の首

①『日本外交文書』大正 12 年第 2 冊、624 頁。
②『日本外交文書』大正 12 年第 2 冊、624 頁。
③『日本外交文書』大正 12 年第 2 冊、629 頁。
④『日本外交文書』大正 12 年第 2 冊、629 頁。

席領事に、孫文が葡公使に渡した覚書を外交団が受けとり検討することは不可能だと通知し、この意味を孫文に通告するよう指示した[①]。

　一九二四年一月初、米国公使 Jacob Schurman が来広した。孫文は米国公使に調停を依頼した。米国公使の調停過程は不明だが[②]、四月一日北京外交団は広東海関の関余を広東政府に引渡すことを決定し、孫文と広東政府の関余闘争は勝利をおさめた。

　海関関余問題は、孫文が呉佩孚、陳炯明等の封建軍閥勢力を打倒し、国家の統一を成し遂げるためには必要な軍事費調達のためでもあったが、孫文が公然と列強に海関問題を迫ったのは、この時期の孫文の反帝思想を反映し、また孫文が不平等条約を撤廃し国家主権を回復しようとした闘争でもあった。この闘争において孫文は犬養宛の書翰で表明したように、日本に大きな期待と希望を寄せ、その闘争に対する支持を要望していた。日本側はこの期待と希望を意識しながらも、協調外交を推進し、列強と共に孫文と広東政府に軍事的圧力を加え、孫文と広東政府の正義の闘争を妨げ、彼等の期待と正面から対立した。英国を中心とする列強の掌中に収められている中国海関は、中国における帝国主義の権益を維持する最大の機構であり、日本と列強はその権益を擁護することでは完全一致していた。故に日本は列強と歩調を合わせ、共同行動をとったのである。これは日本帝国主義の本質を鮮明に具現化したものだと言えよう。

　だが、この共同行為において日本と列強にはまた相違点もあった。英国が率先的であり、主動的であったのに対し、日本は被動的であり、追随する形でこの行動に参加した。これは広東地域における日本と英国との植民地的権益の多少の相違から

①『日本外交文書』大正 12 年第 2 冊、630 頁。
②『天羽英二日記・資料集』第一巻、1362 頁。

出るものである。この地域は英国の勢力範囲に属し、対外貿易
においても英国が圧倒的に優勢であった。また広東の政治情勢
の変化は、直接英国の中国侵略拠点である香港に影響を及ぼす。
故に英国は率先的に行動したのである。

　海関問題は、一九二四年十月に再燃する。この時期、孫文は
英国の支持を受けて叛乱を起こした商団軍を弾圧すると同時に、
十月十七日羅桂芳を広東海関監督に任命し、広東海関を接収す
るよう命じた。羅桂芳は軍隊を引率して沙面の海関接収にとり
かかった。英国はこれに対しどう対応しようとしたのであろう
か。英国人の税関長エドワーヅの報告によれば、「広東側ハ第一
ニ支那税関差押ヘ其時ハ其儘放棄シ（月収約一万両位ト云フ）
海関差押ヘラルレバ九竜又ハ香港ニテ徴収機関ヲ設クル積」[①]
りであったが、他面また一部の海兵隊を沙面に上陸させ、昨年
のように各国軍艦の派遣、海兵隊の揚陸等を計画し、軍事的行
動で孫文の海関接収に対抗しようとして、英、米、仏、葡の軍
艦八隻を広東港に集結させた。英米は列強の一斉行動を主張し、
日本にも軍艦を派遣してこの軍事行動に参加するよう要望した。

　だが、恰もこの時期に北京で馮玉祥のクーデターが発生し、
第二次奉直戦争とそれに伴い、中国政治情勢に急激な変化が起
こった。日本はその植民地的権益が主に満蒙にあるため、東北
の軍閥張作霖と段祺瑞を支持していた。孫文は張作霖と段祺瑞
と三角同盟を結成して、彼等と共に北京クーデター後の中国時
局を収拾しようとした。このような情勢の下で日本が孫文と広
東政府に軍事的圧力をかけるのは、背後から日本が支持する張、
段と孫の連合を牽制することになり、日本の国益に背くもので
あった。故に、日本は十月二十五日、英米の参加要望に対し、

---

① 『天羽英二日記・資料集』第一巻、1412 頁。

「まず広東領事団は広東政府に対して厳重に抗議し、もしこの抗議が無視されることが明らかになった場合にのみ、列国は積極的措置を執るべきである。日本政府は最後の手段として列国との共同示威に参加する意図を有するけれども、北京の情勢が一変したのであるから、孫文は恐らく海関接収を行なわないであろう」[①]と回答して、軍艦の派遣を拒否し、統一行動に参加しなかった。このため今回の海関問題において列強は統一行動をとり得なかったのである。

　日本のこのような態度は、孫文と広東政府の海関闘争に対し、客観的には有利なことであった。だが、これも帝国主義の本質から出たものであり、真に孫文の革命を支持しようとしたものではなかった。日本と列強の対中国政策は二面性を持っていると言える。一面においては、中国への侵略と言う帝国主義の共通点から統一行動を執る可能性がある。一九二三年の関余問題においてはこの一面が主になっていた。一方、日本と列強はおたがいに中国を争奪する一面もある。第二次奉直戦争において、日本は暗々に張作霖を支持し、英米は呉佩孚と曹錕を支持していた。これは日本と英米との中国に対する争奪を意味するものである。この点からすれば、今回の海関問題における列強の統一行動の要望は、英米が背後から呉・曹の打倒をめざして張・段と連合しようとする孫文を牽制しようとしたものであった、とも言えよう。よって、日本はこの統一行動の要望に応じようとはしなかった。これは、いわゆる日本と英米との争奪戦とも言えるであろう。二回にわたる海関問題に対する日本の対応は共通点もあったが相違点もあり、共通・相違共にその帝国主義の侵略的本質から出たものであった。孫文はその帝国主義的本

---

　① 藤井昇三『孫文の研究』、勁草書房、1983 年、256 頁。

質に対し了解と認識がありながらも、英米に対抗する戦略から
日本に期待を寄せ、第一次海関問題においては如何なる支持も
得られなかったが、第二次の場合の日本の対応は、客観的かつ
間接的に孫文に有利であったと言える。

三、商団事件と日本の対応

　一九二四年八月に発生した広東商団事件は、広東買弁資本の
代表陳廉伯が英国と結託して孫文の広東政権を顛覆し、国民革
命を粉砕しようとした事件である。孫文と広東政権の商団軍に
対する闘争は、英国帝国主義に反対し、買弁資本とその他の国
内反動勢力に反対する戦いであった。

　商団軍団長陳廉伯は、香港の南利公司を通じて大小銃九千八
百四十一挺と弾丸三百三十七万四千発を外国から輸入し、それ
を積んだハプ号が八月十日、広東港に入港した。孫文は軍艦二
隻を派遣してハプ号を黄埔に回航せしめ、右記武器を黄埔軍官
学校に陸揚させた。商団軍はこれに対抗する措置として、八月
十四日商団軍二千人を出動させ、孫文に武器の引渡を要求し、
十八日商団系の銀行は広東政府の中央銀行紙幣の使用を拒否し、
二十二日から仏山市、二十四日、広東市の商人等がストライキ
に入った。孫文は商団側の陳廉伯等の、政府を顛覆しようとす
る陰謀をあばき、陳廉伯と仏山市商団の団長陳恭受の逮捕令を
発し、スト中の商店の開店を命じた。だが、商団側は命令に服
従せず、依然として政府と対抗する態勢を示した。伍朝枢は両
者の調停を図ったが失敗し、広東政府と商団の対立は一層激化
した。

　このような緊急情勢の下で、広東政府の陳友仁は八月二十八
日広東駐在の日本総領事天羽英二に、沙面附近の商団軍が渉外
事件を挑発して政府を困らせるため、外国人居留地の沙面に

向って発砲する恐れがあることを通告し、それに対し警戒をするよう申し入れた①。天羽は広東領事団の首席領事であるため、当夜、英、米、仏領事及び各国首席海軍士官の会合を催し、「広東当局二口頭ヲ以テ㈠外国在留民ノ生命財産二対スル危害及㈡防備ナキ市街二対スル発砲二対シ警告シ㈢外国在留民ノ生命財産二危害ヲ加ヘタル場合広東政府是レが責任二任ズベク当該外国官憲ハ必要ト思惟スル行動ヲ執ルベキ旨ヲ通告スルコト」を決定し、同夜廖仲愷呉鉄城にこの意を通告した②。この通告は主に外国人居留民の保護と列強権益の擁護を目的としたものであり、広東政府に挑発的行動を取ろうとしたものではなかった。故に、広東政府もこの通告に対し了解を示し、孫文の秘書葦玉は天羽総領事にその通告は「穏当ナル」③ものだと言った。

　だが、英、仏の領事と海軍士官はこの通告に満足せず、内密に次のようなことを取り決めた。

　一、市街戦開始ノ場合沙面二於ケル警備方法、

　二、沙面二砲弾落下シ其発射所判明スルコトハ直二是レ二応戦スルコト、

　三、支那軍艦カ沙面外二碇泊シ沙面ヲ超ヘテ発砲スルコトハ沙面二対スル敵対行為ト見做シ英仏軍艦ヨリ士官ヲ派シテ発射ヲ停止セシムベク場合二依リテハ之ト応戦スルコトモ辞メセザルコト④。

　この取り決めは、商団軍が広東政府に対する顛覆行動を開始

---

①『日本外交文書』大正 12 年第 2 冊、528 頁。『天羽英二日記・資料集』第一巻、1404 頁。
　②『日本外交文書』大正 12 年第 2 冊、528 頁。『天羽英二日記・資料集』第一巻、1404 頁。
　③『日本外交文書』大正 12 年第 2 冊、531 頁。『天羽英二日記・資料集』第一巻、1405 頁。
　④『日本外交文書』大正 12 年第 2 冊、519 頁。『天羽英二日記・資料集』第一巻、1405 頁。

したら、英仏両国の軍艦と海兵隊はこれに呼応して商団軍を支
持し、直接軍事行動に乗り出そうとしたものであった。英国総
領事は二十九日広東政府に「支那官憲ガ市街ニ発砲スルトキハ
英国ハ総テノ軍艦ヲ以テ直ニ之ニ敵対スベシトノ命令ヲ受ケタ
ルニ付通告ス」①と威嚇し、不平等条約の撤廃を中心とした反
帝運動を推進する孫文と広東政府に対する敵意を露骨に表明
した。

　この時期、日本に加藤高明の政党内閣が成立し、外相幣原喜
重郎は列強との協調外交を主張していたが、英仏の軍事的恐喝
には協調せず、独自の態度をとった。孫文も日本のこのような
態度を見て、九月二日、秘書の葦玉を天羽総領事のもとへ派遣
して二十九日の英国の通告を示し、孫文が英国に対し非常に憤
慨していることを伝えた②。だが、日本になにかを期待しよう
とはしなかった。

　孫文は商団との闘争において、対外的にはその闘争の矛先を
英国に集中し、反帝闘争を断固遂行する決心を表明した。九月
一日発表した「商団事件のための対外宣言」は孫文のこの決心
と思想を端的に表明している。孫文はこの宣言で、

　試みに観るに、一二年来帝国主義列強は外交上、精神上及び
種々の借款において、終始一致して反革命を賛助してきた。す
なわちこれらの帝国主義的行動を見れば、わが国民党政府の破
壊を企図するものであると言える。……思うに帝国主義が破壊
しようと欲する国民政府は、わが中国において革命精神を保持
しようと努力している唯一の政府であり、反革命を防禦する唯
一の中心である。故に英国はこれに砲火を浴びせようとするの

---

　①『日本外交文書』大正 12 年第 2 冊、531 頁。『天羽英二日記・資料集』第一巻、
1405 頁。
　②『日本外交文書』大正 12 年第 2 冊、531 頁。『天羽英二日記・資料集』第一巻、
1405 頁。

である。……われわれは帝国主義の中国に対する干渉を防ぎ、革命の歴史的事業を完成するため、その最大の障害を除去しようとするものである[①]。

と、全世界に向けて宣言した。

同日、英国労働党政府首相マクドナルドにも同様の抗議を提出した。

この宣言と抗議文は、孫文の反帝宣言でもあった。

十月に至り、孫文の広東政権と商団軍との関係は一層激化した。商団軍は、孫文の北伐、江浙戦争における盧永祥の敗北、陳炯明の広東政府に対する脅威等に勢いをえて、十月十日商団軍は、工団軍、学生軍、農民軍の武昌起義十二周年を祝う行列に発砲して市街戦を演じ、数十名の死傷者を出した。商団軍は、孫文の下野、孫文政府の打倒、陳炯明擁護のビラをばらまき、大規模な武装反乱を準備した。孫文の広東政府も商団軍に対抗する準備をすすめ、その翌日、胡漢民は傅秉常と共に天羽総領事を訪問し、大砲八門乃至十門、小銃五千挺と弾薬を日本が提供してくれるよう要望した[②]。

孫文と広東政府はソ連から武器の援助を受けていた。武器を積んだソ連のアストラカン号は恰もこの時期に広東港に入港した。その後ハブ号も入港した[③]。これに対し英国は英国人税関長エドワーズを通じ、広東政府に「抗議」したが、広東政府は税関に中国内政に対する干渉だと抗議した。

孫文は工農民衆と中国共産党の支持の下で、十五日朝、工団軍、農民自衛軍、黄埔軍官学校の学生軍と雲南、広東、広西、湖南、河南軍を出動させて、商団軍を四面包囲し、この叛乱を

　　①『孫中山全集』第十一巻、2頁。藤井昇三前掲書、258頁。
　　②『天羽英二日記・資料集』第一巻、1410頁。
　　③『天羽英二日記・資料集』第一巻、1410、1413頁。

鎮圧しようとした。

　天羽総領事は、この戦乱において、「外国人ノ生命財産二対ス
ル損害二対シテハ政府二於テ責任ヲ負フ可キ」①旨を広東政府
に申し入れたが、この戦乱に干渉して、商団軍を支持する措置
をとらなかった。故に広東港碇泊の英、仏、葡の軍艦も敢て商
団軍を援助する行動もとるわけにいかず、少数の水兵を沙面に
上陸させたにとどまった。

　商団軍団長陳廉伯は沙面に潜伏して商団軍を指揮していた。
胡漢民はその引渡を英国総領事に要求した。だが、陳廉伯は商
団軍が包囲された条件の下で、天羽総領事に孫文との調停を依
頼した。天羽は十五日午後仏総領事と共に陳の代表と会見し、
第三者として「外国領事トシテハ其在留民ノ生命財産ヲ保護ス
ル以外支那内部ノ紛争二干与スルコトヲ欲セザルモ現下ノ広東
市民ノ悲惨ナル状況ニハ同情スル故二政府及商団何レノ利益ヲ
モ害セズ又外国人トシテ内政二干渉ストノ嫌疑ヲ受ケザル範囲
二於テ若シ何等便法アラバ非公式二斡旋ノ労ヲトルコトハ必シ
モ辞スルモノニ非ザルベシ」②として、客観的態度を示した。
商団側は、領事団宛に調停依頼状を送り、「㈠政府攻撃ヲ中止ス
レバ商団ハ直二開市二応ズ　㈡政府飽迄武器解除ヲ主張セバ
商団解組問題決定スル迄公式ナル第三者二武器ノ保管ヲ託シ解
組問題決定及武器ノ処分ヲ譲ス」③との案を出した。天羽は十
六日朝胡漢民に広東政府の商団軍に対する意向を訊いたが、胡
は商団軍の武器解除に対し断乎とした決意を示した。故に天羽
は商団側の調停依頼を胡漢民に申し入れなかった。このことを
通じて、商団事件に対する日本側の微妙な態度をうかがうこと

①『日本外交文書』大正12年第2冊、542頁。
②『日本外交文書』大正12年第2冊、544頁。
③『日本外交文書』大正12年第2冊、544頁。

が出来る。

　商団事件は孫文と広東政府の勝利で終結し、孫文は英帝国主義と広東地域の反動勢力に一大打撃を与え、広東革命根拠地を一層固めた。

　商団事件は終結したが、日本と列強には損害賠償の問題が残っていた。十月十七日、日本総領事館で、日、英、米、仏、独、葡、伊、和、瑞国の領事が会合して、その対策を協議した。他の領事は同一歩調に出ることを希望したが、天羽領事は「各国政府ノ方針ハ必ズシモ一致スルモノアラザル故二……大体歩調ヲ一二スルコトハ賛成ナルモ支那側ニ対シテハ各領事別々ニ交渉セラレタキ」旨を表明し、その結果「各領事ヨリ各別ニ適当ノ要求ヲ為スコト」に決定し①、統一行動を避けた。

　賠償交渉において、また一つ問題になったのは、北京政府と広東政府の関係をどう処理するかの問題であった。両政権は互いに相手を承認していなかったが、日本と列強は北京政権を承認していた。十七日の領事団会議においては「北京政府ガ孫派ヲ謀叛団体ト看做セル事実二鑑ミ当地各領事ヨリ孫文政府二交渉スルト同時二各公使ヨリ北京二交渉スル」②と決定した。これは中国南北政権の複雑な事情を反映したものであった。

　当時、日本は北京政府を中国の正式な政府として承認していたため、国際法の論理からいえば、北京政府に反抗する団体はたしかに「謀叛団体」であるにちがいない。だが、幣原外相は一月二十四日天羽総領事に「我方トシテハ孫派ヲ謀叛団体ト認メ居ラザル以テ本件要償ヲ謀叛団問題ト関連セシムルハ主義上同意シ難シ」③と言い、十七日領事団決議に不賛成の意を表し

た。幣原外相は、損害賠償の問題は「此際孫文側ト交渉シ成ルベク貴地限リニテ解決」[1]するよう指示した。その理由は、この問題が北京政府の実権及ばざる地方の事件のため北京と交渉しても解決困難だし、また被害額も大ならざるためであったが、幣原は十月二十三日の北京政変による中国政治情勢の急激な変化を考慮し、日本の支持する張作霖、段祺瑞と連合しようとする孫文と広東政権に好意を示したものだとも言えよう。

　商団事件に対する日本の微妙な外交的対応は、先に述べた一九二四年十月の広東海関問題と同様に、日本の対中国外交政策の二面性と列強に対する二面性を表したものであった。日本は列強と共にその損害賠償を要求しながらも、英国のように脅威的軍事行動を列強と共にとらなかった。日本のこのような微妙な対孫対応は、客観的かつ間接的に、英国を中心とした列強の対孫行動を牽制し、孫文の闘争に有利な面があったと言える。だが、孫文が犬養宛の書翰でのべた日本への期待と要望に、根本的に沿うものでなく、相当の距離があった。これは日本帝国主義の本質と孫文の革命運動の根本的相違から出てくる現象であろう。けれども、特定の歴史条件の下では、この根本的相違からも相対的、一時的、部分的一致点がありえるのも事実である。一九二四年の海関と商団両事件に対する日本の微妙な対応はこの一面を反映したものであるといえる。

---

　①『日本外交文書』大正12年第2冊、550頁。

第三章　孫文と日本（二）

第一節　孫文の革命運動と日本

　孫文の革命運動と日本との関係は、近代中日関係において重要な地位を占めている。孫文は革命の第一歩を踏みだした一八九五年から一九二五年までの三十余年間に十余年日本に滞在し、日本を革命推進の一つの基地とした。孫文は革命の遂行過程において日本政府、軍部、財界及び大陸浪人と一定の関係を保ち、日本から革命闘争に必要な資金と武器弾薬を獲得しようとし、日本国民に中国革命に対する同情と支持を訴えた。故に、孫文の革命運動と日本は、密接な関係があった。

　拙稿は、孫文の革命運動と日本との三十余年間の関係を三つの時期に分けて簡潔に述べる。

一、辛亥革命

　一八九四年から一九一一年辛亥革命以前の時期は、孫文の革命運動と日本との関係が発生・発展する第一の時期であり、孫文が日本を中国革命の推進基地として、東京で同盟会を結成して革命を準備・推進した時期である。

　孫文はハワイの中学校と広東・香港の医学校で欧米の近代教育を受け、小ブルジョア的愛国主義者として一八九四年革命の第一歩を踏み出した。当時中国の進歩的な知識層は近隣である日本の明治維新にあこがれ、明治維新の道を歩もうとした。孫文もその中の一人として、一八九四年「李鴻章への上書」で、「富国の大経、政治の大本」として、「人能くその才を尽くし、地能くその利を尽くし、物能くその用を尽くし、貨能くその流を暢べる」①の四大綱を主張し、この四事さえ実行すれば、中国は「二十年以内に必ずヨーロッパを凌駕することができるであろう。日本とヨーロッパ人との通商はわれわれより遅れ、ヨーロッパの法にならったのもわれわれより遅れている。しかも日本の維新の政治はまだ日が浅いのに、今日の成功はすでに大いに見るべきものがある。それは、この四大綱を国を挙げて行ない、一人もこれを阻むものがなかったからである」②と李鴻章に上申した。だが、李鴻章は孫文の上書を受け入れなかった。孫文はこの年の秋ハワイに行き、革命的組織—興中会を設立し、同会の宣言で「上は則ち因循姑息、粉飾虚張し、下は則ち蒙昧無智、遠き慮り鮮く……方今強隣環列し、虎視眈々として、我が中華の五金の富と物産の多きに垂涎するや久し。蚕食鯨呑すでに踵を接して列る。分割の憂き目前にあり。ああ危いかな」③と中国の対外的危機と対内的腐敗堕落を鋭く指摘した。

　孫文は翌年一月香港に戻り、鄭士良、陳少白等と共にこの年十月二十六日広東で挙兵を準備した。この準備において、孫文は日本の香港駐在領事中川恒次郎に銃砲二万五千挺と短銃一千

①『孫中山選集』、人民出版社、1981 年、3 頁。
②『孫中山選集』、人民出版社、1981 年、9 頁。
③『孫中山選集』、人民出版社、1981 年、14 頁。

挺を日本が提供してくれるよう要望した①。だが、日本は何の援助もしなかった。挙兵は事前に発覚し失敗した。香港政庁は孫文、陳少白等に五カ年間の在留禁止令を発した。孫文は陳少白、鄭士良と共に日本に亡命した。孫文は横浜で、ハワイで知り合った自由党党員菅原伝と再会し、陳少白を彼に紹介した。このようにして孫文の革命運動と日本との関係が結ばれた。

　その後十二月、孫文は日本を去り、ハワイ、アメリカ、イギリス諸国への旅を経て、一八九七年八月また日本に帰って来た。この二年間、孫文は欧米の文明を視察し、各学派の書物を読破して、三民主義の思想を形成し始めた。孫文は横浜で宮崎滔天、平山周等と初対面し、彼等に革命の理想と意義を語り、中国革命に対する協力と援助を求めた②。九月には犬養毅とも面会し、日本政界の人物とも往来するようになった。宮崎等は孫文に日本滞在を勧め、孫文もこれを応じて日本を中国革命の推進基地とした。

　孫文が日本を中国革命の推進基地としたその理由は、(一)は、当時中国国内には言論、出版、集会の自由がなく、また孫文は広東挙兵のため清朝から懸賞金がかけられていたから、国内での行動は困難であり、(二)は日本は地理的に中国の近隣であり、国内の革命を指導するのに大変格好な位置にあり、且つ日本には宮崎等中国革命を支持・同情する同志があり、政界にも知人があったからであった。(三)は、革命に必要な軍資金、武器弾薬の調達は海外華僑と外国に頼らねばならなかったためであった。

　だが、日本政府は孫文の日本滞在を許可しようとしなかった。

---

　① 原敬文書研究会編『原敬関係文書』第二巻、日本放送出版協会、1984 年、392－393、395－396 頁。
　②『貝塚茂樹著作集』第十巻、中央公論社、1978 年、62－69 頁。

外務次官小村寿太郎は孫文の在日が日清戦争後清朝との国交改善の支障となることを恐れ、孫文が日本から退去するよう希望したが、犬養は大隈外相を説得して、その滞在の許可を得た。孫文の滞在費用は犬養の紹介により、玄洋社社長であり衆議院議員であった赤池坑主平岡浩太郎が提供した。

　孫文と日本との関係は、孫文の三民主義思想と宮崎滔天の自由民権思想によって結ばれたが、国家主義的な犬養等の橋渡しにより財界、政府、後に軍部とも往来関係を保つようになった。日本政府、財界、軍部を国家主義的人物等は、孫文とその革命に対する支持・同情と言うよりも、中国に対する侵略の立場からそれを利用しようとした。宮崎滔天等の自由民権派の思想家達は、孫文が最も信頼し、政治・思想的協力を得られる力であったけれども、彼らは政治権力と経済的力を持っていなかったため、その勢力は極めて小さなものであり、その政治、思想的役割と言うよりも、孫文と日本国家権力との連絡を取る役割を果たすにすぎなかった。

　孫文は横浜を中心として革命活動を展開し、一八九九年にはフィリピンの独立運動の援助に乗り出した。一九〇〇年、中国の華北一帯では義和団事件が起こり、八カ国連合軍が北京に侵入し、清朝政権は混乱に陥った。この機会を利用して、孫文はシンガポールと香港で宮崎滔天・内田良平・清藤幸七郎と共に広東の富豪劉学詢を仲介として広東滞在の李鴻章と連携して両広の独立運動を推進しようとしたが、李鴻章の北上と香港政庁の孫文上陸禁止によりこの計画も失敗した。

　その後、孫文は十月の恵州挙兵にとりかかり、日本政府と軍部の支持援助を希望した。日本軍部を台湾総督府は八カ国連合軍の侵入によって惹起された北方の混乱に乗じて、中国南方侵略に突破口として厦門の軍事的占領を企てていた。だが、枢密

院議長の伊藤博文の反対により、この計画は一時中止された。台湾総督児玉源太郎は日本軍の厦門占領を交換条件として、孫文の挙兵行動を「支持」しようとした。孫文は平岡浩太郎の紹介により同年九月台湾に来て児玉総督と会見した。児玉は孫文が福建一帯で挙兵して日本軍が厦門に出兵する口実を作り、日本をして厦門を占領せしめるならば、孫文に武器弾薬を提供すると言った。孫文は児玉の要求条件を受諾し、鄭士良等に挙兵を指示した。鄭士良は十月六日恵州で兵を挙げ、厦門方面に進撃した。この時、恰も伊藤博文内閣が十月九日に成立し、伊藤は児玉総督の孫文への武器提供を禁止した。このため、恵州挙兵も失敗した。

　恵州挙兵失敗後、孫文は十一月横浜に帰り、一九〇三年九月二十六日第二回目の欧米の旅に出発した。孫文は欧米で華僑と中国留学生の中で革命思想を宣伝し、列国の同情と支持を獲得するために努力した。

　一九〇五年七月、孫文は日本に帰って来た。この時、日本には数千人の中国留学生がおり、留学生の間には滔々たる革命風潮が漲っていた。青年学生等は義和団の惨憺たる結果を通じ民族意識に目覚め、衰微腐敗の清朝を打倒しようとする革命熱がますます高まっていた。湖南省の華興会の指導者黄興と宋教仁も長沙起義失敗後東京に亡命していた。このような情勢の下で、孫文は中国革命派の統一のため、興中会、華興会と蔡元培の光復会を中心に、八月二十日東京の代議士坂本金弥邸で同盟会の発会式を挙行し、総理に選挙された。同盟会の成立には黒竜会の内田良平等が便宜を提供し、宮崎滔天・平山周・萱野長知が日本人として同会に加入した。

　同盟会の成立は、孫文の革命運動が新しい段階に入ったと示した。同盟会はその綱領として孫文の三民主義を採用し、機関

誌「民報」はその創刊号で、「民報」の六大主義の第五として「中日両国の国民的連合を主張」し、同盟の対日基本方針を鮮明に表明した。翌年の八月、宮崎・萱野らは革命評論社を結成し、「革命評論」を発行して中国革命を鼓吹した。

　同盟会成立後、東京を中心とする中国革命派の勢力は急速に増大し、革命の前途は希望に満ちあふれた。同盟会会員と留学生の活発な革命活動は中国国内にもその影響を及ぼし、一九〇六年以後には同盟会会員による革命蜂起が続々と発生した。一九〇六年十二月会員劉道一、蔡紹南らが安源、瀏陽、醴陵一帯で蜂起を指導し、数万人がこれに参加し、清朝に大きな打撃を与えた。

　清朝政府は日本における孫文革命派の活動拡大を恐れ、日本政府に孫文等を取締るよう要望した。日本政府は日露戦争悪化しつつある清朝との関係を円滑にするため、孫文の革命派と留学生運動を弾圧し、「民報」の発行を禁止し、革命評論社を解散した。一九〇七年初頭には、清の慶親王の要求により孫文を日本から追放しようとした。だが、内田良平等は孫文を利用して将来中国から満蒙を割譲する目的から、孫文を追放するよりも自発的に日本から退去せしめるのが得策だと考え、外務省政務局長山座円次郎と折衝の末、三年後には日本入国を許可するという条件の下に、退去費七千円を与え、孫文を日本から自発的に退去せしめた。

　三月四日胡漢民等と共に日本より退去した孫文は、フランス植民地である安南のハノイを革命運動の基地として、国内の革命運動と武装蜂起を指導した。フランス植民地当局は、孫文の革命運動の「支持」を通じて華南地区に対する侵略を拡大しようとした。孫文と黄興は、フランス側のこのような「支持」の下で一九〇七年十二月鎮南関を一挙に占領し、広西攻略の第一

歩を踏み出した。この戦役には、日本人池亨吉が参加し、フランスの元大尉も参加していた。鎮南関を占領した革命軍は、その後補給の困難により鎮南関を放棄し、安南の植民地当局は清国政府の要求により、孫文を安南から追放した。

　一九〇七年から八年にかけて孫文は七回の武装蜂起を発動した。武装蜂起にはなによりも武器弾薬が必要であったから、孫文は日本からその一部を密輸した。一九〇八年二月澳門水域で革命に武器を密輸する日本の商船第二辰丸が清朝の巡視船に拿捕される事件が起こった。日本政府は軍艦派遣を揚言し、清朝に謝罪、賠償、懲罰等五つの要求を受諾するよう迫った。清朝政府は密輸武器が革命派の手に渡るのを恐れ、日本政府が武器の密輸を厳禁することを条件として、日本の五つの要求条件を受諾した。だが、広東省の紳民は日本の脅迫と政府の屈辱的態度に反対し、排日ボイコットを展開した。このボイコットは華南及び南洋にまで拡大され、日本の貿易に深刻な打撃を与えた。日本政府は内田良平を通じて、シンガポール滞在中の孫文に排日ボイコット中止を依頼した。孫文は日本からの武器購入と三十万円の軍資金提供を条件として日本政府の要求を応じた。今回の排日ボイコットは、中国の民族資本が日本に反対する最初の運動であったが、ブルジョア革命をめざす孫文が彼らと対立的立場を取ったため、民族資本との連携をなし遂げることが出来なかった。これは孫文の思想と行動の矛盾の現れである。

　数回の武装起義に失敗した孫文は、一九〇九年五月十九日シンガポールを出発し、第三回目の欧米の旅を経て、一九一〇年六月十日再び日本に帰って来た。日本政府は清朝の要求により、孫文に外国への退去を命じた。孫文は六月二十五日東京を離れて、香港、ペーナンを経由して、十二月第四回目の欧米の旅に出発した。

二、辛亥革命期

　第二の時期は辛亥革命の時期である。

　一九一一年十月十日、革命軍は武昌で蹶起し、辛亥革命の火蓋を切った。革命勃発後、日本政府は清朝を擁護し、大倉組を通じて清朝と二百七十五万円の武器売買契約を締結し、義和団の時のように出兵して辛亥革命に干渉しようとした。だが、英国の牽制と革命勢力の急速な発展により、出兵・干渉することが出来なかった。

　日本の一部の外交官と軍人等には、長江を境として、南北二つの政府——北方の清朝政府と南方革命派の政府——を建て、中国を二つに分割しようとする構想もあった。

　大陸浪人頭山満、内田良平などは孫文の革命派を支援することを主張し、三井の益田孝→井上馨→桂太郎のルートを通じて、西園寺首相を説得し、孫文革命派を「支持」・「援助」するようにした。その「援助」は主に借款と武器弾薬の提供であった。

　孫文は十月十二日アメリカのデンバーで武昌蜂起のニュースを聞き、十一月上旬イギリスに渡り、イギリス外相に清朝政府に対する一切の援助を中止することを応諾させた。その後、フランスを経由して、十二月二十一日香港に到着した。当時孫文が一番心配していたことは、日本の武力干渉であった。孫文は船で宮崎滔天、三井の山田純三郎等と会見した時に、「大ニ日本ノ意向ヲ疑ヒ、日本ハ英露ト連合シテ革命軍ニ圧迫、制肘ヲ加ヘル如キコトナキヤヲ慮リ居」①った。これは当時の孫文の対日観を率直に現したものである。十二月二十五日孫文は上海に到着し、山田純三郎を通じて三井物産の上海支店長に借款を依

---

　① 防衛研究所戦史部記録。

頼し、翌年一月に文梅林等を日本に派遣し、内田良平の紹介を
経て、同月二十四日三井と三十万円の借款契約を締結し、日本
軍部から武器弾薬を購入するようにした。

　一九一二年一月一日、孫文は中華民国臨時大総統に就任し、
三日に中華民国臨時政府を樹立した。臨時政府の最大の困難は
財政問題であった。イギリス・アメリカは北方の袁世凱の方に
傾き、孫文の革命派に借款を与えようとしなかった。このよう
な状況の下で、臨時政府は財政的に日本に頼らざるをえなかっ
た。臨時政府は日本と次のような四つの借款交渉をした。

　一は、蘇省鉄道公司の借款で、同公司の王子亭と大倉組との
間に一月二十七日三百万円の借款契約が成立し、その中の二百
五万円は臨時政府に提供され、武器購入に使用された。

　二は、長江と沿海貿易を独占する招商局の財産を担保とする
一千万円の借款交渉で、一九一二年二月五日孫文・黄興と日本
郵船上海支店長伊東との間に一千万円の借款契約が締結された。
この借款は表では日本郵船が交渉に当たっているが、裏では日
本政府がこの金額を郵船に提供したもので、実は日本政府と臨
時政府との借款交渉であった。だが、長江流域はイギリスの勢
力範囲に属し、イギリスは日本勢力のこの地域に対する侵入を
恐れ、この契約に強硬に反対したために、この契約はその後実
現されなかった。

　三は、漢冶萍公司の借款交渉である。日本は辛亥革命勃発後
の十月下旬正金銀行の小田切萬寿之助を通じて、同公司の支配
人であった盛宣懐と大連で借款交渉をした。これは日本政府が
清国政府を擁護する政策の一部分であった。だが、一九一二年
状況が変化し、漢冶萍は完全に革命軍の管轄下に入り、また孫
文からも三井に借款の依頼があったために、三井の山本条太郎
が西園寺首相、内田外相と相談の結果、日本政府は一月十二日

に日中合弁で漢冶萍公司を経営しようとする方針を決定した。この方針に基づき、正金銀号の小田切萬寿之助と神戸似亡命していた盛宣懐との間に総資本三千万円（日中折半引受け）とする合弁仮協定が一月二十九日に締結された。この仮協定により、三井から五百万円の借款が与えられ、その内三百万円は三井からの武器購入代金払いに充てられた。この仮協定は、「中華民国政府ハ将来支那ニ於ケル鉱山、鉄道、電気其他ノ事業ヲ外国人ニ許可スル場合ニハ他ト同条件ナレハ三井物産株式会社ニ其許可ヲ与フル事ヲ承認ス」[①]と規定し、中国に対する日本の経済侵略の野望を表した。故に、中国国内ではこの協定に反対する運動が起こり、漢冶萍公司株主総会はこの仮協定を否決し、協定は無効になった。

　四は、一九一二年二月、三井物産の森恪は桂太郎の内意を受けて、孫文に日本の満蒙租借を条件に南京臨時政府への援助を提案した。孫文は臨時政府と革命軍の軍資金獲得のため、一千万円の借款供与を条件にその租借を認める対案を提出した。だが、日本政府は最終的に借款の提供には応じなかった。

　辛亥革命時期における南方の臨時政府に対する以上のような借款の活動は、日露戦争後帝国主義段階に入った日本の対外侵略政策の新しい特徴を示すものであった。

　辛亥革命と日本との関係において注意すべきことは大陸浪人の問題である。頭山満・内田良平などは有鄰会・支那問題同志会・善隣同志会等を組織し、孫文の革命派と臨時政府への「援助」を呼びかけた。頭山満は上海に来て革命の進行を直接洞察し、孫文が袁世凱に大総統の地位を譲歩することに強硬に反対した。梅屋庄吉は臨時政府に資金提供し、臨時政府の紙幣を印

---

① 山浦貫一『森恪』上巻、高山書院、1943 年、398 頁。

刷して南京に送った。萱野長知等は革命軍に参加して、清軍と
直接戦った。末永節等は山東の芝罘で藍天蔚の北伐軍を支援し
た。平山周は北平で北方の革命派と共に袁世凱の暗殺活動に参
加した。南京の臨時政府では、寺尾亨は孫文の秘書として、副
島義一は法律顧問として、内田良平は外交顧問として活躍した。

　上記に如く、大陸浪人は皆孫文を支持しているようであった
が、その裏には各自の目的があった。宮崎等の自由民権派の浪
人は、孫文とその革命との間に民主主義的思想の共通点を持っ
ており、新しい共和国を中国で建てるために孫文の革命派を支
援していた。だが、頭山満・内田良平等の国家主義的浪人は、
政府・軍部・財界と一体になり、孫文の革命派に対する所謂援
助を通じて、中国特に満蒙における日本の植民地的権益を伸張
しようとした。一九一二年春、頭山満は満蒙を経由して帰国す
るときに、その広野を眺めながら「大分広いねえ、これは日本
がとってやらにゃ、支那じゃ始末が悪かろう」[①]と言い、その
欲望を表明した。

　辛亥革命時期、日本は南方における権益を伸張する同時に、
満蒙を分割しようとした。一九一二年一月清朝が打倒され新共
和国が誕生した時、山県有朋は一、二個師団を満蒙に出動させ
てそれを占領しようとした。軍務局長であった田中義一もこの
主張を支持し、第十二師団を派遣しようとした。だが、列強の
牽制と国会・内閣の反対によりその軍事占領の目的は達成出来
なかった。

　大陸浪人川島浪速と陸軍の高山公通等は、清朝の粛親王を擁
して、蒙古の喀喇沁王・巴林王等に武器弾薬を提供して、いわ
ゆる満蒙独立運動を展開し、日本の植民地としての満蒙王国を

---

① 宮崎竜介等編『宮崎滔天全集』第二巻、平凡社、1972 年、650 頁。

建てようとした。彼等は粛親王と「誓盟書」を結び、満鉄・安奉鉄道・撫順炭鉱・遼東半島を日本が永久に占有し、日本がこの国王の外交、財政、軍事、警察、交通等を統制しようとし試みた。財界の大倉組はこのいわゆる独立運動を支持するため、政府の支持の下で、喀喇沁王に九万円の借款を提供した。だが、この借款で購入した武器と弾薬が大連、公主嶺を経て蒙古の方に輸送される途中で中国軍に阻止され、双方の武装衝突が起こり、この独立運動が世間に暴露された。陸軍参謀本部と外務省は列強と社会世論を恐れ、この第一次満蒙独立運動を中止させた。

　これと同時に、日本政府は一九一二年一月ロシアと満蒙分割の秘密交渉を開始し、七月八日第三次日露秘密協約を締結して、張家口―庫倫の一線を境に蒙古を東西に分割し、その東は日本の勢力範囲に、西はロシアのものにした。

　このように日本は辛亥革命期に軍事的占領→独立運動→秘密協定等あらゆる方法で満蒙における日本の植民地的権益を拡大しようとした。

　辛亥革命の時期、中国と日本との関係において重要な一事は孫文の訪日である。一九一二年二月臨時大総統を辞職した孫文は全国鉄道督弁の役に当り、十年間に二十万里の鉄道を建設する計画を披瀝し、外資導入のために日本、アメリカを訪問しようとした。だが、日本政府と軍部は、孫文の訪日が民国の臨時大総統に就任した袁世凱と、その袁世凱を支持する列強との協調を妨げるとして、二六新聞社の社長秋山定輔を上海に派遣して、孫文に訪日を中止するよう説得した。恰も同年の十二月孫文の訪日に反対した西園寺内閣が倒れ、桂内閣が成立した。桂内閣の支持と三井財閥の斡旋により、孫文は二月十三日長崎に上陸し、十四日上京した。

　東京滞在中、孫文は桂首相と長時間会談し、中・日・独の連合でイギリスに対抗し、その勢力をアジアから駆逐することに意見が一致した。イギリスは中国侵略する最大の帝国主義国家であり、また辛亥革命以来袁世凱を支持し、袁世凱もその支持の下で独裁支配を維持していた。このため、孫文はイギリスを最大の敵国としてその勢力の駆逐を日本に訴えると同時に、日本との提携協力を強調した。

　孫文は外資導入のため、財界と接触した。三井財閥が孫文の訪日を積極的に斡旋した目的は孫文の中国鉄道建設のための外資導入の機会を利用して、日中合弁の投資会社を設置しようとしたことにあった。孫文も日本資本の導入のため渋沢栄一、益田孝、山本条太郎と屡々会談して、その成立を促進した。その結果、二月二十日に三井物産で日中合弁の中国興業株式会社設立のための第一回発起人会が開催され、孫文もその会に出席した。この後、八月十一日にこの投資会社が正式に成立した。同会社は総資本五百万円（中日折半引受け）、孫文が総裁に、元外務次官倉知鉄吉が副総裁になった。この会社は、中国の経済建設をめざす孫文の愛国主義と日本財閥の資本輸出の結合の産物であった。

三、辛亥革命後

　辛亥革命の結果、清の封建王朝は打倒された。けれども、封建的軍閥袁世凱が革命の成果をのっとり、一九一二年二月中華民国の臨時大総統に就任した。日露戦争後、袁世凱は親日的であったが、その後は親英米的になり、日露戦争後の日本の大陸侵略に警戒心を持っていた。故に、日本は袁世凱が民国の大統領になるのを好まなかった。だが、袁世凱が臨時大総統に就任した後には、袁世凱とも一定の関係を保つのが日本に有利だか

ら、四国借款団に参加して、袁世凱に経済的な援助を与えて
いた。

　袁世凱は列強と日本の援助の下で、孫文の革命派を弾圧し始
めた。孫文はこれに対抗して、七月討袁の第二次革命を発動し
た。孫文は革命戦争遂行のため中国興業会社の前身である東亜
興業株式会社の白岩竜平に一万円の借款を要望したが拒否さ
れた。

　孫文の第二次革命は一カ月たらずで失敗した。孫文は八月一
日上海を出発し台湾の基隆、門司、神戸を経て、八月十五日東
京に到着。孫文が日本に亡命した目的は、地理的に中国の近隣
である日本で日本の政界・財界との従来の関係を利用して、第
三次革命を準備しようとすることにあった。だが、山本内閣は、
孫文の日本滞在が袁世凱と袁世凱を支持する列強との関係を調
整する障害になることを恐れ、孫文の日本滞在を許可しようと
しなかった。頭山満は孫文の日本滞在が、日本に有利だと判断
して、犬養毅に山本首相を説得して孫文の滞在を許可するよう
依頼した。犬養は山本首相を説得して、山本首相は孫文の滞在
を許可した。その理由は、（一）に、孫文は第二次革命で一度は
失敗したけれども、中国革命運動において軽視すべき人物では
なく、一旦革命運動が高まれば日本に有利になる可能性があり、
（二）に、もしその日本滞在を許可しない場合には孫文はアメリ
カに行くようになり、日本は孫文をアメリカに奪われることに
なるからであった。

　孫文は東京で、国内の革命運動を指導すると同時に、日本の
支持と援助を獲得するために努力した。孫文は三井物産との従
来の関係を利用して、森恪を通じて、渋沢栄一と五回会談し、
山本条太郎と二回会談し、中国革命運動に対する経済的援助と
日本政府及び軍部を説得して革命派を支援してくれるよう依頼

した。だが、渋沢等は許諾せず、逆に袁世凱を支持し、一九一四年四月には中国興業株式会社に改め、袁世凱の腹心である楊士琦が総裁になり、孫文を排斥した。

　孫文は日本精神団総裁飯野吉三郎を通じて、陸軍省の経理局長辻村と数回会談して武器弾薬を購入しようとしたが、その目的を達成することが出来なかった。

　孫文は第一次世界大戦の勃発と日本の膠州湾占領、二十一ヵ条交渉の時期等を利用して第三次革命を発動しようとし、日本からの軍事資金と武器弾薬の提供を要望した。だが、日本政府と軍部はこれが膠州湾の占領と二十一ヵ条の交渉に不利であると判断し、孫文の要望を受入れようとしなかった。だが、袁世凱が交渉に応じない時には、孫文の革命派を「援助」するとして袁世凱に圧力を加え、孫文の革命派を交渉の切札に利用しようとした。

　日本の対孫文の政策は、日本の対袁世凱政策と密接な関係があり、その関係は反比例的な関係であったと言える。これは数学的な関係と言うよりも、袁世凱と交渉する時には孫文の革命派に支持を与えず、袁世凱に反対する時には孫文の革命派を「支援」して袁世凱に対抗しようとした。

　一九一五年末、袁世凱の帝制問題を機に中国南方の各省で反袁運動が高まった。イギリスは袁に対する統制を強化するために、袁政府の対独戦争参加を主張した。このような情勢の下で、日本は袁世凱と協調する政策から袁世凱に反対する政策へ転換した。大隈内閣は一九一六年三月七日「袁氏カ支那ノ権位ニ在ルハ帝国カ叙上（中国において優越な新勢力を確立すること――筆者）ノ目的ヲ達スルノ障害タルヲ免レザルベシ」①と決定

① 外務省編『日本外交文書』大正5年第2冊、45頁。

して、北方では第二次満蒙独立運動を支持し、南方では孫文と岑春煊の勢力を「支持」して、その中間部の袁世凱政権に反対する態勢をとった。軍部も孫文の革命派を「支持」して袁世凱に反対する方針をとり、一九一六年春、参謀本部第二部部長福田雅太郎は孫文と三回会談し、参謀次長の田中義一は孫文と二回会談した。その会談の内容は不明であるが、当時孫文が山東居正と汕頭方面に送った武器弾薬は日本陸軍が提供したものであったと思われる。

　武器購入の資金は、財閥の久原房之助が孫文に提供した。一九一六年三月十日、久原は四川省の利権を担保として孫文に借款を提供した。

　中国国内では、孫文の革命派が反袁の闘争を展開した。山東では、孫文の命令により、居正、呉大洲等が一九一六年春挙兵をし、膠済線の濰県、周村、高密を占領し、済南も数回攻撃した。山東駐屯の日本軍はこの挙兵を支持した。大陸浪人萱野長知は革命軍の顧問として活躍し、平山周等二百余名は直接革命の戦闘に参加した。日本人飛行士坂本寿一は、日本から持って来た飛行機で革命軍の軍事行動に協力した。

　このような中国国内における革命軍の挙兵と日本政府、軍部、財界の「支持」の下で、孫文は同年四月二十七日東京を出発し、五月初上海に戻り、革命運動を指導した。だが、六月六日袁世凱が死亡した。このため、日本としては反袁の必要がなくなり、また反袁のために孫文を「支持」する必要性も同時になくなった。寺内内閣と軍部は、孫文に対する「支持」を中止し、逆に北洋軍閥の段祺瑞を支持し、西原借款等を提供して、段祺瑞の軍閥政権の軍事力を強化して、南方の革命派と他の軍閥勢力を圧迫して、武力で中国を統一し、中国に対する日本の侵略を強化しようとした。孫文は段祺瑞の軍閥独裁と対抗するため、「臨

時約法」と旧国会の回復を目指す護法運動を展開し、一九一七年八月二十五日広東で非常国会を開き、第一次広東軍政府を設立し、陸海軍大元帥に就任した。だが、軍政府内部の旧軍閥の争いにより、翌年の五月四日に大元帥を辞任した。

　大元帥を辞任した孫文は、五月二十一日胡漢民、戴天仇と共に広東を出発し、台湾を経て、六月十二日門司に到着し、箱根で静養後上京して日本政府、財界、軍部の首脳と会談することを希望した。だが、同年五月段政権と軍事協定を締結した寺内内閣は、孫文に一顧も与えず、その入京さえ許さなかった。孫文は日本に対する期待が裏切られたことに憤激し、日本滞在の予定を変更して帰国した。六月二十六日上海に到着した孫文は大いに激昂して、寺内内閣の「援段」政策を「日本政府の南方征伐なり」[①]と非難した。

　この時期南方では、西南軍閥陸栄廷が軍政府を掌握して、北方の段政権と対抗し、南北間の軍閥争乱が起こった。この争乱で商業上大きな損害を蒙りつつあったイギリスは、九月二十六日南北妥協に関する日英米仏四か国の共同勧告を中国の南北側に提議するよう日本に提案した。だが、寺内内閣は段政権に対する援助を通じて南北を武力で統一する方針を堅持し、イギリスの提案を拒否した。だが、九月二十九日に成立した原内閣は南北平和勧告の不可避性を判断し、その主導権を掌握するために英米伊仏四か国に南北平和に関する五か国勧告案を提案し、各国の賛成を得た。中国側はこの勧告により、一九一八年十二月十六日南北間の平和会議を開いた。だが、日本と英米は裏で依然と北方軍閥を支持し、南北の平和的統一は実現されなかった。

---

　①『東京朝日新聞』、1918 年 6 月 28 日。

　このような情勢の下で、孫文は広東陳炯明等と共に、一九二
〇十一月二十九日第二次広東軍政府を組織し、翌年の五月五日
に非常時の大総統に就任した。孫文は列強に広東政権に対する
承認を要望したが、列強は依然として北平の軍閥政権を支持し、
イギリスは広東軍政府に強い敵意を持っていた、原内閣は表で
は中国内政不干渉を掲げたが、裏では依然として北方の軍閥政
権を支持し、その政権の大総統に就任した徐世昌を承認した。
孫文は平民宰相として登場した原敬に期待を抱いていたが、そ
の期待も破滅した。

　孫文は一八九七年以来、特に寺内、原内閣の中国南北側に対
する政策を通じて、日本の対中国政策に対する認識を高め、一
九一九年六月公然と「図らざりき日本武人は帝国主義の野心を
逞うし其維新志士の懐抱を忘れ、中国を以て最も抵抗少きの方
向となし、而して之に向って其侵略政府を発展せしめん」[①]と
すると批判し、同年十月には二十一か条の廃棄を要求し、翌年
には日本の張作霖に対する援助に公然と抗議した。これは孫文
の対日観の転換を意味した。

　孫文は一九一七年のロシア十月革命と一九一九年の五四運動
の影響で、革命運動における民衆の力に対する認識を高め、中
華民国の建設は必ず人民を基礎とすべしと主張し、民衆の動員
と組織化を重視した。過去には会党、軍閥の勢力と日本に依存
して革命を推進しようとした孫文が、民衆の力によって革命を
遂行しようとしたのは、その思想と革命方針の大きな転換で
あったと言える。

　孫文は一九二三年三月第三次広東軍政府を設立し、同年十一
月に中国国民党改組宣言を発表して、公然と帝国主義反対を主

---

①『東京朝日新聞』、1919 年 6 月 22 日。

張した。一九二四年一月の中国国民党第一回全国大会では、中華民族は自己の力による解放、不平等条約の撤廃、民族独立、国内各民族の平等、弱小民族連合して列強に抵抗する等を主張した。こうした孫文の反帝思想は一層明確になり、孫文の三民主義は連ソ・連共・労農援助の三大政策を基本とする新三民主義に発展するようになった。

　この時期、北方では第二次奉直戦争が勃発し、直隷派の呉佩孚は敗北し、北京政権は張作霖と段祺瑞が握った。相次ぐ軍閥争乱の被害を蒙る中国民衆は南北の統一を切望していた。孫文はこの希望を容れ、中国統一のため北上して、張作霖、段祺瑞との三者会議に列席することを決定した。孫文は十一月十日北上宣言を発表し、十三日広東を出発した。

　広東を出発した孫文は、日本の支持を受けている張作霖、段祺瑞と一堂に会するまえに日本の朝野と意思の疎通を図る必要性を感じて訪日を決定し、上海・長崎経由で十一月二十四日神戸に到着した。今回の訪問に当たって、孫文は以前と異なった政府、軍部と軍資金・武器提供等の具体的交渉を行おうとせず、中国人民の不平等条約廃棄の要望を日本国民に訴え、その同情と支持を得ようとした。二十八日、孫文は神戸高等女学校の講堂で大アジア主義の公演を行ない、アジア諸民族が東洋の王道を基礎として大アジア主義を実現し、民族の独立と平等を回復するよう呼びかけた。この講演で孫文は日本に対して、「諸君達日本民族は、すでに欧米の覇道文化を取り入れると共に、またアジア王道文化の本質ももっている。日本が今後世界文化の前途に対して、結局西洋覇道の手先となるか、あるいは東洋王道の干城となるか、それは諸君達日本国民が慎重に考慮すべきこ

とである」①と希望した。同日夜、孫文は阪神各団体歓迎会で
「もし日本に真に中国と親善を結ぶ誠意があるならば、まず中国
を援助して不平等条約を廃棄し、主人たる地位を回復せしめ、
中国人をして自由の身分を獲得せしめねばならない。こうして
はじめて中国は日本を親善し得るのである」②と訴えた。十二
月一日、孫文は日本を離れる際に、租界及び治外法権の廃棄と
二十一か条の改正を日本に要求した。

　孫文は十二月四日天津に到着した。この時、国民会議召集に
よる全国の統一と不平等条約廃棄を要望する声は中国全土を風
靡した。だが、十一月二十四日臨時執政に就任した段祺瑞は英
米日等七カ国の北平駐在公使に既成の不平等条約を遵守するこ
とを約束し、その廃棄は理想主義であるとして反対した。それ
は、段祺瑞が北京政権に対する列強の国際的支持を獲得しよう
としたからであった。日本と英米はこの点を利用して段政権に
支持を与え、孫文と広東政府に反対した。孫文と広東政府は不
平等条約廃棄のために海関問題と広東商団事件をめぐって列強
と対立した。

　孫文は日本を包む帝国主義の覇道に公然と反対し、中国の統
一を成し遂げようとする重要な時期に肝病が発生し、一九二五
年三月十二「世界において平等を以て我を待つ民族と連合し、
共同奮闘すべく」、「国民会議開催と不平等条約廃棄は、特に、
最短期においてその実現を期すべし」③との遺言を残し、北平
でその一生を遂げた。

①　黄秀陸編『総理全集』第二集、成都近芬書局、1944 年、549 頁。
②　黄秀陸編『総理全集』第二集、成都近芬書局、1944 年、554 頁。
③　『孫中山選集』、994 頁。

第二節　孫文と日本関係研究方法論

　孫文は中国近代歴史と共に歩み、この歴史を創造した政治家であり、その思想の形成と革命運動の発展は近代中国歴史の変遷過程そのものを示している。

　孫文は、その共和思想の形成において主に欧米の影響を受けており、アメリカ合衆国のような共和国を建設しようとした。彼の三民主義はフランス革命時代の自由・平等・博愛のスローガンの影響を受けており、それを中国化したものであった。思想史的認識論の視点から言えば、欧米列強は孫文の共和革命に対し親近感を感じ、自国のような新国家建設を目指す孫文を政治的に積極的に支持・支援すべきであったが、歴史事実はこれとまったく逆であった。孫文は前後五年間余り欧米に滞在し革命に対する支援を訴えたが、カントリとホーマ・リ等限られた欧米人の個人的協力しか得られなかった。

　孫文は三十年間の革命生涯においてその三分の一に当たる十余年間日本に滞在していたが、その共和思想の形成において日本から受けた影響は極めて少なく、明治維新によって欧米文化を摂取し急激に近代化を促進した客観的結果が彼の革命信念と意志を固め、その革命運動を鼓舞したに過ぎなかったし、彼の共和国の理想と日本の立憲君主制は政治的に対立していた。しかし、このような孫文と日本の関係（以下、「孫日関係」と略称）は、欧米列強とは逆に非常に密接であった。孫文は日本を革命運動の基地とし、日本に期待し、その支援を要望した。日本は一時的でありながらも時には彼の革命運動を支持・支援した。孫文の革命運動の主要なメンバーも留日学生であり、貴賓とし

て正式に訪問した国も日本であり、国の首脳らと面会・会談した国も日本であった。孫文はまた日本の民間人や様々な大陸浪人から支持・支援を受けたのであり、これは政治・思想史の常識をはるかに超えたものである。このような矛盾した現象及び日本と欧米列強との逆現象はなぜ起こるのであろうか。

　孫文の革命運動時代、中国は日本と欧米諸国の半植民地であった。中国の門戸を開放して中国に対する侵略を開始し、中国において最大の植民地権益を持っていた国はイギリスであった。しかし日清戦争或いは日露戦争後、日本はイギリスに代わり中国侵略の先鋒になり、中国の最大の敵国に転換し始めた。中国はまずこの最大の侵略国になりつつある日本と戦うべきであり、このため中国の社会潮流も反日的であった。しかし中国民主革命の先駆である孫文は、この社会の潮流とは逆に、日本に期待し、日本の支援の下で中国国内における政敵を打倒して共和革命の目的を達成しようとした。これは帝国主義列強に反対し、不平等条約を廃止して自立した独立国家を建設しようとする孫文の革命運動の目的と矛盾するものであるが、このような矛盾した現象はなぜ起こるのであろうか。

　孫日関係において見られる上述のような矛盾した現象は、既に歴史的事実として客観的に存在するものである。このような歴史的現象をどう解釈し評価するかは、当面の歴史家の任務である。しかし孫文自身もこの矛盾した自分の行動に対し明確な解釈をしていない。このような情況でその真実を解明するのも容易なことではない。過去の孫日関係研究において、意識的であれ無意識的であれ、各自が一定の研究方法論を駆使してその関係の本質を究明し評価しているが、これによって同一の孫日関係の歴史的・客観的事実に対する研究の視座が異なり、見解が対立して論争が起こるのである。孫日関係研究において個別

問題（例えば満洲租借問題、中日盟約、小池張造宛書簡、大隈重信宛書局の真偽等）を除き、一般的歴史事実そのものに対しては分岐と論争がないが、その原因或いはその性格と評価の問題になると、研究方法論の相違とそれによる視座の相違によって見解が分かれるのである。同一の孫日関係の歴史的・客観的事実について統一した共通の見解を追求し、その真実を解明して孫日関係の未来の歴史的な姿を再現するためには、まず孫日関係研究の方法論を再検討する必要がある。

　本論文は具体的に歴史事実に基づき孫日関係の研究方法論を再検討し、対立と矛盾にあふれた孫日関係の問題点を再究明することにする。

一、孫文の対日認識

　孫日関係研究の第一の課題は、孫文の対日認識と日本に対する言論を検討することである。

　認識は、客観的存在の意識的反映である。孫文（一八六六——一九二五）は日本から言えば、明治と大正時代に生きた歴史人物であり、その政治活動は明治後期から大正に至る時代になされた。この時代の日本の客観的存在が、孫文の観察と思考を通じ対日認識として形成されたのである。この対日認識の原点は明治維新であり、維新に対する認識によって孫文と日本が結ばれ始めたのである。孫文が明治維新と日本について言及した最初の一文は、一八九四年六月直隷総督兼北洋大臣「李鴻章への上書」であった。この上書で孫文は、「試みに日本一国を観るに、西人との通商で我におくれ、西方にならうことで我におくれながら、その維新の政治から日いくばくもなく今日の成功大いに

見るべきものがある」①と語り、維新後の日本を高く評価した。その後も維新のことに触れ、「日本の維新は中国革命の第一歩であり、中国革命は日本維新の第二歩である。中国革命と日本の維新とは、実際同一意義のものである」②と述べた。明治維新は両義的な性格を有する変革であり、対内的には資本主義近代化の道を歩み、日本の社会発展において進歩的な役割を果たしたが、対外的には富国強兵のスローガンを掲げ軍国主義の道を歩み、朝鮮と中国を侵略し始めた。維新後の日本は社会的進歩と対外的反動が共存した両義的社会であったため、その客観的存在の反映としての孫文の対日認識も自然に両義的であった。孫文は一面においては維新とその後の日本を賛美し、その社会発展を仰ぎながら日本に学ぼうとし、一面においてはその対外的侵略を指摘・批判した。これは矛盾した現象であった。

　しかし過去の孫日関係研究においては、このような矛盾した両義的関係を主に、対外侵略つまり中国に対する侵略に照らし、日本の中国侵略に対し明確な、系統的な認識があったか否かと問い、これによって孫日関係を究明しようとしたが、これは孫文の対日像の表部分ではあるものの、その全体像ではない。中国侵略をめぐる孫文の対日像は、孫文の両義的対日像の一部分であり、孤立したものではなく、対日全体像の一部分としてその影響を受けながら存在するのであるから、孫文の日本に対する期待と日本の中国侵略に対する認識との関係を論ずる時に、日本に近代文明を吸収しようとすることと日本の努力に依拠しようとすることは本質的に異なる問題であるから、この両者を区別すべきである。

　日本の社会は絶え間なく変化・発展しているために、孫文の

①『孫中山全集』第一巻、中華書局、1981年、15頁。
②『孫中山全集』第十一巻、中華書局、1986年、365頁。

日本に対する認識も無限である。日本は、他の国と同様に、その歴史・社会・政治・経済・教育・文化・軍事・外交等様々な面があり、小さな国でありながらも広い国である。このような日本を全面的に、系統的に認識することは、日本語が通じない孫文としては不可能なことであり、孫文の対日認識が根本的に転換したとする一九一九年以後も同様であった。

　日本の中国侵略に対する認識もそうであった。一八七四年日本の台湾出兵より始まる中国侵略から、日清・義和団・日露・膠州湾占拠と相次ぐ侵略とその侵略政策の決定・執行過程、及び侵略と国内政治、経済と世論との関係等、侵略をめぐる様々な問題に対し深い研究と認識を持つのも不可能なことである。そのため、孫文はこのような問題には触れず、日本の中国侵略に対する認識も系統的でなく、全面的でないのも事実である。この意味から言って、日本の中国侵略に対する孫文の認識は感性的であったといえるかも知れない。しかし人間の認識は、その認識論からいえば、感性的認識から理性的認識に発展すべきである。感性的な認識は事物と現象に対する外部の感覚であり、この感覚を通じて、その内部の矛盾した運動とその運動法則及び周辺世界との内在的関係等を理解することによって理性的認識に到達するのであるが、理性的認識はまた一つの概念として現れるのである。このような認識論から言えば、日本が中国を侵略する国であるという認識は、一つの理性的概念であり、この意味から言えば、孫文の対日認識も理性的認識に到達し、その侵略的本質に対して理性的認識があったといえる。

　日本が中国に対し侵略し、日本が侵略国家であるか否かの根本問題において、孫文の認識は明確であった。孫文は終始明確に、日本が中国を侵略して中国の領土を占拠・分割し、中国に脅威を与えている事実を暴いていた。一八九四年十一月、孫文

がホノルルで最初に建てた革命組織興中会は、日本の中国侵略に対する認識が生んだ直接的産物であった。孫文は興中会の章程で「方今強隣環列し、虎視眈々としてわが中華の豊富な鉱産物や豊かな物産に垂涎するや久し。蚕食鯨呑すでに踵を接して到る。分割の憂い実に目前にあり」①と指摘した。これは日清戦争による日本の中国侵略と分割を暴いていたものであり、孫文が日本の侵略に対する認識があったために革命の道を歩み始めたことを示している。その後一九〇三年九月に発表した「支那保全分割合論」においても、日本の福建と浙江一帯に対する侵略を暴き②、日露戦争の時にはフランスと連合して日本に抵抗する意志を表明した。一九一〇年日本が朝鮮を併合した後、孫文の対日警戒心は一層高まり、一九一一年二月三日宮崎滔天宛の書簡で、「貴国の政策は恐らく既に変化し、高麗を呑した後、次は支那を併合しようとする」③と指摘し、同月十五日の書簡でも「イギリス・アメリカ政府は皆日本が大きな野心を抱いて支那を併合しようとすると疑っている。私も‥‥‥貴国の政策がこうであることを疑わざるを得ない」④と言った。同年八月ホーマ・リ宛の書簡でも日本が中国に対し開戦する可能性がある本質を指摘した。⑤これは孫文が、日本の中国侵略に対して認識があったばかりでなく、日本の新しい侵略に対し認識と警戒心を抱いていたことを示す。日本に対しこのような認識と警戒心があったために、孫文は辛亥革命勃発後「大ニ日本ノ意向ヲ疑ヒ、日本ハ英露ト連合シテ革命軍ニ圧迫、制肘ヲ加ヘル如

① 『孫中山全集』第一巻、19－20頁。
② 『孫中山全集』第一巻、218－224頁参照。
③ 『孫中山全集』第一巻、508頁。
④ 『孫中山全集』第一巻、512頁。
⑤ 『孫中山全集』第一巻、532－533頁。

キコトナキヤ」①と憂え、即時帰国せず、欧米において日本の出兵を牽制する外交的措置をとったし、一九一七年一月の「日支親善の根本義」でも日本が欧米列強に追随して中国における植民地権益を拡大していることを指摘し、それに対する不満と恐怖感を表した。②また、同年五月には「中国存亡問題」において、日本が台湾を中国から分割し、膠州湾を占拠し、南満洲・東部内蒙古・山東・福建等中国領土の五%以上を自分の勢力圏にしているといった。③日本に対する上述のような指摘と暴露は、孫文が日本の侵略、特に領土侵略に対して明確な認識があったことを物語る。日本と欧米列強が中国に強制して締結した不平等条約は彼らの中国侵略の産物であり、この不平等条約に対する反対と廃棄要求は侵略に対する抵抗である。孫文は一九一三年春訪日の時に、中国実業発展の国際的障害となっているこの不平等条約の撤廃を主張し、これに対する日本の協力を要望した。④一九一七年「日支親善の根本義」においても孫文は日本に、欧米の「利益均霑機会均等という蚕食的主張に囚われず」、機会均等利益均霑主義の結晶である不平等条約改正に助力してくれるよう要望した。⑤これは孫文が侵略的不平等条約に対しても認識があったことを示す。

　孫文は日本政府・軍部の自分と革命党に対する態度と政策に対しても認識があった。一九一一年十二月欧米から帰国した孫文は、宮崎滔天ら日本の大陸浪人に、一九〇七年、一九一〇年の二回、日本政府から追い出された過去のことに対し「余ハ甚ダ日本ヲ怨メリ」と憤慨の意を示し、日本は「我ヨリ進デ握手

---

① 大正2年2月8日、在上海の森恪より益田孝宛書簡、三井文庫所蔵。
②「日支親善の根本義」、『大阪朝日新聞』大正6年1月1日。
③『孫中山全集』第四巻、中華書局、1985年、45頁。
④『孫中山全集』第三巻、中華書局、1984年、18頁。
⑤「日支親善の根本義」、『大阪朝日新聞』大正6年1月1日。

セントスル時ニハ手ヲ引テ応セス自分ノ都合ノ好キ時ニハ来テ
握手ヲ求ム」①と述べ、「常ニ其政府ヨリ苛酷ノ待遇ヲ受ケ不満
無キニ非ラサル」②と述べ、一九一二年南京で、森恪と「満蒙
借款」の交渉をする時にも「日本ハ余等ヲ遠ケテ近寄セズ、余
ガ発乱ノ当初日本ニ身ヲ置カン事ヲ願出シニ日本官憲ハ余ノ入
国ヲ許可セザリキ、如此キ次第ニテ余ハ日本ノ政治家ニハ余等
ヲ包客スルノ度量ナキモノト思」③った、と不満の意を表した。
このような不満や憤慨は、孫文が日本の中国侵略のための対孫
文政策に気付いていたことを物語る。

　上述の三つの方面から孫文の対日認識を分析すれば、孫文は
系統的に、全面的に、集中的に日本の中国侵略を指摘・批判し
てはいないが、日本が中国侵略している事実に対して明確で
あったといえる。対日認識の根本的問題は日本が中国を侵略し
ているか否かに対する認識であり、この問題において孫文の認
識は明確であった。

　しかし、日本の中国侵略に対する孫文の言論は両義的であっ
た。特に一九一三年春訪日中の言論はそうであった。孫文は日
本はロシアと異なり「我国と利害がかかわりあい、東亜を侵略
する野心が絶対にない」④といい、近年以来の中国に対する侵
略行動は、中国の国勢が振るわないことに原因があり、中国が
ヨーロッパの支配を受けるようになれば、海国日本の三つの島
も守りにくいからやむを得ざるものである、と述べた。孫文は
また東アジアにおける日本の地位を高く評価し、「此東亜の平和
を維持し得る力を有して居るのは唯だ日本のみでありま

---

① 在上海の宗方小太郎よりの書簡、明治44年12月30日着。外交史料館所蔵。
② 明治44年12月27日、在上海本庄繁少佐より参謀総長宛電報、第155号。外交
史料館所蔵。
③ 大正2年2月8日、在上海の森恪より益田孝宛書簡、三井文庫所蔵。
④『孫中山全集』第三巻、26−27頁。

す、……日本の力で能く東洋の平和を維持することが出来るや
うになりました」①と語った。孫文はさらに、「凡ての日本人は
東洋の平和を切念し、我支那を愛して居る」②し、日本の「朝
野と共に我国と誠実に連合して友好しようとする意を表しない
ものはなかった」③と語り、日本に対する過去の「憤慨を親愛
にかえなければならない」④と訴えた。

　そして孫文は、日本との提携と連合を主張した。孫文は、中
日関係は同種・同文・同文化圏の国であるから両国は提携して
共栄すべきであると述べ⑤、黄色人種と白色人種の闘争観に鑑
みてアジア黄色人種は提携すべきであり連合すべきだと強調し、
そのためにはアジアの大国中国とアジアの強国日本がまず連合
すべきであると訴えた。孫文はまた、中日両国は利害が関わり
合い、唇歯輔車の関係を持っており、もし中国が滅亡すれば、
日本も生存してゆくことができないし、中国もその革命成功の
ため日本に頼らなければならない⑥、と述べた。

　孫文は、一八九五年一月広州蜂起を準備する時から、一九二
四年十一月神戸における大アジア主義講演まで日本に期待し、
日本政府・軍部及び民間人の支持・支援を要望し、日本に借款
と武器の提供等を要求し、その代価として日本に中国の利権を
提供しようとした。

　上述のような両義的な対日認識は、時には一つの文章に共存
していた。例えば、一九一七年の「中国存亡問題」及び「日支
親善の根本義」では次のように述べている。

---

①「東亜に於ける日支両国の関係を論ず」、『支那』第四巻五号、3頁。
②「東亜に於ける日支両国の関係を論ず」、『支那』第四巻五号、6頁。
③『孫中山全集』第三巻、52頁。
④『孫中山全集』第三巻、27頁。
⑤『孫中山全集』第三巻、26頁。
⑥『孫中山全集』第三巻、42、51頁。

　「中国存亡問題」は、北京政権の第一次世界大戦参加に反対するために発表された論文である。当時、日本は北京政権の大戦への参加に反対していたため、この問題において孫文と一致していた。故に孫文は日本が英・仏・露の中国参戦勧告に反対したことをほめたたえ、日本の反対「態度を公平に観察し批判すれば、第一に中国の為に利を謀り、然る後自らの利を計ったものといえる（当時の中日利害が共通のものであったことは言うまでもない）。このような友情で中国の危急を救い、その安定を図らんとしたのである」①とし、「中国は日本と同利同害の立場にある故に日本は代わって中国の利害を計り、忠言を呈せざるを得な方のである」②といった。孫文はまた、二十一か条交渉期と第三革命期の袁世凱と日本を対照して観察すれば、「日本は中国に対して必ずも侵略を目的としておらず、その行動は中国を害せんとするものではなく、中国の為に利を図らんするものであることを知り得る」③といった。しかし、孫文はこの論文で日本の中国に対する侵略を見逃しておらず、英・仏・露の中国侵略を暴く時、「日本は南満洲、東部内蒙古、山東及び福建等（中国全国土）の五%以上を占有している」④といいながら、日本が台湾分割し、膠州湾が既に日本に帰している事実を指摘し、日本も英・仏・露同様の非正義の国だと批判した。「日支親善の根本義」でも、孫文の日本に対する両義的認識と態度を窺うことが出来る。この論説で孫文は「支那の新思想を有して居る人達は、世界の大勢に通達し東洋の将来に瞩目して、支那の政治的改革を計り以て文化と国力の向上に資するを必要なりと認め、随って之に関して先進国たる日本に対しては多大なる希望を有

---

①『孫中山全集』第四巻、63頁。
②『孫中山全集』第四巻、55頁。
③『孫中山全集』第四巻、64頁。
④『孫中山全集』第四巻、45頁。

して居る」①と日本に対する期待を一面で表明しながら、他面
においては、日本の「支那に対する方針依然、欧米列強に依っ
て歌へられ、且つ実行されつ、ある利益均霑機会均等と云ふ恐
しい縄を打破するのではなく、唯之れに随って欧米列強は斯様
であるから日本もと云ふ姑息的利権拡張に囚われるに過ぎな
い」②として、中国人は日本に対し不満と危惧と疑惑を抱くの
であると日本を批判した。

　上述のように、孫文の対日認識は、時には明確に日本の中国
侵略を暴き批判し、時には日本は中国に対する侵略の意図がな
いとまで語っているが、これは互いに矛盾した両義的な現象で
ある。では、このような現象はどう分析し解釈すべきであろう
か。また、このような対日認識と孫文の対日態度、即ち日本に
期待し、日本の借款と武器の提供を要望し、これらを獲得する
ために中国の国家利権の一部を日本に譲渡することも惜しまな
かった対日態度との矛盾した関係をどう説明し解釈すべきであ
ろうか。

二、二つの研究方法論

　この矛盾した二つの現象を説明し解釈する視座と研究方法論
は二つある。一つは思想史的認識の研究法であり、学界におい
て多数を占めている。もう一つは国際関係論研究法であり、学
界において少数派に属する。

　まず、この二つの研究方法で孫文の日本に対する言論の両義
性と認識との関係を検討することにする。

　思想史的認識論は、言論がある事物に対する認識を反映した
ものといっている。思想史的認識論の研究法も、孫文の日本に

①「日支親善の根本義」、『大阪朝日新聞』大正6年1月1日。
②「日支親善の根本義」、『大阪朝日新聞』大正6年1月1日。

対する言論は彼の対日認識を反映したものであり、日本に対する両義的言論は対日認識が不明確であることを示していると言っているし、もし認識が明確であれば上述のような両義的言論が起こる筈がないとして、言論を認識の一致性を強調する。これは思想史的認識論の基本的研究方法論であり、また基本的見解でもある。

　国際関係論の研究法は、言論を認識が一致する場合もあり、時には国際環境と国内政局の変化に伴い両者が一致しない場合と、両者が正反対になる場合があると主張している。これは、言論と認識が一定の環境と条件の下で相互関係が異なるというものである。

　国際関係は、国と国、国とある集団が自己の目前の一時的利害と目的を達成するために、相手の本質に対する認識を超えて、相互の一時的共通点をきずなとして結ばれたものである。孫文は中国革命党の代表者であり、彼と日本との関係は、革命党と日本との関係であるがために、国際関係論の研究法で孫文の両義的な日本に対する言論を分析し、その両義的言論と対日認識の相互関係を解釈すべきである。日本に対する言論の両義性における問題点は、日本に対する賛美であり、特に一九一三年訪日の時の言論である。なぜ、孫文はこのように日本を賛美する言論を発表したのであろうか。（一）に、公然と日本を侵略国家だと非難するのは外交上の礼儀から不可能なことであり、出来るだけ日本を賛美するのが外交の一般的常識である。（二）に、孫文の訪日は、彼の鉄道建設計画と中国の産業振興のため日本から資金を調達しようとする目的があったため、この目的を達成する一手段として留日学生らの反日感情を押さえ（日本が中国を侵略する意図がないといったのは、留日学生の集会での講演であった）、日本との「友好」関係を結ぼうとしたことに起因

する。同時に、今回の訪日中、桂太郎との政治会談において、日本と孫文が連合し、それにドイツを加えてイギリスと袁世凱に対抗しようとする約束が密かになされていた。これは日本にとっては連孫、孫文にとって連日であった。この約束は桂太郎の死去により実現されなかったが、桂のこの構想が孫文の日本に対する言論に影響を及ぼしたのは事実であろう。このような特殊な情況と同時に政治・経済・外交目的の達成のため、孫文はこの時期に日本をほめたたえたのである。しかし、上述のように、この時期にも日本の中国侵略に対する明確な認識があり、三月二十二日長崎から帰国する際に、将来「中国の死命を制するものは必ず日本である、私はこれを確信し疑わない」[1]として、訪日終了の言葉にかえた。

　一九一七年の「中国存亡問題」は、日本をほめたたえた有名な文章である。この文章は、日本と共に、北京政権の大戦への参加を阻止しようとする共通目的のために、日本を賛美したのである。しかし、この文章においても依然として、日本が中国の領土を占拠している事実を指摘している。

　このような事実から、日本の中国侵略に対する孫文の明確な認識が一貫しておりながら、一三年と一七年の特定時期に特定問題に関し日本を賛美したのは、対日認識の不明確ゆえではなく、当時の政治・外交と経済目的の達成のためであり、国際関係論から言えば一外交手段であったといえよう。このような現象は、国際関係においては常識的な問題である。

　しかし、ここには孫文の政治・外交の個性がきざまれている。孫文は自己の革命理想を固く信じ、それが必ず実現出来ると信じていたため、それを実現する手段と方法に柔軟性があった。

---

[1]『孫中山全集』第三巻、50頁。

この柔軟性の幅は、理想に対する信念が固いほどその幅も広くなるものであるため、孫文の日本に対する言論には柔軟性の限度を大きくオーバーする言葉があった。これは、認識問題ではなく理想達成のための政略であったが、それが限度を大きくオーバーしたことによって、思想史的認識論の研究方法を駆使している学者から対日認識問題として問われたのであった。

　歴史現象には実像と虚像があり、国際関係においては特に顕著であった。孫文が対日認識の本音を言い出したのは実像であり、理想の一時的達成のための戦略或いは手段として言い出した外交辞令は虚像である。この両者を区別せずに、日本に対する言論そのもの全部が孫文の対日認識の本音に他ならないというのは、政治家としての孫文に対する理解が足りないからだといえよう。政治家は政治原則と倫理の持主でありながら、また政局と環境の変化に対応するため臨機応変の政策を採用し、その政治原則や倫理と矛盾する譲歩と妥協によって自己の理想を実現しようとするため、同一問題あるいは同一事物に対する政治家の言論が、時にはその実像を表わし、時にはその虚像を表わすのである。孫文の日本に対する言論の両義性は正にこうであった。国際関係論の研究方法は、矛盾した孫文の対日認識の両義性をこのように分析し解釈するのである。

　次は、孫文の対日認識と対日態度、対日政策、対日行動の関係を検討することにする。

　認識は、客観的存在が人間の目や耳を経て人間の脳の思惟へと反映されたものであり、認識があってはじめてある事物に対する思想が形成され、この思想によって人間が行動をとるのである。この論理から言えば、ある態度、ある政策、ある行動は、人間のある事物に対する認識の思想的表現の形式である。これは認識→思想→行動の相互関係が因果的であるということ、因

と果との関係は必ず一致するということであるが、このことが、認識があれば行動があるとする思想的認識論の一般的公式なのである。このような認識論の一般的の公式に基づき思想史的認識論の研究方法によって孫日関係研究を研究する学者は、孫文の対日認識如何によってその対日態度と対日政策が定められ、孫文の対日認識の変化に伴ってその対日態度と対日政策も変遷すると主張していて、これは認識論の一般的公式を利用して孫日関係の本質を解釈しようとするものである。このような解釈によれば、孫文は、帝国主義国家であり、また中国に対し最大の侵略国家である日本に対する認識が不明確であり系統的でなく、感性的であったため、日本の中国侵略の本質に対する認識も不充分であり、このため日本に幻想を抱き、日本に期待しその援助を要望し、これによって革命の目的を達成しようとした、と論述している。しかし、一九一九年からは、旧ソ連の十月革命と中国の五四運動の影響、及びこれ以前の日本との関係の教訓から対日認識が一変し、日本の侵略の本質に対し明確な認識を持つようになり、本格的に日本を批判し、過去の日本に対する幻想を放棄し、日本に期待せず支援も要求せず、その対日態度と対日政策は根本的に転換したと論じている。この説に貫通されている不変のものは認識論であり、認識如何によって対日態度と対日政策が変遷し決定されるということである。こうした思想史的認識論の視座から言えば、孫文の対日認識と行動の一致した側面を反映し説明することは出来るが、認識と行動の矛盾した側面は解釈できないのである。上述のように、孫日関係はイデオロギーを超えた国際関係であるために、この矛盾した側面は国際関係論の研究方法によってのみ説明・解釈しうるのである。

　では、日本の中国侵略に対し理性的認識があった孫文が、ま

たなぜ日本に幻想を抱き、日本に期待し日本の援助を要望した
のであろうか。このような矛盾した現象はなぜ発生するのであ
ろうか。

　筆者は、国際関係史或いは外交史の視座から国際関係論の研
究方法を駆使して、孫文の矛盾した対日認識と矛盾した対日態
度の関係を研究すべきだと思う。孫文と日本との関係は、孫文
を中心とした革命集団＝革命党と日本との関係であり、一九一
二年一月から三月まではその革命政権＝南京臨時政府と日本と
の関係である。この関係に、孫文の個人的要素も包まれている
のである。時には、孫文との個人的関係がその革命集団との関
係を代表し、時にはそれを上回るのである。このような関係は
国際関係である。

　国と国、国と集団との国際関係は、各自のナショナル・イン
タレストによって結ばれるのであり、ナショナル・インタレス
トは、通常、国防上の軍事的利益・経済的利益・世界秩序の三
つから構成される。日本の孫文ら革命党に対する国益は、まず
軍事的・政治的・経済的方法により中国における植民地領土を
拡大することであり、次に中国における政治・経済的権益を拡
大することであった。日本はこれを対孫文政策の前提としてい
たのである。これは、日本が自国の国益のために孫文と一定の
関係を結び、国益のために孫文を利用しようとしたことを物語
る。日本の対孫文政策は時期ごとに変化するが、日本の国益を
追求する基本政策は終始変化していない。

　これに対し孫文はどうであったか。一九一二年一月から第二
革命勃発前までは、南京臨時政府の成立とその後の袁世凱との
妥協に基づく南北統一政権の成立により、一時的ながらも孫文
は、中華民国という国家的利益から対日関係を処理しようとし、
それには、北伐を遂行しようとする国防上の軍事的利益と鉄道

建設・産業振興等の経済的利益も加わっていた。このため、この時期の孫文と日本との関係は、各自の国益のために結ばれていたといえる。しかし、他の時期においては、日本は依然として、国益を中心とした対孫文政策を推進したが、孫文は一革命団体の領袖であり、国際的に承認されている清朝政府と北京政権に対抗していたため、国益というよりも集団の理想と政治目的達成のために、日本と関係を結ぼうとし、また結んでいたのである。孫文のこのようなやり方は、中華民族のためという広義的意味からは、中国の国益のためだと言えるかも知れない。

　国際関係を規定するもう一つの要素はイデオロギーである。孫日関係においてもこの要素が存在する。孫文は終始中国の封建的皇帝政治を打破し、共和制の新中国を建設しようとしたが、これはイデオロギー的には天皇制を中心とした日本の政治体制と矛盾していたため、日本の対孫文政策を制約する一要素になっている。しかし、実用主義的外国外交を推進している日本は、一般的にこのイデオロギー的要素を乗り越えて国益を追求しようとした。もし日本が対中国外交においてイデオロギーを優先したとすれば、日本政府は清朝政府と帝政を志向する袁世凱を支持し、共和制を理想とする孫文に反対すべきてあったが、事実はこれと逆であった。これは、日本の対孫文政策が国益優先であったことを示す。しかし、孫文の対日政策の最高目的は、革命の理想と目標を実現することであり、これはイデオロギーに属するものである。

　イデオロギーと言う言葉は、極めてその意味があいまいで多様に用いられているものであり、レイモン・アロンは、イデオロギーとは次のような意味合いに使われると述べている。[1]

---

① 花井等『国際外交のすすめ』、中央公論社、1986年、37頁。

　　①ユートピアを実現する意識

　　②社会変革に対する革命の願望

　　③未来の為に現代を犠牲にしてかまわないという意向

　　④その立場の究極的勝利に対する情熱的非合理的な確信

　　⑤社会的価値の具体をめざす組織化された信念体系

　このいくつかを孫文に当てはめると、そのイデオロギーは正に上記に当てはまり、その対日態度と政策もこのイデオロギー実現のためのものであったといえる。

　国際関係においては、イデオロギーと国益がからみあっている場合が多い。孫文と日本との関係も国際関係であったため、例外ではなかった。その両者の関係は、日本の国益中心の対孫文外交と、孫文のイデオロギー中心の対日政策の混合物であったといえる。つまり孫文は、共和制のユートピアを実現する意識から中国社会の革命的変革を願望し、この共和制のユートピア実現のために現代国家の一部を犠牲にしてもかまわないという意向を持って、中国に対する最大の敵国となりつつある日本と関係を結ぼうとした。日本は、中国における日本の領土的・経済的・軍事的国益拡大のために、孫文と関係を保ち利用しようとした。これは根本的に対立し矛盾した関係であった。孫文はそのイデオロギー的立場から、「日本の維新は中国革命の第一歩であり、中国革命は日本維新の第二歩である。中国革命と日本の維新とは、実際に同一意義のものである」①と述べながら、明治維新と中国革命のイデオロギー的同一性を強調することによって、日本の支持・支援を獲得しようとした。不平等条約撤廃問題においても、過去、欧米列強と日本も不平等条約を締結し、その後条約改正によってそれを撤廃したことから、「日本は

───────────

　　①『孫中山全集』第十一巻、365頁。

維新後に於いて一番政治上に於いて艱難辛苦をなめたのは則ち
法権税権の回収であったではないか、日本国民の希望すること
は支那国民も仍り希望して止まない、若し日本にして己れの欲
する所を支那を施さば、支那は道徳的に日本に報いなければな
らぬ、此の道徳的結合・精神的結合に由って初めて真に日支親
善が徹底し得るのである」①と、日本に訴えた。日本と孫文の
革命には、上述のように、一部共通の点があったが、日本の対
孫文外交は国益中心の実用主義であり、孫文のイデオロギー的
呼びかけに耳を傾けなかった。しかし日本は、日本に亡命した
孫文とその革命党に、彼らが革命活動をする空間を提供し、一
九一二年には南京臨時政府を支持し、一九一三年には孫文を貴
賓として招聘し、一九一六年は護国運動を支援した。これは、
日本が孫文のイデオロギー的呼びかけに共鳴して行ったもので
はなく、中国における日本の国益拡大のためであった。この事
実は、孫日関係がイデオロギー的関係でなく、実際には日本の
国益と孫日関係及びその集団の革命的利益によって結ばれたも
のであったことを示す。これは、孫文の日本に対する言論或い
は対日態度、対日政策が、認識の範囲を超えた革命の理想と目
的を達成しようとする実利的なものであって、主に認識問題で
なかったことを物語る。

　では孫文は、日本が中国を侵略している事実を明確に認識し
ておりながら、なぜこのような日本に依拠しようとしたのか。
国際関係の研究方法は、認識と行動は関係がありながらも、時
には認識と正反対の行動をとることがあるという国際関係の一
般原理を駆使して、認識と行動が矛盾した孫日関係を解釈する
のである。この研究方法論は、思想史的認識論の研究方法とは

---

①「日支親善の根本義」、『大阪朝日新聞』大正6年1月1日。

逆に、孫文が日本の中国侵略に対し明確な認識があったからこそ、中国侵略をめぐる日本、欧米列強と中国の中央政権との矛盾や対立を利用したとし、これによって認識と行動の矛盾した現象を解釈するのである。

（一）に、日本の中国侵略は、まず中国の中央政権＝清朝政府と袁世凱の北京政権らと対立するようになる。これによって、これらの政権と日本との矛盾と対立が激化する。日本政府・軍部は、このような矛盾と対立を前に、中国国内で彼らに反対し背後から牽制しうる勢力を利用し、表裏両面から清朝と袁世凱政権に軍事的・政治的圧力を加えようとする。一八九七年八月来日した孫文の日本滞在を許可した原因は、日本が日清戦争後清朝政府の報復を恐れ、孫文の革命党を利用して背後から清朝を牽制するがためであり、一九一二年の南京臨時政府期と一九一六年上半期に孫文を支援したのも袁世凱に反対するためであった。一九二三年―二四年の第三次広東軍政府期に孫文に一定の支持を与えたのも、東北の張作霖と南方の孫文政権を利用して、北京の呉佩孚・曹錕の政権を南北から板挟みにしようとしたからであった。

これに対し孫文はどうであったか。孫文の革命は、対内的に国内政敵清朝と袁世凱を打倒し、共和制の国家を建立することであり、対外的には不平等条約を撤廃し、半植民地中国を完全に独立した主権国家にすることであった。この二つの革命課題において、孫文は対内的任務を優先し、共和制の新国家を建設すれば対外的な革命課題は容易に解決されると信じていた。このため孫文は清朝と袁の打倒を最優先にした。これによって孫文と日本は、その目的は違っても共通の「敵」である清朝と袁世凱政権牽制或いは打倒のために一時的に互いに握手するようになるのである。これは、日本が孫文の共和思想・不平等条約

撤廃等に対する認識とイデオロギーを超え、孫文が日本の中国侵略に対する認識を超え、両者が各自の目前の実際的目的を達成するために実用主義立場から相手に柔軟な態度をとったということであり、相手の本質に対する認識を超えた行動である。孫文のこのような行動には、其の革命目的の達成のために、一時的にその革命目的と矛盾する方法をとらざるを得ない客観的原因があったのである。

　（二）に、孫文は青少年時代の教育とその革命思想形成における欧米の影響から、まず欧米列強に親近してその支持・支援を受けるべきであった。一八九五年の広州蜂起に失敗した孫文は、アメリカとイギリスに渡航してその援助を要望し、一九〇七年三月と一九一〇年、日本から「追放」された後には、フランスとイギリス・アメリカに支援を要望したが、何の支援も得られなかった。辛亥革命勃発後、孫文はアメリカと欧洲を歴訪しその支援を獲得しようとしたが、なにも得られなかったし、第二、第三革命期もそうであった。孫文がその革命生涯において欧米諸国から得た具体的援助はなにものもなかった。これは種々の原因があったが、その重要な一つは、中国侵略をめぐる中国・日本と欧米列強間の両義的国際関係である。日本と欧米列強は、中国侵略をめぐり、既得権益の維持では一致協同の外交政策を取り、共同目的のために協力していたが、新権益の拡大をめぐっては互いに争奪し相手の新権益拡大の行動を牽制する両義的関係にあった。中国と列強は侵略と被侵略の関係でありながらも、中国侵略をめぐる日本と欧米列強間の争奪による矛盾と対立により、中国はこの矛盾と対立を利用して、時に欧米列強によって日本を牽制し、時に日本によって欧米列強間を牽制した。日本は逆に、時には中国と欧米列強間の対立が激化し、チャンスには中国側を利用して欧米列強を牽制し、時には欧米列強を利

用して中国に圧力を加え、欧米列強はまた日本の中国侵略強化による中国と日本との対立が激化したチャンスに中国側を利用して日本に対抗し、日本の中国における権益拡大を牽制しようとした。これは中国侵略をめぐる三者間の両義的国際関係であり、この関係が上述のような孫文と日本、孫文と欧米列強との関係を規定したのである。欧米列強は、日清戦争・義和団事件・日露戦争を通じ中国において急激に新権益を拡大する日本を牽制して日本と争奪するため、まず日本の急激な侵略によって激化した北京政権と日本との矛盾と対立を利用して、北京政権を掌握した人物を支持・支援した。これは中国のためだと言うより、自己のためであった。しかし客観的には、中国に有利的な面があったため、清朝政府・袁世凱の北京政権は欧米の支持の下に日本に対抗しようとした。これによって、日本の侵略をめぐり、清朝・袁世凱と欧米列強が共通な利益の下、互いに結託し得る客観的条件が形成されたため、国内の政敵＝清朝と袁世凱打倒を優先した孫文は、自己の国内の政敵を支持する欧米列強からはなんらかの支援も受けることが出来なかった。これは逆に孫文に強い影響を及ぼした。孫文は、欧米列強の支援獲得が不可能な条件の下で、一層日本に頼らざるを得なかった。これは、孫文の主観的意志と日本の侵略本質に対する認識不足によって発生する現象でなく、中国侵略をめぐる両義的国際関係によって発生したものであった。この両義的国際関係とその研究方法が、日本の中国侵略に対する孫文の明確な認識とこれに矛盾した日本に対する期待との関係を説明し得るのであり、思想史的認識論の研究方法では説明出来ないのである。

　このような両義的国際関係は、その基本枠組には変化が起こらないが、中国の国内情況と国際環境の変化に伴ってその組み合わせに変化が起こることがある。例えば第一次大戦の後半期

において、袁の死去と段祺瑞がその後北京政権を掌握すること
による中国の国内情況の変化、及び大戦に巻きこまれた欧米列
強が中国を顧みる余裕がない国際環境の変化の下で、段政権と
日本が結託して北京政権が親英米から親日に転換した時、孫文
の対日態度と日本に対する言論及び対日政策には新しい変化が
起こったのである。次は、この組み合わせの変化を通じ、孫文
の対日認識・日本に対する言論と対日態度・対日政策との関係
を比較研究方法によって考究することにする。

三、比較研究

　比較研究は歴史研究の重要な一研究方法である。孫日関係も
この比較方法論を駆使して分析・解釈することによって、その
認識と行動の内在的関係を一層明確に認識することが出来ると
考える。

　孫日関係の比較研究の対象は、縦と横の比較である。則ち縦
の比較は、孫文の三十年の革命生涯を時期区分して、時期ごと
に日本との関係の変化を比較し、その変化した現象から不変的
な内在する規律と法則を探求することであり、横の比較は、孫
文と同時期に中国の政治舞台で活躍した政治人物と日本との関
係を比較することであり、これによって孫日関係の本質を一層
明確に認識し理解すると同時に、社会変革と民族独立を目指し
て活躍したアジア諸国の政治家の日本との関係を、孫日関係と
比較してその共通点と相違点を探り、これによって孫日関係の
特異性とアジア的普遍性を考究することである。

　第一は、縦の比較である。

　孫文の対日認識と対日態度及び対日政策は固定不変なもので
なく、情勢の変化に伴って絶え間もなく変化していった。この
変化は連続的でありながら、また段階的であり、歴史発展の法

則に見合うものである。思想史的認識論の研究法は、一九一九
年（一説は一七年）を境に、孫文の対日認識が日本の中国侵略
の本質に対する過去の不明確、かつぼんやりした認識から根本
的転換してその侵略的本質を明確に認識し、これによって一九
年からは日本に期待せず、また日本の支持・支援に頼ろうとも
せず、専ら日本の侵略を厳しく非難し、対日認識と対日態度が
根本的に転換したと主張している。

　筆者も、この前後に孫文の対日認識と対日態度・対日政策に
変化があったことは認める。なぜなら、日本社会と日本の中国
政策は歴史の流れからいって無限に変化し、孫文の対日認識も
これに伴って無限に変化するのは当然なことであるからである。

　一九一九年以前、孫文の日本に対する言論に、日本侵略に対
する批判と対日期待が共存していたとすれば、孫文は一九年か
ら二二年までには専ら日本を批判し、日本の中国侵略を欧米の
白色人種より危険であると見なし、日本を最大の敵国として次
のように非難している。

　（一）に、孫文は「近代日本の対東亜政策は武力的、資本的侵
略を基本とし……中国に対しては、この目的達成のために常に
保守的反対勢力を扶植し革新運動を抑圧する」[①]といいながら、
辛亥革命以来、日本は袁世凱を援助して民国を四、五年間撹乱
し、袁の死後に段祺瑞を援助し、張勲の復辟を支持して国会を
破壊し「臨時約法」を廃棄させ、その後に安直戦争を契機に直
隷系軍閥と結託した張作霖を支援して入京させたとし、「これら
過去の種々の事実から論ずれば、日本政府の中国政策はもっぱ
ら反動的な党を援助して民主主義者を排除し」[②]広東軍政府を
抑圧し民党を圧迫したと激しく非難した。また孫文は、北洋軍

---

　①『孫中山全集』第五巻、276 頁。
　②『孫中山全集』第五巻、276 頁。

閥が北京政権を維持することが出来るのは「日本が陰に陽に援助を為すの結果である」として、このため「日本と戦う意志を固めた」①と述べた。これらは孫文の対日認識の新しい発展であり、袁死後日本が段祺瑞と張作霖など軍閥を支援してそれらと結託した新事実を反映した新しい認識であった。

　（二）は、二十一か条に対する非難である。過去二十一か条要求に対し公式に言及することを避け、「このことについて黙して一言も語っていない」②孫文が、この時期には公然とこの二十一か条の締結は、「ほぼ完全に中国の主権を日本に譲渡したものである。この協定の下で中国は日本の付属国と陪臣国になり、あたかも日本が過去朝鮮において使用した方法と同じように」、この二十一か条に基づき、「日本は全中国を征服し……中国の大混乱もこの二十一か条により起こり、もしこれを廃除したら中国の統一はすぐ実現されるであろう」と述べ、中国革命党はこの条項の廃除のため最後の一人まで戦うべきであるとの決意を表明した。

　（三）は、山東問題に対する激しい叱責である。孫文は、「日本がついに膠州と青島を強行占拠したことはたしかに泥棒の行為である。日本が泥棒というべきなら、我国は泥棒と交渉することは出来ないし、ましてや、泥棒が我国の領土の掠奪を強行することを許すことも出来ない」③と述べ、日本に山東の返還を強く要求した。孫文は、山東問題解決の第一歩として、まず一八九五年の下関条約を廃止し、次に二十一か条を廃除しなければ山東問題は解決出来ないと強調した。

　（四）に、満洲問題に対しては、日本は租借期間満期後、満洲

---

①『東京朝日新聞』大正9年6月12日。
②『孫中山全集』第五巻、298、300頁。
③『孫中山全集』第五巻、206頁。

から撤退すべきだと強調した。

（五）に、中国の参戦問題に対し孫文は、日本が中国に参戦を勧誘した陰険な目的は、まず中国に対する参戦の勧誘を契機に、山東におけるドイツの利権を継承する条約を列強と締結して漁夫の利を得ようとし[①]、次にこれを通じ中国に対する軍事的支配を強化して中国を征服するためだと述べ[②]、一九一八年五月に締結した中日軍事協定はこの目的を実現するための具体策であると指摘しながら、この協定の撤廃を強く要求した。

（六）に、孫文はこの時期、「日本は民国の敵」[③]だと思い、「今後白人の外来災難は心配することはない。今後我党の災難はかえって日本の軍閥政策にある」[④]として、一九二一年四月来訪した重光葵に対して、日本の軍閥を罵り、日本の中国侵略政策を激越な口調で非難した。

上述の孫文の対日批判を一九一九年以前と比較すれば、確かに大きな変化であった。思想史的認識論の研究法は、この変化を日本の中国侵略の本質に対する不明確な認識から明確な認識への根本的転換だと見なし、このような明確な認識があったために、この後は日本に幻想と期待を抱かず、日本の支持・支援も得ようとしなかったため、孫文の対日態度も根本的に転換したといっている。これは認識と行動の一致性を再強調したものである。

では、孫文の対日認識と対日態度は本当に根本的転換したのであろうか。

筆者は、一九一九年以後に孫文の日本侵略に対する認識が確かに一層深くなり、その批判の回数、批判の幅、批判の深度に

①『孫中山全集』第五巻、72頁。
②『孫中山全集』第五巻、298頁。
③『孫中山全集』第五巻、277頁。
④『孫中山全集』第五巻、254頁。

変化があったことは認める。日本の中国侵略が大戦中一層拡大したため、その事実の反映として、この認識がこのように発展したのは自然なことである。しかし、この変化が日本の中国侵略の本質に対する不明確な認識が突然に飛躍した根本的変化であったとは思わない。前述のように孫文は、日本が中国を侵略し中国の領土を占拠している客観的事実に対し明確な認識を持っており、この認識があったために、その継続と延長として一九年以後のような対日認識と批判がありえたのである。一九二〇年九月（？）、孫文は来訪した北海道大学農学部教授森本厚吉に、この時期に反日を公言する理由は、「日清・日露戦役後及び其の後の日本の行動に徴し日本に領土的野心あるを信ぜざるべからざるに至りたるが為めなり」[1]（傍点筆者）といったことは、日清・日露戦争以来の領土侵略に対し、またその後の侵略に対し明確な認識があったために、一九年以後に反日を公言したことを物語る。これは、この時期の孫文の対日認識に新しい変化と発展があったとしても、この変化と発展の中で、日本の中国侵略という基本的・本質的認識は終始変化していないことを示すのである。基本的・本質的認識に変化がないのを認識の根本的変化だといえようか。これは対日認識の進歩と発展だといえよう。

　しかしここには一つ問題点がある。例えば、日本の膠州湾と山東鉄道占拠及び二十一か条に対し、孫文は当時これらに公然と反対する言論を発表していなかったが、一九年以後になって上述のように非難している。この現象はどう説明すべきであろうか。思想史的認識論の研究法は、当時これらの諸問題に対する認識が不明確であったのだが、この時期になって明確になっ

---

[1]『読売新聞』大正9年9月17日。

たからだと説明する。しかし、国際関係論の研究方法は、当時
孫文が置かれていた国際関係・国際環境とそれに伴う政略から、
この現象を解釈するのである。膠州湾・山東鉄道及び二十一か
条等の諸問題が発生したのは皆、孫文が日本に亡命し日本を基
地として反袁の第三革命を準備している時期であり、日本が孫
文の一挙一動に対し厳しく監視していた時期である。もしこの
ような国際環境の下で、孫文が一九年以後のようにこれらの諸
問題に対し公然と日本を批判したとしたら、革命の基地として
利用していた日本から追放され、これによって孫文と革命党は
大きな打撃を受けたであろう。それに孫文は、戦略的に、大戦
以来日本の中国侵略強化に伴い日増しに激化した日本と袁世凱
との矛盾と対立を利用し、革命の第一の課題である政敵＝袁を
打倒しようとして、日本からの支援を獲得しようと努力してい
たため、日本の侵略を批判する環境に置かれていなかった。も
しこの時、孫文が山東と二十一か条問題をめぐり、日本を一九
年以後のように公然と批判したとしたら、戦略的に大変不利な
情況に陥ったであろう。故に孫文は、当時中国の一般民衆と青
年学生すらも、山東と二十一か条問題に対し明確に認識して反
日運動を展開している時に、日本を公然と批判せずに自制して
いたのである。革命領袖としての孫文と民衆の相違が正にここ
にあったのである。一九年の反日的五四運動の勃発、及びこの
時期孫文が既に帰国して広東で第一次、第二次、軍政府を建立
し、日本に亡命していた時とその環境が大きく変化したため、
このような自制から解放され、自由に日本を批判する客観的条
件が整っていった。政治家の同一問題に対する態度と発言は、
その時の環境の変化に伴って異なることがあるが、これは政治
家の一特徴である。これは、政治家の認識問題だと言うよりは、
むしろ政略問題だといった方が適切であろう。孫文も例外では

なかった。

　しかし環境の変化は、自制から解放される客観的条件を提供しただけであり、それには自制から解放へ転換する内在的インパクトが必要であった。このインパクトは、袁死去後の中国をめぐる国際関係の変化から発生したのであった。第一次大戦の後期に、欧米列強はその前期よりも中国を顧みる余裕がなかった。袁の洪憲帝制の失敗と死去の一原因も正にここにあった。袁死後、北京政権を掌握した段祺瑞は、欧米列強からの支持・支援が得られない条件の下で、自己の南北統一の政治目的達成のために日本に依拠せざるを得なかった。一九二〇年の安直戦争後には、奉天軍閥の張作霖が北京政権を掌握した。段と張はと共に親日的軍閥勢力であり、英米に依拠していた袁と異なり日本に依拠しようとし、日本も財政・軍事的に彼らを支援し、彼らを利用して孫文の広東軍政府を排除し、分裂し南北を北京政権を中心として、武力と一九一八年の南北和議で統一しようとした。これによって、北京の軍閥政権と日本との関係が袁の時代と逆転換し、日本が公然と孫文の政敵を支援し、孫文の広東軍政府に政治的・軍事的圧力を加えたのである。これによって、袁打倒のため一時的に孫文から革命党を支援した日本の対孫文政策が、孫の弾圧へと転換し、孫日関係も大きく変化し始めた。このような情況から、孫日関係も対日期待から対日批判へ転換し、その対日政策も依拠から抵抗へと転換せざるを得なかった。この時期の孫日関係のこのような対日批判と抵抗は、孫文と日本、日本と北京政権との国際関係の変化を反映し、この変化が孫文に自制から解放へと転換するインパクトを与えたのである。

　上述の事情により、この時期の孫文の欧米列強に対する態度にも新しい変化が起きた。孫文は日本に抵抗するため、過去の

自己の政敵＝袁を支援し自分と対立していた欧米列強に期待を
寄せ、その支援を得ようと努力した。袁の死去と段・張の親日
政策により、北京政権と英米との関係が一時的に切断され、し
かも北京政権の支配者を掌握した日本を牽制するため、英米が
逆に反日的であり反北京政権である孫文を支援する可能性が
あったからであり、孫文はこの可能性を狙ったのである。これ
は、中国をめぐる帝国主義列強間の矛盾と対立を利用しようと
した戦略であった。これは国際関係論から言えば正しい政略転
換であった。孫日関係の縦と前後の比較は、一九一九年前の時
期と比較すると同時に後の時期とも比較しなければならない。
しかし、過去の研究は前の時期と比較したのみで、後の時期と
は比較していない。これは完璧な比較だとはいえない。この原
因は、後の時期、即ち一九二三年、二四年の第三次広東軍政府
時期の孫日関係の研究が十分でなかったからである。もし一九
一九年－二二年の孫文の対日認識と対日態度が根本的に転換し
たとしたら、二三年、二四年の孫文の対日認識と態度には変化
がなく、依然として日本を厳しく非難し、日本に期待せず、日
本からの支援さえも獲得しようとしなかった筈である。一九年
の根本的転換説の重要な一根拠もここにあった。しかし事実は
これとは逆であった。

　第三次広東軍政府時期の孫日関係は、一九一七年－二二年の
第一次、第二次の広東軍政府期の孫日関係よりまた大きく変化
し、孫文と日本とは共に接近しあっていた。（一）に、一九二三
年三月、日本は広東総領事に天羽英二を任命し、広東軍政府と
の関係改善の意向を表明した。天羽は五月十三日広東に着いた
後、十六日孫文を訪問し、その後また孫文を訪れている。孫文
は天羽に、常に「大亜細亜主義の主張をなし、日本は亜細亜の
一国であり乍ら欧米に倣って帝国主義の政策をやるのは怪しか

らん、日本は進んで不平等条約を廃棄し、真に日華提携を挙げなければならない」①と要望した。これは、二四年の「大アジア主義」講演と共に、日本との連合の意を表明したものである。（二）に、一九一九年前のように日本に借款の提供を要望し、日本農商務省より技師を招聘して鉱山の調査をし、日本人と広東造幣廠の接収管理の契約を結び、（三）に、広東軍政府の特派員を日本に派遣することを要望し、（四）に、関東大震災時に摂政裕仁親王と後藤新平ら高官の見舞いの書簡を発した。②（五）に、この時期、広東軍政府の要人と天羽総領事との往来や相互招待も大変頻繁であった。③これらは、日本に対する好意を示したものであった。これは孫文の対日態度が変化したことを示す。

　この変化は、孫文の民衆と青年学生の反日運動に対する態度から窺うことが出来る。一九二三年、東北・華北・華中・華南地域で二十一か条廃止・遼東半島返還を中心とした反日運動が高まった。運動は、孫文の広東軍政府管轄下の広東と福建一帯に波及し、孫文の郷里香山県でも青年学生らの日貨ボイコット運動が起こった。過去、日本を敵国だとまでいった孫文は、青年学生と民衆の反日運動を支持すべきであったが、逆に好意的勧告でこれらの運動を取り締まった。これは、孫文の革命戦略とも関係するが、日本との関係を考慮し、それに「好意」を示すためであった。天羽総領事も内田外相にこの「好意」を伝えた。④

---

　①『天羽英二日記・資料集』第一巻、天羽英二日記資料集刊行会、1985 年、1418－1422 頁。
　② 李廷江「孫文と日本人」、『日本歴史』第 471 号、90 頁。『孫中山全集』第八巻、中華書局、1986 年、197－198 頁。
　③『天羽英二日記・資料集』第一巻、1325 頁。
　④『日本外交文書』大正 12 年第 2 冊、259 頁。

　一九二三年十一月十六日の犬養毅宛の書簡は、この時期の孫文の日本政府への期待を端的に表したものだといえる。これは、犬養が第二次山本内閣の逓信大臣に就任した機会に、自分の日本に対する期待を吐露し、この旧友をどうにかして日本政府を広東軍政府の支持・支援に向かわせようとしたものである。書簡で孫文は、日本は「列強追随政策を打破し、新たに一幟を立ててアジア各民族が待ちに待っていた希望にそわれること」を希望し、「日本政府はこの時期に毅然として断固、中国革命の成功を支持し、内に統一、外で独立を達せしめ、一挙に列強の束縛を打破」①して中日の親善を実現することを希望した。

　このような日本に対する期待と希望は、対日批判とからみあい対照的であった。犬養宛書簡で孫文は、「日本は中国の革命に対して、（中華民国成立以来）十二年このかた、ことごとに反対行動に出て、それに失敗すると、いつわりの中立をよそおって体裁を整え、かつていちども徹底した自覚をもって、毅然として断固、中国革命援助とアジアの国として立つ日本の遠大な計とすること」②がなかったと批判した。さらに、翌年二月、孫文は新聞記者松島宗衛と会見した時、「現下における日本国民は頗る支那国民を軽んじて居る、或いはチャンコロと冷罵し、動々もすれば凌辱せんとする傾向があり、眼前の情勢に得意となって、一時的現象として、中国をこのように軽蔑・冷罵・凌辱することを非難した」。③

　この時期も一九一九年以前と同様に、孫文の対日認識と言論及び対日態度は、期待と批判の両義的なものであった。孫文を訪問した松島記者は、孫文のこのような態度が「恰も女郎の如

<hr>

① 『孫中山全集』第八巻、40−43頁。
② 『孫中山全集』第八巻、404−405頁。
③ 松島宗衛「故孫文の偽らざる告白」、『日本及日本人』昭和2年10月15日号、50頁。

き無節操を示して居る」と孫に反省を促したが、孫文はこれに反駁し、対日批判或いは排日は、貴国の「反省を促さんが為」であり、「貴国朝野を覚醒せしめんがため」①であると強調した。これは、孫文の対日批判が、日本との決裂を意味するのではなく、日本への期待を実現する一手段である、その対日認識と言論及び対日態度の両義性において、日本への期待が主であったことを示す。

　上述のように、一九一九年—二二年は専ら対日批判であった孫文が、二三年からまた対日期待へと転換したことは、まず一九—二二年の対日批判において、もし根本的に転換したとすればこのような転換が起こる筈がないである。

　では、対日認識が根本的に転換していないのに、なぜ対日態度が専らの批判からまた対日期待へと転換したのであろうか。これは認識と態度の一致を強調する思想史的認識論の研究方法では説明出来ないのである。この矛盾した現象を説明し得るのは国際関係論の研究方法である。この矛盾した現象を説明し得るのは国際関係論の研究方法である。この研究方法は、当時の中国の国内情勢と国際関係の変化に基づいて、この矛盾した孫文の対日態度の変化を説明するのである。一九二〇年の安直戦争により親日的な段祺瑞の勢力が失脚し、その後登場した親日的奉天軍閥勢力がまた一九二二年の第一次直奉戦争において失敗したため、親日的な軍閥勢力が北京政権から追いだされ、曹錕と呉佩孚を中心とした直隷系の軍閥が北京政権を掌握した。この政権は親英米であり、英米がこの政権を支持していた。これは、第一次大戦後のベルサイユ会議とワシントン会議を通じ欧米列強が中国に戻り、日本の勢力が北京の中央政権に対する

---

　① 松島宗衛「故孫文の偽らざる告白」、『日本及日本人』昭和2年10月15日号、50頁。

支配力を失ったことを意味する。中国における植民地権益を維持・拡大するのになによりも重要なのは、北京政権に対する支配力を掌握し、その実力者を自己の手元に押えることであった。日本と欧米列強は常にこの問題をめぐり争っていた。このため日本は、北京の政権に対する新しい対策を講じなければならなかった。一九二四年五月、清浦内閣が制定した「対華政策綱領」は、この新対策を表したものである。その第三項は「支那政局ノ現状ニ顧ミ差当タリ中央政府ニノミ偏重スルコトナク広ク地方実権トノ間ニモ出来得ル限リ良好ナル関係ヲ結ヒ以テ各方面ニ対スル我勢カノ伸長ヲ図ルコト従テ常ニ公平ナル態度ヲ以テ地方実権者ニ莅ミ其ノ正当ナル目的ニ対シ好意的援助ヲ与ヘル事但援助ノ程度及方法ニ付テハ帝国ノ利害関係ニ応シ適宜調節ヲ加エルコト」[①]と規定した。この地方実権者とは、東北の張作霖と、北京政権に対する北伐を主張している広東の孫文である。これは、この南北の勢力を利用して北京の曹・呉の政権を板挟みにして、それに対抗しようとしたものであった。日本の広東総領事の交替、天羽総領事と広東軍政府との既述のような諸関係は、この目的を達するがための外交措置であった。これにより、日本の対孫文政策が一九二三年五月天羽が広東総領事に就任した直後から変化し、これに伴って孫文の日本に対する言論と対日態度もまた転換し始め、上述のように日本に期待して日本の援助を得ようとしたのである。

　この時期の孫文は、二三-二四年の間関余問題において日本の支持を要望し、二四年の商団の事件においては日本に武器と弾薬の提供を要求した。[②]一九二四年九月第二次奉直戦争の勃発と十月馮玉祥の北京政変により、親英的な呉佩孚・曹錕は北

① 外務省編『日本外交年表竝主要文書』下、日本国際連合協会、昭和36年、61頁。
② 『天羽英二日記・資料集』第一巻、1410頁。

京から敗退し、親日的な張作霖と段祺瑞が再度北京政権を掌握するようになった。張作霖と馮玉祥は、今後の中国政局を収拾するため、孫文は北上を求めてきた。孫文は、第二次奉直戦争の勃発した翌日（九月十八日）「北伐宣言」を発表していたが、馮の北京政変により北京の情勢が一変したため北伐を中止し、北上を受諾した。孫文は二二年の第一次奉直戦争から、呉・曹の北京政権を打破するため、既に過去猛烈に反対していた段祺瑞・張作霖と三角同盟を結ぼうとして密かに連絡をとっていたから、その延長線として、北上して彼らと政局収拾の対策を講じようとしたのである。親日的な張や段と付き合うには、事前にこれに対する日本の支持を得るのが必要であった。このため孫文はまた、彼の北上目的達成のために日本の援助と協力を要望し、渡日することを決定した。これは孫文の大きな政策転換であった。一九一七年から二〇年の安直戦争までは親日的な段祺瑞に反対し、その後親日的な張作霖に反対し、彼らを支持・支援した日本を猛烈に批判していた孫文が、上述の要望と決定したことは、中国の対内・対外情勢の変化に伴う日本の対北京政権・対孫文政策の変化による産物であり、まず日本の対孫文政策が変化したために孫文の対日態度が転換し始めたのである。

　こうして見ると、孫文の対日態度は、一九一九年前の期待からその後の日本への憤慨と対日批判へ、一九二三年からはまた対日期待へと転換していたことがわかる。しかし、この転換において終始変化していないのは、日本の中国侵略に対する認識であった。一九二四年一月の「反帝連合の建立に関する宣言」において孫文は、日本を英・米・仏・伊同様の帝国主義だといい、それに対する世界弱小民族の連合を呼びかけた。二月の「三民主義」講演においては、「日本は朝鮮・台湾・澎湖島を割譲させ、英・米・仏と同様に中国を滅ぼそうと企む国」だといい、

「日本はいつでも陸海軍を（中国に）長躯突入させることが出来ます。日本はおそらくまだ好機に恵まれないため行動を起こさないだけで、行動を起こす気になればいつも亡ぼせます。……中国がもし日本と国交を断絶したら、日本は十日以内に中國を亡ぼせるのであります」①といった。一九二四年十一月渡日の時期には、日本と欧米列強の侵略的産物である不平等条約の撤廃と税関・治外法権・租界等を中国に返還すべきことを要求した。②これも侵略に対する認識があったことを示す。これらは、孫文が再度日本に期待したこの時期も、日本の中国侵略に対し明確な認識があったことを示すのである。変化する中で終始変化しないものは本質である。孫文の対日態度と対日政策は客観情勢の変化に伴う変化するものの、日本の中国侵略に対する認識については終始変化していない。この変化していないものは孫文の対日認識の本質である。逆に、日本の対孫文政策も時には支持・支援し、時には顧みもせず、時には孫の政敵を支援して孫に政治・軍事的圧迫を加える等の変化があったが、中国侵略のために各種の対孫文政策を講ずる本質は、その侵略の本質の具体化として終始変化していない。これは孫文の対日認識や対日態度と対照的である。孫文は日本の侵略目的を知りながら、また日本は孫文の共和革命と侵略に反対する不平等条約撤廃の主張を知りながら、各自の最終目的達成のために、時には互い握手し、時には真っ向から対立し、時には握手しながらも反対する多様多彩な関係を保っていたのである。このように、孫文と日本は共に、認識・思想・主義と行動・政策の矛盾と対立の中で、互いに客観的情勢に適した相互関係を保っていた。このような関係は孫日関係特有のものでなく、近代・現代及び現在

---

① 『孫中山全集』第九巻、中華書局、1986 年、233 頁。
② 『孫中山全集』第十一巻、375、436 頁。

の国際関係においても常に見られる現象である。

　第二に、横と左右の比較である。

　孫日関係は中国において孤立的な存在でなく、同時代に中国政治の舞台で活躍した人物と対照的に存在していた。例えば、袁世凱・段祺瑞・呉佩孚・張作霖・曹錕等と、時に対立し、時には連合しようとし、時には対立しながらも密かに連絡を保っていた。一方、日本と欧米列強が中国侵略をめぐり両義的外交関係にあったことによって、彼らも自己の勢力維持のために一部は日本に依拠し、一部は日本と争奪する英米に依拠した。どちらに依拠したとしても、日本との関係を保っていた。彼らのこのような対日関係と孫日関係を比較して研究するのは、孫日関係に対する研究を深めると同時に、日本と欧米列強の中国侵略をめぐる国際関係の研究にも役立つであろう。

　まず、袁世凱と日本の関係と孫日関係を比較することにする。一九〇〇年以前、袁は朝鮮問題をめぐり日本と対立していたが、一九〇一年直隷総督・北洋大臣に就任して北洋軍を編成、訓練する時には日本に依拠し、日本も彼を親日的な人物として重視し、軍事顧問と教官を派遣して彼の北洋軍建設に協力した。しかし、日露戦争後中国に対する日本の侵略が強化されてから、袁と日本との関係が悪化し始めた。一九〇七年軍機大臣と外務尚書に任命された袁は、中国侵略を強化した日本と欧米列強との矛盾を利用して「夷を以て夷を治める」外交政策をとり、ロシア・アメリカ・ドイツと連合して日本の侵略に抵抗しようとした。これによって袁は日本の中国侵略の障害物になった。一九〇九年、袁と清朝満族皇族との内訌により、袁が北京から追放された時、日本はこれを大いに喜び支持したが、欧米列強は逆に残念なことだと思っていた。袁をめぐる日本と欧米列強のこのような異なる態度は、中国における両者の争奪を表したも

のである。辛亥革命勃発後、清朝は袁を再起用し、彼を内閣総理大臣に任命して孫文ら南方の革命勢力を鎮圧しようとした。欧米列強は袁の出馬を支持したが、日本はこれを喜ばしいこととは思わず、大陸浪人らは北上する袁を途中で暗殺しようと企み、その後にも暗殺未遂事件が続出した。これらの事実は、袁世凱と日本の関係が一九〇一年—〇五年までは融和的であったが、それ以外の時期は対立的であったことを示す。

　辛亥革命勃発後、北の袁と南の孫が対立していたが、一九一二年の南北和議における孫の譲歩と妥協により、袁が清帝を退位させ、対立した南北を統一して一時中国に君臨するようになった。しかし、一九一三年三月宋教仁の暗殺による第二革命の勃発から、一九一六年六月袁が死去するまで、袁孫がまた対立した。この時期、袁を支持したのはイギリス・アメリカであり、一時的ながらも孫を支持したのは日本であった。これも中国をめぐる日本と欧米列強の争奪を現したものであった。

　上述のような袁世凱と日本の関係により、この時期の袁世凱と孫文の対日態度と政策も対照的であった。中国近代史において、袁は二十一か条の要求を受諾したことによって売国的政治家として批判されている。しかし、最後まで第五号を除こうとした二十一か条の交渉過程を見れば、袁が出来得る限りの抵抗をしながら譲歩・妥協したことがわかる。また、日本の膠州湾と山東鉄道占拠に対しても袁は出来得る限りの抵抗を見せたが、最後は日本の軍事力による既成事実化を承認せざるを得なかった。日本は袁の譲歩には満足したが、その抵抗には憤慨し、彼を日本中国侵略の障害物と認識していた。特に大陸政策の先鋒であった陸軍はこのように考えていた。一九一五年十二月、袁は共和制を破壊し帝制を復活して自身が皇帝になった。辛亥革命以来、中国の共和制に終始反対した日本は、イデオロギー的

に袁の帝政を支持すべきであり、共和制回復を目指す孫文と西南諸省の反袁運動を制圧すべきであったが、逆にイデオロギーを超えて孫文と西南諸省の半袁・反帝政の勢力を支持して、日本の中国侵略の障害物＝袁を排除することに成功した。これは、袁と日本の関係もイデオロギーでなく、各自の目的達成のための国際関係であったことを物語る。袁は一九〇一年から〇五年までの間日本に依拠して北洋軍を訓練し、その他の時期においては日本と対立していた。しかし、孫文は、袁とは逆に一九一九年─二二年の時期のみ専ら日本を批判したほか、その他の長い時期には日本に期待し、その期待する目的を達成せんがために日本に依拠しようとした。孫・袁の対日関係を客観的に比較した場合、相対的に孫文が日本に接近し、ある意味から言えば「親日的」であったといえよう。中国近代史において最大の愛国的売国徒だと言われた袁世凱より「親日的」であり、袁が孫文より実際には日本を警戒し、それに抵抗した矛盾した現象はなぜ発生するのであろうか。これは、日本の中国侵略の本質に対する認識の差から出てくるものではなく、中国国内における両者の地位の違いから出てくるものである。袁は中国に君臨する最高支配者であり、日本の中国侵略はまず彼の抵抗にぶつかり、これによって両者の対立が激化する。孫文は中国国内において在野の地位にあり、在朝の袁を最大の政敵と見なし、これを打倒するために袁と日本との対立を利用し、日本の力を借りるため日本に期待し依拠しようとしたのである。もし孫と袁の中国国内における地位が逆転したとすれば、両者の対日関係も互いに逆転する筈である。

　孫と袁の対日態度が相対的に正反対であったのに応じて、日本の孫と袁に対する政策も反比例的関係にあった。日本が袁との関係を改善し、彼と一定の関係を保つ時には孫に対し冷淡で

あり、日本が袁にどっちつかずの対応をとるときには孫に対しても不即不離の政策をとり、日本が袁を牽制し或いは袁を排除しようとする時には孫文を支持・支援しようとした。このような反比例的現象は、その後に北京政権を掌握した段祺瑞と張作霖・呉佩孚らとの関係においても同様であった。これは、日本の対孫文政策が日本の対袁・段・張・呉ら孫の政敵に対する政策如何によって決定されたことを物語る。

　中国に君臨し北京政権を掌握した人物らは、自己の政権維持のためにある列強に依拠し、対外的には「夷を以て夷を治める」政策をとったのであるが、どの列強を選択してどの夷を治めるかは、中国と列強との前述の両義的国際関係によって決定されるのである。袁世凱・呉佩孚は英米を選択し、英米も彼らを支持した。段祺瑞と張作霖は日本を選択し、日本も彼を支持・支援した。その際、日本は袁・呉が北京政権を掌握した時には、相対的に孫と段・張らを支援し、段・張が北京政権を掌握した時には、孫を政治・軍事的に圧迫するか、或いは孫が彼らと融合するように進めるのである。このような国際関係の中で、孫文は自己の革命基盤と勢力の弱さにより依拠可能な列強の勢力と連合を組んだり、それらを利用しようとするが、中国をめぐる列強の両義的国際関係により、時には日本を、時にはアメリカ・ドイツ・イギリス等欧米列強を選択する。孫文のこの選択は、これら列強の中国侵略の本質に対する認識によって能動的に選択されるものではなく、認識如何にかかわりなく日本の対孫文政策の如何によって受動的に選択されたのである。それは、孫文の革命戦略が国内の政敵＝北京政権の掌握者を打倒するのを第一義としていたため、これらの人物と日本或いは欧米列強との関係に応じて、孫文はそれと反対の列強を選択したのであった。例えば、一九〇七年清朝政府は日露戦争後に悪化した

日清関係を調整するため日本に孫文の追放を要望し、同年三月孫文は日本に追いだされたが、孫文はこれ以後はフランス・アメリカ・イギリス等から支援を獲得しようとし、一九一七年から二二年まで北京政権の掌握者段祺瑞と張作霖が日本と結託していた時に、アメリカ・ドイツと連合しようとした。一九二二年から二四年まで北京政権を掌握した呉佩孚・曹錕らがアメリカ・イギリスと結託した時には、孫文は逆に日本と連合しようとした。なぜなら、日本と欧米列強は中国侵略という面においては孫文と対立する存在であったが、また中国をめぐる日本と欧米列強の相互争奪による対立によって孫文が利用或いは連合できる両義的な存在でもあったからで、また孫文には、日本と欧米列強の中国侵略から発生する、中国をめぐる列強間の矛盾と対立に対して明確な認識があり、またこの矛盾と対立を利用して革命の目的を達成する必要性と可能性をも知っていたからである。孫文の日本への期待或いは連合の行動は、日本の中国侵略の本質に対する認識があるか否かによって決定されるのではなく、上述のようにその認識を超えた中国をめぐる国際関係によって決定・選択されたことが、ここから分かる。これは外部的要因を強調しすぎているようであるが、実は日本の侵略或いは欧米の侵略本質に対する内在的認識が明確であったので、またその認識があったからこそ、孫文はこのような親日或いは親英米の行動がとれたのである。これはいわゆる大政治家の政治的決断であり、日本・欧米列強の中国侵略に対する一般民衆の認識からする反日・反欧米運動と異なる点である。

　次に、孫文の対日関係と同時代のアジアの政治家の対日関係を比較することにする。この時期、中国とアジア諸国は、対内的には共に前近代社会から近代社会に転換・発展し、対外的には日本と欧米列強の侵略から民族の独立を維持・獲得する歴史

的使命をかかげていた。このような共通使命は、この時代の中国の孫文とアジア諸国の政治家との間に親日の共通点と相違点をもたらした。孫文と朝鮮の金玉均の対日関係も同様であった。

　孫文は政治的には社会革命を主張し、金玉均は社会変革を主張したが、日本に依拠して各自の政治目的を達成しようとする点において両者は共通していた。彼らと日本との関係は共に、日本の明治維新とその後の日本の対内的近代化によって生まれ、また維新後の日本の対外的侵略によって、彼らは革命と改革の道を歩み始めたのであるが、明治維新とその後の日本社会が両義的であったため、彼らの対日観も両義的であった。孫・金は共に自己の国の支配者＝政敵を打倒することを革命と改革の第一歩と見なし、この勢力と対立する日本の力を借りてこの目的を達成しようとした。このため、両者は共にその革命と改革の目的と矛盾する手段をとって、その目的を達成しようとした。これは、両者とも日本の中国・朝鮮侵略に対する認識が不十分であったためでなく、共に中国・朝鮮侵略をめぐる国際関係から発生したものであった。中国と朝鮮をめぐる国際関係において日本の存在は共通していたが、中国では日本と対立する欧米列強が存在していたのに対し、朝鮮では日本と対立する清朝前近代勢力が存在した。清朝は朝鮮支配層内の守旧派を支持し、これと対立する金玉均の開化党を抑圧し、開化党を支持して朝鮮に対する侵略を拡大しようとした日本勢力に対抗した。これは、孫文の革命運動が直面していた欧米列強とは異なるが、中国と朝鮮における三者の両義的な国際関係と同様であった。このため、中国においては孫文と日本との関係、朝鮮においては金玉均と日本との関係が結ばれるようになったのである。日本は彼らの革命と改革を一時的に支持・支援したが、その目的はイデオロギーのためでなく、中国と朝鮮における日本の国益を

拡大するためであった。日本の侵略と中国・朝鮮の民族独立という、この矛盾した両者の関係が結ばれたのは、イデオロギーと認識を超えた国際関係の両義性によってである。

　孫と金は、革命と改革が失敗した後、共に日本に亡命し、その原因も同様であった。しかし、日本に亡命した孫と金に対する日本の政策には、共通点がありながらも相違点もあり、両者の日本における情況も異なっていた。この相違は、国内と日本における孫文の革命党と金玉均の開化党の勢力の大小がそれぞれ異なるからであった。則ち、孫と金の勢力の大小により、日本が彼らを利用する価値が異なるのであった。この他に、孫と金が政治活動をした時期に十一二十年の差があり、そのため日本の中国、朝鮮に対する政策が異なっていたことも関係するのである。

　孫文と金玉均の対日関係には上述のような共通点と相違点があったが、共通点の方が主であった。この共通点は孫日関係のアジア的普遍性を示し、相違点は孫日関係の特異性を物語るのである。

四、実証的考証

　考証は、歴史学研究の重要な方法であり、歴史事件と歴史史料の甄別に欠かせない研究方法であるが、孫日関係においても同様である。現在、孫日関係において中国大陸・台湾・日本の研究者の間に、一九一四年五月十一日の孫文より大隈重信首相宛の書簡[①]、一九一二年二月五日と八日の森恪より益田孝宛二通の書簡[②]、一九一五年二月五日の「中日盟約」[③]、同年三月十

---

① 『孫中山全集』第三巻、84－89頁。
② 三井文庫所蔵。
③ 早稲田大学名誉教授洞富雄氏所蔵。

四日の孫文より外務省政務局長小池張造宛書簡と「盟約案」①等
の真偽をめぐって論争が展開されている。一部の研究者は自分
なりの研究を経て真物だと断定し、一部の研究者は偽物だと否
定し、一部の研究者は自分なりの研究をせずに真偽両論のどち
らかを主観的判断によって選択する。

　上述の諸問題に対する過去の研究を振り返って見れば、一部
の研究者は考証学的にその史料の真偽を解明するため各種の史
料を駆使して実証的に研究し、一部の学者は考証学的実証研究
の方法を使用すると共に思想史的認識論と当時の孫文の人脈関
係から、これらの書簡或いは盟約案の真偽と信憑性を追求して
いる。

　実証的考証と思想史的認識論或いは人脈関係からの分析と推
理は、その真偽の鑑定において欠かせないものであるが、ここ
にはどちらを優先し、どちらを前提とするかの原則問題がある。
筆者は、実証的考証が前提であり、これによってその事物に対
する真偽を確認した上で思想指摘認識論或いは人脈関係からそ
れを再確認して立証すべきだと考える。しかし、一部の研究に
おいては、この両方法が前後を問わず混雑しており、時には思
想史的認識論と人脈関係が優先して、認識と人脈からその真偽
を立証しようとする傾向もあるようである。このように孫日関
係研究において研究方法に問題があるため、そのものの真偽甄
別においても見解の相違が発生し、論争が起こるのである。し
かし、見解の相違と論争の対立において双方共に共通の研究方
法を駆使していることがある。特に思想史的認識論からの分析
と推理がそれにあたる。例えば、「中日盟約」と「盟約案」をめ
ぐる争論においてその真偽をめぐり見解が対立しながらも、孫

---

① 外交史料館所蔵。

文のような偉大な人物がそのような盟約を締結する筈がないか、また或いは、孫日関係における二十一か条に対する認識が不明確であったため、それと類似な盟約を締結することがありうると推理し断定することもある。これは見解の対立と研究方法の同一を示す一例である。

　上述の書簡と盟約の真偽を甄別することには、まず実証的考証を駆使すべきである。これは、思想史的認識とか孫文と関係人物との人脈関係とかを抜きにした研究である。例えば、満洲借款と譲与問題に言及した森恪より益田孝宛の書簡の考証において、（一）に、孫文が一九一一年十二月下旬上海で三井物産上海支店長に借款を申し入れた時から、翌年二月三日森が南京で孫に満洲割譲を提出するまでの全過程を、第一級史料に基づいて実証的に検討すべきである。（二）に、この基礎の上で、森が二通の書簡で言及した諸問題に対し逐一に考証すべきである。例えば、二月二日、三日に孫と森が会談をしたか否か、黄興より井上馨宛書簡の有無、三日の孫・黄より井上宛電報の有無、漢冶萍公司日華共同経営の契約書調印と招商局、銅官山鉱山関係の問題の有無、三井に伝言すべき四項目の内容の確認、満洲割譲と借款をめぐる六通の電報の有無、満洲問題に関する孫・森会談内容等諸問題に対し、第一級史料を利用して考証すべきである。しかし、史料の欠陥によりすべてを考証するのは不可能なことであるが、出来得る限りの考証をして、この書簡の真偽に対する総括的見解を提出すべきである。このような考証を経て、（三）に、書簡の焦点となっている満洲譲与に対する孫文の態度、即ち日本の満洲譲与の要求を孫文が明確に承諾したか否か、それともこの問題に対しどのような態度を示したかを最終的に考証して分析すべきである。その考証は第一級史料によってなすべきであるが、史料の欠陥によりそれを系統的に考

証出来ない部分もある。この時は分析と推理によって合理的に
その欠陥の部分を補充することもありえるが、主要となる問題
に対しては依然として第一級史料による確実な考証が必要であ
る。（四）に、このような基礎認識の上で確定した結論を出し、
この結論に対し思想史的認識論或いは国際関係論の視座から分
析・評価すべきである。このような実証的考証を通じ筆者は、
孫文が一九一一年十二月下旬、上海で三井物産に一、二千万円
の借款提供を希望したことを契機に、益田孝、井上馨、山県有
朋らが東京でその代価として満洲の割譲或いは租借問題を提出
し、森はこの意見を南京において孫に伝達してその承諾を迫っ
たが、孫文の態度は前後矛盾し曖昧であり、孫文が明確に分割
を受諾したとの史料を欠いているため、孫文が満洲租借を明確
に受諾し同意した、との結論をただちに下すのは時期尚早だと
思う。しかし、これはその可能性を否定するものではなく、可
能性そのものは依然あるだろう。けれども、孫文自身この問題
に対する明証的第一級史料を欠いている故に、それを確実に考
証できない時、無理に結論を下すことはやはり適当ではない。
また前後の分析と推理から孫文が租借・分割を受諾したとする
のも考証学的には認められないのである。中国の国家主権にか
かわる重大な問題に対し確実な結論を下すことは、裁判官が人
命に係わる重大な刑事事件に対し判決を下すのと同様に、それ
に関わる明証と傍証の根拠と史料が具備されていなければなら
ないのである。しかし孫文に関する明証史料は発掘されていな
い。

　「中日盟約」小池政務局長宛書簡及び「盟約案」も、満洲租借
に関する森恪の書簡のように、まず綿密な実証的考証をすべき
である。この三つの文書は、実は一つの問題であり、執筆者も
同一人物だとのことから、その中の一つに対する考証によって

その真偽を選別することができるであろう。

　過去、この三つの文献に対する研究においては、考証学的研究と思想史的認識論及び人脈関係等の研究方法を駆使されている。思想史的認識論は、当時孫文の二十一か条に対する認識と言論から、二十一か条に似ている「中日盟約」を締結し得ることを説明し、人脈関係においては、孫文と盟約に署名した山田純三郎・犬塚信太郎及び小池宛書簡を届けた王統一らとの関係が密接であったことから、孫文は彼らと盟約を締結し得るし、王統一は孫文が署名した書簡と盟約案を孫に代わって小池に届け得たのだと分析している。彼らと孫文との関係が密接であったのは事実であるが、これを、孫文が彼らと盟約を締結したと断定する一証拠にすることは出来ない。たとえ孫文が二十一か条に対し認識不明確、或いはそれを「賛美」するような言論を発表したとしても、（日本側の史料にこのような記載がある）、これから認識論的に推理して盟約を締結した一証拠とするのは適当ではない。上述のような分析と推理は、実証的考証を経てその真実が明確になったあとにすべきである。

　実証的考証は、まず第一級史料によってその真偽を甄別するものである。過去の研究においても、このような考証はなされている。例えば、外務省外交史料館に所蔵されている「孫文ノ動静」を利用して、盟約を締結した二月五日に、孫は盟約に署名した一人である陳其美に印鑑を持ってこいと電話し、その後孫文、山田純三郎、陳其美三人が約二時間同席していたことは、この問題を考証する重要な手掛かりである。[①]孫文・山田純三郎・陳其美・犬塚信太郎四人の署名と孫文印鑑に対する考証も、真偽の甄別に重要な仕事である。また、当事者である山田純三

①「孫文ノ動静」乙秘第 300 号、大正 4 年 2 月 6 日。外交史料館所蔵。

郎の盟約に関するごく簡単な回想の記録も、この問題を考証する一つの証拠になり得るものである。小池宛書簡の右上に付けられている「王統一」の名刺と、それに記入した「大正四年三月十四日王統一持参」も、この書簡と「盟約案」の来源を探るために重要な糸口を提供したものである。これらは、「盟約」と「盟約案」の真偽を考証する第一級史料である。しかし、この第一級史料そのものが正確であり本物であるか否かがまた問われるのである。例えば、孫文ら四人の署名は本人の署名であるかそれとも模倣したものか、四人の印鑑は本人の本物であるか、山田純三郎の回想は正確なのか、王統一は当時このような名刺を使用していたか、これらの諸問題をまた考証しなければならない。これらの一連の実証的考証を経て初めてその真偽の甄別に迫ることができる。

　この三つの文献の真偽を考証する際、なによりも重要なのは、これらの文献が作成される過程から、署名した当時の情況と小池に提出する過程などを明らかにすることである。「中日盟約」と「盟約案」は、満洲租借よりもこの過程が大変不明確である。この問題を考証する困難さが正にここにあるのである。これを解決するには新しい史料発見に期待せざるを得ない。「中日盟約」の原本が、当時犬塚信太郎と北越方面で共に鉱山開発を計画していた岸清一（一九一九年病死）の遺族らを通じ、現在早稲田大学名誉教授の洞富雄氏宅に保存されている。岸家を通じて関係事情を調査することで、新しい史料が発見されるかも知れない。愛知大学に保存されている「山田純三郎文書」には、この関係の史料が一点もなかった。

　「中日盟約」と「盟約案」の真偽を甄別する手掛りの史料は、上述のように一部発掘されているが、今の段階においてその真偽に対し断定的結論を下すのは時期尚早と言わざるを得ない。

これには、新史料の発掘とそれに伴う新考証が必要であろう。

　この他に、孫文と日本関係の写真に対しても実証的考証が必要である。例えば、一九一四年中華革命党結成の時にとった写真、孫文と梅屋庄吉夫妻との写真、孫文・宋慶齢の日本における結婚写真などに対し、その写真を取った日時と目的を再考証し、その誤りを是非すべきである。[①]

五、研究方法と評価の関係

　孫日関係の研究方法は必然に孫日関係の評価問題に関する。思想史的認識論の研究方法で孫日関係を分析した場合、孫日関係の対日認識如何によって孫日関係が規定されるため、孫文の主観的対日認識が決定的であるから、孫文の不明確な対日認識によって、侵略的な日本に期待し日本の支持・支援を要望したその責任は、孫文自身にあるということになる。これは政治的誤りであり、革命領袖の身分に相応しくないことである。

　国際関係論の研究方法で孫日関係を分析した場合、中国をめぐる日本と欧米列強の三者両義的な国際関係に基づき、日本に依拠せざるを得ない客観的理由により、孫文は日本に期待し、日本の支持・支援を要望したのであるから、それは孫文自身の主観的認識とは無関係となり、その責任は異なるのである。

　革命と革命運動は一国の国内問題であり、革命党が自力によって完成すべきである。中国の新民主主義革命は典型的な自力による革命である。しかし革命勢力は新生の勢力であり、その力が弱くて自力で革命を完成することが困難な時には、外国からの支援を要求することになるのである。アメリカの独立戦争がフランスの支援を受けたのはその一例である。孫文が日本

---

① 拙著『孫中山与日本関係研究』、人民出版社、1996 年、594－606 頁参照。

に依拠し、日本からの支援を要望した根本原因も、その革命勢力の弱さにあった。もし孫文の革命勢力が強大であり自力で革命を完成することが出来れば、中国をめぐる両義的国際関係が日本に依拠し得る客観的条件を提供したとしても、孫文はそれに頼ろうとしなかったであろう。この意味から、思想史的認識論の分析であれ、或いは国際関係論的分析であれ、日本への依拠の根本原因は同じであった。孫文の日本への依拠は客観情勢に対する主観的判断によって選択されたのであるが、これは日本に対する主観的認識如何によるものではなく、中国国内における革命と反革命勢力との力関係によって決定されたものである。この意味から言えば、孫文の主体的責任は軽くなる筈である。

　孫文の対日依存の原因を分析する研究方法論が異なることによって、その結果に対する評価も異なるのである。思想史的認識論の研究方法は、日本の中国侵略の本質に対する孫文の認識が誤っていたため、その対日依存の結果も当然誤りであり、これらは評価に値しないばかりでなく、マイナスの影響を及ぼしたと考えられる。しかし、国際関係論の研究方法を駆使して分析した場合は、逆に国内外の敵と敵との矛盾と対立を利用して主要な敵を攻撃する戦略的意義から、一時的ながらも革命に有利な面があったことを評価すべきだとされる。だが、これらは短期的評価である。孫文の対日依存が目前の革命課題を達成するために役立ったのは事実であった。例えば一九一六年日本の支援により袁の帝制反対に成功し、最後に袁を死に追い込んで政敵を打倒したことは、短期的成果として評価すべきである。これは、孫文の革命の短期的目的と日本に依拠したその手段が一時的に統一された場合のことである。

　次に、長期的評価の問題である。これは、孫文の革命運動の

最終的理想・目的と対日依存の手段が最終的に統一されるか否かのことである。孫文は革命の最終的目的達成のためにこの目的と矛盾する手段を採用し、この両者が最終的に統一されると信じていたようである。この矛盾した両者が統一されるには条件が必要であった。この条件とは、革命の過程において外部の力を利用しながら自己の勢力を増大・強化することである。これは革命運動成功の根本である。この根本的革命勢力の強大によって、対内的には国内の政敵を打倒し、対外的には不平等条約を撤廃して国家の完全独立を勝ち取り、理想・目的と手段・策略の統一を実現するべきである。

　しかし、孫文の三十余年間の革命生涯からいえば、革命の最終的理想・目的と日本に依拠したその手段は統一されなかった。これは中国近代社会潮流とも関係があった。日清・日露戦争以来の中国社会潮流は、日本の中国に対する急激な侵略によって総体的には反日的であった。孫文の対日態度と政策は、ある意味において、この歴史の流れに逆行し、中国近代歴史と社会の潮流と対立していた。例えば、日貨ボイコットに対する孫文の態度、及び南京臨時政府期漢冶萍公司等の対日借款に対する株主らの猛烈な反対は、この対立を物語るものである。このことは、孫文がブルジョア民主革命をブルジョアジーと対立しながら遂行したことを意味する。これによって孫文は、ブルジョア階級と広汎な反日的民衆から離脱し、その階級的・民衆的基盤を一層弱めた。これはまた逆に孫文の対日依存を一層強化し、その悪循環を招いた。長期的に評価した場合、これはマイナスであった。このマイナスの教訓から、孫文死後の国民党は孫文と異なる対日政策をとり、中国社会の反日潮流に沿ってその運動を遂行した。一九三七年日中戦争勃発後、国民党と共産党は抗日のため統一戦線を結成し、最後に日本の侵略に戦勝し、中

国社会の対内的・対外的進歩を促進した。これらの歴史の事件
は、中国が孫文のような対日依存によってではなく、反日運動
と抗日戦争によって初期の目的を達成し、中国社会の発展を成
し遂げたことを物語るのである。これは逆に、孫文が日本に依
拠し日本からの支援によって革命の目的を達成しようとしたそ
の手段或いは策略は、最終的にその理想と統一されなかったこ
とを示すのである。孫文死去前にその革命が成功しなかった外
的な原因は正にここにあったといえよう。

むすび

　孫文と日本との関係には、対日認識の両義的矛盾、日本に対
する言論の矛盾、対日認識と態度・行動との矛盾等が溢れてい
る。これは客観的に存在する。この矛盾した歴史現象を分析・
解釈するために、思想史的認識論の研究法・国際関係論の研究
法・比較研究法及び実証的考証等の研究方法を駆使して孫日関
係の内在的関係を究明し、それに論理的分析と解釈をした。こ
の四つの研究方法は、互いに孤立したものではなく、相互間に
つながりがあった。思想史的認識論の研究方法と国際関係論の
研究法は視座が異なる二つの研究方法であるが、「日本に対す
る」という点においては一部共通点があった。認識と認識論に
は共通点があるが、両者はまた異なる概念であるのと同様であ
る。比較研究法は歴史学の重要な一研究法であるが、その比較
にはまた、思想史的認識論の研究法で比較するのか、それとも
国際関係論の研究法で比較するかの問題があるため、実際には
後の二つの研究方法を駆使して前後左右に比較をしたのであり、
またこの比較を通じて国際関係論の研究法が合理的に確実に、

孫日関係の矛盾と前後の変化を分析・解釈し得ることを説明しようとした。実証的考証は、ある事件或いはある史料の真偽と信憑性を確認する研究法であるが、これは基礎的研究であり、思想史的認識論の研究法であれ国際関係論の研究法であれ、これらの研究が依拠する事件或いは史料の真偽と信憑性を確認するためには必要なものである。孫日関係は多様かつ複雑な関係であるため、相互につながりのある各種の研究方法を総合的に駆使して分析・解釈すべきである。

　自然現象であれ、社会現象であれ、すべてが、相対的存在である。本論文で駆使した各種の研究方法及びその分析と解釈も相対的なものであり、その結論も同様である。もしこれらを絶対化したら教条主義に陥るであろう。

第四章　戦争論―戦争と第二次世界大戦

　本論文は、戦争の定義を再検討しながら過去の戦争を類型化
し、戦争の起因と戦争勃発の条件を究明し、戦争論の歴史を叙
述すると共に、中国の抗日戦争と第二次世界大戦の関係、第二
次世界大戦・太平洋戦争における中国の抗日戦争の位置付けと
役割、抗日戦争と太平洋戦争の性質と名称などの諸問題を考究
する。

第一節　戦争論

　戦争は人類にとって好ましいものではないが、人類と世界は
ある意味戦争と共に生きてきたともいえよう。戦争とはいった
い何であり、その科学の定義はどうあるべきであろうか。戦争
の定義には様々な意見と見解がある。そのいくつかの例をあげ
てみよう。
　（一）国家のような政治的集団間の争いで、長期かつ大規模
な敵対行為 hostilitise をともなうものをいう。[1]
　（二）社会学では、この種の争いが、社会的認められた一定

---

[1]「ブリタニカ国際百科事典」第十一巻、1974 年、537 頁。

の形式で始められ、また続けられる場合にだけ戦争という言葉を用いる。つまり、戦争とは、慣習ないし法によって認められた形式をそなえた制度 institution である。[①]

（三）軍事科学でいうところの戦争とは、敵、味方双方の戦力に著しい隔絶がなく、そのために少なくとも当初その帰趨が明らかでないというものでなければならない。[②]

（四）二つ以上の国家や社会集団が武力によって対抗し、相当規模で、ある期間つづく組織された闘争である。[③]

（五）国際法的に戦争を定義すれば、独立した主権国家の軍隊間で戦われる正規戦争である。[④]

（六）戦争とはある政治目的のために政治、経済、思想、軍事的な力を利用して行われる政治集団間の闘争である。[⑤]

（七）国家間において、お互いに自国の意思を相手国に強制するために行う武力抗争の状態である。しかし、今日では戦争の主体、国家間の組織的な武力闘争という概念では狭すぎるので、二またはそれ以上の政治的権力集団間の抗争状態とされる。[⑥]

（八）人類の社会集団間において、一定の政治・経済目的のために行う武力闘争である。これは一種の特殊な社会歴史現象であり、民族と民族、国家と国家、階級と階級、政治集団と政治集団等の矛盾を解決する最高の闘争形式である。[⑦]

（九）戦争は国家間の激烈な衝突である。この他に、この用語はその他の類型の衝突―内戦・階級戦争・両性間の戦争―を

①『ブリタニカ国際百科事典』第十一巻、1974 年、537 頁。
②『ブリタニカ国際百科事典』第十一巻、1974 年、537 頁。
③『国民百科事典』第八巻、平凡社、1979 年、218 頁。
④『現代政治学事典』プレーン出版株式会社、1991 年、593 頁。
⑤『平凡社大百科事典』第八巻、平凡社、1992 年、758－761 頁。
⑥『世界大百科事典』第十八巻、平凡社、1978 年、92 頁。
⑦『中国大百科全書―軍事 II』、中国大百科出版社、1989 年、1243 頁。

表現するときにも使用される。しかし、戦争は主に一種の政治向きのものである。①

（十）戦争は、二つあるいはそれ以上の政治集団が、武装した軍隊による形式で相衝突する状態である。②

以上は、各種の百科事典あるいは百科全書に記されている戦争の定義である。これらの定義には共通点もあるが、また異なる面もある。

定義というものは、ひとつの概念を科学的に、包括的に規範化するものである。定義には、それを規定するいくつかの要素がある。上記の戦争の定義はその要素として、戦争の主体、目的、形式、期間、規模、それに国際法上の承認など様々なものをあげているが、一般に共通しているものは戦争の主体と形式である。他の要素は事典と全書により含まれているもの、ふくまれていないものとがある。このことは戦争を定義する最も重要な要素が戦争の主体と形式であることを物語る。

戦争の主体には、国家のような政治的集団、国家や社会集団、独立した主権国家、政治的権力集団、人類の社会集団、などの用語がされている。しかし、国家あるいは政治的集団は歴史発展段階における産物であり、また歴史発展により歴史から消えるものである。つまり、国家と政治的集団は、人類の歴史が始まる初段階から存在していたものではなく、人類の歴史が一定の段階にまで到達した時期に形成されたものであり、歴史が一定の段階にまで発展した場合には再び歴史から消えて行くであろう。よって、国家・政治的集団は人類の歴史における一定の時期の戦争を規定する主体としては適切であるが、その他の時期においても戦争という現象が存在していたとすれば、また存在

① 『大米百科全書』第二八巻、台北光復書局、1991 年、296 頁。
② Encyclopedia Britannica,Vol.23, 1965, 321 頁。

し得るとするならば、この主体は適応しないのである。たとえば、原始人の種族と集落の時代には国家と政治的集団が存在しない。しかしこの時代にも種族・集落の間に、支配欲、性的衝動、領土拡張、復讐の念などの原因により小集団の間に敵意が発生し、相手に攻撃を加えることがある。これは原始人の戦争である。クラウゼヴィッツ（Karl von Clausewitz）は暴力的な行動そのものを戦争と定義した。原始人の相手種族・集落に対する攻撃は暴力であるから、この意味で戦争といっても良いだろう。

　数千年後の社会は予測しにくいことではあるが、現存の国家と政治的集団がそのまま存続しているとは思えない。しかしその時代においても人間の心理的要因による欲望は存在し、これに一定の条件が満たされれば、十分な程度の敵意となって暴力として表現されるであろう。この暴力を戦争ということもできる。

　戦争は、広い意味、また種々類型を視点によって様々であるが、戦争の定義としてはその普遍的共通性を追求し、包括していることが重要である。戦争主体の規定としては、（八）の人類の社会集団が最も適切であろう。

　しかし、これは国家と政治的集団が存在する時代において、国家と政治的集団が戦争の主体であることを否定するものではない。むしろそれらが戦争の主体になるのは当然である。だが、この主体が原始人時代あるいは数千年後の時代の主体になるとは必ずしも言えないであろう。

　次は、戦争の形成、形態、つまりどんな形成で戦争をするかの問題である。上記の事典・全書には、敵対行為、武力によって対抗、闘争、武力行使を伴う闘争、武力抗争、抗争、武力闘争、激烈な衝突、武装した軍隊による形式で相衝突する状態などと規定されている。このような様々な用語の中で、ある意味において、対抗、闘争、抗争、衝突などは同様な意味を表現し

ているといえよう。相違点は、これらのものが、武力によるものか否か、この武力の行使が軍隊によるものか否かという点である。原始社会においては、生産力の未発展により兵器と生産道具との区別が厳格ではなく、石を兵器として使用していたようである。もし石製の生産道具あるいは石製の兵器を武器ということができれば戦争の形式、形態として武力行使といえる。この点はその後から現代に至る戦争において共通する普遍的なものである。この武力行使がだれによってなされるかは時代によって異なる。原始社会には軍隊という組織がなかった。軍隊が出てくるのは奴隷社会になってからのことである。だから、原始社会からの戦争を包括的に規定する場合に、軍隊間で、武装した軍隊によるという用語を使用した定義は原始社会に当てはまらない。ゆえに、「軍隊による」という用語は、奴隷社会以後現代に至る戦争を規定する場には適切であるが、原始社会からの戦争を包括するまでの普遍性はないのである。

　以上を整理すると、普遍的な戦争の形式・形態とは、武力行使をともなうところの闘争、対抗、抗争、衝突、敵対行為等と規定すべきである。

　第三は、戦争の目的である。多数の事典は目的を戦争定義の要素として取り上げていないが、一部の事典・全書には政治目的のため、政治、経済目的のためという目的性を取り上げている。戦争には、戦争に参加する各社会集団の目的があるが、その目的は多様であり、政治経済用語でこの多様な目的を包括することは不可能である。また、戦争の目的は戦争の起因や性質とも関連するため、戦争の定義にその目的を明記するのは容易なことではない。このため、一部の事典はお互いに自国の意思を相手国に強制するためという用語を使用している。この用語は政治、経済の用語より幅広い意味があり、包括性も強い。筆

者はこの用語の使用に反対ではないが、目的の多様性を包括的に表現するために、戦争に参加する社会集団が「各自の目的達成のため」にという用語を使用するのが適当であろうと思う。

　第四に、戦争規模の大小と期間の問題である。多数の事典・全書は規模と期間の要素を取り上げていないが、一部の事典では長期かつ大規模なあるいは相当規模で、ある期間続くという用語を使用している。戦争の規模と期間は関係がありつつも、一定ではない。戦争によっては大規模なものでも短期間に終わる戦争があり、小規模な戦争でも長期間続くものもある。いずれも戦争であることには相違なく、したがって長期的かつ大規模な戦争のみを戦争とするのは適切ではない。しかし武力行使には規模と期間がある。もし適切な用語でこれを規定しなければ、小さな紛争も戦争になる可能性があるので、これを制限する一定の要素と用語を規定するのも必要である。これには一定の規模で、一定の期間続くという用語を使用するのが適当であろう。

　第五に、一部の事典は正規戦争あるいは社会的に認められた一定の形式で始められ、また続けられる場合に限り戦争だと規定すべきであるとしているが、歴史上における戦争は様々な形式で始まり、また多様な形態で進行されているので、正規あるいは一定の形式でそれを規定するのは、戦争を包括的に定義するという意味においては、適当でないと思う。しかし、正規戦争を定義するときにはこのような要素を考慮し、このような用語を使用するのは当然である。だが、普遍的な戦争の定義二個の要素を付けるのは、その包括性からいって適当ではないであろう。

　上述の諸要素を総合して戦争の普遍的定義を考えると、「戦争とは人類の社会集団が各自の目的達成のために一定の規模で、

ある期間武力行使を伴う闘争（対抗、抗争、衝突、敵対行為、暴力）をするものを指す」と規定すべきであろう。

戦争の多様化によって、（個々の）戦争の定義もまた多様であるべきである。戦争は一歴史の事件として、または歴史的現象として、歴史と共に発生し、歴史と共に変化してきたのである。これがいわゆる戦争の歴史である。歴史は時期区分をすることができる。戦争もこの区別によって、原始時代の戦争、古代の戦争、中世の戦争、近世の戦争、近代の戦争、現代の戦争と分類することができる。または、歴史区別の様式が伴うことによって、原始社会期の戦争、奴隷社会期の戦争、封建社会期の戦争、資本社会期の戦争、帝国主義時代の戦争などにも分類することができる。

戦争は他にも様々な点から分類し類型化することができる。例えば、戦争の行われた地区から世界戦争、局地戦争、周辺戦争などに分けることができ、その性質から進歩的戦争、反動的戦争、正義の戦争、非正義の戦争、革命戦争、民族解放戦争、独立戦争、帝国主義戦争、宗教戦争などにわけることができる。また、戦略的には攻撃戦争、防御戦争、心理戦争などにも分けられる。その他にまた無制限戦争などにも分けることができる。

上述の各種の戦争は、その分類上の視点が異なることによって特異性をもっており、ある意味においては、他の戦争と異なる特徴をもっている。しかし、これらの様々な戦争は、戦争の普遍的要素を具備しており、その特異性のなかに戦争の普遍性が含まれているのである。戦争は普遍性と特異性をあわせ持っている。

戦争は複雑な社会・歴史現象である。それには二つあるいはそれ以上の社会集団と国家などが参加している。このため、ある特定の戦争を上述したどれかひとつの戦争観で規定するのは

不可能なことであり、また事実にも合わない。ゆえにある特定
の戦争は、地域、動機、目的、規模、期間、性格など様々な角
度から分類したいくつかの戦争名称の複合であるべきである。
それに戦争に参加する二つあるいはそれ以上の多数の国が、そ
れぞれの立場から戦争に名称をつけるために、特定のひとつの
戦争の名称も国あるいは集団によって多種多様である。しかし、
これは類型化したひとつの名称で交戦側の各方面を包括するこ
とができないということではない。例えば、立場による世界戦
争と地域戦、性格による無制限戦争と制限戦争、期間による長
期戦争と短期戦争などは、交戦国のどの側にも当てはまる名称
であろう。

　戦争の歴史的範疇を規定する場合、マルクス主義とリベラル
主義とによって大きく分かれる。マルクス主義は、戦争は社会
の生産力と生産関係が一定の段階にまで発展した産物であり、
私有制と階級の発生と国家の形成以後に発生したものであり、
私有制、階級および国家が消滅した後には戦争も消えてしまう
といっている。この私有制、階級、国家の三者の中では、私有
制がその根源であり、これによって階級と国家が形成されたと
して、戦争の根源を私有制から追及しているのである。このた
め、マルクス主義は私有制、階級、国家のない原始社会には衝
突はあっても戦争はないし、未来の理想としている共産主義社
会においても戦争は発生しないと断定している。私有制と階級
を消滅させようとするマルクス主義の政治理念と政治論理が、
戦争観に具現されたようである。

　しかし、リベラル主義的解釈は、イギリスの政治学者ウイン
ザー（Philip Windsor）がいったように個々の戦争（Wars）は国
家が始めるものだが、戦争そのもの（Wars）は民衆が作るもの

である①。このように社会制度や社会関係などの中から戦争の原因を探り、同時にまた人間の本質の中から戦争の起因を追及している。特に人間の本質に戦争の起因を求めるのがその特徴である。これはマルクス主義の私有制、階級などの概念を排除したものであり、戦争は人間と共に存在し、人間が地球上に存在する限り、戦争も存在し続けるというものである。マルクス主義は戦争あるいは戦闘における人的要素を最大限に強調し、人間の精神的要素が戦争の勝敗を左右すると考える一方で、戦争の起因における人間の役割は完全に無視しているのである。これはマルクス主義そのものが社会構造＝社会体制の変革を主眼としているために、戦争に関しても社会構造論からのみ、その起因を解釈するからであろう。

　戦争は人類と共に並存し、原始社会から現在に至る戦争を統計するのは容易なことではない。近代における戦争については、各種の統計がある。たとえば、一七四〇年、オーストリア継承戦争は一五九件（四二％）であり、純粋な国内戦争は二一八件（五八％）である。②またひとつの統計は、内戦や植民地戦争を含まない国家間の戦争は、一四九五年から一九八九年の四九五年間に一九八件あり、一年ありり〇・四件の戦争が発生しているといっている。③また別の統計によれば、一四八〇年から一九六五年にいたる四八五年間に三〇八件の戦争が発生したといっている。④そのうち、国際的戦争は一五二、帝国主義的ないし植民地戦争は七〇、市民戦争は八六であったという。⑤これらの戦争における生命、財産の損失はあまりにも厖大である

①　入江昭『二十世紀の戦争と平和』、東京大学出版会、1986年、3頁。
②『平凡社大百科事典』第八巻、759頁。
③　山本吉宣・田中明彦編『戦争と国際システム』、東京大学出版会、1992年、90頁。
④『ブリタニカ国際百科事典』第十一巻、538頁。
⑤『ブリタニカ国際百科事典』第十一巻、538頁。

ため、その統計がとれない。ただ第一次大戦における将兵の戦死者は一〇〇〇万、負傷者二〇〇〇万、民間の死者一〇〇〇万、戦中疫病と飢饉による死者二〇〇〇万である。戦争で消費した経費は三三八〇億ドル、このうち直接戦費は一八六〇億ドルと推定している。[①]これは第一次大戦より二倍ないし四倍の増加である。

では、戦争の原因は何であろうか。戦争はなぜ勃発するのか。戦争の原因を探る研究は戦争と並存して継続してきた。人類は各視角からその原因を究明しようとして、いろいろな学説を打ち出した。例えば、自然主義戦争論者は、戦争の根源は人間の生物的本性と自然環境にあるとして、戦争は自然的かつ永久的なものだといっている。文化人類学から見た戦争論も同様で、それによると戦争の原因は、人類が生まれたときから持つ攻撃的性格にあり、この攻撃性がいかなる形をとるかは文化の構造、価値体系などの相違によるといっている。

戦争はおこるものとする種族主義戦争論もある。新マルクス主義論は、戦争は人口の過剰とこれによる飢餓に起因するものであると主張し、心理主義論は、戦争起因ののみについて説明する学説は大きく分けて二つあるだろう。ひとつはリベラル社会における政治学・社会学的学派によるものである。

リベラル主義的政治学・社会学は、人間の性質の中には、条件が満たされれば戦争を始めたり、それに参加したりすることができるものがあるとし、同時にまた様々な社会制度や社会関係の中に求められるべきだといっている。[②]この学説は文明・文化論的なものでもある。文明が進歩し、文化が多様し、技術が向上し、政治が統合され、他の集団との接触が多くなるにつ

① 『ブリタニカ国際百科事典』第十一巻、554頁。
② 『ブリタニカ国際百科事典』第十一巻、554頁。

れて、種族の道徳観は次第に好戦的なものになる傾向があり、交戦者は自分たちが一層上部の集団の一員であるということを確信するようになる。この上部集団は組織化された国家のことである。国家間の戦争の表面的理由は、おのおのの国家が存続したいとか、あるいはその存続を脅かす戦争に勝つだけの準備を備えておかざるを得ない、といったものである。しかし、上部集団に属するものが自国を守る十分な組織を持っていないことを知るときに、各国がおのおの自国を防衛せざるを得ないという考えからパワー・ポリティックス（権力政治）が生まれる。戦争の原因は政治権力の集中が過大であるか、あるいは過小であるかの程度に関わっている。上部集団の政治権力の集中がどの程度ならば適当であるかということは、集団間において発展しつつある様々な面の間の調整がどれほど行われているかによって決められる。これらの面とは、運輸、通信および貿易を通じての接触、文化や価値観の標準化あるいは補完性を通じての相互理解、相互信頼や共通目的の承認を表明する共同作業、法秩序の紛争の解決あるいは暴力の抑圧を実現するための組織などである。これらの諸方面における発展と政治権力の集中との相互関係が同じ歩調で発展し、相互のバランスが取れた場合は戦争が避けられ、そうでない場合には戦争が発生する。[①]これは各交戦国集団あるいは国家の内部構造の作用と、これを取り巻く環境の諸関係のアンバランスによって戦争が発生・勃発するというものである。

　文明・文化の発展に伴って、戦争の原因も大きく変わってきたし、同時にまた戦争の原因に関する研究もその焦点が変わってくるのである。リベラル主義的研究においては、好戦単位あ

---

① 『中国大百科事典—軍事 II』、1253 頁。

るいは国家の役割よりも、それらに所属する全人間社会の役割に焦点を当てる傾向が強くなっている。これは人間社会の組織を全体として分析・使用とするものである構造的、物質的、客観的な要因よりも、精神的主観的要因のほうに重点をおき、道義的観点からのアプローチを重視する。

　近代における戦争論で最も権威があったのはカラウゼヴィッツの大著『戦争論』である。これはナポレオン戦争をその歴史的背景から捉えた十二年間にわたる長期研究の大作である。戦争論における彼の寄与は「戦争は他の手段による政治の継続である」[①]との命題であり、戦争と政治の相互関係を明確に打ち出したことである。彼の戦争論によれば、「戦争の起因は両方の政治にあり、政治は戦争を育む母体である」[②]といっている。この見解は近代軍事思想に大きな影響を及ぼした。その影響を最も受けたのはマルクス主義者である。マルクス主義的戦争論はヘーゲル歴史学的戦争論を受け入れると同時に、クラウゼヴィッツの戦争論の上記命題を完全に受け入れ、これを活用して近代、現代におけるあらゆる戦争の起因と性質を説明しようとしている。レーニン、スターリン、毛沢東らはクラウゼヴィッツの上記命題をそのまま引用し、レーニンは彼の見解をそのまま受け入れていると公言している。[③]

　さらに、マルクス主義者らはクラウゼヴィッツの命題を一層活用し、それを階級戦争論にまで発展させている。では、戦争は他の手段による政治の継続であるとしたら、その政治とは何であるか。クラウゼヴィッツにとっての政治は社会全体の利害関係のすべてを包括するものであったが、またそうあるべきも

---

① 『中国大百科全書―軍事 II』、1254 頁。
② 『ブリタニカ国際百科事典』第十一巻、539－540 頁参照。
③ 列寧『戦争と革命』『列寧全集』第二四巻、人民出版社、368 頁。

のであったが、マルクス主義においての政治の概念はこれとは異なっている。政治とはひとつの社会全体に即するものでなく、ひとつの階級とこの階級が支配する国家のものであり、この階級の本質によってこの国家の対内的政治と対外的政治が決定され、この政治の継続がいわゆる戦争の起因であり、また戦争そのものの目的と性質を規定するのだといっている。

　この説の根本にあるものは階級である。では、階級とは何か。マルクス主義は階級とは、原始社会末期に私有財産が発生し、それによって私有財産を持つものと持たぬものがわかれ、対立した二つの階級になったといっている。戦争は持てる階級の政治によるものであり、持たざる階級も持てるものに反対する革命戦争を起こす基因になるといっている。このような論理から、戦争は階級政治の産物であり、また階級の消滅によって戦争も歴史からその姿を消すといっている。

　マルクス主義戦争論のもうひとつの特色は、戦争の原因と経済との関係についての論理である。戦争は政治の継続だと定義すれば、政治は経済の集中的表現であり、あらゆる戦争は敵対する両方の経済的利益と緊密な関係にある。ゆえに、階級社会における戦争の究極的原因は、ある階級、民族、政治手段が経済的利益を争奪あるいは維持するためのものである。これが国家間の戦争の場合には、経済的利益を中心とした国益をかけた戦いになるのである。

　マルクス主義戦争論は、資本主義と帝国主義時代の産物であり、この時代の戦争を分析するときには意義あるものである。しかし、戦争の普遍性を包括するためには、時代にふさわしい新しい戦争論を追及すべきであろう。この課題はどのような戦争論にも共通するものであり、すべての戦争論は絶対的なものでなく、相対的なものである。

　戦争の起因を論ずる際に、時には起因の根源と起因が作用するための条件（主観的、客観的）を混同する場合もある。上述のような戦争の原因は人類社会に常に潜在しているが、それが作用し戦争にいたるまでには主観的あるいは客観的条件と環境が待たさなければならない。ゆえに、この条件・環境が時には戦争を誘発する原因とみなされることもある。それは、そのような条件と環境を具備していなければ戦争の潜在的起因が作用しないからである。だが、この両者も相対的なものであり、絶対的なものではなく、区別しにくい場合もある。

　戦争起因の根源と起因が作用する条件は、また、戦争の必然性、偶然性、選択性にもかかわる問題でもある。上述のように、戦争の起因には様々な説があるが、自然主義戦争論、文化人類学の戦争論、心理主義戦争論、マルクス主義戦争論（階級社会において）などは、戦争の必然性を強調し、例えばマルクス主義戦争論は帝国主義は戦争だと断定し、階級社会においては避けることができないと主張している。しかし、この必然性が何時、何処で、どのような形態で発生するかには偶然性が伴うが、この偶然性は、その必然性の具体的表現であるという。つまり、偶然性の中に必然性が含まれている。このような説は、選択性を否定するものである。しかし、リベラル主義的主張は、戦争も平和も人間がつくるものであり、人間には選択の能力があるから戦争を放棄し平和を選択することができるし、または平和を放棄し戦争を選択することもできるといっている。この必然性と選択性に関して筆者は、必然性とは戦争起因の潜在的存在を指すべきであり、潜在的必然性は常に存在するが、この潜在的根源が作用するには主観的、客観的条件が必要であり、この条件は人間が選択しえるものであると思う。だが時には、この主観的、客観的条件を戦争の起因と見なし、これによって戦争

と平和は人間によって選択されると主張しているのである。平和を切望するものは、特にこの選択性を強調し、戦争を防止し、平和を守るために経済的国際主義、精神的国際主義、知的文化交流を強調し、これによって戦争を防止する国際的条件を作り出すことができると主張している。これはいわゆる人間の選択である。この選択によって、戦争の潜在的根源が作用しないようにすることは可能である。歴史において戦争勃発の危機を克服した事実は、この可能性を立証するものである。

　戦争に関する研究は、戦争が発生したその時代から始まったとも言えよう。中国においては、最古の象形文字＝甲骨文では戦争を争、伐、古代の漢書では戦、征、兵などの字で表現し、戦国時代の兵書呉子に戦争という名詞がはじめて出てくる。その後、中国においては、孫子兵法、司馬法、六韜、尉寮子、三略、李衛公問対などの兵書が出て、呉子と共にこれらを武経七書、兵経百篇など多数の戦争と軍事関係の書籍が出版された。これらの兵書は中国国内戦争を背景に、その内戦の法則を研究したものであるが、孫子兵法などは現代の戦争理論研究にも適用できるばかりではなく、その原理は現代の経済、経営研究にも応用されている。欧米においては、紀元前三〇〇〇年の古代ギリシャ人たちが戦闘する様子などが彫刻の形式で表現され、古代の戦争研究に役立っている。近代においてはクラウゼヴィッツの大著『戦争論』がひとつの時代を代表する選書として、戦争の性質、戦争の理論、戦略、戦闘、軍隊、戦争経過、戦術など、様々な分野における法則、理論などを論述している。その後に出版されたスペンサーの『社会学原理』なども戦争と政治、社会文明の関係などを研究した書籍である。この著書は政治、社会文明史の研究だけでなく、社会文明と政治＝戦争の構造などの研究において相当の影響を与えていた。第一次、第

二次大戦などに関する実証的研究と理論的研究書は枚挙に暇が
ない。

　上述の兵書・戦書には、パルチザンの戦争理論を取り上げたも
のもある。クラウザヴィッツの第二の命題は、侵略に抵抗する
国民のパルチザン戦争論である。二十世紀においてパルチザン
戦争が活発になっていることを考えると、クラウゼヴィッツの
この命題は天才的な予言であった。アジアにおいては、毛沢東
の持久戦論と中国革命戦争の戦略問題などもパルチザン戦争の
理論的著作である。

　戦争に関する理論的研究は、戦争勃発の背景から終結にいた
る全過程を研究するものである。この過程は客観的に存在する
ものであり、人間が研究を通じてその客観的現象から戦争の法
則を認識、総括したものである。この客観的存在と認識・総括・
体系化の結合が戦争の理論である。法則と理論は、ある意味に
おいては、同意義のもである。戦争の法則は、様々な戦争にお
いて複合的に常に発生するものであり、戦争の形態が変化して
もその全過程において変化しないものである。この法則は戦争
の全過程における各種の矛盾の本質的連係・制約と戦争進展の
必然的趨勢の中に終始貫通している。これを戦争の普遍的法則
という。この他に、特殊な戦争には特殊な法則があり、この特
殊な法則の中にも普遍的法則が含まれているのである。これは
戦争法則・理論の普遍性と特殊性の弁証法的関係である。

　戦争の理論は大いに発展し、様々なものがある。戦争は軍事
行動である。50年代アメリカにおいて流行した行動革命の触発
により、戦争論の領域にも戦争の行動科学的な研究法が導入さ
れた。これは国家間の戦争を中心とし、国際政治の視野から、
戦争行動そのものを客観的な分析の対象とし、自然科学領域で
利用されている統計的あるいは数理的手法を駆使して戦争の客

観的法則を追及しようとしたものである。これにより、60 年代に国際政治あるいは戦争を分析する方法論に関し伝統主義と行動科学主義との間に大きな論争が起こった。行動科学的研究は、歴史、哲学、制度など国際政治学の中心に位置したものを軽視しあるいは無視し、数量的方法により戦争が発生する法則を探ろうとした。[①]

　しかし、60 年代末には行動科学論に対する批判が起こり、70 年代に相互依存論世界システム論などが提起された。これらの研究は、戦争をその主眼とするような印象がある。その後 70 年代前半期に提出され覇権定論あるいは近代から存在し現代に至っている勢力均衡安定論などは、国際システムと国際条件を中心として戦争抑制、平和維持の課題を解明しようとしたものであった。[②]これは戦争あるいは平和に対する法則的研究であり、理論的研究である。戦争と平和は対立的なものでありながら対称的なものである。戦争に対する研究は平和を維持するがためであり、平和に対する研究は戦争を防止するがためである。戦争論の研究において、単なる戦争そのものを研究するのではなく平和の問題をも組み合わせて総合的研究する方法を採用すべきであろう。

第二節　抗日戦争と第二次世界大戦

　今年（1995 年）は第二次世界大戦終結五十周年に当たる。この大戦はすでに五十年前の歴史になり、われわれはこれを歴史として研究し、その研究から歴史の教訓を吸収し、21 世紀にお

---

① 山本吉宣・田中明彦編『戦争と国際システム』第一章参照。
② 山本吉宣・田中明彦編『戦争と国際システム』第一章参照。

ける平和を確保するための努力をしている。中国は第二次世界
大戦の主要な参加国であり、大戦に関する研究も盛んである。
特に大戦の主要な一戦場であった中日戦争=抗日戦争の研究が
幅広く進められている。中国における第二次世界大戦の研究の
現状を踏まえながら、これらに関する筆者の私見を述べること
にする。

　第一に、第二次世界大戦の起点の問題を取り上げてみる。

　第二次世界大戦研究における一般的見解は、一九三九年九月
一日ドイツのポーランド侵攻開始と、九月三日の英・仏の対独宣
戦布告を第二次世界大戦の起点としている。中国においては、
多数の学者がこの見解に賛成しているが、特に抗日戦争史を研
究する学者の一部には、一九三七年七月七日に勃発した抗日戦
争=中日戦争を第二次世界大戦の起点とすべきだとの意見があ
る。その理由は、（一）抗日戦争はドイツのポーランド侵攻より
二年二カ月前に勃発し、その戦争が太平洋戦争を通じて世界大
戦にまで発展した。（二）中国は第二次世界の最大敵国である日
本帝国主義と長期にわたって血を流して戦った。（三）中国の抗
日戦争が世界大戦の勝利に大きな貢献をした、というものであ
る。これを大戦勃発前にドイツ、イタリアに占領されたエチオ
ピアなどの被侵略国と比べた場合、また対戦中において同盟国
に侵略され、降伏・占領された国にくらべた場合、中国は最後
の最後まで戦い抜いた四大国のひとつである。それに中国は総
合的な国力がほかの列国に比べて弱く、日本と比較しても経済、
軍事面において劣っていた。独・伊・日の同盟国は必然的に弱い
国を侵略し、そこを占領した後に英・仏・らの強国に戦争を仕掛
けたのであるが、この弱い中国が強大な日本帝国を相手に八年
間も戦い続け、最後に勝利を収めたことは、第二次世界大戦に
おける奇蹟であったともいえよう。

　しかし、これらの事実によって抗日戦争が第二次世界大戦の起点ということになりえるのであろうか。抗日戦争がその後の太平洋戦争につながり第二次大戦の重要な構成部分になって、中国が一九四三年十一月のカイロ宣言に参加したことは、抗日戦争と太平洋戦争および欧洲における戦争との連続性を十分に説明しうるものではある。だが、この連続性のゆえに、抗日戦争が世界大戦の起点になったとは言えない。

　世界には、第一次、第二次と二度の大戦があった。この大戦が勃発した共通点を探れば、世界大戦の起点がどこにあったかを解明できるのではないか。第一次世界大戦はオーストリアハンガリー帝国皇太子夫妻が暗殺されたことを契機に、一九一四年七月二十八日オーストリアがセルビアに宣戦を布告、アジアにおいては八月二十三日日本がドイツに宣戦した。イタリアは一九一五年五月二十四日、アメリカは一九一七年四月六日、中国は同年八月十四日ドイツに宣戦した。こうして世界の主な国が大戦に参加し、第一次世界大戦となった。第二次世界大戦は一九三九年九月一日ドイツのポーランド侵攻、九月三日英・仏のドイツへの宣戦布告、十一月ソ連のフィンランド進出、一九四〇年ドイツのノルウェーデンマーク侵略、五月オランダ、ベルギー、ルクセンブルク侵攻、六月イタリアの対英・仏宣戦布告、九月イタリア軍エジプト侵入、一九四一年六月ドイツの対ソ宣戦布告、十二月八日、日本の対英・米宣戦となって、完全な世界大戦へと発展した。

　この両大戦を比較した場合、ひとつの共通点として、地域的戦争の勃発とともに二、三の大国が透明あるいは協約関係に基づいて即時に参戦し、お互いに宣戦を布告したことである。これは偶然ではなく戦争が勃発する前にこれらの国家間に既に矛盾と対立が激化し、一触即発の状態にあったからである。これ

は矛盾と対立の連鎖的反応である。十二月八日の太平洋戦争勃発後にも連鎖的反応が起こった。この連鎖反応が急速に世界に波及していった場合、この両国間あるいは数国間の戦争の始まりが世界大戦の起点になるのである。これは、その内部に連鎖的反応を起こす内在的な要因があったからで、本質的にも起点になる重要な要因があったといえる。

　しかし、中国の抗日戦争では、この戦争の勃発によって上述のような連鎖的反応が起こらなかった。これは東アジアにおいてこの戦争をめぐる列強の対立がそれほど激化していなかったこと、欧洲における列強間の対立の激化が東アジアにおける列強の行動を制限したことと関係がある。この事実は、一九三七年において中国が世界列強間の争奪の焦点にまでなっていなかったことを示し、これが世界大戦にまで発展しなかった原因である。この事実は、抗日戦争が第二次世界大戦の起点にならないことを説明できると考える。中国の一部の学者は抗日戦争と太平洋戦争の連続性を強調し、またこれによって世界大戦の起点説を立証しようともする。確かに、当然ながらその間には連続性がある。たとえば、日本は英米が裏で中国を支援しているために中国が日本に降伏しないと考え、英米の中の開戦派に戦争を終結させることが必要だと考えた。だが、日本はまた南進のために、日中戦争の早期決着を希望していたのも事実である。日本が太平洋戦争を起こした主な目的は、一九四〇年春以来の欧洲戦況の大変化を利用して、一時真空状態になっていた東南アジア西太平洋地域の植民地を争奪し、この地域における覇権を確立しようと夢見ていたからである。それに、日中戦争と太平洋戦争の間には四年五カ月間の隔たりがあり、即時的連鎖性がない。アジアと太平洋地域における宣戦布告の連鎖性は、一九四一年十二月八日、日本の真珠湾攻撃によって始まるので

ある。この意味から言えば、アジア・太平洋における世界大戦の
起点はこの十二月八日とするべきである。

　欧洲およびアジア・太平洋における対戦の勃発により、この大
戦争は名実共に世界大戦になったのである。しかし、この両大
戦勃発の間には二年三カ月の隔たりがあり、両大戦は同時に勃
発したものではないことがわかる。また、第二次大戦において
世界の主な国々が大戦に参加する時期にも隔たりがあった。こ
れらの事実が示すように、世界大戦は世界の主な国々が一挙に
参戦するのではなく、必ず主な数カ国が参戦し、その後に、三
年の間に他の国が宣戦して初めて世界大戦になったのである。
これには同盟・協約による連鎖性と連続性が共に並存する。しか
し、日中戦争と太平洋戦争の関係においては、連鎖性よりも連
続性の方が強く、日中戦争が太平洋戦争勃発の主な原因ではな
いと考えられる。これも日中戦争が世界大戦の起点にならない
一つの理由であろう。

　では、日中戦争と太平洋戦争＝世界大戦はどのような過程を
経て、いつ繋がり、世界大戦の重要な一構成部分になったのだ
ろうか。また世界大戦における中国の抗日戦争の位置、役割は
何であったのだろうか。この問題は中国と日本・欧米列強との
相互関係から考察すべきである。中国は十九世紀半頃までは、
明・清帝国を中心にアジアにおいて独自の「華夷秩序」を維持
していたが、これがアヘン戦争から始まる欧米と日本の侵略に
より、「華夷秩序」の頭首の地位を失い、徐々に欧米と日本の半
植民地に転落し、これらの列強との関係は侵略と被侵略、植民
地化と反植民地化の関係で結ばれていった。日本と欧米列強は、
対中国侵略をめぐり、二重の関係を持っていた。一面では中国
侵略のため互いに協力・支持しあいながら、他面では中国にお
ける勢力範囲・利権拡大などの諸問題をめぐり争奪しあい、こ

れにより中国における日本と欧米列強の矛盾と対立が激化し、欧米は日本を牽制し始めた。ワシントン体制と九カ国条約はこの矛盾、対立と牽制を典型的に表すものであった。しかし、日本は満洲事変と盧溝橋事変を誘発し、中国におけるこの体制を打破し、欧米列強とともに公然と中国を争奪し始め、欧米列強の植民地的権益を侵犯、排除し始めた。これによって中国をめぐる日本と欧米列強の矛盾と対立が一層激化した。一九三七年十一月のブリュッセル会議はこの矛盾と対立を示すものであった。この会議は九カ国条約によって開催されたが、日本は参加を拒否し、欧米八カ国も各国の内部と対外関係の諸事情により日本の中国に対する全面的侵略を牽制する断固たる対策をとらず、会議は何の成果を上げることも出来なかった。これは、逆に言えば、中国侵略戦争をめぐる日本の対英米外交の「勝利」でもあった。日本は欧米の対日牽制力の弱化にともない、四〇年六月にはイギリスに対して中国援助物資の輸送路であるビルマ・ルートの閉鎖を要求し、九月にはフランスの植民地、北部仏印へ侵攻し、同時にまたアメリカを標的とした日伊独三国同盟を締結し、アジア・太平洋における日米の対立が一層激化した。その一つの焦点は日本軍が中国から撤退することであった。この問題は一九四一年春からの日米交渉において取り上げられ、日中戦争は日本とアメリカの対立激化により、アジア・太平洋地域における国際関係の焦点の一つになり、太平洋戦争勃発に繋がる条件が整った。もし日本の南進と三国同盟の締結がなければ、太平洋戦争も少なくとも二、三年間は勃発せず、日中戦争は世界大戦につながらなかったかも知れない。アジア・太平洋における日本とアメリカ・欧洲列強間の対立と争奪の激化は、中国人民の抗日戦争の世界的地位と意義を一層高めた。太平洋戦争勃発後における抗日戦争の役割もこのことを十分に説明す

る。抗日戦争は世界反ファシズム戦争の一構成部分として、日本侵略軍に打撃を与え、また日本の南進と北進政策を大いに牽制し、連合軍の最終勝利に重要な役割を果たしたのである。また太平洋戦場におけるアメリカ等連合軍の作戦も、抗日戦争の勝利に積極的な支持を与えたのである。

　第二次世界大戦が勃発するまでの日中戦争は第二次世界大戦史においてどう位置付けるべきであろうか。第二次大戦は、先ず局部的戦争があって、そこから世界的戦争に発展したのである。これは欧洲においてもアジア・太平洋地域においても同様である。欧洲では一九三五年イタリアのエチオピア合併、三八年ドイツのオーストリア合併、三九年ドイツのボヘミア、モルビア占領、同年イタリアのアルバニア占領など、相次いでドイツ、イタリアの侵略的局部戦争が始まった。アジア・太平洋においても一九三一年の満洲事変、三七年の盧溝橋事変などが勃発した。東西におけるこれらの戦争と侵略的行為が発生したとき、これが世界大戦にまで発展し、または世界大戦の起点になると考えたものは少数であり、それも断定でなく警戒であっただろう。第二次大戦が三九年九月欧洲で勃発したとき、日中戦争が欧洲大戦に結びつき世界大戦の一部分になると断定した人は皆無であっただろう。だが、日中戦争が欧洲大戦と連結されることを希望していた中国人は多数存在していたと思う。それは、この介入によって日中戦争を早期に解決しようとしたからである。このような状況から、局部戦争と侵略行為が世界大戦と直接つながったのは世界大戦が勃発した後である。これは歴史的事件が一定の過程まで進行し、または終結した後に過去を総括するのと同様である。このような歴史的視点から、世界大戦勃発前までの局部的戦争と侵略行為を、世界大戦が勃発した後に大戦の前史と位置付けたのである。これは局部戦争と全面

的世界戦争の連続性を意味する。この意味で、抗日戦争あるいは日中戦争は大戦が勃発するまでは第二次世界大戦の前史とすべきである。

　第二次大戦は、欧洲戦場とアジア・太平洋戦場に相対的にそれほど影響されていない。この現象をどう説明し分析すべきであろうか。これはアジア・太平洋地域の世界における位置と直接関係がある。アジア・太平洋の諸国は十八、九世紀から徐々に欧米列国の植民地あるいは半植民地に転落し、これらの国の宗主国は皆欧米列強であった。日本は条約改正によって完全な主権国家であったが、世界列強のなかでは第二流に属する国家であったため、ある意味においては、欧米列強の鼻息を窺う立場にあった。それに近代文明は初めに欧米において発展し、それがアジア・太平洋地域に波及したのである。これらの諸事情により、近代の世界においては欧米が中心的地位にあり、アジア・太平洋地域は、ある意味で欧米に従属する存在であったといえる。それに、第二次大戦は「持てる国」と「持たざる国」が、世界を再分割する戦争であったため、アジア・太平洋の植民地は満洲、台湾、朝鮮、赤道以北の南洋諸島を除けば、すべて欧米のものであった。故にアジア・太平洋における植民地の再分割は、必然的に、「持たざる国」日本と「持てる国」欧米との争奪戦になり、双方がこの地域における支配権＝覇権を争うようになるのである。故に、この地域における大戦の勃発の原因と勝敗には欧米との直接的内在関係があるが、欧洲地域における再分割、覇権問題に対するアジア・太平洋地域の影響は少ない。このような関係は、アジア・太平洋における大戦の性質を決定する重要な一つの要因になる。

　前述のように、特定の一つの戦争は類型化した各種の戦争の複合であり、敵対する双方の戦争の動機と目的によって、異な

る名称と異なる性質を持っているのである。抗日戦争＝日中戦争と太平洋戦争は既に半世紀前の歴史となり、われわれはこれを歴史として、自由で独立した知的努力で研究すべきであるが、これらの戦争はまだ完全に歴史に風化していない。このために国家的勢力、政治集団の圧力、階級利益などのさまざまな力がこの研究に影響を及ぼしている。故に、これらの戦争の性質を論ずるのは、また政治問題と繋がっているのである。最近日本の国会と政界における戦後五十周年の「不戦宣言」をめぐる対立は、このような政治性を示すものである。

　抗日戦争＝日中戦争は、日本帝国主義の面からすれば侵略戦争であり、中国側からいった場合には抗日あるいは反日戦争である。この戦争を日独伊の世界ファシズムの視点からいった場合には、ファシズムと民主主義との戦いでもある。植民地主義の視点からすると、植民地戦争と民族解放戦争である。階級とイデオロギーの視点からいった場合には、また別の性質があるだろう。中国は当時国民党と共産党が抗日統一戦線を結成し共同して日本の侵略に対抗していたが、内部においては階級的対立のため摩擦があり、この戦場も二つに分かれた。それに、一方はソ連、一方はアメリカの支援を受けており、ここにもイデオロギー的対立があった。抗日戦争の裏のこのような対立と暗流は終戦後に公然化し、中国国内戦争になった。これは、戦後の冷戦の一環になり、米ソを中心とした両陣営が東アジアにおける対立の焦点となった。このような事情から、抗日戦争は階級的、イデオロギー的性質をも兼ね備えていたといえよう。

　次は、日中戦争における「十五年戦争論」の問題である。「十五年戦争論」は日本の一部の学者らが提出し、中国でもこの見解に賛成する研究者もいる。この説は、日中戦争は満洲事変から一九四五年までの十五年間の戦争であるという。満洲事変か

ら盧溝橋事変までの連続性と必然性からいえば、そういえるし、またこのように呼ぶことによって両事変の内在的関係を明確に説明することが出来ると思う。この意味では、この「十五年戦争論」は意義あることである。しかし、歴史の発展にはその連続性があると同時に、また段階性があり、満洲事変は華北分離工作の段階を経て盧溝橋事変に至ったのである。この段階性と前述の戦争の定義からいえば、一九三三年五月塘沽協定締結から一九三七年七月の盧溝橋事変までは戦争といえる戦争はなかった。戦争の定義からいえば、一九三三年五月から一九三七年の七月のまでの間には段階的断絶があるのだから、日中戦争を十五年戦争と称するのは適当でないのである。このため、中国では一般的に「八年抗戦」といい、中日戦争を「八年抗日戦争」と呼ぶ。

　こう呼ぶことには、また一つの理由がある。満洲事変のとき、中国では南方の江西省を中心に国民党と共産党の内戦が展開され、抗日といえるものは、満洲における東北軍の一部の部隊の行動と国民党中央軍の一部が上海事変で日本軍と戦ったことぐらいにすぎなかった。共産党の紅軍はこの戦争に直接参加していないのである。したがって、中国の両党の抗日という場合、一部の連続性はあっても段階的断絶があるのである。故に、大陸と台湾共に「八年抗戦」の説が圧倒的である。中国において「十五年戦争論」を主張する研究者には東北地域の人が多い感じがする。

　一部の日本の学者のなかには一八九四－五年の日清戦争から、日中間の戦争を五十年戦争と称すべきだとの説もある。これは、上述のように、日本の対中国侵略行為の連続性を指すものであり、戦争そのものの連続性を指すものではない。もしこれを連続性と言ったら、これは戦争の定義にふさわしくない。このた

め「日中五十年戦争論」は成り立たないと思う。

　太平洋戦争の性質は何であったろうか。この戦争は、先ずアジアと太平洋地域における国際システムの主体国家間の戦争であった。この主体国家は皆この地域に植民地を持つ国であり、この戦争を起こした日本と米、英らの帝国主義国家が、この地域の植民地を再分割する帝国主義戦争であり、植民地主義戦争であり、またこの地域における覇権を争う戦争でもあった。太平洋戦争は世界反ファシズム戦争の一環として、ファシズムに反対し民主主義を守る戦争でもあった。これはこの地域の植民地における民主主義を守るとの意味ではなく、日本ファシズムと欧米民主主義の対立を示すものである。被植民地国家から見たこの戦争は、民族解放、民族独立の戦争であった。民族主義戦争ともいえる。しかしこの民族解放戦争は二重に解放の意味があり、複雑な環境と矛盾する内容を持つ戦争であった。太平洋戦争勃発前後の一時期までは、この地域の民族主義者と民族解放運動は各自の植民地宗主国である欧洲に反対し、またこれがために一時日本に期待し、日本の「支援」のもとで、また日本軍と「協力」して欧洲の宗主国と戦ったのである。このような現象はビルマ、インドネシアなどで起こり、太平洋戦争が勃発し、日本がこの地域を占領する時期に発生した。この原因は、（一）日本が南進してビルマ、インドネシアなどを占領するときに「黄白人種論」を掲げ、黄色人種の白色人種支配からの「解放」を唱え、「大東亜共栄圏」のスローガンを鼓吹したこと、（二）この地域の民族勢力はまだ微弱であり、自分自身の力では宗主国と戦って勝つことが不可能であったため、日本の侵攻と宗主国間に発生した戦闘の対立を利用して、まず主な白人宗主国の支配を打倒し、民族の独立と解放を獲得しようとしたことである。しかし、日本がこれらの地域を占領した後には、この地域

で軍政を実施し、彼らの解放と独立を支持するとの約束を裏切り、この地域を日本の植民地にしようとした。これは、この地域の人民が白人植民地支配から黄色人＝日本人の植民地に転換したことを意味するものであった。このため、この地域の民族勢力は太平洋戦争の中期と後期には新植民地主義者＝日本軍と戦わざるをえなかった。これは日本からの解放を目指す民族解放運動であり、これが大戦後の民族解放と国家の独立運動に繋がったのである。

　上述のように、アジア・太平洋地域における大戦は多様かつ複雑な戦争であるため、これを特定の一つの名称で総括することは容易なことではない。一説では、アジア・太平洋戦争と称するべきだと主張している。これは地域的視点からいったものであり、この地域のすべての戦争を地域的にカバーする点からいえば、太平洋戦争よりは良いと思う。戦争の名称を科学的に規定するのは戦史研究において重要なことであるが、一般的に習慣性が強いので、習慣的名称から科学的名称に変えるのは容易なことではない。もし、「アジア・太平洋戦争」という名称が各国の国民と学界に徐々になじんでいくならば、この名称を使用することもよいであろう。これは各国が独自の立場から自国における戦争を独自の名称で呼ぶのを排するものではない。アジア・太平洋地域における戦争名称には普遍性と特異性が共存することにも合理性がある。

　戦争の歴史は示唆に富んでいる。過去の戦争は現代の戦争を規定するために存在するものではないが、過去の戦争を知ることによって現代の戦争を知ることが出来、反省のための事例を得ることが出来る。過去の戦争を研究し、理解することは過去の戦争を超越するためであり、戦争を超越することは平和を求めることである。

附 Transition of the international system and relationships in East Asia in the first half of the twentieth century

From the middle of the nineteenth century to the middle of the twentieth century' the international system in East Asia has three times undergone enormous change, accompanied by subsequent shifts in the relations between East Asian nations. The aims of this chapter are to investigate the process and causes of the transition seen in the international system of the East Asia, to look deep into its influence upon the relations between East Asian nations, and moreover, to consider what kind of lessons it should give to East Asia, at the approach of the twenty-first century.

The history of the East Asia in the twentieth century was divided into two periods at the end of the World War II. Between these two periods can be seen sequential and casual relationship, but there was a relative gap; that is, in the latter period, the international system, the domestic structure of each nation, and the mutual relationships between nations were different from the first period. Compared to those two periods, the gap between the latter half of the nineteenth century and the first half of the twentieth century was so small that the two can be considered as one historical stage or period. In general, a century is defined as a series of one hundred years, and in East Asia the hundred –year period from the middle of the nineteenth century to the middle of the twentieth century should be regarded as 'one century'. When examining the history of East Asia in the first half of the twentieth century, one must, therefore, begin with the latter half of the nineteenth century.

Until the middle of the nineteenth century, the 'Chinese Barbarian system' had existed in East Asia, a peculiar international system under the powerful Ming and Qing dynasties. This was a pre-modern international system, in which the emperor of China conferred titles of nobility on surrounding nations, with the latter bringing tributes to the former, and the former putting restrains on the latter. The system was based on the characteristic ideas of Confucianism, including the Three Cardinal Guides.

Under the Chinese Barbarian system, the countries of the West were regarded as 'barbarian countries' which should bring tributes to China. At one time, the Western nations also accepted this kind of relationship, and during the one-and-a-half centuries until the end of the eighteenth century countries such as English, Russia, and Holland had brought tributes a total of seventeen times. However, the form of tributes gradually changed, and in the first half of the nineteenth century the West began to utilize this system as a means of trade through which they could make great profit. There were a number of factors behind this change: the empire of China, at the center of the Chinese Barbarian system, began to decline; from the seventeenth century into the eighteenth century, the Western powers carried out bourgeois revolutions and converted to modern capitalistic societies; and after the Industrial Revolution of the mid-eighteenth century, they tried to extend their sphere of influence outside the West. This was due to the mechanism of expansion inherent in the Western capitalistic system; in other words, the need to accumulate capital and develop suppliers of natural resources and new markets. For these purposes, the western powers, including England, made inroads into East Asia. The confrontation of the two different international systems appeared in the form of the Opium War, which broke out in China in 1840.

China was defeated in the Opium War and part of the Chinese Barbarian system began to collapse. In 1842' England entered into the Nanjing Treaty with the Qing dynasty. With this as a start, a series was concluded by the other Western powers, which meant that a legal system began to take shape between the Qing dynasty—the leader of Chinese—barbarian system—and the western powers. The Western powers also concluded various unequal treaties with Korea, Japan, Vietnam, and so on, and established similar legal relations with these nations. However, the traditional power relationship of the Chinese Barbarian system in East Asia did not immediately collapse, but after a number of wars, it was completely demolished at the time of the Sino-Japanese War (1894-5). At that point, the Western powers established a colonial international system in East Asia which greatly changed the international environment in East Asia. This was the first change in the international system of East Asia.

In Europe the formation of the Western-style international system had begun with the Treaty of Westphalia in 1648. Under its principle of 'balance of power', the sovereignty, independence and equality of each nation were respected, and on this basis peace was maintained until World War I. However, when this legal system was applied to East Asia, it was against the principle of Westphalia Treaty; the sovereignty and independence of East Asian nations were violated and the conclusion of unequal treaties put them in a subordinate position by force. The international system in East Asia was transformed from the Chinese Barbarian system into a colonial system, and the century-long colonial period began.

How could the Western powers force such a system on East Asia? And why did East Asia accept it and fall into colonial status of the West? The main cause was the equality of the social and historical development between East Asia and the Western powers. Similar phenomena were observed all over the world, not only in East Asia but also in Southeast Asia, Latin America, Africa, and so on. The West shifted from a feudal society to a capitalistic society after going through the bourgeois revolution during the middle of the seventeenth century in England, the American Revolution in the eighteenth century, and the French Revolution in the late eighteenth century. The established modern political system and economic structures through the Industrial Revolution, and organized modern armed forces equipped with new weapons; the strength of each nation rapidly grew.

Unlike the West, the East Asian nations still possessed feudal societies under the control of royal authority, and agriculture played a central role in their economies. Their armed forces were not equipped with modern weapons, and their military training was also pre-modern. At that time, East Asia was two hundred years behind England, one hundred years behind America and more than fifth years behind France. This represented not only a time lag, but also a fundamental gap in the historical development of the society. The

Western nations were successful in breaking down their own feudal societies through revolutions and reforms which transformed them into capitalistic societies. A capitalistic society is more advanced and superior to a feudal society.

As the Western powers advanced into East Asia, their capitalistic societies confronted East Asia's feudal ones. Considering the gap in social development between the two, it is only natural that, in this confrontation, the modern and powerful Western nations overpowered the weak pre-modern East Asian nations, which could not resist invasion. This inequality in social development produced a considerable gap of national strength between Western and East Asian nations, and the colonial system with its law of the jungle—the weak are victims of the strong—prevailed. That is to say, the theory of "inequality power", one of the principles of the Western-style international system, was applied to East Asia by the West.

A similar gap in the historical development of society also existed between East Asian nations. As a member of the Confucian bloc of East Asia, Japan held a unique position among those nations at that time. Until the middle of the sixteen century, Japan had been a part of the Chinese Barbarian system, but seceded from it following the Ming-Japanese War, which was started by Hideyoshi Toyotomi in 1591. Japan was in its late feudal period until around the middle of the nineteenth century, and was close to a national crisis similar to those of China and Korea. However, it abolished its isolation policy and opened the country to foreign trade and diplomatic relations; the Meiji Restoration in 1868 was its first step out of a feudal into a capitalistic society. It promoted the policy of 'out of Asia, into the West', assimilated Western civilization and culture, and established a capitalistic nation based on the emperor system. Domestically Japan promoted the accumulation of wealth, the establishment of new industries and Westernization. Toward other countries, it restored to gunboat diplomacy and wars, and thoroughly destroyed the East Asian Chinese Barbarian system by forcing unequal treaties on its neighboring countries, Korea and China. Such treaties were similar to those which the Western powers had forced on East Asia, and did even more serious damage. If Japan had grown into a different type of nation, or Japan and the other East Asian nations had formed an alliance against the Western powers under the principle of Asianism advocated by some Japanese and Sun Wen, the international system of East Asia in the twentieth century would not be what it is. Although this may be an idealistic hypothesis, it studies on international relations, some consideration should be given to it as East Asia enters the twenty-first century.

The other East Asian nations learned from Japan's Meiji Restoration and attempted to carry out reforms and revolution of their own, namely, the Coup of 1884 in Korea, the reforms Movement of 1898 and the Revolution of 1911 in China. However, all these revolutions failed, and Korea and China were unable to change from a feudal into a capitalistic society. A gap between development and national strength was created between Japan and two countries—Japan was strong, Korea and China were weak—leading to a series of aggressive wars in which Japan invaded the neighboring countries and divided East Asia into two opposing camps. This was a tragedy which originated in the inequality of historical development between East Asian countries as well as the second change in the East Asian international system.

As the Chinese Barbarian system collapsed due to invasion both from inside and outside East Asia, the colonial system was established.

The East Asian international system and the colonial system were under the control of Western nations from the middle of the nineteenth century to the 1920s. Its representative example was the Washington Treaty System, which Japan followed and cooperated with, since, compared with the Western powers; it was still a minor nation. However, from the early 1930s to 1940s, Japan also broke down this system through the Manchurian Incident, the Japanese-Chinese War and the pacific War, and tried to establish an East Asian regime under its control—the Great East Asian Co-prosperity Sphere. This was the third change in the East Asian international system.

The collision of the Eastern and Western international system was a conflict or antagonism between two kinds of nationalism, which grew into a great power that shook the international system in East Asia. In the West, with the development of capitalism, nationalistic consciousness was established in the eighteenth century, which in the East only developed a century later, in the nineteenth century. Nationalism is a state of consciousness, a thought or a movement seeking the unification, independence and development of the nation as a sphere of the same way of life, culture and communication networks. In other words, it is a psychology of wishing for the existence and the development of the social group called a 'race' or 'nation' to which one can have a sense of belonging. The invasion by the West of the East Asia meant that Western-style nationalism advanced into the East and, under such circumstances,

East Asian style nationalism grew out of contempt for the Western invasion, as a movement for independence and liberation. The East Asian nations were in opposition to the liberalistic political system and rationalistic economic structure of the West, and supported their original cultures and traditions. Contemporary political movements against the Western invasions were often related to anti-Western culture.

Such phenomena led to a cultural friction between East and West. All elements of East Asian culture were linked with one another and maintained a systematic balance. The peoples of East Asia valued the originality of their traditional cultures and did not accept Western values, which were heterogeneous foreign to them. This means that they rejected Western culture, leading to East-West friction and political and economic antagonism. Such troubles that arose between nations were usually settled through conquest and surrender. There is no doubt that the invasion by Western powers of East Asia since the middle of the nineteenth century was not integrated into Western culture, nor was it extinguished; it was firmly retained and existed as a component of the movement against the Western invasion.

However, this was only one aspect of East-West cultural friction. In other areas, a small number of people with advanced knowledge and foresight tried to absorb Western civilization and culture in order to resist the West, using them for the development of their own nations and people, and the establishment of a powerful nation. Such tendencies can be seen in the Westernization Movement, the Reform Movement of 1898, the Revolution of 1911, and the New Culture Movement in China, the Coup of 1884 and the Patriotic Culture

Movement in Korea, the Meiji Restoration and Westernization of Japan. Such absorption and acceptance began on a small scale, gradually expanded, and has continued until today. In a sense, the East Asian nations achieved their independence and gained military and national prosperity by absorbing and accepting Western culture and civilization. This was an ironic phenomenon, but it was historically inevitable and rational that the undeveloped East Asian nations should absorb the advanced culture and civilization of the West.

These historical facts, however, did not justify the Western acts of aggression in East Asia. Each Western nation in modern times was under a dual national system. Domestically, they established a political system based on modern democracy and liberalism, developed modern scientific technology and promoted unprecedented material civilization, while on the other hand they invaded East Asia. East Asian nations (except Japan) absorbed Western civilization and culture but resisted the West's aggression. In other words, East Asia also took dual measures to cope with the policy of the West.

Each nation had a very complicated interest in East Asia in the formative period of the colonial system, which can be explained by the theory of 'dual international relationship'; that is, the relations between nations concerning East Asia were not simple, but had a dual or double structure. For example, the relations between the Western nations and between Japan and the Western powers over East Asia were multiple in that they supported and cooperated with each other in some cases, while in others experiencing antagonism and conflict. Such phenomenon originated in the policies of the great powers, which were trying to maintain and expand their interests and spheres of influence in East Asia. The relations between the Western powers and the countries they invaded—including China—had a double face. Fundamentally, the relation between the two was that of invader and invaded, but there were also inconsistencies which originated in antagonism and conflict between Japan and the Western powers over China and the other invaded nations. On the one hand, the Western powers supported the invaded nations in order to check Japan while, on the other hand, they used Japan for the purpose of putting pressure on the invaded countries. For their part, the invaded nations took advantage of the conflict between the Western powers and Japan, depending on the former to resist the latter.

However, such dual relations were not fixed. They changed in accordance with situation in East Asia and the world. Some "dual relations" between Japan and the USA concerning East Asia came to an end; only a relationship based on antagonism and conflict remained. The same thing also happened to relations between Japan and the European nations.

The theory of "dual international relationship" is entirely applicable to the cases of semi-colonized nations in East Asia, but is not relevant where nations were totally colonized. As for Korea, it had been in a dual international relationship since the middle of the nineteenth century until 1910, when it was annexed to Japan. Subsequently, Korea was completely colonized by Japan, with the West recognizing its annexation. In consequence the former dual relations concerning Korea vanished. In the latter half World War II, as the international situation in East Asia changed, the problem of Korea was taken up as a two-sided international problem and, with the support by the allied powers; Korea achieved its independence and liberation. However, the fight between the USA and the USSR concerning East Asia resulted in the division of Korea into two, the north and the south. The northern part of Korea belonged to the camp controlled by the Soviet Union, and the south belonged to the American camp; the whole of Korea was thus drawn into the Cold War, which led to the outbreak of the Korean War in 1950. Judging from this fact, it can be said that, in a sense, the international circumstances and system were among the important factors which determined Korea's destiny.

With regard to Russia, it belonged to Europe, though its Siberian district belonged to East Asia, and geographically it was bordered by China, Outer Mongolia and Korea. Like the Western powers, Russia went south and invaded East Asia, a situation which I will not take up here. In the October Revolution, Russia overthrew the Czarist system, renounced the unequal treaties which had been concluded with East Asian nations, proclaimed equality between peoples and nations, and asserted the emancipation of labor and peasants from capital and landlords. These declarations stimulated intellectuals, oppressed labor and peasantry in East Asia to struggle for national independence and emancipation from the class system. Communist organizations began to be formed in the 1920s, together with labor or peasant movements. The antagonism between classes within a nation became more serious, sometimes developing into civil war and leading to the breakup of a nation. Contrary to this phenomenon, communist organizations in East Asia allied with laborers to establish an order in opposition to the colonial system. This was formed by Comintern under the control of the Soviet Communist Party; linked to the domestic antagonism between classes and foreign policies with the intention of resisting invasions and achieving national independence, it began to oppose the earlier colonial system in East Asia.

Contrary to the influence of the October Revolution in Russia, the Fourteen Points announced by US President Wilson at the beginning of 1918 inspired the liberal nationalists in East Asia with the spirit of racial self-determination, and prompted the formation of a united front for national independence and liberation. This was different from the communist organizations, but also began to resist the colonial system.

Thus, the East Asian movement to resist colonialism was divided into two, and after achieving national emancipation and independence this division once again developed into civil wars or disputes. During the Cold War between the USSR and the USA, the communist organizations belonged to the Soviet camp and the united front based on Wilson's Fourteen Points belonged to the US camp, with each opposed to the other.

Through the examination of the international system and relations between nations in East Asia during the twentieth century since the middle of the nineteenth, it can be said that, in a sense, the destiny of East Asian nations were determined by the international systems formed by the West, Japan, or the USA and the USSR, even if there were few choices. However, such systems at the same time promoted resistance movements and reforms inside the East Asian nations, and had a new impact upon changes to the international system in East Asia. This means that casual relationship went in a circle, while also indicating that, contrary to the pre-modern world, in the modern world one as one composite part of it. Today, East Asian nations exist in the post-Cold War international society. The new international society of the twenty-first century that we are currently fumbling for will certainly have an impact on East Asia, which will also exert some influence on its formation.

The colonial system in East Asia, which lasted for one hundred years from the middle of the nineteenth century, was caused by inequality between the development of the West, Japan, and the other East Asian nations. Inequality in the development of society, economy and armaments will cause gaps in national strength between nations or regions, that is ,gaps between the strong and the weak, Such gaps can be hotbeds of antagonism and conflict between nations and regions, or an important factor in the formation of an unequal international system.

Today in East Asia the gap has been narrowed in various fields between nations through rapid progress and changes in the latter half of the twentieth century, but the problem of inequality still remains. Moreover, this area still demonstrates various after effects of the Cold War system. These are problems that East Asia must face and resolve in order to secure peace, stability and development.

后 记

时光匆匆，不经意间，人已到 80 高龄。回顾自己走过的道路，不禁感慨万千。1958 年我从南开大学历史系毕业后，就开始从事日本历史的研究。但由于当时政治气候的影响，无论研究内容，还是研究方法，都深深地刻下了时代的烙印。真正开始自由的学术研究，还是 1978 年改革开放以后的事。迄今为止，我已出版了 7 部研究专著（其中 3 部是用日语撰写在日本出版的），百篇以上的论文，多次获得省部级学术奖，为我国的日本研究事业做出了自己的一份贡献。而最近这些年，体衰多病，难以胜任新的工作。最近，将自己以往发表的一些论文辑了这个集子，是对以往研究活动的一个回顾。这个集子内容有些"杂乱"，既有中文文章，也有日文和英文文章；既有"文革"时期的"红作"，也有改革开放后的"新作"。但上编主要是谈"近代日本政党"，下编主要是谈"孙中山与日本"。

这里要特别提一下上编的"近代日本政党"部分。该部分论文成稿时间大都在"文革"后期或改革开放初期，现在看起来有些幼稚，留下了深深的时代痕迹。但是，为了体现我研究生涯的完整性，特将这些文章一并收入，也让读者了解改革开放之前学者的研究环境和状态，珍惜现在来之不易的学术研究的大好时光。

本文集的编辑出版，得到了南开大学日本研究院及其师生的大力支持，也得到了凤凰出版社王保顶先生的热情帮助，在此一并表示衷心感谢。

著者

2012 年夏于南开大学北村